沙苑子文史論集

薛正昌

陕西历史博物馆学术文库
Academic Dissertation Library of
Shaanxi History Museum

沙苑子文史论集

Culture and History
Dissertation Collection of Shayuanzi

张维慎　著

文物出版社

图书在版编目（CIP）数据

沙苑子文史论集／张维慎著．—北京：文物出版社，
2014.10

（陕西历史博物馆学术文库／成建正主编）

ISBN 978 – 7 – 5010 – 3985 – 2

Ⅰ.①沙… Ⅱ.①张… Ⅲ.①文史 – 中国 – 文集
Ⅳ.①C52

中国版本图书馆 CIP 数据核字（2014）第 049468 号

陕西历史博物馆学术文库

沙苑子文史论集

著　　者	张维慎
封面设计	周小玮
责任印制	陈　杰
责任编辑	窦旭耀
出版发行	文物出版社
地　　址	北京市东直门内北小街 2 号楼
	邮政编码　100007
	http：//www.wenwu.com
	E – mail：web@ wenwu.com
制版印刷	北京京都六环印刷厂
经　　销	新华书店
版　　次	2014 年 10 月第 1 版第 1 次印刷
开　　本	965×1270　1/32　印张 14
书　　号	ISBN 978 – 7 – 5010 – 3985 – 2
定　　价	88.00 元

　　张维慎，男，1964年生。1986年陕西师范大学历史系本科毕业；1989年宁夏大学历史系研究生毕业，并于东北师范大学获历史学硕士学位；2002年陕西师范大学西北环境与经济社会发展研究中心研究生毕业，获历史学博士学位。现为陕西历史博物馆学术委员会副主任、《陕西历史博物馆馆刊》副主编、研究馆员。主要从事中国历史文献、中国历史地理以及文物的研究，出版学术专著《宁夏农牧业发展与环境变迁研究》，发表学术论文五十余篇。

一　壁画《宴饮图》（1987年长安县南里王村唐墓墓室东壁揭取）

三　秦陶坐俑（陕西历史
博物馆藏）

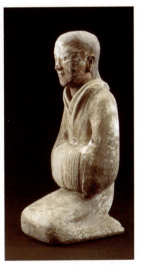

二　唐彩绘胡服
女立俑

四　汉陶坐俑（陕西
历史博物馆藏）

五　唐彩绘侍女跪拜俑（陕西历史博物馆藏）

六　唐彩绘文官跪拜俑（陕西历史博物馆藏）

黎明即起，洒扫庭除，要内外整洁；既昏便息，关锁门户，必亲自检点。一粥一饭，当思来处不易；半丝半缕，恒念物力维艰。宜未雨而绸缪，毋临渴而掘井。自奉必须俭约，宴客切勿流连。器具质而洁，瓦缶胜金玉；饮食约而精，园蔬愈珍馐。勿营华屋，勿谋良田。三姑六婆，实淫盗之媒；婢美妾娇，非闺房之福。奴仆勿用俊美，妻妾切忌艳妆。祖宗虽远，祭祀不可不诚；子孙虽愚，经书不可不读。居身务期质朴，教子要有义方。莫贪意外之财，莫饮过量之酒。与肩挑贸易，毋占便宜；见穷苦亲邻，须加温恤。刻薄成家，理无久享；伦常乖舛，立见消亡。兄弟叔侄，须分多润寡；长幼内外，宜法肃辞严。听妇言，乖骨肉，岂是丈夫；重资财，薄父母，不成人子。嫁女择佳婿，毋索重聘；娶媳求淑女，勿计厚奁。见富贵而生谄容者，最可耻；遇贫穷而作骄态者，贱莫甚。居家戒争讼，讼则终凶；处世戒多言，言多必失。勿恃势力而凌逼孤寡，毋贪口腹而恣杀生禽。乖僻自是，悔误必多；颓惰自甘，家道难成。狎昵恶少，久必受其累；屈志老成，急则可相依。轻听发言，安知非人之谮诉，当忍耐三思；因事相争，安知非我之不是，须平心暗想。施惠无念，受恩莫忘。凡事当留余地，得意不宜再往。人有喜庆，不可生妒忌心；人有祸患，不可生喜幸心。善欲人见，不是真善；恶恐人知，便是大恶。见色而起淫心，报在妻女；匿怨而用暗箭，祸延子孙。家门和顺，虽饔飧不继，亦有余欢；国课早完，即囊橐无余，自得至乐。读书志在圣贤，非徒科第；为官心存君国，岂计身家。守分安命，顺时听天。为人若此，庶乎近焉。

右新安朱文公大子家训也，语极浅近，义甚严切，宜各奉一通於座右朝夕省览，以为午夜之晨钟敬镌诸石公我同志

雍正六年岁次戊申小阳之吉　关中後学孙能宽瀓蕃氏沐手敬书

八　彩陶船形壶（北首岭遗址出土）

九　陶船形壶（商州杨浴河公社出土）

一一　唐《于知微妻卢氏墓
志》并盖拓本

一二　唐千秋龙纹镜（陕西历史博物馆藏）

一三　唐三彩梳妆女坐俑（陕西历史博物馆藏）

一四　唐彩绘持镜女立俑（陕西历史博物馆藏）

一五　唐《万年宫碑》碑阴拓本

序

王　辉

　　张维慎先生将其著《沙苑子文史论集》打印稿送我审读，并请作序。我与维慎在学术上的主攻方向不尽相同（我侧重于古代文字及先秦历史文化，维慎则侧重于历史地理及汉唐历史文化），未敢遽应。维慎说："我们交往较多，您对我的学术文章还是很了解的，必能给予恰当的评议。"信任与友情难却，于是写下了自己认真拜读后的一些想法。

　　《论集》共分五辑，包括历史地理、古代礼俗、简牍典籍、文物鉴赏、古代史研究，涉及面宽泛。

　　历史地理是维慎的专攻，此辑收文 10 篇，既有新颖独到的见解，又能将研究课题与历史地貌变迁、环境保护结合起来，为当代社会发展服务。

　　扶桑国最早见于《梁书·东夷列传》，其位置中外学者久争未决。《"扶桑国在美洲"再考》列举我国学者朱谦之、吕思勉、邓拓、文公达，外国学者克拉普洛特、希勒格、德·岐尼、金勒、弗雷尔等的五种说法，详加辨析。"结合古今文献、考古资料以及人类学、民俗学、航海学、建筑学、语言学等方面的知识，通过对《梁书》所载扶桑国的地理方位、动植物、矿产、婚丧之俗、服饰易色、国王和贵族的称呼……"等多角度、全方位的考察，申论吕思勉先生之说，力主扶桑国在美洲，是由受殷文化渐染的中国貉族人建立的，是由沙门慧深最早发现的。此文是该课题研究上的最新成果，卓然成一家言，在学术界产生了较大影响，被《新华文摘》加以摘引，良有以也。

《新石器时代河姆渡人与半坡人居址选择比较研究》列举大量考古资料，指出河姆渡人和半坡人居于近地表水源的地方，便于人畜饮水、发展原始农业、渔猎及交通往来，补充、论证其师史念海先生的一个重要学术观点："当时（新石器时代）人们所选择的居住地址就已显示出他们对于地理环境的适应和善于利用的情况。"作者对所有例证都有深入细致的分析，而不是简单罗列。如作者指出，河姆渡人与半坡人都生活在全新世中期的一段时间，当时出现过全世界性的气候回暖现象，但各地回暖的程度不同。河姆渡人生活在长江下游的平原或低级阶梯，湿润多雨，发展了以稻为主的水田农业；而半坡人生活在黄土高原的中级阶梯，属半干旱气候，因而发展了以粟为主的半旱作农业，甚有理致。

《隋唐墓志所反映的统万城、朔方城、夏州城——兼论统万城周围土地的沙漠化》一文，依据康兰英先生《榆林碑石》中涉及统万城、朔方城、夏州城的 47 方碑文资料，说三者实为一地之异名。"统万"见《晋书·赫连勃勃载记》，元保洛墓志则称"突万"，"统"、"突"皆胡语译音；"朔方城"为"朔方郡城"之省；"夏州城"为唐代夏州治所（或称州理，唐人避高宗李治讳，改治为理）。统万城的沙化最晚不迟于夏末北魏初，但其时尚有水利设施黑渠，周围尚有农业，五胡十六国时期，统万城及其附近的土壤应以沙质土为主，而唐时夏州城周围土地沙漠化的记载不绝于文献，沙漠化的主因是人类不合理的开发。由此作者建言："当今，要控制和治理统万城周围土地的沙漠化，只有大力植树种草，加大林牧业的比重，把农林牧的结构调整好。"是值得当政者重视的。

中国是礼仪之邦，儒家学说、礼俗在人们日常生活中占据重要地位。维慎长期致力于礼俗研究，《论集》中有 6 篇文章讨论礼俗，意义重大。

《"面缚"考辨》原名《面缚——中国古代投降仪式解读》，刊于《中州学刊》2004 年第 2 期，收入《论集》时又有增补。2005年，维慎申报研究馆员时，此文曾送我审阅。当时我认为"熔历史文献、考古资料、礼俗于一炉，对面缚的含义、使用场合作出了令人信服的解释。……此文论点鲜明，论据充足，小题目而能做出好文章，值得称赞。"其他几篇，亦如此。

《试论唐代女子拜礼的拜仪及其适用场合》、《两件唐代跪拜俑拜仪考》仔细分析陕西历史博物馆藏两件唐代男女跪拜俑、山西省博物馆藏跪拜男吏俑、山西长治市出土跪拜俑、河北献县出土唐跪拜俑的异同，指出："女子行拜礼，从跪到不跪，是有一个变化过程的，在此变化中，坐具变化起着重要作用。"作者赞同朱熹《朱子语类·礼》、赵翼《陔余丛考·妇人拜》的说法，认为唐女跪拜俑所行者为原始肃拜，"是古人席地而坐时所行肃拜礼在唐代的反映。只不过这种肃拜礼在唐代并不是常见的，它只适用于'妇初见舅姑'、'宫人于君后'等少数特殊场合，而在大多数场合则是应用如赵翼所说的'稍作鞠躬虚坐之状'的肃拜礼"。作者引王建《宫词》、杜甫《新婚别》、白行简《李娃传》、《旧唐书·礼仪》、张说《虬髯客传》、文莹《玉壶清话》、脱脱《宋史》等，引证丰富，视野开阔，结论可信。

《论集》中有几篇考释碑文、墓志的文章，颇见功力。《唐〈于知微妻卢氏墓志〉考释》据《北史·于栗碑传》、《隋书·于义传》、新旧《唐书》于休烈、于义传及《金石萃编》收录的《于志宁碑》、《于知微碑》、《于大猷碑》、《于默成碑》，考证于知微的仕宦生涯、志主卢舍卫的先世、郡望、婚姻、子女，为"金石补史"增添了新的例证。唐碑喜用典，作者多考其出处，使文义豁然贯通。志文："余大父太师燕定公，道高稷离，绩茂萧曹。"考释谓"大父"指于知微祖父于志宁，志宁唐初为太子少师、太师，封燕国公，卒谥定；"稷"为周始祖后稷，"离"为商始祖契，"萧曹"为汉初丞相萧何、曹参。说于志宁道德高于稷、契，功劳大过萧何、曹参，虽不无夸大，但大体近是。这样分析，加深了我们对志文的理解。唐《万年宫碑》载于清王昶《金石萃编》，碑阴列有"见从文武三品以上""自书官名"，是考证唐代职官、封爵、地理的第一手资料。《唐〈万年宫碑〉碑阴三品以上从官题名考》据新旧《唐书》、《全唐文补遗》、《资治通鉴》、《册府元龟》的大量资料，比勘碑文，抉其幽微，正其讹舛，是"史学二重证"的发扬光大。碑阴有"左领军将军□仁□"，后三字学者或疑为"薛仁贵"。维慎考辨说：薛仁贵于永徽五年确实到过万年宫，并救过高宗的命，但"□仁□"首字经辨认是"金"字，则只可能是唐时新罗国遣唐质子"金仁问"；抑或是皆曾作过"左领军将军"的刘（繁体劉从金）仁轨、刘仁愿。维慎引拜根兴先生说，定为"金仁问"，因为金氏"二十余岁即官三品'左领军卫将军'"。多年悬案，遂得定谳。

研究中国古代史的几篇，或分析汉代社会生活中的笞罚，或论述金世宗对官吏贪赃枉法的预防与惩罚，或评议秦末名士范增劝项梁立楚后之功，或探索茶的养生功能、白居易晚年嗜茶之表现，多有感而发，为现实政治提供借鉴。《略论金世宗对于官吏贪赃枉法的预防与惩罚》末尾说："金世宗对于官吏贪赃枉法的预防与惩罚对于当今我国政府的反腐倡廉，无疑具有借鉴意义。……封建皇帝金世宗尚能执法必严，'大义灭亲'，'全心全意为人民服务'的中国共产党人岂能落于其后乎！"如果有纪检、人事部门负责人读此文，不知作何感想？

总体上看，《论集》涉及面广、论述深入、逻辑性强，且不乏真知灼见，是近年文史研究苑囿中的一枝新葩。

当然，如果一定要吹毛求疵的话，《论集》个别地方似还可以稍加改进。比如扶桑国所在，维慎下大力气作了讨论，有自己明确的看法，但这毕竟是世界性难题、学术公案，要使之成为定论或为多数人所认可，还应再多举些例证。《论〈淮南子〉的用人思想》引《淮南子》"用众人之力，则无不胜也"、"众智之所为，无不成也"，说："《淮南子》的这一思想，蕴含着朴素的'人民创造历史'的唯物史观。"所谓"人民创造历史"，是现当代的马列、毛泽东理论，安到刘安头上，似乎抬高了古人。其实，刘安所谓"众人"未必能与"人民"画等号；再说，历史是否全是"人民"创造的，本身也仍不是不可讨论。有些碑石典故没有指明出处，固属审慎，但有的还是可以指明的。《于知微妻卢氏墓志》云："昔太师翼周，盛德光乎四履；尚书佐汉，隆恩洽于九江。"《论集》说："'太师'、'尚书'，其名均待考。"我则怀疑"太师"是姜尚，"尚书"是卢植。《元和姓纂》："卢，姜姓，齐太公之后。"《史记·齐太公世家》："于是周西伯猎，果遇太公。……载与俱归，立为师。……武王已平商而王天下，立师尚父于齐营丘。……齐桓公率诸侯伐蔡，蔡溃。遂伐楚。楚成王兴师问曰：'何故涉吾地？'管仲对曰：'昔召康公命我先君太公曰：五侯九伯，若实征之，以夹辅周室。赐我先君履，东至海，西至河，南至穆陵，北至无棣。楚贡包茅不入，王祭不具，是以来责。昭王南征不复，是以来问。'"志文"太师"即《世家》之"师"；志文"翼周"即《世家》之"夹辅周室"；志文"四履"即《世家》管仲所说齐太公"履"之"四至"，亦即周之宇内。管仲的话亦见《左传》。卢植是东汉末名臣，他是大儒马融的高足，曾剿灭黄巾军张角部，并阻董卓废献帝之谋。《后汉书·卢植传》："熹平四年，九江蛮反，四府选植才兼文武，拜九江太守，蛮寇宾服。……会南夷反叛，以植尝在九江有恩信，拜为庐江太守。……岁余，复征拜议郎，与谏议大夫马日磾、议郎蔡邕、杨彪、韩说等并在东观，校中书《五经》记传，补续《汉纪》。帝以非急务，转为郎中，迁尚书。"植曾官"尚书"，"在九江有恩信"，此即志文所说"尚书佐汉，隆恩洽于九江"。姜太公是卢氏始祖，卢植是卢氏列祖中声名煊赫者，故墓志首先提及。

《沙苑子文史论集》之名，也引起了我的注意。维慎1964年生于陕西大荔县冯村一耕读传家的大户人家。祖父民国时曾在广西任知县，父亲和两位伯父长期任教或从事艺术工作。在这样的家庭环境下，维慎自小受到良好的传统文化熏陶。及长，维慎就读于陕西师大历史系、宁夏大学历史系，1999年至2002年，师从著名历史地理学家史念海先生攻读博士，打下了坚实的学术功底。1989 年维慎硕士毕业后一直在陕西省博物馆、陕西历史博物馆（后者是从前者分出来的）的保管、资料、科研等部门从事科研和《陕西历史博物馆馆刊》的编辑工作。20 世纪 90 年代初，师弟李西兴作《馆刊》副主编，常约我写稿，其时维慎任编辑，我们便相识了，印象中他是一个十分勤奋，却又不爱张扬的年轻人。后来，西兴去了新西兰，《馆刊》副主编又换了张铭洽先生，维慎则始终做编辑，直至升任副主编兼资料室主任。因他是副主编，每年都会向我约稿，也时不时会送他的文章给我读，或在写某些文章前同我说起他的想法，于是我们便熟了，知道他对学术研究的执着、较真，也知道他不慕名利，与世无争，却早已在学界崭露头角，是陕历博的业务骨干了。"沙苑"是一个地名，指大荔县洛河与渭河交汇处的三角地带，是原朝邑县（20 世纪 50 年代修三门峡水电站，朝邑撤县，并入大荔）的一部分。该地多薄沙，是以枣树、沙槐、沙棘为主的防沙林带。"沙苑子"是维慎的笔名或号，我猜想寓意一是作者原籍朝邑，是"沙苑之子"，二是要像沙槐、沙棘那样有顽强的生命力。

维慎正当中年，愿他努力奋进，有更多好作品问世。

2012 年 5 月 2 日于陕西省考古研究院

目 录

第五篇　中国古代史研究

第一篇　历史地理研究

中国古代的毒鱼及其与川泽的环境保护[*]

毒鱼，又称药鱼、醉鱼、毒河捕鱼等，它是利用某些植物的毒性来毒杀鱼类的一种重要方法。我国古代的渔具分为四大部类，即网渔具、钓渔具、箔筌渔具和杂渔具，毒鱼所用的药即属于杂渔具。作为一种捕鱼方法，至今未见专文论及，本文试图从毒鱼的发明及名称的演变、毒鱼所用的药及其使用法、毒鱼与川泽的环境保护等方面作一探讨，不足之处，请方家正之。

一 毒鱼的发明及名称的演变

鱼是大自然赏赐给人类的重要水生资源之一，它不仅可以食用、治病，而且其皮还可以做成衣服穿。尤其是在生产力水平低下的原始社会，鱼对人类物质生活的改善，起到了不可低估的作用。人类的捕鱼活动，大概出现于旧石器时代中晚期。恩格斯对于人类这一生产活动曾有过这样的论述，他说："……从采用鱼类作为食物和使用火开始。这两者是互相联系着的，因为鱼类食物，只有用火才能做成完全可吃的东西，而自从有了这种新的食物以后，人们便不受气候和地域的限制了，他们沿着河流和海岸，甚至在蒙昧状态中可以散布在大部分地面了。"[1]在农业

---

* 本文与吴大康合作。

[1] 恩格斯：《家庭私有制和国家的起源》，《马克思恩格斯选集》第四卷，北京：人民出版社，1972年，第18页。

和畜牧业产生以前，捕鱼与采集和狩猎一样，在原始人的生活中有着重要的意义。人类最古老的捕鱼方法是用手摸鱼，这包括掏洞、捉地鱼等；有时，人们也用木棒打鱼。旧石器时代的元谋人、蓝田人、北京人，不仅已知道利用火，而且用粗制的木棒从事渔猎。大约到了旧石器时代晚期，原始人已知道利用鱼叉叉鱼，河北武安磁山出土数件带索镖，就是相当进步的叉鱼工具。到了新石器时代，原始人又发明了网鱼、钓鱼、弓箭射鱼、筌鱼、鱼鹰（又名鸬鹚）捕鱼、毒鱼等诸多方法。属于仰韶文化的半坡遗址，出土有网坠、鱼钩、鱼叉等，说明半坡人已掌握了网鱼、钓鱼、叉鱼等捕鱼方法。浙江河姆渡遗址发现了大量鱼骨，却不见捕鱼用的钩、叉、网坠等工具，倒是出土了很多石镞、骨镞，这说明河姆渡的远古居民，很可能是利用弓箭射鱼的。在河姆渡遗址中，曾发现有鸬鹚的遗骨[2]。河南临汝阎村的仰韶文化墓葬中，发现了一件陶缸，上绘一把石斧和一只嘴含鱼的鸟[3]，这幅鸟含鱼图，有人命名为"鸬鹚叼鱼图"[4]，当是恰当的。在浙江吴兴钱山漾新石器时代遗址中，发现有鱼筌的实物[5]，证明当时人已用鱼筌捕鱼。毒鱼作为一种捕鱼方法，它的发明与原始人的采集活动是密不可分的。采集活动始于旧石器时代，当时人们采集植物的果实、籽粒和根、茎用来充饥。我国古代有许多关于旧石器时代的传说，如《淮南子·修务训》有载："古者民茹草饮水，采树木之实，食蠃蚘之肉，时多疾病毒伤之害。于是……神农尝百草之滋味、水泉之甘苦，令民知所避就，当此之时，一日而遇七十毒。"这些记载，生动形象地反映了原始人同自然界艰苦斗争的精神。不过，由于原始人

---

〔2〕 浙江省博物馆自然组：《河姆渡遗址自然遗存的鉴定与研究》，《考古学报》1978 年第 1 期。

〔3〕 临汝文化馆：《临汝阎村新石器时代遗址调查》，《中原文物》1981 年第 1 期。

〔4〕 吴诗池：《从考古资料看我国史前的渔业生产》，《农业考古》1987 年第 1 期。

〔5〕 浙江省文物管理委员会：《吴兴钱山漾遗址第一、二期发掘报告》，《考古学报》1960 年第 2 期。

已经掌握了"钻燧取火"[6]，使得生食对于人类的毒伤之害有所减轻。进入新石器时代的母系氏族繁荣时期，采集经济仍然是人们食物的主要保障，捕鱼与打猎只是它的辅助。人们通过长年累月的采集活动，积累了一些经验，渐渐地认识了一些植物的特性，如形状、颜色、气味、有毒与否，在这种情况下，有毒的植物就被人们用来狩猎和捕鱼，而毒鱼的方法也就产生了。美国地理学家索尔（Carl. O. Sauer）和一些有关学者指出，"植物的主要用途至少有三种：其一，用作容器，如竹子和葫芦；其二，用植物纤维制作绳索，而绳索对渔猎有着广泛的用途；其三，用有毒的植物汁液做成麻醉剂，作为捕鱼的一种工具。"[7]

毒鱼方法自产生以后，整个阶级社会出于这样那样的目的，屡屡禁止使用它，但却屡禁不止，一些地区仍被使用着。在唐代，毒鱼被称为药鱼。唐代著名文学家陆龟蒙和皮日休有唱和渔具诗各20首，对太湖地区的"术之与器"作了全面的描述，这20首诗的篇名分别为网、罩、罾、钓筒、钓车、渔梁、叉鱼、射鱼、鸣榔、沪、簖（籪）、种鱼、药鱼、舴艋、苓箵、鱼庵、钓矶、蓑衣、箬笠、背蓬（篷）[8]等，可见毒鱼在当时仍是一种重要的捕鱼方法。到了宋代，人们又把毒鱼称作醉鱼[9]。唐宋时期，长江流域鱼类资源非常丰富，李商隐诗云："洞庭鱼可拾，不假更垂罾。闹若雨前蚁，多于秋后蝇。"陆游《入蜀记》卷三说，"又皆巨鱼，欲觅小鱼饲猫不可得"，因而有些人就用"盈川是毒流，细大同时死"[10]的毒鱼方法来捕杀鱼类，结

〔6〕（汉）刘安：《淮南子》卷八《本经训》，（汉）高诱注，上海：上海书店，1986年7月第1版，第113页。

〔7〕转引自张光直：《考古学专题六讲》，北京：文物出版社，1986年5月第1版，第27页。

〔8〕分别见陆龟蒙：《渔具诗》（《全唐诗》卷六百二十）、皮日休：《奉和鲁望渔具十五咏》（《全唐诗》卷六百十一），彭定求等：《全唐诗》第十册，北京：中华书局，1960年4月第1版。

〔9〕（宋）朱弁：《曲洧旧闻》卷三，《钦定四库全书》第863册，上海：上海古籍出版社，1987年6月第1版，第305页。

〔10〕陆龟蒙：《药鱼》诗，《全唐诗》卷六百二十，第7137页。

果由于"鱼浅如土"[11]，不仅"以鱼饲犬"[12]，而且"便可将贻蚁"[13]。清代，人们又把毒鱼称作毒河捕鱼[14]。清光绪九年（1883年）立的《宁陕抚民分府严禁烧山毒河告示碑》[15]，为我们描述了安康地区的一些不法之辈，屡屡违禁而毒河捕鱼的情形。

二　毒鱼所用的药及其使用法

作为一种捕鱼方法，毒鱼的关键是药物的选择。这种药物既要能毒杀鱼类，又要在人们食用被毒杀的鱼类后而不会中毒。就我们所能见到的资料看，人们用来毒鱼的药多是植物药。处于氏族公社和农村公社阶段的布朗族人，他们除了用其他方法捕鱼外，也知道用毒鱼的方法来捕鱼。毒鱼一般是选在枯水季节，把山上所产的一种毒藤舂烂抛入河水中，鱼立刻就会中毒漂浮水面，这样他们就可以毫不费力地捕到鱼了[16]。成书于战国至秦汉间的《山海经》，"反映了全部野蛮时代和开化时代的若干历史情况"[17]，书中的《中山经》包括的地区，有人认为"是夏的势力所直接控制的地区"[18]，那里的先民，已知道用毒鱼的方法来捕鱼。他们所用的药主要有以下几种植物药：

---

〔11〕　陆游：《入蜀记》卷三，《钦定四库全书》第460册，第905页。

〔12〕　《九家集注杜诗》卷三十一《黄鱼》，《钦定四库全书》第1068册，第557页。

〔13〕　陆龟蒙：《药鱼》诗，《全唐诗》卷六百二十，第7137页。

〔14〕　见《宁陕抚民分府严禁烧山毒河告示碑》，张沛编著：《安康碑石》，西安：三秦出版社，1991年5月第1版，第274~275页。

〔15〕　见《宁陕抚民分府严禁烧山毒河告示碑》，张沛编著：《安康碑石》，西安：三秦出版社，1991年5月第1版，第274~275页。

〔16〕　颜思久：《布朗族氏族公社和农村公社研究》，北京：中国社会科学出版社，1986年12月版，第59页。

〔17〕　吕振羽：《史前期中国社会研究》，北京：生活·读书·新知三联书店，1961年12月版，第68页。

〔18〕　徐显之：《山海经探源》，武汉：武汉出版社，1991年3月版，第157页。

1. 莽草（芒草）

> 又西百二十里，曰蔓山。蔓水出焉，而北流注于伊水，其上多金玉，其下多青雄黄。有木焉，其状如棠而赤叶，名曰芒草，可以毒鱼（《中山经·中次二经》）。

> 又东北一百五十里，曰朝歌之山。……有草焉，名曰莽草，可以毒鱼（《中山经·中次一十一经》）。

对于蔓山的芒草，郭璞注曰："音忘。"而对于朝歌之山的莽草，他则注云："今用之杀鱼。"汪绂云："即芒草也"。李时珍《本草纲目》卷十七"莽草"条载：

> [释名] 莽草、芒草、鼠莽。[弘景曰] 莽本作蔄字，俗讹呼尔。[时珍曰] 此物有毒，食之令人迷罔，故名。山人以毒鼠，谓之鼠莽。

李时珍不仅指出莽草与芒草为同一种植物，而且阐释了莽草得名的缘由。但令人疑惑的是，芒草与莽草虽都统称为草，但芒草前冠以"有木焉"，而莽草前却冠以有"有草焉"，似乎有别。其实，这并不难理解。李时珍《本草纲目》"莽草"（图一）条又载：

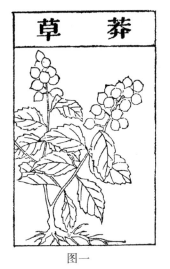

图一

> [集解] [颂曰] ……木若石南而叶稀，无花实。五月七月采叶，阴干。一说：藤生，绕木石间。既谓之草，乃蔓生者是也。[宗奭曰] 莽草诸家皆谓之草，而本草居木部。今世所用，皆木叶如石南叶，枝梗干则皱，揉之其臭如椒。

我们以为，由于莽草像芫花（见后）一样为陂涧小树，所以宗
奭才说"莽草诸家皆谓之草，而本草居木部。"对于莽草的毒鱼性
能，我国第一部本草专著《神农本草经》记载："莽草，味辛温，生
山谷。……杀虫鱼。"成书于西汉初年的《淮南万毕方》（此书已
佚，清代人有辑本）载："莽草浮鱼"。阜阳汉简里有关于医药、物
理、物性的内容，胡平生、韩自强起初把它们定名为《杂方》，后又
改为《万物》[19]。《万物》记载说："杀鱼者以芒草也。"关于莽草
的产地，唐代苏敬等撰的本草专著《新修本草》认为幽州的上谷山
谷以及东间诸山都有，而以叶青辛烈者良。明代大药物学家李时珍
撰《本草纲目》引［别录曰］莽草生上谷山谷及冤句；又引［弘景
曰］今东间处处皆有，叶青辛烈者良；又引［颂曰］今南中州郡及
蜀川皆有之；［时珍曰］范子计然云：莽草出三辅，青色者善。用莽
草毒鱼的方法，《新修本草》与《本草纲目》皆有所载，那就是把
新鲜莽草的叶子捣烂与米或陈粟米粉合在一起，然后抛入水中，鱼
一吞食就会中毒死亡而漂浮水面，人们把它们捞上来食用，不会有
什么妨害。又沈括《梦溪笔谈》记载说：宋代的蜀道、襄、汉、浙
江湖间山中皆产有莽草，而襄汉鱼人竞相把它采来捣在饭中用来饴
鱼，鱼皆遭毒翻白，这样他们就可轻而易举地打捞拾取它。

2. 莽蓼

> 又西二百里，曰熊耳之山。其上多漆，其下多棕。……有
> 草焉，其状如苏而赤华，名曰葶蓼，可以毒鱼（《中山经·中次
> 四经》）。

葶蓼的特征是"其状如苏而赤华"，这与《本草纲目》第十七
卷草部所介绍的醉鱼草七八月开红紫色花特征相近，故李时珍认为
葶蓼与醉鱼草大概属于一类。又醉鱼草是"渔人采花及叶以毒鱼，
尽圉圉而死"（见后），葶蓼大概也不会例外。

---

〔19〕 胡平生、韩自强：《〈万物〉略说》，《文物》1988 年第 4 期。

3. 芨

又西二百五十里，曰柄山。……有木焉，其状如樗，其叶如桐而荚实，其名曰芨，可以毒鱼（《中山经·中次四经》）。

郭璞注曰："芨一作艾。"郝懿行云："《尔雅》云：'杭，鱼毒。'《说文》杭从艸作芫，疑作艾者，因字形近芫而讹。"照郝懿行来说，芨是因字形与芫相近而讹，但据李时珍《本草纲目》卷十七"芫花"［集解］引［保升曰］"叶似白前及柳叶"，又引［颂曰］"春生苗叶，小而尖，似杨柳枝叶。"而芨"其叶如桐"，此桐当与《诗·鄘风·定之方中》所谓"椅、桐、梓、漆，爰伐琴瑟"之桐为一类，指叶大略圆的泡桐、白桐之属（Paulownia Sieb. et Zucc），而非梧桐、油桐、赪桐等［20］。通过比较可以看出，芫花的叶子或似白前的椭圆形叶子［21］，或似柳树的狭长形叶子，而其春生苗叶的特点是"小而尖"，与芨的叶形似桐，而与桐"叶大略圆"迥异，这样说来，芨不应是芫之讹。用芨毒鱼的方法，无非是利用其叶与果实。

4. 芫花

东三百里，曰首山。其阴多榖柞，其草多䓬芫（《中山经·中次五经》）。

郭璞注曰："芫花，中药。"汪绂云："芫，芫花也。"经文没有明言芫花可以毒鱼，可能是《中山经》所含地区的上古先民还没有认识到芫花的药性，或者是撰述者失载所致，亦未可知。但以后的本草著作，却明明白白地肯定了芫花的毒鱼性能。《神农本草经》

---

［20］ 夏纬瑛：《植物名释札记》释"桐"，北京：农业出版社，1990 年 12 月第 1 版，第 176 页。

［21］ 《辞海·生物分册》释"白前"，上海：上海辞书出版社，1975 年 12 月第 1 版，第 303 页。

云："芫花，一名去水。味辛温，生川谷……杀虫鱼。"《急就篇》曰："乌喙附子椒芫花。"颜师古注曰："芫花，一名鱼毒，渔者煮之，以投水中，鱼则死而浮出，故以为名……芫字或作杬。"《太平御览·药部九》引《吴氏本草》曰：芫花，根一名黄大戟，可用毒杀鱼。李时珍《本草纲目》"芫花"（图二）条载：

> ［释名］杜芫、赤芫、去水、毒鱼、头痛花、儿草、败花、根名黄大戟、蜀桑。［时珍曰］芫或作杬，其义未详。去水言其功，毒鱼言其性，大戟言其似也。俗人因其气恶，呼为头痛花。《山海经》云，首山其草多芫，是也。

至于为什么"芫或作杬"，李时珍以"其义未详"付之阙如，等待后人去考察。王引之《经义述闻》释"杬"曰："家大人曰：《本草》芫花在草部，《证类本草》移入木部。引《日花子》曰：芫花，小树，在陂涧旁。又引《图经》曰：芫花宿根旧枝，茎长一二尺，然则芫花形如小树，故入释木，非以芫或作杬而误入之也。"关于芫花的产地，李时珍《本草纲目》引［别录曰］芫花生淮源川谷；又引［普曰］芫根生邯郸；又引［保升曰］近道处处有之；又

图二

引［颂曰］在处有之；［时珍曰］洪迈《容斋随笔》云：今饶州处处有之。用芫花毒鱼，其叶、花、根皆可使用。

据宋人朱弁《曲洧旧闻》卷三所载：在宋代的河南府永安界，有一条发源于马岭（即玉仙山）的溱洧之水，水清且产鱼数种，而当地土人却不善施网罟，他们除在冬季积柴水中为罧（音渗）以取鱼外，还有一种方法就是醉鱼，具体方法是捣泽蓼杂煮大麦撒深潭中，鱼一吞食即中毒浮上水面，而人俯首可拾，因没过多久鱼又可

复活，遂谓之醉鱼。按：醉鱼也就是毒鱼，只不过因醉鱼所用的药毒性小，鱼吞食后不久又会苏醒，遂如此命名罢了。历代的本草著作，对能够毒鱼的药也有所载。除前文有所述及外，巴豆与醉鱼草，也是两种重要的毒鱼药。

巴豆能够毒鱼的记载，最早见于《神农本草经》。该书卷下有载："巴豆，一名巴椒。味辛温，生川谷。……杀虫鱼。"《淮南子·说林训》云："鱼食巴菽而死"。菽是豆类的总称，这里所谓巴菽，即巴豆。沈阳孙冯翼辑本《桓子新论》也说："巴豆毒鱼"。唐《新修本草·木部下品》卷十四云："巴豆，味辛温，有大毒。……杀虫鱼，……一名巴椒，生巴郡川谷。"明代李时珍的《本草纲目》，不见巴豆（图三）有能够

图三

毒鱼的记载，这大概是因为汉唐间人在长期的生产和生活实践中，已认识到了用巴豆（有大毒）所毒的鱼，人吃了以后或多或少地有些伤害，因而至明代便弃此药不用了。

用醉鱼草毒鱼，明代李时珍的《本草纲目》有明确的记载。该书第十卷草部"醉鱼草"（图四）条载：

[释名] 闹鱼花、鱼尾草、樕木。[集解] [时珍曰] 醉鱼草南方处处有之。多在堑岸边，作小株生，高者三四尺。根状如枸杞。茎似黄荆，有微棱，外有薄黄皮。枝易繁衍。叶似水杨，对节而生，终冬不凋。七八月开花成穗，红紫

图四

色，俨如芫花一样。结细子。渔人采花及叶以毒鱼，尽圈围而死，呼为醉鱼儿草。池沼边不可种之。此花色状气味并如芫花，毒鱼亦同，但花开不同时为异尔。

在这里，李时珍不仅把醉鱼草的别名、特征、产地及毒鱼方法说得清清楚楚，而且指出了它与芫花的主要区别在于开花的时间不同。

据有人调查，光绪九年及其以前，生活在安康地区的人们，常用山中采来的麻柳树叶及生黄姜[22]作为毒药抛入水中，用来毒鱼。

概括来说，毒鱼的药主要有莽草（芒草）、荨蕁、茇、芫花、泽蓼、巴豆、醉鱼草、麻柳树叶、生黄姜等，它们多为植物药。毒鱼主要利用这些植物的叶、花、果、根等，具体地说，有两种方法：一是把这些植物或叶或花或果或根舂烂直接抛入河或泽中用来毒鱼，一是把这些植物或叶或花或果或根舂烂后，与米或陈粟米粉合在一起，然后再抛入河或泽中用来毒鱼，而不论那一种方法，都是行之有效的，所以便被历代的医药学家及思想家记载下来。需要特别指出的是，毒鱼者所用的药，一般以本地区所产之植物为主。

三　毒鱼与川泽的环境保护

现代环境保护的主要内容有两个方面：一是保护自然生态，一是防治环境污染。从自然保护的角度出发，重点是合理开发、利用和保护自然资源，尤其是生物资源。鱼类作为重要的生物资源，属于自然资源的保护范畴。我国古代为了充分保护鱼类这种自然资源，颁布了许多禁令，由渔业官员[23]专门负责监督执行。这些禁令，往往以礼、律、诏令的形式出现。这些禁令规定，在鱼类产卵繁殖的

---

[22]　见《宁陕抚民分府严禁烧山毒河告示碑》按语。

[23]　《周礼·地官司徒·川衡》："川衡掌巡川泽之禁令，而平其守，以时舍其守，犯禁者，执而诛罚之，祭祀宾客共川奠。"

时节，一切对鱼类有害的捕鱼方法，都是禁止使用的。毒鱼的结果是"细大同时死"，这种捕鱼方法，当然要在禁止之列了。《周礼·秋官·雍氏》载："禁山之为苑，泽之沉者。"这里所谓"泽之沉者"，就是沉药于水中取鱼之意。《荀子·王制》载："鼋鼍鱼鳖鳅鳣孕别之时，罔罟毒药不入泽，不夭其生，不绝其长也。"在诸多的捕鱼方法中，除"竭泽而渔"外，就要算网鱼与毒鱼最不利于鱼类的繁殖和生长，即对鱼类的繁殖和生长最为有害，因而在鱼类等水生动物孕别之时，禁止使用这两种捕鱼方法，无疑有利于鱼类的繁殖和生长，即"不夭其生，不绝其长"。

以国家法律形式出现的有关鱼类等水生动物的保护规定，最早和最典型的是《秦律》中的《田律》：

> 不夏月，毋敢夜草为灰……毋……毒鱼鳖、置阱罔（网），到七月而纵之[24]。

《逸周书·大聚》："夏三月，川泽不入网罟，以成鱼鳖之长。"此与上文"到七月而纵之"相合。在这里，禁止使用毒鱼与网鱼这两种不利于鱼类繁殖生长的捕鱼方法，无非是强调在鱼孕别之时，其他任何对鱼类有害的捕鱼方法，都是禁止使用的，而一旦过了这个禁捕季节，也就可以开禁捕鱼了，即所谓"到七月而纵之"。

我国古代之所以在鱼类产卵繁殖的季节，禁止使用包括毒鱼在内的一切对鱼类有害的捕鱼方法，保护鱼类这种自然资源，并不是出于崇尚自然的目的，也不是儒家仁义思想的需要，更不是宗教不杀生观念的影响，而是为了"物尽其用"，保障供给。《管子·八观》说："山林虽广，草木虽美，禁发必有时；国虽充盈，金玉虽多，宫室必有度；江海虽广，池泽虽博，鱼鳖虽多，网罟必有正，船网不可一财而成也。非私草木爱鱼鳖也，恶废民于生谷也。"在这

---

[24] 睡虎地秦墓竹简整理小组：《睡虎地秦墓竹简》之《秦律十八种释文注释》，北京：文物出版社，1990年9月版，第20页。

里，《管子》提出粮食生产与经营渔业的矛盾。在这对矛盾中，《管子》坚持劳动力归田、优先生产粮食的立场。又《荀子·王制》载："汙池渊沼川泽谨其时禁，故鱼鳖优多而百姓有余用也。"这里强调"谨其时禁"，是为了有利于鱼类等水生动物繁殖生长，从而使"百姓有余用也"，可见荀子的最终目的还是可持续发展和保障供给。

现代环境保护是在环境的污染和破坏已威胁到人类的生存和发展的情况下提出来的。毒鱼作为一种有效的捕鱼方法，其所用的药或有大毒，或有小毒，但主要以后者居多。前文所述及的巴豆，战国、汉及唐都在用它毒鱼，但到明代却突然不用了，这说明人们在长期的生产和生活实践中已逐渐认识到了毒鱼的药或多或少地对人或牲畜有些伤害，所谓"是药三分毒"，何况巴豆更有大毒。对于不幸发生鱼类中毒的事，明代典籍载有两种救助办法。明徐光启撰《农政全书》引《便民图》曰："凡鱼遭毒翻白，急疏去水，别引新水入池，多取芭蕉叶捣碎，置新水来处，使吸之则解。或以溺浇池面，亦佳。"由毒鱼引起环境污染以至于禁止使用这种捕鱼方法，就我们所掌握的资料看，较早的为清光绪元年（1875 年）五月所立的《署砖坪抚民分府严拿匪类告示碑》[25]，该碑碑文有云："烧山毒鱼，故祸生意，外□ 出 □□。嗣后如蹈前辙（辙），准乡保查明，送案究治。"按：砖坪厅，即今岚皋县前身。而最明确最清楚的莫过于清光绪九年正月所立的《宁陕抚民分府严禁烧山毒河告示碑》，该碑碑文云：

> 钦赐花翎升用府正堂署宁陕抚民分府加五级纪录十次□为/
> 出示晓谕事。照得烧山毒河，大干例禁。虽经前任出告/示严
> 禁，乃无知辈藐玩如故，实堪痛恨。兹据职员郑涛/思等禀恳示
> 禁前来，合再出示严禁。为此示仰关属军/民人等知悉，嗣后毋
> 得再行放火烧山、毒河捕鱼，以免/致鸟□□□此地饮水

---

〔25〕　张沛编著：《安康碑石》，西安：三秦出版社，1991 年版，第 253 页。

□□□□□毒河则饮水之人/先中此毒。自示之后，倘□饮□□□，一经发觉，定即/从重究办，决不宽恕。各宜凛遵毋违，特示。[26]

此碑所刊告示，是迄今所见安康地区最早的一份专门保护森林资源、防止河流污染的历史文献。据有人调查，旧时当地人为了捕鱼，常用山中采来的麻柳树叶及生黄姜作为毒药抛入河中，用来毒鱼。但此种经过炮制的毒药，不仅可以毒死鱼类，而且亦可使饮过此水的人及鸟兽牲畜等中毒。对于烧山毒河，宁陕抚民分府以前曾出示严禁，但"无知辈藐玩如故"。根据职员郑涛思建议，再次出示严禁。规定自示之后，不管是当地驻兵，还是居民，凡是再行放火烧山、毒河捕鱼，"一经发觉，定即从重究办，决不宽恕"，反映了我们先辈对于环境污染进行防治的决心和信心。

在环境污染日益严重的今天，政府已把污染的防治提到了议事日程上来。而我们的先辈，早已为我们积累了一些经验和教训，相信对我们一定有可以汲取和借鉴的地方。

（原文载《陕西历史博物馆馆刊》第四辑，西安：西北大学出版社，1997年6月第1版）

---

[26] 张沛编著：《安康碑石》，第274～275页。

"扶桑国在美洲"再考

关于扶桑国的历史记载，最早最详细的莫过于唐人姚思廉所编《梁书·东夷列传》中的记载，以后的《南史·夷貊传》、《通典·东夷传》、《通志·四夷考》、《文献通考·四夷考》等典籍所载扶桑国的情况，皆本之于《梁书》。该书卷五十四记载：

> 扶桑国者，齐永元元年，其国有沙门慧深来至荆州，说云："扶桑在大汉国东二万余里，地在中国之东，其土多扶桑木，故以为名。扶桑叶似桐，而初生如笋，国人食之，实如梨而赤，绩其皮为布以为衣，亦以为绵。作板屋。无城郭。有文字，以扶桑皮为纸。无兵甲，不攻战。其国法，有南北狱。若犯轻者入南狱，重罪者入北狱。有赦则赦南狱，不赦北狱。在北狱者，男女相配，生男八岁为奴，生女九岁为婢。犯罪之身，至死不出。贵人有罪，国乃大会，坐罪人于坑，对之宴饮，分诀若死别焉。以灰绕之，其一重则一身屏退，二重则及子孙，三重则及七世。名国王为乙祁；贵人第一者为大对卢，第二者为小对卢，第三者为纳咄沙。国王行有鼓角导从。其衣色随年改易，甲乙年青，丙丁年赤，戊己年黄，庚辛年白，壬癸年黑。有牛角甚长，以角载物，至胜二十斛。车有马车、牛车、鹿车。国人养鹿，如中国畜牛。以乳为酪。有桑梨，经年不坏。多蒲桃。其地无铁有铜，不贵金银。市无租估。其婚姻，婿往女家门外作屋，晨夕洒扫，经年而女不悦，即驱之，相悦乃成婚。婚礼

> 大抵与中国同。亲丧，七日不食；祖父母丧，五日不食；兄弟
> 伯叔姑姐妹，三日不食。设灵为神像，朝夕拜奠，不制縗经。
> 嗣王立，三年不视国事。其俗旧无佛法，宋大明二年，罽宾国
> 尝有比丘五人游行至其国，流通佛法、经像，教令出家，风俗
> 遂改。"

一些学者指出，《梁书·东夷列传》中所说的慧深根本不是中国僧人，而仅仅是与当时的高僧同名而已。但邓拓先生根据梁朝和尚慧皎编撰的《高僧传》所载："沙门慧深，亦基之弟子。深与同学法洪，并以戒素见重。"认为慧深不仅是中国僧人，而且在禅林中具有一定的影响，并且他从公元 452 年（宋文帝在位期间）到 499 年（齐永元元年）的四十多年间，可能一度远游美洲。中美各地的神话传说以及美洲的一些地名，也证实了邓拓先生的推测。亨·莫茨（H. Mertz）认为，古墨西哥阿兹特克人的神凯察尔科阿特尔的原形就是慧深，作为一种外来神，他有几种不同的称呼，扎波特克人称他为威西波克恰，玛雅人称他为库库尔坎。这位神早于西班牙人约800 年来到墨西哥，他除传播偶像崇拜外，还把农业、历法、天算、采矿、冶炼、宗教仪式等方面的知识传授给了墨西哥人。莫茨指出，慧深恰好也是在这个时期从墨西哥西面（中国）来，又回到西方（中国）去。也许，古代中美洲传说中的这位外来神，正是对《梁书》所载云游僧人的神化。

在墨西哥大西洋沿岸一带地方，人们称宗教的最高领袖为"塔尹萨卡"（Taysacaa），"塔尹"（Tay）在当地土语中是"人"的意思，而"萨卡"则是外来语，它可能是"释迦"（Sakai）的译音，合起来就是"释迦弟子"的意思。从美国亚利桑拿州到危地马拉，有的学者找到了一系列包括近似"慧深"、"比丘"、"释迦"（族名）的音的地名，如玛雅（Maya）也许源于释迦牟尼的母亲摩诃摩耶（Mahamaya），危地马拉（Gautemala）可能来自释迦牟尼的姓乔答摩（Gautama）等等，认为这些可能与慧深东行传播佛教有关。依据

《梁书》的基本史料，结合古今文献、考古资料以及人类学、民俗学、航海学、建筑学、语言学等方面的知识，中外学者对于扶桑国作了详细考证，归纳起来，主要有以下五种观点：

1. 日本说。这是影响最为广泛的传统观点，德国东方学家克拉普洛特（H. Klaploth）、《辞海》编者以及何新等一大批人均持此观点。

2. 澳大利亚说。这是一种未引起人们注意的观点，近人文公达持此观点。

3. 堪察加半岛说。希勒格氏持此观点。

4. 一些学者认为，扶桑国只能在北至库页岛、东抵日本、西达贝加尔湖之间的某一地区。

5. 美洲说或北美墨西哥说。外国学者德·岐尼（J. De Guignes）、金勒、艾·威宁（E. P. Vining）、亨·莫茨、弗雷尔等人持北美墨西哥说，我国学者朱谦之、邓拓等人也主此说；而吕思勉先生则主美洲说，他进一步认为扶桑国是由受殷文化影响的貉族人建立的。

以上五种观点，第二、三、四几种观点只是少数人所持，且论据单薄，姑且不论，现在只来讨论第一种和第五种观点。

作为第一种观点的传统观点，之所以认为扶桑为日本，自然有其较为充分的理由：

扶桑国虽最早见于《梁书》，但扶桑之名却很早就出现在我国古籍《离骚》、《山海经》等书中。在汉代以前，我国古籍所说的扶桑是神话传说中的一种神木，它生长在日之所出的东方。到了汉代东方朔的《海内十洲记》，扶桑一名则演变为东方美丽的仙境。魏晋以后，在王嘉的《拾遗记》、《梁四公记》，段成式的《酉阳杂俎》等书中，有关扶桑的材料愈来愈多，而且也趋于具体化。各时期的扶桑传说虽然记载不一，甚或其内容也有夸张和虚诞的成分，但有两点是一致的：一是扶桑在我国东海之外，而且往往和乐浪、朝鲜、新罗、高句丽之名联系在一起；二是扶桑有一种神木，即扶桑木。

《宋书·倭国传》记，公元478年，倭王武（雄略天皇）派遣使者向宋帝上表说："东征毛人五十五国，西服众夷六十六国，渡平海北九十五国。"倭王武的统一过程直到公元 5～6 世纪时才基本完成。从此以后，扶桑国和倭国都不见于中国史籍，代之出现的是正史中"日本列传"。有的学者认为，扶桑国原是日本列岛上众多小国中的一个，在后来统一过程中被兼并了；也有人认为，倭国即扶桑国，扶桑国即日本，三者是同国异名，是统一过程中不同时期的相应名称。

扶桑国在中国史籍中消失后，扶桑却成了日本的别名。据《隋书》记载，公元 608 年，倭国王在给隋炀帝的国书中说："日出处天子致书，日没处天子无恙。"所以唐及其以后，中国人就常别称日本为扶桑国。唐代大诗人王维《送秘书晁监还日本国》一诗云："积水不可极，安知沧海东。九洲何处远，万里若乘空。……乡国扶桑外，主人孤岛中。别离方异域，音信若为通。"日本人也常以扶桑作为本国的自称，如公元 12 世纪左右，睿功德和尚所撰的记述日本神武天皇到掘河天皇的史书即称《扶桑略》。其他如纪齐名的《扶桑集》诗集、元政的《扶桑隐逸传》等书，都把日本称作扶桑。鲁迅先生1931 年 12 月《送日本友人东渡回国》一诗亦写道："扶桑正是秋光好，枫叶如丹照嫩寒。却折垂杨送归客，心随东棹忆华年。"可见"扶桑即日本"已成为我国的传统说法。

有的学者认为，公元五六世纪时，我国航海技术还很低，海上交通很少，航海计程的方法也很幼稚，往往以船只漂流的日月计算，因而计算出来的航海里程其准确性也就降低了。如中日两国之间的海距不过约 2200 里，而《梁书》却称相距"万二千里"。就是按中日两国距离的同一尺度来推算扶桑国的地理位置，也绝不可能远到美洲。

扶桑国的方位是由大汉国和文身国的方位确定的，而这两个国家在中国史籍中的唯一重要线索就是文身国有文身之俗。现代民俗学研究表明，古代日本列岛，尤其是北海道、千岛群岛、堪察加半岛以及我国东北的东胡族等，都有这种风俗。《梁书》上说文身国在倭国东北 7000 余里。倭国大概在北九州，文身国则应是虾夷人聚居的北海道一带。在文身国以东 5000 余里的大汉国，实当为库页岛。有的学者推测，从倭国经文身国（北海道）前往大汉国（库页岛）是从日本海沿北海道西岸航行，反之，从大汉国前往扶桑国则是从日本海沿北海道东海岸南下。因此，扶桑国的位置应在日本东南部。从《梁书》所载扶桑国的物产看，日本在古代虽没有黄牛，但却有水牛，它恰恰具有一对新月形的大犄角。一切民族的发展都是先有铜而后有铁，公元 5 世纪日本列岛上的边远民族不会炼铁亦不足为怪。

学者们指出，慧深口述的扶桑国的社会组织和风俗，几乎都可以找到脱胎于中国和朝鲜、日本等处社会组织和风俗的痕迹。如扶桑国称贵人为"大对卢"、"小对卢"，而"对卢"原是古代高句丽的官名。在日本虾夷族中，据说至今还可以找到"大对卢"、"小对卢"以及"纳咄沙"的痕迹。扶桑国王的衣服分青、赤、黄、白、黑五色，这与中国道家五行生克的说法是很容易联系在一起。扶桑国的婚丧习惯，在朝鲜、日本也能找出踪迹。据《三国志》记载，高句丽人订婚后，"女家作小屋于大屋后，名婿屋"，夫妻生子后才同归男家。据西方学者考证，日本虾夷族有"死者之家，一星期不食鱼肉"的习惯，这和扶桑国的丧礼习俗相同。6 世纪末，有大批中国僧侣从朝鲜半岛东渡日本，相随而至的还有建造寺院的工匠和画工，于是日本遂"流通佛法经像。"

我们认为，"扶桑即日本"说的论据不能令人十分满意。首先，扶桑作为国名出现之前，并无确指。它在《山海经》中指的是一种日出之所的神木；在《海内十洲记》中指的是东方美丽的仙境；而在《洛阳伽蓝记》中则笼统地指东夷，据该书卷三载，北魏王朝对于"……东夷来附者，处扶桑馆，赐宅慕化里。西夷来附者，处崦嵫馆，赐宅慕义里。"虽然日本国的原意与扶桑的原意"日出之所"巧合，并且唐及其以后别称日本为扶桑，但扶桑并不只用来代指日本，亦可用来代指美洲。如近人《异闻录》记载："……近世落花生，本来自南美之巴西，而《福清县志》言僧应元往扶桑觅种寄回，似亦以南美为扶桑。或者古人知中国极东有美洲，因附会《山海经》，名曰扶桑也。"况且"日本历史流传有绪"，在我国几乎所有典籍中，对其正式称呼要么是"倭"、"倭人"、"倭国"，要么是"日本"、"日本国"。具体地说，《后汉书·东夷列传》、《梁书·东夷传》、《北史·四夷传》称其为"倭"；《三国志·魏书·东夷传》、《晋书·东夷传》称其为"倭人"，《山海经·海内北经》、《宋书·夷蛮列传》、《南齐书·东南夷传》、《南史·夷貊列传》、《隋书·东夷列传》、《旧唐书·东夷列传》称其为"倭国"；《新唐书·东夷列传》、《元史·外夷列传》、《新元史·外国列传》、《明史·外国列传》、《清史稿·邦交列传》称其为"日本"，《旧唐书·东夷列传》、《宋史·外国列传》称其为"日本国"。而成书于公元712年的《古史记》和成书于公元720年的《日本书纪》，是大家公认的日本最早用文字记载其历史的典籍；前者称日本还是"倭"，到后者才改称为"日本"。由此可见，日本由"倭"改为"日本"，已是7世纪以后的事了。

其次，如有的学者指出的那样，公元五六世纪时，我国航海计程的方法往往以船只漂流的日月计算，准确性低，因而推算的航程数据似较实距略大。其实，这只是一种因素，还有另一因素不容忽视，那就是我国古代的远洋航行多是曲折地航行。据《梁书》卷五十四记载："从带方至倭，循海水行，历韩国，乍东乍南，七千余里始度一海。海阔千余里，名瀚海，至一支国。又度一海千余里，名末卢国。又东南陆行五百里，至伊都国。又东南行百里，至奴国。又东行百里，至不弥国。又南水行二十日，至投马国。又南水行十日，陆行一月日，至邪马台国，即倭王所居。"从带方至倭，中间须经过韩国、一支国、末卢国、伊都国、奴国、不弥国、投马国等，既要水行渡海，又要陆行，而路线是乍东乍南、东南行、东行、南行，难怪有12000里之遥。同样，由中国至美洲，也是沿太平洋沿岸有岛屿的海域曲折地航行，这样，其航程数字之大也就不足为怪了。

再次，说6世纪末因大批中国僧侣从朝鲜半岛东渡日本，于是日本遂"流通佛法经像"，这种说法亦可商榷。《梁书》卷五十四明确记载："宋大明二年，罽宾国尝有比丘五人游行至其国（扶桑国），流通佛法、经像，教令出家，风俗遂改。"宋大明二年是公元458年，罽宾国在今克什米尔。可见，最迟在4世纪中期，罽宾国的比丘已游行至扶桑国，并流通佛法经像，致使扶桑国的风俗为之一变。前已述及，邓拓先生认为中国的沙门慧深在公元452~499年的四十多年间曾一度远游美洲，实较罽宾国比丘到美洲为早。

对于扶桑即北美墨西哥说或美洲说的第五种观点，我们表示赞同，并且倾向于吕思勉先生之美洲说。吕思勉先生在其读史札记《貉族考》一文中指出："貉族又有浮海而东者，时曰扶桑。扶桑之地，以予考之，实当在美洲，而希勒格氏著书，谓在堪察加半岛，姑勿具论，其为貉族之分支，则章章也。"关于貉族，吕先生在其《中国民族史》一书第六章《貉族考》中指出："北方诸族，传中国之文明最早者，莫如貉。貉，又作貊，亦称沙貉。又单称沙，亦作岁，作秽。……貉族国落，见于汉以后者：曰夫余，曰高句骊，曰百济，曰东沙，曰沃沮。……貉族文化，多同于殷，盖自箕氏有国以来所渐染，非待北燕拓境，然后接受之也"。吕思勉先生之所以认为当在美洲的扶桑国是由殷文化渐染的貉族人建立的，主要是他在其读史札记《貉族考》一文中通过对扶桑国的婚丧之俗、国王和贵人的称呼、"嗣王立，三年不视国事"、服饰易色等方面加以旁征博引和剖析后，发现它多与貉或殷的政教风俗相类而得出的。吕思勉先生的论点不失为精辟之见，但他的论证主要侧重于政教风俗方面，我们还有必要从扶桑国的地理方位、动植物、矿产以及航海技术和考古资料等方面加以阐述。

从《梁书》的记载可知，扶桑国的得名是因"其土多扶桑木"，"故以为名"。关于扶桑木，学者们大致有龙舌兰说、玉米说、棉花说、摩伽说以及桑树说、梧桐木说、木棉说、吉贝树说、白叠子树说等几种观点。然而，说到底，扶桑木究竟是一种什么样的植物，学者们还没有达成共识，至今仍是一个悬而未决的问题。

扶桑国除其特产植物"扶桑木"外，还有蒲桃、桑梨等。所谓桑梨，就是美洲所产的可可豆。威宁等人证明，在欧洲人未到美洲之前，美洲大陆已经生长有野生的葡萄，这就是《梁书》上所说的蒲桃。法国人房龙在 1932 年出版的《世界地理》中也说，欧洲人初到美洲时，称美洲为"外因兰"，意思就是"葡萄洲"，因为那里生产一种葡萄，可以用来酿造美酒。扶桑国的牲畜有马、牛、鹿等。而在美洲大陆，古代确实生存着一种鹿，其名为"驯鹿"。在墨西哥北部地区，古代有巨大的野牛，而且其角很长。有人指出，美洲古代没有马，是西班牙人才把马运到了美洲。但是，动物学家根据地下挖掘的动物骨骼证明，美洲在远古时期确曾有马类的生存。

扶桑国的矿产是无铁而有金、银、铜等。苏联科学院出版的《美洲印第安人》一书证明，古代的墨西哥和秘鲁等地，"会熔炼金、银、白金、铜以及铜和铝的合金——青铜，却没有发现任何地方会炼铁的。"这一点与《梁书》的记载是完全吻合的。在古代墨西哥，尤其是在玛雅地区，尽管城邦林立，但一般却没有城和郭（即内城和外城）。公元 5 世纪时，玛雅人也已有了自己的方形象形文字。这些与《梁书》记载的"作板屋，无城郭，有文字"的情况是一致的。

在古代墨西哥，确曾存在过两种监狱：一种关押犯轻罪者，一种监禁重犯和死囚。据一些早期西班牙人的记载，印第安人奴隶的子孙也是奴隶，他们开始充当奴隶的年龄是男孩 7 岁、女孩 8 岁，慧深按照中国人的习惯计算，自然就是"生男八岁为奴，生女九岁为婢"了。又在地下室（坑）开国民大会裁判罪人的习惯以及古代墨西哥厉行的"灰责"刑罚，都与《梁书》的记载相合，而这种习惯，在别处是少见的。公元五六世纪时，玛雅人成立了强大的奇钦——伊查国家，国王为尹查，与慧深所说的"乙祁"对音，而贵族"对卢"的称号，则是古代玛雅语"首领"的音译。

　　从地理方位来看，依据《梁书》的记载："扶桑在大汉国东二万余里"，"大汉国，在文身国东五千余里"，"文身国，在倭国东北七千余里"。有些学者据此推论，文身国约是日本东北虾夷族聚居的北海道一带或今之千岛群岛中的某岛；大汉国约是今俄罗斯堪察加一带的古国或阿留申群岛爱斯基摩人的土地；扶桑国不难推想就是今之墨西哥了。

　　从航海技术来说，中国人自古就习于航海，并由沿海航行逐步发展为远洋航行。早在 6000 年前的新石器时代早期，蒙古利亚种海洋系的古越人，就已从我国东南沿海南下，开始航渡东南亚。据古文献资料和甲骨文推测，商代已有了稳定性较强、装载量较大的木板船，并有风帆和可以掌握航向的船具，具备了扬帆远航的基本条件。但是，在太平洋赤道两侧的洋面上，由于地球自转引力的作用，两股宽广的向西洋流长年涌动，并伴有盛行信风，木帆船是无法通过的。就是在两股洋流之间的赤道无风带，因有无规律的漩涡和上升的海水，木帆船也无法通行。用电子计算机对上述自西向东漂流的模拟航行试验结果也表明，其概率为零。因此乘木板船自西向东横贯太平洋的航行是不可能的。可是，在中国的东南沿海，每年 4～7 月份盛行着西南季风，而琉球与日本附近，又有著名的黑潮海流的存在。据此可以设想，古代中国人在东海航行时，偶遇黑潮海流，便借之北经琉球，沿日本列岛之东北，顺西风漂流，过阿留申群岛之南的太平洋海域而至北美，再乘加利福尼亚海流而至墨西哥，一路逐岛傍岸顺风顺流东去。由于北太平洋的堪察加暖流，使得这条路沿途有鱼、禽和野果可供食用，同时沿途岛上又可取用淡水，并且自阿留申往南，岛屿与岛屿隔海相望，这样就使远洋航行实际上变成了岛屿之间短途航行的连续。这就是乘一叶扁舟即可航行的一条"风平浪静"的航线。1565 年，安德列斯·乌尔达奈塔沿日本向北航行，发现了经阿留申群岛南面高纬度的太平洋海域到美洲的航线，确有常年的顺风顺流。1974 年，奥地利人类学家库诺·克诺伯尔以广州出土的东汉陶船为模型，仿造了一艘木帆船，取名"太极号"，从香港出发，沿着日本海岸向东北方向漂去。尽管这艘船后来被凿船虫咬穿，但仍漂到了阿拉斯加的沿海岸边。因此，古代中国人东航美洲的可能性是完全存在的。1975 年冬，潜水员鲍勃·迈雷尔在美国加利福尼亚海底偶然捞起一块重 152 千克、中穿一孔的石块，后来又捞起圆柱形和正三角形人工石制品十余件。后经美国圣地亚哥大学考古学家詹姆斯·莫里亚蒂博士和海洋考古学家小拉里·皮尔逊鉴定，认为这些石块是来自亚洲的早期船锚，它们在海洋中已沉睡了 2500 年之久。1979 年 8 月，对海运史素有研究的房仲甫在《人民日报》上发表《中国人最先到达美洲的新物证》一文，支持莫里亚蒂博士的论点。

前已述及，古墨西哥阿兹特克人的神凯察尔科阿特尔的原型就是慧深。而不同地区的印第安人，都说他们的历法和天文知识是得自凯察尔科阿特尔。中国古代是用干支纪年的，其中也用十二生肖动物代表相应的干支年岁。古代玛雅人也用诸如蛇、鹿、兔、狗、猴、虎等一些动物的名称作为时间的标记。尤其是曾在墨西哥建立强大帝国的阿兹特克人，他们的历法也以十二生肖作为表征，而它的周期性循环以及其他一些突出的特点，几乎与中国旧历没有什么两样。

古代玛雅人还有于年末的前五天毁掉自己的家神而于新年开始时再树起新家神的习俗，这与我国旧俗于阴历年底"送灶"、"迎灶"的做法如出一辙。莫茨指出："年终时烧掉家神，这两种风俗竟是共同的，这难道不奇怪吗？我们没有每年要烧掉的家神。而中国人和墨西哥人至今还都有这样的风俗。"

在秘鲁，古印第安人除了悬崖凿洞和矗立碑等埋葬方式外，则更多地采用穴葬，这与中国广大地区传统的土葬方式一样。其丧葬仪式也与我国古代甚至现代北方一些农村的习惯做法相仿，如死者的尸体须停放几个"七"（如一七、二七等），直至月圆时才能下葬。在此期间，准备陪葬品、做孝服、挖墓穴、摆宴席等。送葬时，死者的妻子、儿女等要穿白色孝服，儿子走在最前面，其他亲人随后。秘鲁古印第安人的耕作方式、犁杖、纺纱织布的工具以及手捻棉线的方法，都与中国广大农村的传统耕作及纺织方式非常相似。

　　秘鲁古印第安人的音乐舞蹈与中国的音乐舞蹈也有许多相同之处。秘鲁安第斯山区音乐的韵律、韵味很像中国民间乐曲，尤其是库斯科和阿亚库乔地区的音乐，中国人听后感到格外亲切。在秘鲁印第安人舞蹈中，至今还有四种民间舞蹈与中国的舞蹈相似：一是狮子舞，跳于秘鲁的一些地区；二是龙王舞，跳于的的喀喀湖所在的普诺地区，当地人称为"魔鬼舞"；三是跑驴，跳于秘鲁山区和沿海的一些地区；四是高跷在秘鲁相当普遍。

　　美洲各地的考古发掘资料表明，美洲古代文化与中国历代文化相同或相似之处也特别多，其中不仅包括 5 世纪中国文化的因素，而且也带有明显的商代文化特征，如土墩、雕像、饕餮纹、虎神崇拜以及与甲骨文相似的文字等。虎神崇拜起源于商代，而墨西哥早期奥尔美文化的一个显著特征就是虎神崇拜。在奥尔美文化的石雕和手斧中，有虎面人像。这种以崇拜虎神为特征的奥尔美文化后来流传到秘鲁，形成了著名的查文文化，至今，秘鲁安第斯山上的一座神殿里还矗立着一座高大的、露出獠牙狞笑的查文文化时期的半人半虎石像。而在我国，各地出土的商代虎形青铜器也很多。

　　蝙蝠因其与"福"字谐音，自古以来被中国人视为吉祥之物，而在秘鲁查文时期的石雕、石刻和陶器中，也有大量蝙蝠图案。作为查文文化的代表性作品——雷蒙迪石碑，很像中国龙王庙里的龙王碑，碑上刻有龙头、龙面、蛇身、龙爪，双手亦为龙爪形，并各持一龙杖。更令人吃惊的是在查文时期的文物中，竟有一块刻有中国战国时期齐人邹衍关于宇宙的大九州学说图形的大石头。图中刻有横线的四个部分为阳，代表东、南、西、北四个方向，刻有竖线的四个部分为阴，代表东北、西北、东南、西南四个角度，中间部分是人类居住的地方，因为居中，故称中国。

　　1923 年，在墨西哥境内有的塔上发现了象形文字雕刻，中国北京政府驻墨西哥代理公使曾认出其中的"日"、"月"、"市"三个字。在墨西哥太平洋沿岸出土的陶器上，有类似我国商代甲骨文的"帆"、"亚"等字，至今墨西哥地区类似的"亚"字形建筑遗迹犹存，而商代殷人的"且"字形祖先牌位在当地印第安人中也曾盛行。在墨西哥还发现了一方"大齐田人之墓"的墓碑，"大齐田人"即我国战国时代山东田姓之人，这块墓碑可能是战国或秦末从山东半岛放舟美洲出逃的齐国田姓之人的遗物。在厄瓜多尔，曾发掘出许多汉朝王莽时代的古币。在秘鲁，曾发现刻有汉文"太岁"二字的古碑，现陈列在公园里。1886 年，在秘鲁山洞里发现了一尊奇特的裸体美洲女神铜像，女神的双手提着铜牌，铜牌两面各铸有"武当山"三个汉字，字体近似南北朝时期的八分书。在墨西哥阿尔万山神庙的石碑上，亦存在和汉字相同的象形字"水"字。在美洲古陶器的神座上也刻有汉文的"天"字。此类汉字，包括重复的在内，在美洲已发现一百四十多个。从字体来看，自殷至南宋几乎历代都有。

考古资料还表明，在墨西哥越万滔地方，发现的许多泥制古像在面貌、衣饰上与古代中国人有着惊人的相似。公元 5 世纪，具有中国文化特色的飞檐式建筑忽然在尤卡坦西部出现而且盛极一时。中国的古建筑讲究有中轴以及对称，而秘鲁古老的印第安建筑也有这种特点。在墨西哥和厄瓜多尔，发现的一些石雕人或神像，其盘腿而坐、沉思默想、颈挂佛珠的神态，与中国佛像酷似。古代美洲不种荷花，但古代中美洲的造型艺术中却有荷花题材。在墨西哥尤卡坦半岛奇钦伊查地方，曾出土有古代玛雅人的荷花主题雕刻，它与中国流行的佛像雕刻非常相似。

综上所述，依据《梁书》的基本史料，结合古今文献、考古资料以及人类学、民俗学、航海学、建筑学、语言学等方面的知识，通过对《梁书》所载扶桑国的地理方位、动植物、矿产、婚丧之俗、国法、服饰易色、国王和贵族的称呼，"作板屋，无城郭，有文字"以及"嗣王立，三年不视国事"和史料来源者慧深的考察，我们认为吕思勉先生的论点不失为真知灼见，即扶桑国实当在美洲，它是由受殷文化渐染的中国貉族人建立的。而沙门慧深的功绩，主要是在留有姓名的人当中，是他首次发现了"扶桑国"。

---

[1] 吕思勉：《中国民族史》第六章《貉族考》，北京：中国大百科全书出版社，1987年11月版；《吕思勉读史札记》下《貉族考》，上海：上海古籍出版社，1982年8月版。

[2] 邓拓：《谁最早发现美洲》、《"扶桑"小考》、《由慧深的国籍说起》，见马南邨：《燕山夜话》二集，北京：北京出版社，1979年4月版。

[3] 本社编：《中国文化史三百题》之《我国与美洲的交往始于何时?》，上海：上海古籍出版社，1987年11月第1版。

[4] 施宣国、林耀琛、许立言主编：《中国文化之谜》第一辑，上海：学林出版社，1985年11月第1版。

[5] 李宏图、朱宁、李治国、王永亮编著：《人类文化之谜》之《扶桑国之谜》，上海：上海远东出版社，1995年10月版。

[6] 郑逸梅：《梅庵谈荟》之《文公达考证扶桑非日本》，哈尔滨：黑龙江人民出版社，1985年9月版。

[7] 何新：《诸神的起源》，北京：生活·读书·新知三联书店，1987年版，第114~115页。

[8] 《辞海》"扶桑"条。

[9] 周一良：《介绍两幅送别日本使者的古画》，《文物》1973年第1期。

[10] 黎虎：《北魏的"四夷馆"》，文史知识编辑部编：《古代礼制风俗漫谈》（三集），北京：中华书局，1992年5月第1版。

[11] 《中秘文化源远流长》，见《参考消息》1996年10月14日第8版，15日第8版。

[12] 汪向荣：《中日关系史文献论考》，长沙：岳麓书社，1985年2月版。

（原文载《陕西师范大学学报》哲学社会科学版1998年第2期，《新华文摘》1998年第9期论点摘编）

武则天出家为尼之寺院名称及其方位考

——兼论武则天长子李弘之生年

作为中国历史上唯一的女皇，武则天曾经对中国历史尤其是唐代历史产生过重大影响。但是，她也有过一段孤寂的日子，那就是太宗李世民驾崩后，作为太宗才人的武则天，与太宗其他嫔御一起，曾经奉新皇之诏，出家为尼。关于武则天出家为尼的寺院名称，主要有以下几种说法：

1. "感业寺"说。

《旧唐书》卷六《则天皇后本纪》、《旧唐书》卷五十一《高宗废后王氏传》、《新唐书》卷四《则天皇后本纪》、《新唐书》卷七十六《则天顺圣皇后武氏传》、《资治通鉴》永徽五年条，皆主此说。

2. 崇德坊"灵宝寺"说。

北宋宋敏求《长安志》卷九载："次南崇德坊：西南隅，崇圣寺"，注曰："寺有二门，西门本济度尼寺，隋秦孝王俊舍宅所立；东门本道德尼寺，隋时立。至贞观二十三年，徙济度寺于安业坊之修善寺，以其所为灵宝寺，尽度太宗嫔御为尼以处之；徙道寺额于休祥坊之太原寺，以其所为崇圣宫，以为太宗别庙。仪凤二年，并为崇圣僧寺。"元代骆天骧所撰《类编长安志》本之宋敏求《长安志》，记载略同。

3. 感业寺即安业坊"灵宝寺"说。

南宋程大昌《雍录》卷十载："感业寺（武后为尼）：贞观二十三年五月，太宗上仙，其年即以安业坊济度尼寺为灵宝寺，尽度太宗嫔御为尼以处之。此寺之东又有道德寺，亦尼寺也，改造道德寺为崇圣寺，充太宗别庙。永徽五年，太宗忌日，高宗诣寺行香，武氏泣，上亦泣，王皇后欲以间萧淑妃之宠，令武氏长发，劝上纳之后宫。"

4. 安业坊"安业寺"说。

南宋程大昌《雍录》卷十载："以《通鉴》、《长安志》及吕《图》参定。《通鉴》言武氏在感业寺，《长安志》云在安业寺，惟此差不同。然《志》能言寺之位置及始末，则安业者是也。"

5. 感业寺即安业坊"济度尼寺"说。

清代徐松《唐两京城坊考》卷四《西京·外郭城》："次南安业坊：东南隅，济度尼寺。"注曰："隋太师申国公李穆之别宅。穆妻元氏立为修善僧寺。其济度尼寺本在崇德坊，贞观二十三年徙于此。武后为尼，即此寺也。其额殷令名所题，《通鉴》作感业寺。"张永禄主编《唐代长安词典》"感业寺"条[1]亦主此说。

以上几种观点，我们赞同第一种观点。因为《旧唐书》是现在最早的系统记录唐代历史的一部史籍，它的作者刘昫为五代后晋人，离唐代很近，有机会接触到大量唐代史料，尤其是唐代前期的史料如吴兢、韦述、于休烈、令狐垣等人相继纂述的《唐书》130 卷，因而《旧唐书》的记载是可信的。《新唐书》的作者为欧阳修、宋祁，《资治通鉴》的作者为司马光，他们都是北宋人，离唐代又不远，因而他们的记载同样可信。

关于第三种观点，系由程大昌对于《长安志》的理解错误所致，宋敏求的原意是：贞观二十三年，迁崇德坊的济度尼寺到安业坊的修善寺，改崇德坊原济度尼寺旧址为灵宝寺，然后尽度太宗嫔御为尼以处之，而并非像程大昌所说的"以安业坊济度尼寺为灵宝寺，尽度太宗嫔御为尼以处之"。因为同一年，在迁济度尼寺到安业坊修善寺的同时，也把其旁的道德寺额迁到休祥坊的太原寺，并把崇德

---

[1] 张永禄主编：《唐代长安词典》，西安：陕西人民出版社，1990 年 12 月版，第 368 页。

坊原道德寺旧址改为崇圣宫，用来充当太宗别庙。到了仪凤二年，同处于崇德坊的灵宝寺与崇圣宫合并为崇圣僧寺。

关于第四种观点，宋敏求《长安志》并没有明言是安业坊的安业寺，而程大昌却强加于它，显由程大昌理解错误所致。

关于第五种观点，系由徐松承袭程大昌之说，因而以讹传讹。

既然我们同意武则天出家为尼是在感业寺，那么它在长安城的什么方位呢？对此，学者们主要有两种观点：一种观点以赵文润先生为代表，他认为："感业寺位于长安城朱雀街西崇德坊的西南隅，靠近清明渠。其东侧有太宗别庙。"[2]赵文润先生的观点是由《长安志》卷九即我们上面第 2 种观点所引一段史料得出来的，他所指的感业寺方位，实际上就是我们上面的第 2 种观点即崇德坊灵宝寺，尽管他没有明说；一种观点以胡戟先生为代表，他认为："唐太宗死后，武则天和后宫没有子女的内官们一起剃度落发，被送进感业寺。今西安西北城外有一所感业寺小学，即是该寺旧址。"[3]

以上两种观点，我们赞同第二种观点。清嘉庆十七年张聪贤修、董曾臣等纂《长安县志》卷二十二《寺观志》载："感业寺在长安故城西北，即唐武后为尼处。万历十二年重修。"西安市地方志馆、西安市档案局《西安通览》[4]（西安地方志丛书）载："感业寺、后所寨：位于北郊六村堡东北 3.5 公里、西汉长安城北墙遗址南侧。以唐代系禁苑感业寺名村。感业寺遗址在村内感业寺小学内。唐代著名政治家女皇武则天曾在这个寺院为尼。现仅存石栏和武则天汲水井一口。据《咸宁长安两县续志·祠祀考》：感业寺，同治兵燹后殿宇尽毁，仅存明万历年一碑并乡人掘土所得一碣，上书'唐武后

---

〔2〕 赵文润、王双怀：《武则天评传》（乾陵文史丛书），西安：三秦出版社，1993 年 8 月版，第 22 页。

〔3〕 胡戟：《武则天本传》（隋唐历史文化丛书），西安：三秦出版社，1986 年 6 月版，第 13 页。

〔4〕 西安市地方志馆、西安市档案局：《西安通览》，西安：陕西人民出版社，1993 年 9 月版，第 864 页。

焚香院'六小字，下书'大唐感业禅院'六大字，今俱存。"嘉庆十七年张聪贤修、董曾臣等纂《长安县志》卷二十四《金石志》又载："感业寺碑：万历十三年七月王继祖撰，正书，在县西北。"史念海主编《西安历史地图集》[5]中的《唐长安县、万年县乡里分布图》，亦把感业寺标在西安北郊的六村堡附近。

宋敏求《长安志》卷六载："禁苑在宫城之北，东西二十七里，南北三十三里。东接灞水，西（包）长安故城，南连京城，北枕渭水。"程大昌《雍录》卷三载："（唐太极）宫之北有内苑，有禁苑，而宫居都城之北，内苑又居宫北，禁苑又居内苑之北也。禁苑广矣，西面全包汉之都城，东抵灞水，其西南两面攙出太极宫前，与承天门相齐。"在该书卷三，程大昌还附有《唐宫苑包汉都城图》。徐松《唐两京城坊考》卷一《西京三苑》："禁苑者，隋之大兴苑也。东距浐，北枕渭，西包汉长安城，南接都城。"既然宋敏求、程大昌和徐松都认为唐禁苑西面包括汉之都城，而且程大昌在其书中还附有《唐宫苑包汉都城图》，那么《西安通览》所说感业寺"位于北郊六村堡东北3.5公里、西汉长安城北墙遗址南侧"，实际上也就是认为感业寺是处在唐代的禁苑之内。又由于唐禁苑连接西内苑和宫城，这样，唐高宗李治在太宗忌日从宫城出发前往感业寺进香，只要穿过西内苑，就跨入感业寺所处的禁苑范围了。

高宗李治去感业寺进香，《资治通鉴》只说是在"太宗忌日"，而没有明说是几周年忌日。为此，学者们就有了一周年忌日[6]、二周年忌日[7]、三周年忌日[8]等几种不同说法。而不论哪一种说法，都是

---

[5] 史念海主编：《西安历史地图集》，西安：西安地图出版社，1996年8月版，第78页。

[6] 赵文润、胡戟、杨剑虹三位先生主张"一周年忌日"说，分别见其所著《武则天评传》第23页、《武则天本传》第14页、《武则天新传》第66页。

[7] 吴枫先生主张"二周年忌日"说，见吴枫、常万生：《女皇武则天》，沈阳：辽宁教育出版社，1986年8月版，第50页。

[8] 廖彩梁先生主张"三周年忌日"说，见廖彩梁：《唐高宗与武则天》，西安：陕西人民出版社，1988年4月版，第13页。

有可能的。重要的是，高宗李治是在太宗二周年忌日以后还是三周年忌日以后召武则天回宫的。胡戟先生认为："从武则天生下长子弘的日子往上推，武则天在永徽元年五月蓄发以后，第二次入宫的时间很可能在永徽二年（651年）。"[9]杨剑虹先生更明确指出："永徽二年（651年），唐高宗的孝服已满，28岁的武则天再度入宫。"[10]这是第一种观点。吴枫先生认为："永徽五年是武昭仪入宫的第三个年头"[11]，也就是说，武则天是在永徽三年太宗忌日以后返宫的。廖彩梁先生认为："公元652年（唐高宗永徽三年），武则天重新入宫，时年二十九岁。"[12]这是第二种观点。另外，还有第三种观点，那就是赵文润先生的观点，他认为武则天是在永徽四年太宗忌日以后从感业寺重新入宫的[13]。

以上三种观点，我们赞同第二种观点。因为孔子曾说过："夫三年之丧，天下之通义也。"[14]这种情况，到了唐代并没有多大改变。《资治通鉴》卷一百九十五《唐纪十五·高宗永徽元年（650年）》载："太宗女衡山公主应适长孙氏，有司以为服既公除，欲以今秋成婚。于志宁上言：'汉文立志，本为天下百姓。公主服本斩衰，纵使服随例除，岂可情随例改，请俟三年丧毕成婚。'上从之。"于志宁援引古制，认为太宗女衡山公主按照情理应为其父守满三年丧后，才能与长孙氏成婚。高宗李治虽贵为天子，但他作为太宗的孝子，

---

[9] 胡戟：《武则天本传》（隋唐历史文化丛书），西安：三秦出版社，1986年6月版，第14页。

[10] 杨剑虹：《武则天新传》，武汉：武汉大学出版社，1993年2月版，第66页。

[11] 吴枫、常万生：《女皇武则天》，沈阳：辽宁教育出版社，1986年8月版，第63页。

[12] 廖彩梁：《唐高宗与武则天》，西安：陕西人民出版社，1988年4月版，第13页。

[13] 赵文润、王双怀：《武则天评传》（乾陵文史丛书），西安：三秦出版社，1993年8月版，第25~26页。

[14] （汉）司马迁：《史记》卷三《仲尼弟子列传》引孔子语，北京：中华书局，1982年11月第2版，第2194页。

依情理也应与衡山公主一样为其父守丧三年，在此期间不能成婚，所以第二种观点认为武则天在永徽三年太宗忌日以后返宫是合乎情理的，因为这时高宗李治的丧服已满。

高宗李治在做太子时，就已喜欢上了太宗才人的武则天，以至武则天居感业寺为尼时，他在太宗忌日的那一天以为其父进香为名，前去看望武则天，以后两人又多次在感业寺幽会，所以武则天在感业寺为尼时，就已怀上了李治的长子李弘。但是关于李弘的生年，学者们存在着分歧。郭沫若先生认为："武后有四子，即李弘、李贤、李哲、李轮，长子和次子据史料推算起来，应该同生于永徽三年，是武后还在感业寺做比丘尼的时候。"[15]吕思勉先生认为："旧书忠传云：王皇后被废，武昭仪所生皇子弘年三岁，案弘薨于上元二年，年二十四，新旧书同，则永徽六年，年当四岁。盖古人计年，有如今人以虚年计者，亦有如西俗，周岁然后增年者。弘传所云，以虚年计，忠传所云，以足岁计也。然则弘实生于永徽三年。"[16]杨剑虹先生更明确指出："永徽三年（652年）冬，武则天生下皇子李弘。"[17]这是第一种观点。汪篯先生认为："她（武则天）的长子太子弘是永徽四年正月出生的。"[18]吴枫先生认为："永徽四年（653年）正月，武昭仪临产了，是个白白胖胖的儿子，这真是天赐贵子！"[19]这是第二种观点。胡戟先生认为："永徽三年末或四年初武则天生下长子李弘。"[20]这是第三种观点。

〔15〕　郭沫若：《武则天》四幕历史剧附录一，北京：人民文学出版社，1960 年 8 月版。

〔16〕　吕思勉：《隋唐五代史》上册，上海：上海古籍出版社，1984 年 1 月新 1 版，第 134 页。

〔17〕　杨剑虹：《武则天新传》，武汉：武汉大学出版社，1993 年 2 月版，第 6 页，第 67 页。

〔18〕　唐长孺等编：《汪篯隋唐史论稿》，北京：中国社会科学出版社，1981 年 1 月第 1 版，第 123 页。

〔19〕　吴枫、常万生：《女皇武则天》，沈阳：辽宁教育出版社，1986 年 8 月版，第 62 页。

〔20〕　胡戟：《武则天本传》（隋唐历史文化丛书），西安：三秦出版社，1986 年 6 月版，第 15 页。

以上三种观点，我们赞同第一种观点。

《旧唐书·孝敬皇帝传》云：上元二年（675 年），太子弘薨，年二十四，依此逆推，并以虚岁计，则弘生于永徽三年。《通鉴》卷二百云：显庆元年（656 年），"立皇后子代王弘为皇太子，生四年矣"。以周岁计，弘正好生于永徽三年。《全唐文·孝敬皇帝睿德记》云："年才一岁，立为代王。"《唐会要》卷二载："李弘永徽四年正月封代王。"从《全唐文》和《唐会要》的记载来看，李弘也是生于永徽三年，只是它们的记载同样是以虚岁计算的。

我们虽然赞同第一种观点，但郭沫若先生所谓李弘与李贤同生于永徽三年的说法却值得商榷，因为在李弘出生以后到李贤出生之前这一段时间，武则天还生有一个女儿，因而李弘与李贤不可能生于同一年，况且《旧唐书》卷四《高宗本纪上》明确记载："（永徽）五年十二月戊午，发京师谒昭陵，在路生皇子贤。"

常言道："十月怀胎，一朝分娩。"妇人生产以后，至少需要一个月的时间进行调养，等婴儿满月后，才能接着妊娠。按照这个规律，从永徽五年十月李贤出生往上逆推，李弘的出生时间不会晚于永徽四年的二月。

武则天在感业寺时已经有了身孕，但她是个有心机的人，对此事一直守口如瓶，甚至对高宗也不透露片言只语。否则，一旦消息泄露，即使是要对付萧淑妃，王皇后也不会自作主张让有着潜在危险的武则天蓄发，并且怂恿高宗召她返宫。永徽三年五月二十六日太宗忌日过后，武则天奉高宗皇帝圣旨返回皇宫。入宫后不久，高宗册封她为正二品的昭仪。武则天被封为昭仪后不久，她怀孕的消息也不胫而走，以致"武昭仪怀孕这样一件并不宜声张的事情，竟震惊了内外廷，虽然还不致掀起一场轩然大波，但后宫王、萧、武之间的三方角逐已经激烈地在暗中展开了。"[21]王皇后认为：如果武

---

[21] 胡戟：《武则天本传》（隋唐历史文化丛书），西安：三秦出版社，1986 年
6 月版，第 16 页。

则天生了贵子，自己皇后的地位将岌岌可危。于是，永徽三年七月，在其娘舅柳奭的策划下，迫不及待地拥立高宗的长子陈王李忠为太子。王皇后之所以同意其娘舅柳奭的这种做法，主要是因为"忠母贱，冀其亲己"[22]"同时断了和王皇后有宿怨的萧淑妃将来步上皇太后宝座同她分庭抗礼的路。"[23]从永徽三年七月柳奭迫不及待地拉出陈王李忠来抢占皇太子宝座的举措来看，当时武则天已经怀孕好几个月了，因而李弘的生年应为永徽三年冬季。

综上所述，贞观二十三年唐太宗李世民驾崩后，武则天与太宗其他嫔妃一起出家为尼的寺院为感业寺，它位于唐禁苑的范围之内，位置在今西安北郊六村堡东北 3.5 公里、西汉长安城北墙遗址南侧，即今感业寺小学。武则天的长子太子弘，是武氏在感业寺为尼时怀上的，但他的出生，却在武则天返宫以后的永徽三年冬季。

（原文载赵文润、李玉明主编：《武则天研究论文集》，太原：山西古籍出版社，1998 年 11 月第 1 版）

〔22〕 （后晋）刘昫等：《旧唐书》卷八十六《燕王忠传》，北京：中华书局，1975 年 5 月第 1 版，第 2824 页。

〔23〕 胡戟：《武则天本传》（隋唐历史文化丛书），西安：三秦出版社，1986 年 6 月版，第 16 页。

新石器时代河姆渡人与半坡人居址选择比较研究

河姆渡文化是长江下游地区的典型文化,而半坡文化则是黄河流域仰韶文化的一个典型代表,它们同属于新石器时代中期,因而对于这两种文化,尤其是居址选择作一对比研究,对于探索史前居民的居住规律是颇有裨益的。著名历史地理学家史念海先生指出:"由已经发现的新石器时代遗址看来,当时人们所选择的居住地址就已显示出他们对于地理环境的适应和善于利用的情况。时代虽然已先后不同了,但是人们在选择居住地方的时候,依然要注意到饮水的来源。……新石器时代的遗址遍于全国各地,大体说来,总是邻近于当地的河流或湖泊。"[1] 史先生得出的结论,即"新石器时代的遗址遍于全国各地,大体说来,总是邻近于当地的河流或湖泊",可以说是一条普遍规律,当然也适用于河姆渡人和半坡人。

河姆渡文化共分四期,即河姆渡遗址的第四文化层为河姆渡文化的第一期(绝对年代距今 6500~6900 年间);河姆渡遗址的第三文化层为河姆渡文化的第二期(绝对年代距今 5900~6200 年间);河姆渡遗址的第二文化层为河姆渡文化的第三期(绝对年代距今 5600~5800 年间);河姆渡遗址的第一文化层为河姆渡文化的第四期

---

〔1〕 史念海:《河山集》,北京:生活·读书·新知三联书店,1963 年 9 月第 1 版,第 6 页。

（绝对年代距今 4700±90 年间，未经树轮较正）〔2〕。在"河姆渡遗址第二层发现了一口木构浅水井，这是我国迄今发现最早的水井遗迹。井口方形，边长约 2 米……井底距当时井口地表深约 1.35 米……水井遗迹的周围都是黑色淤土层，井旁一角放置几块平整的大石块，推测这浅井是选择了低洼处开挖的。"〔3〕

对于人类来说，井的发明无疑是一件大事！"自从发明了打井，人类就可以在远离地表水源的地方居住，不仅大大地开扩了活动范围，而且改善了人类的饮食卫生条件。"〔4〕对于新石器时代的河姆渡人来说，他们虽然发明了井，但他们的井不仅是"选择了低洼处开挖的"，而且这低洼处"原先可能是一个天然的或人工开挖的锅底形水坑，人们取用坑中的水。当坑内水枯竭时，就在坑内挖一竖井。"〔5〕由于河姆渡人的井是"选择了低洼处开挖的"，且井底距当时井口地表约 1.35 米（这口井的深度显然不能和发现于河北邯郸涧沟的两口龙山文化时期的水井相比，因为那两口水井的深度已达 7 米之多），这说明井所在的地下水位是很高的，井应在近地表水源的河流或湖、沼附近。如果说井的位置是在远离地表水源的地方，那么井所在的地下水位就不会太高，而井只有 1.35 米深就能见到水是不可想象的。

由于河姆渡人的水井只有 1.35 米深，所以考古学家把这种井称为木构浅井可谓名副其实。即使是浅井，河姆渡人在近地表水源的地方也没有推广开挖，至于在远离地表水源的地方，那更无从谈起了。到目前为止，已发现的河姆渡文化遗址有二十多处，其中包括

---

〔2〕 刘军：《河姆渡文化的再认识》，刊《中国考古学会第三次年会论文集》（1981），北京：文物出版社，1984 年，第 16、20 页。

〔3〕 中国社会科学院考古研究所：《新中国的考古发现和研究》，北京：文物出版社，1984 年 5 月第 1 版，第 148 页。

〔4〕 李仲均、李卫：《伯益作井与温泉疗疾》，文史知识编辑部编：《中国古代科技漫话》，北京：中华书局，1992 年 1 月第 1 版，第 216 页。

〔5〕 李仲均、李卫：《伯益作井与温泉疗疾》，文史知识编辑部编：《中国古代科技漫话》，北京：中华书局，1992 年 1 月第 1 版，第 217 页。

余姚龙山乡朱山、下庄、历山茅湖，鄞县辰蛟，宁波市八字桥、妙山，舟山的白泉、大巨，慈溪县龙南童家岙等[6]。河姆渡文化遗址虽发现有二十多处，但遗址内发现有水井遗迹的却只有一处，那就是我们上面提到的木构浅水井遗迹，仅此而已！这样说来，河姆渡人虽然发明了木构浅水井，但由于他们的水井是在地表近水源的地方，而且也没有推广开挖，所以他们的居住地也应在地表近水源的地方。事实也正是如此。"姚江从遗址的西部和南部流过，顺姚江向东二十五公里即宁波市，往西二十五公里是余姚县城，南为四明山，和河姆渡村隔江相望。遗址面积约四万平方米。遗址所处的地势很低，平均海拔三至四米，附近农田在耕地以下有大面积的泥炭层，古代这里可能是一片低洼的沼泽地。根据这些情况来判断，当时人们就在这样一个背靠丘陵、面对沼泽的地方生活。"[7]考古学家作出的"当时人们就在这样一个背靠丘陵、面对沼泽的地方生活"的推断，不能说没有道理。

与河姆渡人一样，半坡人的居地也是处于近地表水源的地方。具体地说，六千多年以前半坡母系氏族公社的先民，是生活在西安市东郊十余里的浐河东岸一个背倚白鹿原、前临浐河的二级阶地上[8]。现在的半坡遗址距离浐河常水位已有800米的距离，但在六千多年前的半坡时期却近在浐河岸边。这其中的道理，史念海先生分析得至为透彻，他说："到了半坡新石器时期，少陵、鸿固、凤栖诸原之北那条由西南流向东北的河流，已经向北移徙。正是由于河流的移徙，才能使半坡周围的二级阶地为当时人所利用。一级阶地在那时尚未形成，因而半坡时期的遗址就近在浐河岸边，不似现在

---

〔6〕 张之恒：《中国新石器时代文化》，南京：南京大学出版社，1988年10月第1版，第201页。

〔7〕 浙江省文管会：《河姆渡发现原始社会重要遗址》，《考古学报》1976年第8期。

〔8〕 陕西省考古学会：《陕西考古重大发现（1949～1984）》，西安：陕西人民出版社，1986年7月第1版，第10～11页。

距离浐河常水位已有八百米的距离。"〔9〕

新石器时代，原始人征服自然和改造自然的能力还很有限，他们刚刚从旧石器时代的完全依靠自然逐步向新石器时代的利用自然乃至改造自然过渡，因而不论是河姆渡人还是半坡人，他们不谋而合地选择河流（或湖、沼）的附近居住，这对于他们的生活是颇为便利的。

一　居住于河流（或湖、沼）的附近便于人和牲畜的饮水

水是生命之源。自然界的任何生物，都离不开水，人类当然也不例外。尤其是在生产力水平低下的原始社会，人类征服自然的能力还很有限，他们更多的是依靠自然而不是改造自然，因而，作为新石器时代中期的河姆渡人和半坡人在选择居址时，不约而同地把目光都聚在河流或湖、沼的附近，无非是为了人和牲畜饮水的方便，这是合情合理的。

二　居住于河流（或湖、沼）的附近便于发展原始的农业

史念海先生指出："古代的人们所以喜欢居住于河流的近旁也并不仅是为了饮水的方便。河谷中林木畅茂，禽兽繁多，可以进行狩猎，对于他们的生活有很多便利的地方。尤其是河谷中的土壤多是冲积层土壤，肥沃疏松，当古代的人们已经知道经营农业之后，他们可以利用原始的农具在这些肥沃疏松的土壤上从事耕作，就是粗放的种植也可以有所收获。就这一点说来，古代人们选择河谷附近

---

〔9〕　史念海：《河山集》六集，太原：山西人民出版社，1997 年 12 月第 1 版，第 438 页。

为他们居住的处所，正是善于利用自然环境的又一例证。这种情形在古代显然是相当普遍的。"[10]居住于河流附近，那里的土壤比较肥沃，灌溉也比较方便，这对于发展原始农业显然有利。不过，气候问题也是我们不应忽视的一个问题。

前已述及，河姆渡文化共分四期，其中一期的绝对年代距今6500～6900年间，二期的绝对年代距今5900～6200年间；而半坡人生活的时期，"离开现在大约有6700～6100年了"[11]。这样说来，半坡人生活的时期，相当于河姆渡文化的一至二期。

河姆渡人和半坡人生活的时期，正是全新世中期的一段时间。全新世中期曾出现过世界性的气候回暖现象，在国外通常叫做"气候最适宜时期"。在中国，由于这个时期在年代上与仰韶文化有些联系，所以也称为"仰韶温暖时期"（大约距今8000～3000年间）。竺可桢先生认为，从仰韶文化时期到殷墟时期，我国境内大部分地区的年平均温度比现在高2℃左右，冬季一月份的平均温度比现在高3℃～5℃。龚高法先生更具体地描述了距今8000～3000年间的气候状况，当时各地气温普遍比现在高，但升温幅度各不相同。在东部地区，随着纬度的升高，古今温差增大。东北地区当时年平均气温比现在高3℃以上，华北地区比现在高2℃～3℃，长江中下游地区比现在高2℃左右，岭南和台湾比现在高不足2℃。在中国西部地区，温暖时期升温幅度随纬度升高而减少。这一时期我国气温带也相应比现在偏北，亚热带北界向北曾到达华北平原的北部。

河姆渡人和半坡人生活的时期，因正值仰韶温暖时期，气候温暖湿润，加之他们居住于河流或湖、沼附近的土壤肥沃，灌溉便利，因而粗放式的原始农业是容易发展起来的。

河姆渡人和半坡人生活的时期虽正值仰韶温暖时期，但河姆渡人

---

〔10〕 史念海：《河山集》，北京：生活·读书·新知三联书店，1963年9月第1版，第10～11页。

〔11〕 严文明：《半坡村落及渭河流域的原始部落》，严文明：《史前考古论集》，北京：科学出版社，1998年1月第1版，第146页。

是生活于南方长江下游地区，半坡人是生活于北方黄河流域的渭水支流——浐河东岸，由于地形和季风的影响，南北的气候还是有差别的。严文明先生指出："中国的地形，西高东低，好像三级巨大的阶梯：最高阶梯是青藏高原，平均海拔四五千米，这里也是世界的屋脊；中级阶梯有蒙新高原、黄土高原和云贵高原等，海拔约1000~1500米左右；低级阶梯是广大的东部平原和丘陵地带，除少数山脉外，大部分海拔在500米以下。这三级阶梯好像一把巨大的躺椅，背对欧亚大陆腹地，面朝辽阔的太平洋。由于地形和季风的影响，低级阶梯湿润多雨，中级阶梯多属干旱或半干旱气候，高级阶梯则严寒而干燥。因此，在整个史前时代，人类的活动地区主要是在低级阶梯和低级与中级阶梯相交接的地区。这个地区跨越的纬度极大，自然地理条件也不一致。北部寒冷，南部炎热而多瘴疠，人类的活动受到一定限制。只有四季分明的中纬度地区，即大致包括黄河中下游和长江中下游及左近区域，才是最适于人类生存和发展的，后来更成为农业起源的温床。"[12] 从严文明先生的话中，我们可以推知，不论是河姆渡人还是半坡人，他们生活的地区都是"最适于人类生存和发展的"，只是由于河姆渡人生活的东部平原或丘陵地区为低级阶梯，湿润多雨，而半坡人生活的黄土高原地区为中级阶梯，属干旱或半干旱气候，因而导致了两种截然不同的农业经济，即河姆渡人发展了以稻为主的水田农业，而半坡人则发展了以粟为主的半旱作农业。

对于半坡人来说，他们的生产以农业为主，种植的农作物是比较耐旱的粟，因为在半坡遗址多处发现有粟的遗存。另外，半坡人还种植芥菜或白菜，因为在半坡遗址的一件小陶罐里储存有炭化菜籽，经鉴定是芥菜或白菜一类的种子。至于半坡人的生产工具，"《西安半坡》一书说：半坡工具的质料'主要为石、骨、陶三类。这三类工具的比数是：石制的占17%，骨制的占18.5%，陶制的占63.2%。'陶

---

〔12〕 严文明：《中国史前文化的统一性与多样性》，严文明：《史前考古论集》，北京：科学出版社，1998年1月第1版，第2页。

制工具数量所占比例很大，是半坡工具的一大特点。半坡的石斧用于刀耕火种、砍伐树木和翻地，而主要用于制作耒耜和其它生产、生活用具。这样利用有限的石材是更为经济的。半坡出土的收割工具较多，其中陶刀 150 件，石刀 67 件，绝大多数两侧带有缺口，为拴绳索之用。使用时把绳索套于大拇指上，以免刀从手中脱落。此外，大量陶质和石质的刮削器中，有部分也用于收割。收割工具之多，反映了农产量之丰和原始农业的发达。半坡的石磨盘和磨棒数量少，制作粗劣，远逊于磁山和裴李岗，说明半坡农业离开原始农业的早期已较远。"[13]半坡遗址中出土了 14 件石杵，其"数量差不多为石磨棒的三倍"[14]。这说明半坡的粮食加工已主要使用杵臼而不是石磨盘、石磨棒之类的石质碾磨器。另外，从民族学的资料看，石质碾磨器和杵臼的起源虽都很早，但在发展过程中，杵臼却逐渐取代了石碾磨器的地位。半坡人从收割谷物到加工谷物，都各有专门的工具，当然他们也有专门储藏粮食的场所，这就是各种形状的窖穴。

对于河姆渡人来说，他们经营的是以稻为主的水田农业，因为在"河姆渡第 4 层较大面积范围内，普遍发现稻谷遗存，有的地方稻谷、稻壳、茎叶等交互混杂，形成 0.2～0.5 米厚的堆积层，最厚处超过 1 米。稻类遗存数最之多，保存之完好，都是中国新石器时代考古史上罕见的。经鉴定，主要属于栽培稻籼亚种晚稻型水稻。"[15]既然河姆渡人经营的是水田农业，那么砍伐林木并不是经常性的工作，而开挖排灌渠道和翻土整地才是主要的农活，因此河姆渡人的典型农具是采用鹿、水牛的肩胛骨制成的骨耜，两次发掘共出土骨耜 170 多件，主要出土于第三和第四文化层。骨耜因长期

---

〔13〕 中华文明史编纂工作委员会：《中华文明史》第一卷，石家庄：河北教育出版社，1989 年 10 月第 1 版，第 123 页。

〔14〕 中华文明史编纂工作委员会：《中华文明史》第一卷，石家庄：河北教育出版社，1989 年 10 月第 1 版，第 131 页。

〔15〕 中国大百科全书出版社编辑部编：《中国大百科全书·考古学》，北京：中国大百科全书出版社，1986 年 8 月第 1 版，第 189 页。

使用而通体光滑，有的刃部因使用残缺而变成双叉形。这是一种很有特色的工具，主要用于翻土和挖沟。此外，河姆渡人还有很少的木耜、穿孔石斧、双孔石刀和长近 1 米的舂米木杵等工具。

三 居住于河流（或湖、沼）的附近便于发展原始的渔猎经济

1. 半坡人的渔猎经济

史念海先生指出："半坡遗址的发现，显示出仰韶时期关中已经有了农业，但森林依然茂盛。"[16]史先生的话表明，半坡人虽然已经发展了原始的农业，但他们生活的附近依然森林茂盛。那么森林里都有哪些植物呢？根据半坡遗址的孢粉分析，计有冷杉、松、云杉、铁杉、柳、胡桃、桦、鹅耳枥、栎、榆、柿等以及禾本科、藜科、十字花科、蔷形科、莎草、蒿、石松和一些其他的蕨类。除此之外还有榛、栗、朴等树。森林是动物的乐园。森林的存在，为动物的生存提供了理想的天然环境。正是由于半坡人生活的地方森林依然茂盛，所以森林中生存着许许多多的动物，除獐和竹鼠外，绝大多数属于华北动物群[17]。

"植被有含蓄水分的作用，特别是森林更是如此。植被覆盖宽广，含蓄水分自然就多。降水量多寡时有不同。降水量少时，也许所降的水分完全为植被含蓄，不会立时多有流出。降水量大时，由于植被的含蓄，也不会一时完全流出，更不会使河流下游的流水猛涨猛落，就如后世诸山皆童处的河流那样。河流水量受到植被覆盖率的制约，就不至于猛涨猛落，能比较长期地保持一定的水量。仅

---

〔16〕 史念海：《河山集》七集，西安：陕西师范大学出版社，1999 年 1 月第 1 版，第 65~66 页。

〔17〕 周昆叔：《半坡新石器时代遗址的孢粉分析》，中国科学院考古研究所等：《西安半坡》（原始氏族公社聚落遗址）附录三，北京：文物出版社，1963 年，第 271~272 页。

从这一点看，当时浐河的水量就应该比较现在为大。"[18]当时浐河里生存着许多种鱼，其中就有鲤科的鱼类[19]。在半坡遗址中，不仅出土了石网坠和精巧而带倒钩的鱼叉、鱼钩，而且在当时的彩陶上还绘有鱼、渔网以及人面鱼纹等精美图像，这说明半坡人不仅学会了钓鱼、叉鱼，而且也学会了用网捕鱼。捕鱼方法的多样化，说明半坡人除了原始的农业和狩猎业外，捕鱼业也是比较发达的。正因为浐河里有鱼可捕，才使当时的半坡人选择了这个地方作为居住的地区[20]。

2. 河姆渡人的渔猎经济

生活于北方黄河流域的半坡人，虽然其气候和环境为半干旱性气候，但由于在他们附近的森林里还生长有獐和竹鼠这两种动物，而"这两种动物的存在也说明了温暖湿润的气候能波及到此区"[21]。温暖湿润的气候尚且能波及半坡人生活的北方地区，那么生活于南方长江下游地区的河姆渡人，他们那儿的气候不仅温暖湿润，而且更是温热湿润了。正是由于河姆渡人生活的地方温热湿润，所以那儿的植被覆盖良好，而且应有成片的森林。我们至少可从两个方面加以说明：一是在河姆渡遗址各文化层，都发现了与干栏式建筑遗迹有关的圆桩、方桩、板桩、梁、柱、木板等木构件，共达数千件，仅第4层的一座干栏式长屋，桩木和相紧靠的长圆木就残存220余根[22]，如果当地没有成片的森林，真不

---

[18] 史念海：《河山集》六集，太原：山西人民出版社，1997年12月第1版，第447页。

[19] 李有恒：《半坡新石器时代遗址中之兽类骨骼》，《古脊椎动物与古人类》1959年第4期。

[20] 史念海：《河山集》七集，西安：陕西师范大学出版社，1999年1月第1版，第53页。

[21] 周昆叔：《半坡新石器时代遗址的孢粉分析》，中国科学院考古研究所等：《西安半坡》（原始氏族公社聚落遗址）附录三，北京：文物出版社，1963年，第272页。

[22] 中国大百科全书出版社编辑部编：《中国大百科全书·考古学》，北京：中国大百科全书出版社，1986年8月第1版，第190页。

知道成百上千根木构件是怎么来的？二是在河姆渡遗址第二层发现的一口边长约 2 米的木构浅水井（井深仅 1.35 米）中，除每边竖靠坑壁向下打进几十根排桩外，排桩之上平卧的长圆木有 16 根，水井外围一圈呈圆形分布的栅栏桩有 28 根，此外井内尚有呈辐射状的小圆木构件[23]，如果当地没有成片森林，一口浅井就用这么多的木材，也是难以理解的。

森林是动物的理想栖居地。正是由于河姆渡人生活的附近有成片的森林，所以那里生活着大量的野生动物，计有哺乳类、鸟类、爬行类、鱼类和软体动物共 44 种。其中鹿科动物最多，因为该遗址出土的鹿科动物标本仅鹿角一项就 400 多件。此外还有亚洲象、犀牛、四不像和红面猴四种，现在已不见于浙江省境内和毗邻地区，有的国内尚未发现现生种[24]。

大量的野生动物，尤其是鹿科的野生动物是河姆渡人猎取的主要目标。原始社会生产力水平低下，捕获的猎物时多时少。在猎物多而吃不完时，他们就把活的猎物暂时圈养起来。这样，家畜饲养业也就发展起来了。他们"饲养的家畜，种类有狗，猪和水牛。出土的全部猪的标本中，幼年个体占 54%，与半坡遗址情况相似，属于早期人工饲养的现象。河姆渡还出土一个陶盆，外壁刻有稻穗纹和猪纹，形象地表明了种稻和养猪，是当地居民的两个互相依存的重要生产项目"[25]。大量的野生动物和家畜，不仅"给当时人们的衣着和食物提供了丰富的来源"[26]，而且也为他们提供了大量的生产工具。据统计"河姆渡遗址的第四文化层出土的生产工具中，以

---

[23] 中国社会科学院考古研究所：《新中国的考古发现和研究》，北京：文物出版社，1984 年，第 148 页。

[24] 中国社会科学院考古研究所：《新中国的考古发现和研究》，北京：文物出版社，1984 年，第 146～147 页。

[25] 中华文明史编纂工作委员会：《中华文明史》第一卷，石家庄：河北教育出版社，1989 年 10 月第 1 版，第 111 页。

[26] 张之恒：《中国新石器时代文化》，南京：南京大学出版社，1988 年 10 月第 1 版，第 208 页。

兽骨制造的生产工具达 600 多件，占生产工具的 70% 以上"[27]。

河姆渡人是在"一个背靠丘陵、面对沼泽的地方生活"，姚江从它的西部和南部流过，由于当地植被覆盖良好，因而沼泽和姚江的水量很大，并且生存着丰富的生物，其中包括鱼、龟、鳖、鳄、水獭、鲸鱼等，而鲸鱼更大的可能应是生活于姚江之中。

与半坡相比，河姆渡人的捕鱼方法并不单调。他们除了用鱼镖捕鱼外，还用弓箭射鱼，因为"考虑到遗址里未见网坠一类渔具而存在大量鱼骨，有的骨镞可能是用来射鱼的"[28]。这可能用来射鱼的骨镞，是"一种柳叶形的箭头，锋端特别尖细，突出如针状"[29]。河姆渡遗址虽然未见网坠之类的渔具，但却出土了木桨，"反映出当时人们除用舟楫作为水上交通工具外，可能还借助舟楫，撒网捕鱼"[30]。

四 居住于河流（或湖、沼）的附近便于原始人的交通往来

史念海先生指出："实际上当时人们居住于河流的近旁，应当和交通问题有关。一苇之航原比翻山越岭为容易，就是不便于通行舟楫的河流，循河谷上下的来往，途径也是较为平坦的，古代的人们不仅注意到要在河流旁边选择住地，而且还特意选择到两河交汇的地方，正是这样的意思。"[31]由于河姆渡遗址已经发现了木桨，而属

---

[27] 张之恒：《中国新石器时代文化》，南京：南京大学出版社，1988 年 10 月第 1 版，第 208 页。

[28] 中国社会科学院考古研究所：《新中国的考古发现和研究》，北京：文物出版社，1984 年，第 147 页。

[29] 张之恒：《中国新石器时代文化》，南京：南京大学出版社，1988 年 10 月第 1 版，第 203 页。

[30] 中华文明史编纂工作委员会：《中华文明史》第一卷，石家庄：河北教育出版社，1989 年 10 月第 1 版，第 136 页。

[31] 史念海：《河山集》，北京：生活·读书·新知三联书店，1963 年 9 月第 1 版，第 12 页。

于仰韶文化半坡类型的宝鸡北首岭遗址也发现了舟形陶壶。因此，不论是半坡人还是河姆渡人，他们除了利用舟楫撒网捕鱼外，无疑也把舟楫作为水上交通工具。

综上所述，河姆渡文化是长江下游地区的典型文化，而半坡文化则是黄河流域仰韶文化的一个典型代表，它们同属于新石器时代中期。新石器时代的河姆渡人虽已发明了木构浅水井，但他们并没有加以推广，因而他们选择居址时与半坡人不约而同地都在河流（或湖、沼）的附近。这样的选址：一是便于人和牲畜的饮水；二是便于发展原始农业；三是便于发展原始渔猎经济；四是便于原始人的交通往来。

（原文载《陕西师范大学学报》哲学社会科学版 2000 年第 4 期，中国人民大学报刊资料中心《先秦、秦汉史》2001 年第 2 期全文转载）

也谈"汉寿亭侯"

——兼谈"汉寿"的地理位置

关羽是东汉末至三国时期赫赫有名的历史人物，然而，关于他的爵位和食邑地却自古以来历有争议。最原始的历史文献《三国志》明明记载关羽的爵位为"汉寿亭侯"，而南宋时发现的考古资料则作"寿亭侯"。由于历史文献与考古资料对于关羽的爵位记载不同，遂导致了人们对于关羽的爵位理解不同：作为第一种观点的传统观点认为，关羽所封为"汉寿亭侯"，依封侯惯例，"汉寿"为当时地名；而第二种观点则认为，关羽所封为"寿亭侯"，"汉"字是朝代名。对于这两种截然不同的观点，我们不得不进行考辨。

《三国志·蜀书·关羽传》载："建安五年，曹公东征，先主奔袁绍。曹公禽羽以归，拜为偏将军，礼之甚厚。绍遣大将颜良攻东郡太守刘延于白马，曹公使张辽及羽为先锋击之。羽望见良麾盖，策马刺良于万众之中，斩其首还，绍诸将莫能当者，遂解白马围。曹公即表封羽为汉寿亭侯。"由于关羽斩袁绍大将颜良而替曹操解了白马之围，所以曹操论功行赏，表奏汉献帝封关羽为"汉寿亭侯"。而建安二十四年（219）刘备称汉中王时上给汉献帝的表中，关羽的爵位亦作"汉寿亭侯"[1]。熊方《后汉书年表》第八卷"异姓侯"

---

〔1〕（晋）陈寿：《三国志》卷三十二《蜀书·先主传》，北京：中华书局，1982 年 7 月第 2 版，第 884 页。

虽把关羽的爵位写作"寿亭侯"，但据清代学者赵翼、王鸣盛等人考证是"后汉表盖传写脱误"[2]、"此传写误，脱去汉字"[3]。

李梦生先生据元人王寔《东吴小稿》（合众图书馆丛书本）中《寿亭侯印铭并序》的考古资料，曾撰一小文指出关羽所封为"寿亭侯"。也就是说，他是赞同第二种观点。

笔者并不赞同第二种观点，而是支持第一种观点。为了说明问题，不妨把王寔的《寿亭侯印铭并序》转录于此：

> 岁丙戌九月之望，晨谒侍御史松年公，出示古铜印一围，径可二寸五分，厚可寸半许，左右四旁皆有窍，窍之中仿佛见刻纹若款识者。铜色水泽莹洁，朱斑杂点，螭虎旋绾其中，铁环实贯于上，若行军备带之物。视其章，则"寿亭侯印"也。篆文遒劲，微杂隶体。寔问其所自。公之犹子卜颜以两淮盐司差委之役，监浚汴淮淤塞，役工得之，众莫能晓，于是裹置公所。公旧藏荆门玉泉寺赵宋所封关王三印刻在焉，取以证之，允若符节，盖义勇武安王侯封时印也。王以偏将军刺颜良于万众中，遂解白马之围，由是即表封为寿亭侯，此其印也。铜制圭角浑圆，铁环锲薄过半，岁月悠久，水土磷泐，实千有余年矣，岂造物者有待而出耶？[4]

文中所云"岁丙戌"，即元至正六年（1346年）。此年，侍御史松年公让王寔所看的铜制篆文"寿亭侯印"，竟与松年公旧藏荆门玉泉寺赵宋所封关王三印刻允若符节。而关于松年公旧藏荆门玉泉寺赵宋所封关王三印刻的情况，王寔却没有交代。幸运的是，早于元代王

---

〔2〕（清）赵翼：《陔余丛考》卷三十五"汉寿亭侯"条，上海：商务印书馆，1957年12月初版，第759页。

〔3〕（清）王鸣盛《十七史商榷》卷四十一《三国志三》"汉寿亭侯"条，北京：中国书店，1987年8月第1版。

〔4〕李梦生：《关于"汉寿亭侯"》，钱伯城主编：《中华文史论丛》第五十七辑，上海：上海古籍出版社，1998年7月版，第340页。

寔的南宋学者洪迈和赵彦卫，对于当时发现和出土的几枚"寿亭侯印"的来龙去脉均有详细记载，兹录洪迈的记载于下：

> 荆门玉泉关将军庙中，有寿亭侯印一钮，其上大环，径四寸，下连四环，皆系于印上。相传云：绍兴中，洞庭渔者得之，入于潭府，以为关云长封汉寿亭侯，此其故物也，故以归之庙中。南雄守黄兑见临川兴圣院僧惠通印图形，为作记。而复州宝相院又以建炎二年，因伐木，于三门大树下土中深四尺余，得此印，其环并背俱有文云："汉建安二十年寿亭侯印。"今留于左藏库。邵州守黄沃叔启庆元二年复买一钮于郡人张氏，其文正同，只欠五系环耳[5]。

按：建炎、绍兴均为宋高宗赵构的年号。建炎二年为公元1128年；绍兴年号包括32年，起于1131年，终于1162年。庆元为宋宁宗赵扩年号，庆元二年为1196年。洪迈（享年80岁）生于宋徽宗宣和五年（公元1123年），卒于宋宁宗嘉泰二年（公元1202年）[6]，而建炎、绍兴、庆元诸年号均包含于他生活的时期，因而他生活的几十年间发现和出土的"寿亭侯印"，他不仅了如指掌，而且还为黄沃叔启于庆元二年从郡人张氏那里所购的一钮印"作辨跋一篇"[7]。他认为，他生活期间所发现和出土的几枚"寿亭侯印"，"皆非真汉物"[8]，理由有四：一是"且汉寿乃亭名，既以封云长，不应去汉字"[9]；二是"又其大比它汉印几倍之"[10]，

〔5〕（宋）洪迈：《容斋四笔》卷八，长春：吉林文史出版社，1994年1月版，第564页。

〔6〕梁廷灿编：《历代名人生卒年表》（《万有文库》第一集），上海：商务印书馆，1930年10月初版，第78页。

〔7〕同〔5〕。

〔8〕同〔5〕。

〔9〕同〔5〕。

〔10〕同〔5〕。

形体不合汉印制;三是"闻嘉兴王仲言亦有其一。侯印一而已,安得有四?"〔11〕;四是"云长以四年受封,当即刻印,不应在二十年,尤非也。"〔12〕对于洪迈的第二条理由,稍晚于洪迈的赵彦卫〔约宋高宗绍兴十年(公元 1140 年)至宋宁宗嘉定初年(公元 1210 年左右)〕〔13〕,则从印文的字体方面作了补充。他说:"《荆门军图经》,关将军庙在当阳县玉泉山。绍兴初,潭州人有得其印于水者。二十有三年,寺僧法源白于高使君,得公牒,之潭取之,归于寺。其文为'寿亭侯印'四字,方广一寸有半,其上有穿,穿有环,广如其印;又其上,并二环,各广七分,加其半以为之长,色皆刚莹异常;铜环,古所以佩也。三十有二年,艮斋谢先生自夷陵考试回,尝见之。荆门太守王公录云:'余幼时,侍先公为湖南提举;常平时,得观之,印方二寸余,纽上有双环,阔可六七寸,篆不古,非汉魏间字体,莫可推晓。'或云:晋宋以下,别有封寿亭侯者,亦未可知。"〔14〕而在洪迈的第四条理由中,"云长以四年受封"的"四年"应为"五年",此乃洪迈疏漏所致。《三国演义》(岳麓书社 1986 年 6 月版)第二十六回记载说:"且说曹操见云长斩了颜良,倍加钦敬,表奏朝廷,封云长为汉寿亭侯,铸印送关公。"《三国演义》是以断代历史小说闻名于世的,而罗贯中的此段描写,正可说明洪迈的第四条理由是合乎情理的。

洪迈不仅以四条充分的理由考定当时发现和出土的几枚寿亭侯印"皆非真汉物",而且进一步指出,"寿亭侯印"之所以"其数必多"的原因"是特后人为之以奉庙祭"〔15〕。对于洪迈的考证,

---

〔11〕 (宋)洪迈:《容斋四笔》卷八,长春:吉林文史出版社,1994 年 1 月版,第 564 页。

〔12〕 同〔11〕。

〔13〕 (宋)赵彦卫:《云麓漫钞》(唐宋史料笔记丛刊)前言,傅根清点校,北京:中华书局,1996 年 8 月第 1 版,第 1 页。

〔14〕 (宋)赵彦卫:《云麓漫钞》(唐宋史料笔记丛刊)卷五,第 89 页。

〔15〕 同〔11〕。

清代学者王鸣盛称赞"其辨甚精"[16];而清代另一学者李元,则对洪迈关于寿亭侯印"皆非真汉物"、"是特后人为之以奉庙祭"的论点提出了设疑并作了回答。他说:"即后人为之,何以删去汉字?殆乡愚不识地理,误疑汉时之印不再称汉而去之耶!"[17]李元的设疑提问,目的并不是对洪迈的论点有所质疑,而是要进一步说明"汉寿亭侯"被后人删去"汉"字的理由。在清代,还有流俗无知之辈持异解认为关羽"本是封为'寿亭侯',陈寿特加一'汉'字,以著明其为汉。"[18]对此,王鸣盛进行了以理服人式的驳难,他说:"试问彼时地名中安得有所谓'寿亭'者乎?况使果作'寿亭侯',则其时操方身为汉臣,其表封关公系假汉帝之命以行,此其为汉,亦何待言,而陈寿必为赘加一汉字乎!不通古今之妄人,其谬一至于此!"[19]王鸣盛的分析,可谓合情合理,则关羽所封爵位,确应为"汉寿亭侯"。在关羽以后的刘宋时期,王镇恶因平刘毅功封为汉寿县子[20],而沈林子亦以佐命功封为汉寿县伯[21];到了梁武帝天监年间,蔡道恭也被封为汉寿县伯[22]。这三类事例,亦可作为关羽被封为"汉寿亭侯"之佐证。

　　笔者曾对东汉末至三国时被封过亭侯的人物进行了统计,见《东汉末至三国时期被封亭侯之人一览表》。从表中可以看出,当时人曾被封过的亭侯有四种情况:一是笼统地封为"都亭侯",如吕布、张郃、张辽、徐晃、曹仁、李典、丁奉、徐盛、韩当、马超、魏延等即是;

〔16〕（清）王鸣盛《十七史商榷》卷四十一《三国志三》"汉寿亭侯"条,北京:中国书店,1987年8月第1版。

〔17〕（清）李元:《蜀水经》卷十二,成都:巴蜀书社,1985年3月版。

〔18〕（清）王鸣盛:《十七史商榷》卷四十一《三国志三》"汉寿亭侯"条,北京:中国书店,1987年8月第1版。

〔19〕同〔18〕。

〔20〕（唐）李延寿:《南史》卷十六《王镇恶传》,北京:中华书局,1975年6月版,第454页。

〔21〕（梁）沈约:《宋书》卷一百《自序》,北京:中华书局,1974年10月版,第2458页。

〔22〕《南史》卷五十五《蔡道恭传》,北京:中华书局,1975年6月版,第1364页。

二是笼统地封为"亭侯"，如鲜于辅、田畴、路蕃、胡综、程咨、凌烈、王平等即是；三是具体地封为"某亭侯"，如曹腾封为"费亭侯"、刘晔封为"东亭侯"、钟离牧封为"秦亭侯"、陆逊封为"华亭侯"、张飞封为"新亭侯"等即是；四是具体地封为"某某亭侯"，如于禁封为"益寿亭侯"、文聘封为"延寿亭侯"、曹真封为"灵寿亭侯"、刘放封为"魏寿亭侯"、关羽封为"汉寿亭侯"等即是。而不论哪一种情况，均不在所封亭侯的名称前加朝代名，关羽所封的"汉寿亭侯"自然也不例外，由此也可证明关羽所封"汉寿亭侯"中的"汉"字并非朝代名，因而第二种观点是难以成立的。

东汉末至三国时期被封亭侯之人一览表

人名	被封亭侯名	资料来源
公孙瓒	都亭都	《三国志·魏书·公孙瓒传》
吕布	都亭侯	《三国志·魏书·吕布传》
张郃	都亭侯	《三国志·魏书·张郃传》
张辽	都亭侯	《三国志·魏书·张辽传》
徐晃	都亭侯	《三国志·魏书·徐晃传》
曹仁	都亭侯 安平亭侯	《三国志·魏书·曹仁传》
李典	都亭侯	《三国志·魏书·李典传》
李通	都亭侯	《三国志·魏书·李通传》
贾诩	都亭侯	《三国志·魏书·贾诩传》
臧霸	都亭侯	《三国志·魏书·臧霸传》
任峻	都亭侯	《三国志·魏书·任峻传》
苏则	都亭侯	《三国志·魏书·苏则传》
徐绍	都亭侯	《三国志·魏书·三少帝纪》
徐邈	都亭侯	《三国志·魏书·徐邈传》
邢贞	都亭侯	《三国志·吴书·徐盛传》
徐盛	都亭侯	《三国志·吴书·徐盛传》
韩当	都亭侯	《三国志·吴书·韩当传》

人名	被封亭侯名	资料来源
丁奉	都亭侯	《三国志·吴书·丁奉传》
是仪	都亭侯	《三国志·吴书·是仪传》
孙贲	都亭侯	《三国志·吴书·宗室传》
全尚	都亭侯	《三国志·吴书·妃嫔传》
吴祺（吴景子）	都亭侯	《三国志·吴书·妃嫔传》
陈修（陈武子）	都亭侯	《三国志·吴书·陈武传》
陈弟（陈武子）	都亭侯	《三国志·吴书·陈武传》
陆胤（陆凯弟）	都亭侯	《三国志·吴书·陆凯传》
鲁淑（鲁肃子）	都亭侯	《三国志·吴书·鲁肃传》
滕胤	都亭侯	《三国志·吴书·滕胤传》
马超	都亭侯	《三国志·蜀书·马超传》
魏延	都亭侯	《三国志·蜀书·魏延传》
张翼	都亭侯	《三国志·蜀书·张翼》
向宠（向郎兄子）	都亭侯	《三国志·蜀书·向郎传》
宾伯（名观）	都亭侯	《三国志·蜀书·宾伯传》
鲜于辅	亭侯	《三国志·魏书·公孙瓒传》
田畴	亭侯	《三国志·魏书·田畴传》
刘放子（2人）	亭侯	《三国志·魏书·刘放传》
司马文王诸群从子弟未有侯者	亭侯	《三国志·魏书·三少帝纪》
（陈群子）陈泰子弟（1人）	亭侯	《三国志·魏书·陈群传》
路蕃	亭侯	《三国志·魏书·三少帝纪》
王基子（1人）	亭侯	《三国志·魏书·王基传》
胡综	亭侯	《三国志·吴书·胡综传》
徐详	亭侯	《三国志·吴书·胡综传》
是仪	亭侯	《三国志·吴书·胡综传》

人名	被封亭侯名	资料来源
程咨（程普子）	亭侯	《三国志·吴书·程普传》
凌烈（凌统子）	亭侯	《三国志·吴书·凌统传》
孙幹	亭侯	《三国志·吴书·孙綝传》
孙闿	亭侯	《三国志·吴书·孙綝传》
王文雍	亭侯	《三国志·吴书·妃嫔传》
王平	亭侯	《三国志·蜀书·王平传》
叔至（名到）	亭侯	《三国志·蜀书·叔至传》
子元（名壹）	亭侯	《三国志·蜀书·子远传》
于禁	益寿亭侯	《三国志·魏书·于禁传》
于圭（于禁子）	益寿亭侯	《三国志·魏书·于禁传》
吕虔	益寿亭侯 万年亭侯	《三国志·魏书·吕虔传》
文聘	延寿亭侯	《三国志·魏书·文聘传》
高柔	延寿亭侯	《三国志·魏书·高柔传》
刘放	魏寿亭侯	《三国志·魏书·刘放传》
曹真	灵寿亭侯	《三国志·魏书·曹真传》
曹熙（曹真族孙）	新昌亭侯	《三国志·魏书·曹真传》
曹腾	费亭侯	《三国志·魏书·武帝纪》
曹操	费亭侯	《三国志·魏书·董昭传》
曹洪	国明亭侯	《三国志·魏书·曹洪传》
曹休	东阳亭侯	《三国志·魏书·曹休传》
曹幹	高平亭侯 赖亭侯	《三国志·魏书·武文世王公传》
夏侯渊	博昌亭侯	《三国志·魏书·夏侯渊传》
夏侯霸 （夏侯渊中子）	博昌亭侯	《三国志·魏书·夏侯渊传》
夏侯衡 （夏侯渊长子）	博昌亭侯 安宁亭侯	《三国志·魏书·夏侯渊传》
夏侯尚	平陵亭侯	《三国志·魏书·夏侯尚传》

人名	被封亭侯名	资料来源
夏侯本 （夏侯尚从孙）	昌陵亭侯	《三国志·魏书·夏侯尚传》
蒋济	昌陵亭侯	《三国志·魏书·蒋济传》
张燕	安国亭侯	《三国志·魏书·张燕传》
程昱	安国亭侯	《三国志·魏书·程昱传》
卫臻	安国亭侯	《三国志·魏书·卫臻传》
荀彧	万岁亭侯	《三国志·魏书·荀彧传》
曹茂	万岁亭侯	《三国志·魏书·武文世王公传》
许褚	万岁亭侯	《三国志·魏书·许褚传》
荀攸	陵树亭侯	《三国志·魏书·荀攸传》
荀彪（荀攸孙）	陵树亭侯 丘阳亭侯	《三国志·魏书·荀攸传》
郭嘉	洧阳亭侯	《三国志·魏书·郭嘉传》
钟繇	东武亭侯	《三国志·魏书·钟繇传》
董昭	千秋亭侯	《三国志·魏书·董昭传》
鲍邵（鲍勋兄）	新都亭侯	《三国志·魏书·鲍勋传》
张既	武始亭侯	《三国志·魏书·张既传》
庞德	关门亭侯	《三国志·魏书·庞德传》
乐进	广昌亭侯	《三国志·魏书·乐进传》
朱灵	高唐亭侯	《三国志·魏书·徐晃传》
满宠	安昌亭侯	《三国志·魏书·满宠传》
辛毗	广平亭侯	《三国志·魏书·辛毗传》
郭淮	射阳亭侯	《三国志·魏书·郭淮传》
田豫	长乐亭侯	《三国志·魏书·田豫传》
王朗	安陵亭侯	《三国志·魏书·王朗传》
王凌	宜城亭侯	《三国志·魏书·王凌传》
韩暨	宜城亭侯	《三国志·魏书·韩暨传》
何夔	成阳亭侯	《三国志·魏书·何夔传》

人名	被封亭侯名	资料来源
卫觊	阳吉亭侯	《三国志·魏书·卫觊传》
桓阶	高乡亭侯	《三国志·魏书·桓阶传》
陈群	昌武亭侯	《三国志·魏书·陈群传》
司马遗 （司马朗子）	昌武亭侯	《三国志·魏书·司马朗传》
陈矫	高陵亭侯	《三国志·魏书·陈矫传》
梁习	申门亭侯	《三国志·魏书·梁习传》
和洽	安城亭侯	《三国志·魏书·和洽传》
常林	乐阳亭侯	《三国志·魏书·常林传》
杜袭	武平亭侯	《三国志·魏书·杜袭传》
杜畿	丰乐亭侯	《三国志·魏书·杜畿传》
杜预（杜畿孙）	丰乐亭侯	《三国志·魏书·杜畿传》
贾逵	阳里亭侯	《三国志·魏书·贾逵传》
刘靖（刘馥子）	广陆亭侯	《三国志·魏书·刘馥传》
赵俨	宜士亭侯	《三国志·魏书·赵俨传》
刘晔	东亭侯	《三国志·魏书·刘晔传》
孙资	乐阳亭侯	《三国志·魏书·刘放传》
裴潜	清阳亭侯	《三国志·魏书·裴潜传》
徐宣	津阳亭侯	《三国志·魏书·徐宣传》
郭表	安阳亭侯	《三国志·魏书·后妃传》
崔林	安阳亭侯	《三国志·魏书·崔林传》
卢毓	高乐亭侯	《三国志·魏书·卢毓传》
诸葛诞	山阳亭侯	《三国志·魏书·诸葛诞传》
王昶	武观亭侯	《三国志·魏书·王昶传》
胡质	阳陵亭侯	《三国志·魏书·胡质传》
孙礼	大利亭侯	《三国志·魏书·孙礼传》
王观	中乡亭侯	《三国志·魏书·王观传》
王基	常乐亭侯	《三国志·魏书·王基传》

人名	被封亭侯名	资料来源
邓艾	方城亭侯	《三国志·魏书·邓艾传》
钟会	东武亭侯	《三国志·魏书·钟会传》
傅嘏	武乡亭侯	《三国志·魏书·傅嘏传》
庞会	临渭亭侯	《三国志·魏书·三少帝纪》
李苞	浮亭侯	《李苞通阁道铭》
吴奋（吴景子）	新亭侯	《三国志·吴书·妃嫔传》
士燮	龙度亭侯	《三国志·吴书·士燮传》
潘濬	常迁亭侯	《三国志·吴书·潘濬传》
陆逊	华亭侯	《三国志·吴书·陆逊传》
全琮	阳华亭侯	《三国志·吴书·全琮传》
朱桓	新城亭侯	《三国志·吴书·朱桓传》
骆统	新阳亭侯	《三国志·吴书·骆统传》
钟离牧	秦亭侯	《三国志·吴书·钟离牧传》
步阐（步骘子）	西亭侯	《三国志·吴书·步骘传》
张奋（张昭弟子）	乐乡亭侯	《三国志·吴书·张昭传》
华覈	除陵亭侯	《三国志·吴书·华覈传》
韦曜	高陵亭侯	《三国志·吴书·韦曜传》
刘备	宜城亭侯	《三国志·蜀书·先主传》
关羽	汉寿亭侯	《三国志·蜀书·关羽传》
张飞	新亭侯	《三国志·蜀书·张飞传》
赵云	永昌亭侯	《三国志·蜀书·赵云传》
王连	平阳亭侯	《三国志·蜀书·王连传》
孙德	平阳亭侯	《三国志·蜀书·孙德传》
姜维	当阳亭侯	《三国志·蜀书·姜维传》
陈震	城阳亭侯	《三国志·蜀书·陈震传》
马忠	博阳亭侯	《三国志·蜀书·马忠传》
孟达	平阳亭侯	《三国志·蜀书·刘封传》

人名	被封亭侯名	资料来源
吕凯	阳迁亭侯	《三国志·蜀书·吕凯传》
李恢	汉兴亭侯	《三国志·蜀书·李恢传》
蒋琬	安阳亭侯	《三国志·蜀书·蒋琬传》
谯周	阳城亭侯	《三国志·蜀书·谯周传》

说明：表中有些人的封侯名称虽相同，但封侯时间却不同。

既然关羽被封的爵位确为"汉寿亭侯"，那么，其爵位大小如何呢？据《后汉书》载："列侯，所食县为侯国。功大者食县，小者食乡、亭，得臣其所食吏民。"又明代人管律《汉寿亭侯壮谬关公祠碑》[23]亦载："盖东汉之制，有县侯，有乡侯，有亭侯。亭侯，爵也。"看来，关羽被封的"汉寿亭侯"是东汉末有食邑的爵位中最低的一等。

通过考证，我们已确定关羽的爵位为"汉寿亭侯"，而"汉寿"又是他的食邑地，那么，其地理位置如何呢？对此，学者们有两种不同的观点：第一种观点以明代的胡应麟[24]、管律[25]以及清代的杭世骏[26]、吴青坛[27]等人为代表，他们均认为汉寿在今四川省；第二种观点以熊方[28]、

---

[23] 嘉靖《宁夏新志》卷七《文苑志·文》，（明）胡汝砺纂修，（明）管律重修，陈明猷校勘，银川：宁夏人民出版社，1982年12月版。

[24] （明）胡应麟：《少室山房笔丛》卷四："关公在曹时，操表封公为汉寿亭侯。汉寿本亭名，在犍为，即今叙州府也。"

[25] （明）管律《汉寿亭侯壮谬关公祠碑》："汉寿食邑也，县在犍为。"

[26] （清）杭世骏：《订讹类编》（中华书局1997年4月版）卷四"汉寿亭侯"条载："关云长公封汉寿亭侯……又《金壶字考》云：汉寿本地名，史延熙十四年费祎北屯汉寿，景耀元年诏汉中兵屯汉寿，是其地也。今四川保宁府广元县。"第129页。

[27] （清）赵翼：《陔余丛考》（上海：商务印书馆，1957年12月初版）卷三十五"汉寿亭侯"条载："……吴青坛《读书质疑》并称汉寿县在犍为，史称费祎被害于汉寿是也。"第758页。

[28] （清）王鸣盛：《十七史商榷》卷四十一《三国志三》"汉寿亭侯"条载："……熊方《后汉书年表》第八卷异姓侯有寿亭侯关羽，其下格注云：武陵，此传写误，脱去汉字，而注武陵，则确也。"

顾祖禹[29]、赵翼[30]、王鸣盛[31]以及《辞海》作者[32]、《辞源》作者[33]等为代表,他们均认为汉寿即西汉之索县,东汉改名汉寿,地在今湖南省常德市东北。

以上两种观点,笔者认为第二种观点无疑是正确的。清代学者赵翼《陔余丛考》卷三十五"汉寿亭侯"条载:"……按汉寿县本有二:费祎被害之地在蜀中……此本广汉葭萌县,建安二十五年,蜀先主改名汉寿者;曹操表封关公,则在建安五年,固无由预立此名。《续汉郡国志》:武陵属县有汉寿,乃汉顺帝时改名;关公所封,盖即此地。《三国吴志》有潘濬,武陵汉寿人;《晋书》有潘京,亦武陵汉寿人;是武陵之有汉寿明甚。而熊方《后汉书年表》异姓侯内,有寿亭侯关羽,其下格注云:武陵,此尤关公所封汉寿在武陵之明证也。"东汉末至三国时期有两个汉寿:一是东汉顺帝阳嘉三年(134 年)由索县更名的汉寿[34],二是刘备在建安二十五年(一说在建安二十二年[35])

---

[29] (清)顾祖禹辑著:《读史方舆纪要》(中华书局 1955 年 7 月版)卷二《历代州域形势二·两汉三国》"荆州汉寿"下云:"汉寿,今常德府东四十里有汉寿故城。"第 87 页。

[30] (清)赵翼:《陔余丛考》卷三十五"汉寿亭侯"条,上海:商务印书馆,1957 年 12 月初版,第 758~759 页。

[31] (清)王鸣盛:《十七史商榷》卷四十一《三国志三》"汉寿亭侯"条载:"……熊方《后汉书年表》第八卷异姓侯有寿亭侯关羽,其下格注云:武陵,此传写误,脱去汉字,而注武陵,则确也。"

[32] 《辞海》(上海辞书出版社 1990 年 12 月版)缩印本第 996 页载:"汉寿,县名。在湖南省北部、沅江下游、洞庭湖畔。西汉索县地,东汉汉寿县地,三国吴分置龙阳县,1912 年改汉寿县。"

[33] 广东、广西、湖南、河南辞源修订组,商务印书馆编辑部编:《辞源》第三册(商务印书馆 1981 年 12 月修订第 1 版)第 1871 页载:"汉寿,县名。……2. 汉索县地。后汉顺帝时改为汉寿。汉末关羽封汉寿亭侯,即此地。三国吴改吴寿,晋复旧名,宋齐因之,隋废。故城在今湖南常德县东北。"

[34] (晋)司马彪:《后汉书志第二十二·郡国四·武陵郡》载:"汉寿:故索,阳嘉三年更名,刺史治。"(南朝宋)范晔:《后汉书》,北京:中华书局,1965 年 5 月第 1 版,第 3484 页。

[35] (清)洪亮吉:《补三国疆域志》(丛书集成初编)卷下"梓潼郡",北京:中华书局,1985 年新一版,第 76 页。

由葭萌县更名的汉寿，但关羽被封"汉寿亭侯"是在建安五年（200年），这样，关羽的食邑地在武陵属县之汉寿就毫无疑问了。赵翼从关羽被封"汉寿亭侯"的时间以及两个"汉寿"各自得名的时间来确定关羽食邑的地理位置，可谓思维敏捷，一矢中的。而清代学者顾祖禹在自己的历史地理巨著《读史方舆纪要》卷八十《湖广六·常德府·武陵县》"汉寿城"下指出："府东四十里。本汉之索县，武陵郡治焉；后汉阳嘉三年，更名汉寿，荆州治此。三国吴改曰吴寿。晋复旧，仍属武陵郡。宋齐因之，隋省入武陵县。今为汉寿乡。《志》云：汉寿乡在县北八十里。"顾祖禹把汉寿的地理位置定在清代的湖南省常德府武陵县之北，也就是今天的湖南省常德市东北。

综上所述，因文献资料与考古资料的记载不同，自南宋时起，关羽的爵位就有"汉寿亭侯"与"寿亭侯"的争论，至今还有人主"寿亭侯"之说。结合文献资料，通过对考古资料进行辨伪后得出，建安五年，曹操表奏汉献帝封关羽的爵位确为"汉寿亭侯"；作为关羽的食邑地，"汉寿"是东汉顺帝阳嘉三年由西汉之索县更名而来，地在今湖南常德市东北。

（原文载《中国历史地理论丛》2001 年第 2 辑）

"桃林塞"位置考辨

《左传》文公十三年载："春，晋侯使詹嘉处瑕以守桃林之塞。"关于桃林之塞的位置，古今学者众说纷纭，莫衷一是。然归纳起来，大致有以下五种观点：

第一种观点以晋代的杜预为代表，他认为桃林之塞就是古潼关。他为《左传》作注时具体指出："詹嘉，晋大夫，赐其瑕邑，令帅众守桃林以备秦。桃林在弘农华阴县东潼关。"〔1〕继杜预之后，唐代的孔颖达、杜佑、李吉甫以及宋代的乐史、王存等人，皆支持杜预之说。孔颖达说："《注》：詹嘉至潼关。"〔2〕杜佑说："华阴……有潼关，《左传》所谓桃林塞是也。"〔3〕李吉甫说："潼关，在县（华阴县）东北三十九里，古桃林塞也，春秋时晋侯使詹嘉处瑕以守桃林之塞是也。"〔4〕乐史说："潼关有潼水焉。按《三辅记》云：关因水得名，水去关一里。《左传》晋侯使詹嘉处瑕以守桃林之塞是此。"〔5〕

---

〔1〕（春秋）左丘明：《左传·文公十三年》，（清）阮元校刻：《十三经注疏》下册，北京：中华书局，1980年，第1852页。

〔2〕（春秋）左丘明：《左传·文公十三年》，（清）阮元校刻：《十三经注疏》下册，北京：中华书局，1980年，第1852页。

〔3〕（唐）杜佑：《通典》卷一百七十三《州郡三》，长沙：岳麓书社，1995年11月第1版，第2364页。

〔4〕（唐）李吉甫：《元和郡县图志》卷二《关内道二·华阴县》，贺次君点校，北京：中华书局，1983年6月第1版，第35页。

〔5〕（宋）乐史：《太平寰宇记》卷二十九《关西道五·华州华阴县》，台北：文海出版社，1980年。

王存说:"潼关,即桃林之塞。"[6]

第二种观点以唐代张守节、李吉甫等人为代表,他们认为桃林塞为今河南灵宝以西至陕西潼关以东地区。李泰引张守节《史记·周本纪》正义说:"桃林在陕州桃林县,西至潼关,皆为桃林塞地。"[7]李吉甫也说:"桃林塞,自县(灵宝县)以西至潼关,皆是也。"[8]继张、李二人之后,宋代的乐史、王应麟,清代的阎若璩,《辞海》、《辞源》作者以及现今著名历史地理学家史念海、谭其骧二位先生皆赞同张、李二人的观点。王应麟说:"《寰宇记》:'自陕州灵宝县已西至潼关,皆是也。'今考:古函谷关在陕州灵宝县西南,潼关在华州华阴县,自潼关至函谷,历陕、华二州之地,俱谓之桃林塞。"[9]阎若璩说:"桃林塞为今灵宝县西至潼关广围三百里皆是。"[10]《辞海》作者说:"桃林,古地区名。又名桃林塞、桃原。约当今河南灵宝以西、陕西潼关以东地区。"[11]《辞源》作者说:"桃林,地名。又名桃林塞、桃原、桃园……其地约相当于今河南灵宝县以西、陕西潼关县以东地区。"[12]史念海先生说:"桃林在今陕西潼关,迤东且至于河南灵宝。这个桃林曾长期成为要塞。"[13]谭其骧先生主编的《中国历史地图集》第一册[14]中有《西周时期

〔6〕 (宋)王存等:《元丰九域志》卷三《华州》,北京:中华书局,1984年。

〔7〕 (唐)李泰:《括地志》卷四,(清)孙星衍辑,北京:中华书局,1991年。

〔8〕 (唐)李吉甫:《元和郡县图志》卷六《陕州·灵宝县》,贺次君点校,北京:中华书局,1983年6月第1版,第159页。

〔9〕 (宋)王应麟:《通鉴地理通释》卷十一《潼关》,北京:中华书局,1985年。

〔10〕 江灏、钱宗武:《今古文尚书全译》,贵阳:贵州人民出版社,1992年,第224页。

〔11〕 辞海编辑委员会:《辞海·地理分册·历史地理》,上海:上海辞书出版社,1982年8月第2版,第210页。

〔12〕 广东、广西、湖南、河南辞源修订组,商务印书馆编辑部编:《辞源》第二册,北京:商务印书馆,1980年8月修订第1版,第1568页。

〔13〕 史念海:《河山集》二集,北京:生活·读书·新知三联书店,1981年,第235页。

〔14〕 谭其骧:《中国历史地图集》第一册,北京:中国地图出版社,1982年10月第1版,第17~18页,第19页,第22~23页。

中心区域图》、《西周·宗周、成周附近》、《春秋·晋秦》等，都把桃林塞标在灵宝以西至潼关以东的地区。

第三种观点以清人高士奇和当今学者周昆叔先生为代表，他们主张桃林塞为函谷或函谷古道。高士奇说："盖秦中自华而虢、自虢而陕，而河南中间千里，古立关塞有三：在华阴者，潼关也；自潼关东二百里至陕州灵宝县，则秦函谷关也；自灵宝县东三百余里至河南府新安县，则汉函谷关也。王氏曰：自灵宝以西、潼关以东，皆曰桃林；自崤山以西、潼津以南，通称函谷。然则桃林、函谷，同实异名。新安汉关，杨仆所移，与桃林无与。秦关以西，皆詹父所守矣。"[15]周昆叔先生也说："函谷古道一带，曾称桃林塞。"[16]第三种观点虽与第二种观点接近，但更明朗化。

第四种观点以晋《太康地记》的作者为代表，他认为"桃林在阌乡南谷中"[17]。《水经注》的"阌乡"之"阌"，有些版本作"閿"；在行文时，为了方便，俱写作"阌"。此后，唐代的李吉甫、元代的骆天骧以及当今的钱穆先生，也都认为桃林（塞）在阌乡。李吉甫指出："桃源，在县（阌乡县）东北十里。古之桃林，周武王放牛之地也。"[18]骆天骧说："春秋时晋詹嘉处桃林之塞。《三秦记》：'塞在长安东四百里。'虢之阌乡矣。县东南十里有桃源，古之桃林，周武王放牛之地。函谷间皆扼束河、山，故云塞尔。"[19]钱穆先生说："桃林，今名桃原，在阌乡县西。"[20]晋《太康地记》认为桃林在阌乡

〔15〕 （清）高士奇：《春秋地名考略》卷四《桃林之塞》，《四库全书珍本》四集，台北：商务印书馆影印本，第22页。

〔16〕 周昆叔：《铸鼎原觅古——中原要冲荆山黄帝铸鼎原考察纪要》，北京：科学出版社，1999年，第36页。

〔17〕 陈桥驿：《水经注校释》，杭州：杭州大学出版社，1999年4月第1版，第59页。

〔18〕 （唐）李吉甫：《元和郡县图志》卷六《虢州·阌乡县》，贺次君点校，北京：中华书局，1983年，第163页。

〔19〕 （元）骆天骧：《类编长安志》卷七《关塞·桃林塞》，黄永年点校，北京：中华书局，1990年。

〔20〕 钱穆：《史记地名考》下，《钱宾四先生全集》卷三十四，台北：联经出版社，1996年，第993页。

南，骆天骧认为在阌乡东南十里，两者意见基本一致；李吉甫认为桃林在阌乡县东北十里，与骆无骧所说的方位虽稍不同，但里程却相同。只有钱穆先生认为桃林在阌乡西，他的根据似为《述征记》。该书曰："全节，地名也。其西名桃源，古之桃林，周武王克殷休牛之地矣。"[21]只因全节是阌乡县的地名，桃林又在全节的西面，因而钱穆先生便认为桃林在阌乡西。可是"《图经》云：全节即《汉书》全鸠里戾太子，死处在阌乡县东十里鸠涧西。"[22]据此知桃林虽在全节的西面，但全节却在阌乡县东十里，则桃林应在阌乡县东。钱穆先生虽认为桃林在阌乡，但同时又指出："自潼关至函谷，古谓之桃林之塞。"[23]

第五种观点以光绪《灵宝县志》的作者为代表，他认为桃林塞是在灵宝县："虞夏属豫州，为侯服。商为桃林。周克殷归，放牛于此，置关于函谷，设令以守；既而封虢仲于虢，号西虢；虢公尝败戎于桑田；周东迁后，晋灭虢，尽得关东地，因使詹嘉处瑕守桃林之塞备秦；三家分晋，乃复属韩；后属秦，置吏严守。迄秦并天下，霸诸侯，地属三川郡。"[24]

以上五种观点，以第二种观点最为大多数人接受，且第二种观点也能兼收其他四种观点，但是，第二种观点却有笼统之嫌。笔者倾向于第三种观点，试从五个方面加以论述：

第一，从有关文献记载的方位、里程看桃林塞的位置。《三秦记》曰："桃林塞在长安东四百里，若有军马经过，好行则牧华山，休息林下；恶行则决河漫延，人马不得过矣。"[25]对此，宋人程大昌

---

〔21〕 陈桥驿：《水经注校释》，杭州：杭州大学出版社，1999 年 4 月第 1 版，第 59 页。

〔22〕 王国维：《水经注校》，上海：上海人民出版社，1984 年 5 月第 1 版，第 120 页。

〔23〕 钱穆：《史记地名考》下，《钱宾四先生全集》卷三十四，台北：联经出版社，1996 年，第 993 页。

〔24〕 （清）周涤修，高锦荣等纂：《灵宝县志》卷一《沿革志》，台北：成文出版社，1976 年，第 122 页。

〔25〕 陈桥驿：《水经注校释》，杭州：杭州大学出版社，1999 年 4 月第 1 版，第 61 页。

说："按《元和志》，汉关在长安东正三百里。若更增百里，即为虢之阌乡矣，不得云在潼关也。"[26]程大昌所谓"汉关"之"汉"，实乃"潼"之误。因为据《元和郡县图志》卷二《华州·州境》载，（华州）西至上都（长安）一百八十里，东至潼关一百二十里，则潼关确在长安正东三百里。清人高士奇也说："考潼关去长安东三百里，更加百里，则为阌乡之境。"[27]前引晋《太康地记》、《述征记》以及李吉甫、骆天骧和钱穆先生的观点，均主张桃林（塞）在阌乡县，只是方位略有差异，要以桃林（塞）在阌乡县东南为妥。由于阌乡县与灵宝县（本汉宏农县）毗邻，所以既可说桃林（塞）在阌乡县东南，也可以说桃林（塞）在灵宝县西南。故徐广曰："桃林在弘农县，今曰桃丘。"[28]应劭《十三州记》亦云："弘农有桃丘聚，古桃林也。"[29]至于李吉甫既说："桃源在县（阌乡县）东北十里，古之桃林，周武王放牛之地也。"又说："桃林塞，自县（灵宝县）以西至潼关皆是也。"并不矛盾，只不过他是以两个相邻但名称不同的县作为参照物来描述同一片树林而已。民国《灵宝县志》也说桃林（塞）在灵宝县："……灵宝居东西之冲，每遇世变，常为要枢；函关、秦岭、涧水、桃林扼百二之山河，为秦豫之咽喉。"[30]

第二，从与桃林有关的山、河来看桃林塞的位置。《山海经》第五卷《中山经·中次六经》说："又西九十里，曰夸父之山……其北

---

〔26〕 （宋）程大昌：《雍录》卷六《桃林》，杨恩成、康万武点校，西安：陕西师范大学出版社，1996年8月第1版，第113页。

〔27〕 （清）高士奇：《春秋地名考略》卷四《桃林之塞》，《四库全书珍本》四集，台北：商务印书馆影印本，第22页。

〔28〕 钱穆：《史记地名考》下，《钱宾四先生全集》卷三十四，台北：联经出版社，1996年，第992页。

〔29〕 钱穆：《史记地名考》下，《钱宾四先生全集》卷三十四，台北：联经出版社，1996年，第992页。

〔30〕 （民国）孙椿荣、张象明等：《灵宝县志》卷一《疆域》，台北：成文出版社，1976年，第39页。

有林焉，名曰桃林。"[31]由于桃林就在夸父山的北面，所以我们弄清了夸父山的位置，也就能大致确定桃林（塞）的位置。夸父山，又名秦山[32]。《括地志》云："湖水原出虢州湖城县南三十五里夸父山，北流入河，即鼎湖也。"[33]《元和郡县图志》卷六《虢州·湖城县》："夸父山在县东南三十五里。"《括地志》与《元和郡县图志》都认为夸父山在湖城县，其区别只是方位略有差异，即一个认为在县南，一个认为在县东南。又顾祖禹云："夸父山，在县（阌乡县）东南二十五里。"疑此二十五之"二"乃"三"之误。由于阌乡县"本汉湖县地"，所以顾祖禹便把夸父山在湖城县的方位、里程直接移到了阌乡县。但是，李吉甫所记秦山在阌乡县的方位、里程却与顾祖禹有较大差别，他说："秦山，一名秦岭，在县（阌乡县）南五十。"[34]又光绪《灵宝县志》载："秦山，在县南五十里，接连关中诸山，故名。谚曰：秦为头，虢为尾。"[35]由于秦山既在阌乡县的南面，又在灵宝县的南面，且阌乡县与灵宝县毗邻，所以秦山在灵宝、阌乡两县南是逶迤相连的。又《山海经·中山经·中次六经》记载桃林的范围"是广员三百里"[36]，而李吉甫记载桃林南面的秦山的范围是："周回三百余里。"[37]，是知桃林与秦山的范围倒是差

〔31〕 袁珂：《山海经校注》，上海：上海古籍出版社，1980年7月第1版，第139页。

〔32〕 （清）顾祖禹：《读史方舆纪要》卷四十八《陕州·阌乡县·夸父山》，北京：中华书局，1955年，第2091页。

〔33〕 周昆叔：《铸鼎原觅古——中原要冲荆山黄帝铸鼎原考察纪要》，北京：科学出版社，1999年，第47页。

〔34〕 （唐）李吉甫：《元和郡县图志》卷六《虢州·阌乡县》，贺次君点校，北京：中华书局，1983年，第163页。

〔35〕 （清）周涤修，高锦荣等纂：《灵宝县志》卷一《山川志》，台北：成文出版社，1976年，第114页。

〔36〕 袁珂：《山海经校注》，上海：上海古籍出版社，1980年7月第1版，第139页。

〔37〕 （唐）李吉甫：《元和郡县图志》卷六《虢州·阌乡县》，贺次君点校，北京：中华书局，1983年，第163页。

相仿佛。但又有文献记载："小秦岭在灵宝县境，西接陕西界。一名秦山。东西走向，长43公里，宽13公里。"[38]这里的秦山与李吉甫所说的秦山应为同一座山，但这里所说秦山的范围要比李吉甫所说秦山的范围小，则《山海经》所说夸父山（一名秦山）以北的桃林的范围似乎有点夸大。

仅从夸父山还不足以具体确定桃林（塞）的位置，我们还须从与桃林（塞）有关的水来确定其位置。《水经·河水注》曰："河水又东径阌乡城北，东与全鸠涧水合，水出南山，北径皇天原东。《述征记》曰：全节，地名也。其西名桃原，古之桃林，周武王克殷休牛之地矣。《西征赋》曰：咸征名于桃原者也。晋《太康地记》曰：桃林在阌乡南谷中，其水又北流注于河。"[39]又曰："河水右会盘涧水，水出湖县夸父山，北径汉武帝思子宫归来望思台东，又北流入于河。河水又东径湖县故城北，昔范叔入关，遇穰侯于此矣。湖水出桃林塞之夸父山，广圆三百仞。武王伐纣，天下既定，王巡岳渎，放马华阳，散牛桃林，即此处也。其中多野马……湖水又北径湖县东，而北流入于河。"[40]从《水经注》的记载可以看出，郦道元认为桃林有两个地方：一是在描述阌乡城时提到了全鸠涧水即全节水，亦即盘涧水[41]，认为桃林在全节水以西的阌乡南谷，并引《述征记》、《西征赋》、晋《太康地记》等书加以论证；一是在描述阌乡城以东的湖县故城时提到了湖水，认为桃林就在湖水流过的夸父山之北，并引《三秦记》、《山海经》等书加以论证。由于阌乡本汉湖县之一乡，况且"湖县，湖城县，是因湖

---

[38] 河南省地方史志编纂委员会编纂：《河南省志》第十二卷《地名志》，郑州：河南人民出版社，1993年4月第1版，第332页。

[39] 陈桥驿：《水经注校释》，杭州：杭州大学出版社，1999年4月第1版，第59页。

[40] 陈桥驿：《水经注校释》，杭州：杭州大学出版社，1999年4月第1版，第60页。

[41] 张维慎：《水经·河水注》"全鸠涧水"即"盘涧水"考，《中国历史地理论丛》2000年第4辑。

水绕县城而得名。"[42]所以郦道元虽把桃林分在两个地方，但却都在湖县境内，而湖县就是隋代的阌乡县，并于 1954 年并入灵宝县。

第三，前引《左传》明言，"晋侯使詹嘉处瑕以守桃林之塞"。高士奇曰："凡使人守邑，而即以赐之，皆谓之处，其与桃林相近，又可知焉。"[43]因而只要我们弄清了瑕的位置，桃林之塞的位置也就迎刃而解。关于瑕的位置，学者们意见也不一致。刘昭认为瑕在河东郡之解[44]，顾祖禹认为在山西猗氏县[45]。沈钦韩认为："曲沃即瑕之变名，皆在弘农陕县，于晋为河外，而解与猗氏之瑕，非秦所侵，及詹嘉所处明矣。杜预注此，横分瑕与桃林为二处，显然违传……《一统志》：曲沃城，在陕州西南四十二里。"[46]高士奇也认为"瑕即曲沃矣"，并驳斥了《西征记》瑕在陕州太原仓的说法，指出曲沃在陕州西南三十二里[47]，与沈钦韩观点一致，只是里程略有差异。顾炎武《日知录》三十一谓瑕胡音同，认为瑕即《汉书·地理志》之湖，为今河南省阌乡，阌乡即今河南虢略镇[48]。谭其骧先生亦赞同顾炎武的观点，他主编的《中国历史地图集》第一册《春秋·晋秦》、《春秋·成周、新田附近》的瑕与《战国·诸侯称雄形势图》、《战国·韩魏》、《战国·秦蜀》中的湖，就在同一位置。笔者是赞同顾炎武

[42] 周昆叔：《铸鼎原觅古——中原要冲荆山黄帝铸鼎原考察纪要》，北京：科学出版社，1999 年，第 40 页。

[43] （清）高士奇：《春秋地名考略》卷四《瑕》，《四库全书珍本》四集，台北：商务印书馆影印本，第 16 页。

[44] （清）洪亮吉：《春秋左传诂》上册，北京：中华书局，1987 年，第 376 页。

[45] （清）顾祖禹：《读史方舆纪要》卷五十二《陕西一·其重险则有潼关》，北京：中华书局，1955 年 7 月第 1 版，第 2281 页。

[46] （清）沈钦韩：《春秋左氏传地名补注》（丛书集成新编）卷五，台北：新文丰出版公司印行。

[47] （清）高士奇：《春秋地名考略》卷四《瑕》，《四库全书珍本》四集，台北：商务印书馆影印本，第 17 页。

[48] 杨伯峻：《春秋左传注》（修订本）第二册，北京：中华书局，1990 年，第 594 页。

和谭其骧先生瑕、湖一地的观点的，只是湖相当于现今什么地方，尚需辨析。其实，湖就是前文所引《水经·河水注》所记载的湖县故城，李吉甫认为在湖城县西南二里[49]；而湖城县"本汉湖县，属京兆尹。即黄帝铸鼎之处。后汉改属弘农郡，至宋加'城'字为湖城县。"[50]又据前文所引《水经·河水注》可知，郦道元在描述了河水流经湖县故城之北以后，紧接着就说湖水出桃林塞之夸父山，北经湖县东，然后北流入于河。可见李吉甫的说法与郦道元是一致的。

郦道元和李吉甫所说的湖县故城，也就是周昆叔先生实地考察过的阌乡县城（但却不是前文《水经·河水注》所记载的阌乡城，此阌乡城在河水南、全鸠涧水西）。周昆叔先生指出："阌东遗址处在湖水汇入黄河的河口东侧二级阶地上，高出河面约20米。郭敬书先生遥指河滩孤立残存的一片高地说：那就是阌乡县城旧址，被河水冲刷成这个样子了。我顿时一惊，这就是桃林塞路上闻名的阌乡吗？"[51]由于考察时诗兴大发，他遂作《阌乡访古》诗云："郭老古稀身轻捷，话说阌乡古城毁。路上桃林寻不见，古城不复忆来客。"[52]他自注云："阌乡原为湖县之一乡，其地在今灵宝市东豫灵镇阌底。自开皇十六年，在今灵宝市阳平镇阌东村西北约两公里处的湖县旧址，废湖县建阌乡县。湖县原本为建元元年（公元前140年）的胡县，自建元三年汉武帝改'胡县'为'湖县'。"[53]灵宝市阳平镇阌东

---

[49] （唐）李吉甫：《元和郡县图志》卷六《虢州·湖城县》，贺次君点校，北京：中华书局，1983年6月第1版，第164页。

[50] （唐）李吉甫：《元和郡县图志》卷六《虢州·湖城县》，贺次君点校，北京：中华书局，1983年6月第1版，第164页。

[51] 周昆叔：《铸鼎原觅古——中原要冲荆山黄帝铸鼎原考察纪要》，北京：科学出版社，1999年，第16页。

[52] 周昆叔：《铸鼎原觅古——中原要冲荆山黄帝铸鼎原考察纪要》，北京：科学出版社，1999年，第17页。

[53] 周昆叔：《铸鼎原觅古——中原要冲荆山黄帝铸鼎原考察纪要》，北京：科学出版社，1999年，第17页。

村在湖水东岸，而阌东村西北约两公里处的湖县旧址（即阌乡县城旧址）则在湖水西岸，这与郦道元记载的湖县故城的位置是一致的。

第四，从灵宝县的沿革看桃林塞的位置。除前文所引光绪《灵宝县志》对灵宝县的沿革有详细记载外，河南省灵宝县地方史志编纂委员会总编室的《灵宝县概况》（1985年）一书也有简明扼要的介绍，该书曰："灵宝，虞夏时属豫州，商为桃林，周为桃林塞，春秋初属南虢，晋灭虢后属晋，战国属韩，秦为函谷关与湖关地，属三川郡。"[54]李吉甫也说："灵宝县，本汉弘农县，自汉至后魏不改。隋开皇十六年，于今县置桃林县，属陕州。天宝元年，于县南古函谷关尹真人宅，掘得天宝灵符，遂改县为灵宝。"[55]灵宝之所以"旧称弘农县、桃林县，是因弘农河、古桃林塞（地名）而得名。"[56]顾祖禹《读史方舆纪要》卷四十八《陕州·灵宝县》载："稠桑驿，在县东三十里……高祖诏李密招抚山东，至稠桑驿，复止之，密因入桃林以叛。"光绪《灵宝县志》也载："牧犥岭，在县西南十五里，即桃林之野也。"[57]又"今灵宝西有桃林寨"[58]。凡此皆可证明桃林在灵宝。如果说灵宝县西南十五里的牧犥岭（今弘农河西岸衡岭塬和焦村塬）只是桃林之野的话，那么，牧犥岭及其以西直到湖水东岸的铸鼎原（灵宝距湖水东岸的阳平镇直线距离大约15.42公里）[59]及湖水西岸的湖水流域，无疑正是桃林的范围。

---

〔54〕 周昆叔：《铸鼎原觅古——中原要冲荆山黄帝铸鼎原考察纪要》，北京：科学出版社，1999年，第40页。

〔55〕 （唐）李吉甫：《元和郡县图志》卷六《陕州·灵宝县》，贺次君点校，北京：中华书局，1983年6月第1版，第158页。

〔56〕 周昆叔：《铸鼎原觅古——中原要冲荆山黄帝铸鼎原考察纪要》，北京：科学出版社，1999年，第40页。

〔57〕 （清）周淦修，高锦荣等纂：《灵宝县志》卷一《山川志》，台北：成文出版社，1976年，第116页。

〔58〕 （清）高士奇：《春秋地名考略》卷四《桃林之塞》，《四库全书珍本》四集，台北：商务印书馆影印本，第23页。

〔59〕 15.42公里是据周昆叔《铸鼎原觅古》第3页图1《铸鼎原黄帝陵交通位置图》推算而来。

需要补充的是，"铸鼎原原来隶阌乡县治，治所在铸鼎原之西北 10 里处，现废，改属灵宝市。"[60]

第五，正确理解桃林塞的含义。史念海先生指出："在函谷关之西，本来有一个'桃林之塞'。'桃林之塞'以当地桃树成林而得名，则'松柏之塞'也应是以松柏成林而得名。实际上也正是如此……所谓松柏之塞当不是函谷内外一路上两侧才有的，而是遍及其附近各处。"[61]依此类推，则桃林之塞亦当不是函谷内外一路上两侧才有桃树的，而是遍及其附近各处。只是这儿的函谷大约是从秦函谷关以西逶迤而至于湖水西岸的湖县旧址亦即阌乡县城旧址（正在函谷古道之中）[62]附近。

程大昌说："然尝思而求之：塞以阨塞为义，野以平旷为义，函关之间凡数百里，其中行路皆阨束河山，状皆数（似）函，故名之为塞。如《元和志》所著桃原之地则在阌乡县南，正在河山阨束之内，则安得夷旷之地而名之为野也？"[63]对于程大昌的疑惑，笔者有两种解释：其一，《尚书·武成》载周武王伐殷胜利后有"归马于华山之阳，放牛于桃林之野"[64]的举措，而司马迁把此段文字则改作："纵马于华山之阳，放牛于桃林之虚。"[65]司马迁把"野"改为"虚"，不是没有道理。《辞源》解释"虚"的第十种意思是"大丘，土山"[66]，

---

[60] 周昆叔：《铸鼎原觅古——中原要冲荆山黄帝铸鼎原考察纪要》，北京：科学出版社，1999 年，第 44 页。

[61] 史念海：《河山集》四集，西安：陕西师范大学出版社，1991 年 12 月第 1 版，第 396 页。

[62] 参见周昆叔《铸鼎原觅古——中原要冲荆山黄帝铸鼎原考察纪要》彩图 8 及彩图 11。

[63] （宋）程大昌：《雍录》卷六《桃林》，杨恩成、康万武点校，西安：陕西师范大学出版社，1996 年 8 月第 1 版，第 113 页。

[64] 江灏、钱宗武：《今古文尚书全译》，贵阳：贵州人民出版社，1992 年，第 224 页。

[65] （汉）司马迁：《史记》卷四《周本纪》，长沙：岳麓书社，1988 年 10 月第 1 版，第 25 页。

[66] 广东、广西、湖南、河南辞源修订组，商务印书馆编辑部编：《辞源》第四册，北京：商务印书馆，1983 年 12 月修订第 1 版，第 2751 页。

并举《诗·鄘风·定之方中》"升彼虚矣，以望楚矣。"以及《说文》"虚，大丘也。……丘谓之虚。"为证。由此可见，"野"并不总当"平旷"之意解，亦可解作"大丘，土山"。其二，由于"桃林之野"又作"桃林之虚"，也就是有桃林的大丘。有桃林的大丘，其地势虽比较高，但也不能否定其上就没有较为平旷的地方。光绪《灵宝县志》载："衡岭，在县南十二里；文颖曰：函谷关在宏农县衡岭；其平如衡，故名。"[67]"其平如衡"的衡岭，也就是今弘农河西岸的衡岭塬。前文引光绪《灵宝县志》已指出，桃林之野就是灵宝县西南十五里的牧犙岭，而它正是衡岭塬（南部为焦村塬），这一点由民国《灵宝县志》即可证明："西原，即秦岭。南接女郎山北麓，北抵黄河南岸；南北四十里，东西十余里，高五里……旧志所谓衡岭、牧犙岭均指西原而言。"[68]

综上所述，笔者认为桃林塞是指秦函谷关以西逶迤而至于湖水西岸的湖县故城（湖县旧址、阌乡县城旧址）之间的函谷古道，它以此间谷道两旁及其以南衡岭塬（南部为焦村塬）、铸鼎原的桃树成林而得名。而瑕即《汉书·地理志》之湖，亦即湖县故城（湖县旧址、阌乡县城旧址），其地正在今灵宝市阳平镇阌东村西北约两公里处的湖水西岸函谷古道之中，因而，詹嘉奉晋侯之命在此驻扎坚守桃林之塞，即可阻断秦人的东西往来，不使秦人"结外援，东西图己"[69]。

（原文载《兰州大学学报》社会科学版 2001 年第 5 期）

---

〔67〕（清）周淦修，高锦荣等纂：《灵宝县志》卷一《山川志》，台北：成文出版社，1976 年，第 116 页。

〔68〕（民国）孙椿荣、张象明等：《灵宝县志》卷一《疆域》，台北：成文出版社，1976 年，第 44 页。

〔69〕（春秋）左丘明：《左传·文公十三年》，（清）阮元校刻：《十三经注疏》下册，北京：中华书局，1980 年，第 1852 页。

赫连勃勃定都统万城原因试探[*]

西晋灭亡以后，晋室南迁，匈奴、鲜卑、羯、氐、羌等少数民族入主中原，在北方包括黄河流域在内的广大地区，出现了 16 个割据政权，这就是前赵、后赵、前燕、前秦、后秦、蜀、前凉、西凉、北凉、后凉、后燕、南凉、南燕、西秦、北燕、夏，史称"五胡十六国"。

五胡十六国时期，作为匈奴族后裔的赫连勃勃创建了夏国。他在称天王、大单于（407 年）后的第六年（即 413 年），以叱干阿利领将作大匠，发岭北夷夏十万余人，筑都城于朔方水（今红柳河）之北、黑水（今纳林河）之南，名曰统万城（今陕西靖边县红墩界镇白城子村）。在诸侯割据而战争频繁的五胡十六国时期，赫连勃勃为什么要把都城选在鄂尔多斯高原南缘的统万城呢？原因有三：

一 地理环境优越而宜于发展畜牧业经济是赫连勃勃定都统万城的一个主要原因

晋崔鸿《十六国春秋》载："初，昌父勃勃北游契吴，升高而叹曰：美哉斯阜，临广泽而带清流，吾行地多矣，未有若斯之美。"这里的契吴山，位于统万城之北；而所谓的广泽，位于统万城的西面；

---

* 教育部人文社会科学研究 2003 年度专项任务项目"统万城遗址单位申报世界文化遗产的突出价值和综合影响"（03JD770006）资助成果。

至于清流，则是指统万城南面的朔方水。可见，赫连勃勃之所以定都统万城，是因为它处于山环水绕之地，地理环境相对优越。有人认为，"在统万城初建之时，附近一带非但没有流沙的踪影，而且还是一片水草丰美、景物宜人的好地方。"[1]对于此种观点，笔者不能完全赞同。在统万城初建之时，说其附近一带是"一片水草丰美、景物宜人的好地方"并无不妥，但同时又指出"没有流沙的踪影"则不妥。这可从文献记载和考古资料两方面加以说明。据《十六国春秋》卷六十七《夏录二·赫连昌》载：承光三年（427 年）夏四月，因魏司空奚斤与夏平原公赫连定相持于长安（今陕西省西安市），魏世祖欲乘虚伐统万；五月，发兵平城（今山西省大同市）；六月戊戌，军至统万，次于黑水，分军伏于深谷。由于赫连昌采用坚守待援的策略，魏世祖遂针锋相对，以羸师诱其出城作战。赫连昌果然上当，并于甲辰引步骑三万出城逆战。魏世祖"遂收军伪北，引而疲之，昌以为退，鼓噪而前，舒阵为两翼；行五六里，世祖冲之，昌阵兵不动；稍复前行，会有风雨从东北来，扬沙晦冥"，颇晓方术的宦者赵倪以"今风雨从贼上来，我向之，彼背之，天不助人，且将士饥渴"为由，劝魏世祖摄骑避之而更俟后日，没有被采纳。从以上描述可知，在统万城以北五、六里开外的地方，由于来自东北（应为"东南"）方向的风雨，致使"扬沙晦冥"，可见当时的风沙还是比较大的。从考古资料也可以证明这一点。1975 年至 1980 年，考古工作者对统万城城址勘测发现："城址建筑物废墟的瓦砾层下，是原生自然堆积的细砂，钻探 13 米，已深入到城墙根基之下，仍是一色的黄砂，这证明砂是筑城前就有的了"[2]。基于文献资料与考古资料的双重证据，我们认为，五胡十六国时期，统万城及其附近的土壤应以沙质土为主，这与对鄂尔多斯高原广泛进行的第四

---

〔1〕　侯仁之：《从红柳河上的古城废墟看毛乌素沙漠的变迁》，《文物》1973 年第 1 期。

〔2〕　陕西省文管会：《统万城城址勘测记》，《考古》1981 年第 3 期。

纪地质调查而发现大量第四纪古风成沙的结果相一致。

近年来的研究表明：4～5世纪季风边缘区存在一次百年尺度的气候回暖，鄂尔多斯高原东南部有4～5层黑色沙质古土壤，统万城周围也有春夏冷湿的现象，而这种天气对于风沙地貌具有抑制作用，有利于植物的生长〔3〕。考古发掘也为我们提供了佐证。统万城西城南垣紧邻角楼隅墩的1号马面中空，有一方形竖坑。坑内出土了大量的植物标本，种类达10余种，除常见于沙区的沙蒿、沙柳、柠条、沙大旺外，更有乔木杨、侧柏、松、冷杉、榆、枣、椿、楸以及高粱〔4〕。可见，五胡十六国时期统万城周围的植物种类是多样的。

五胡十六国时期，尽管统万城周围的土壤以沙质土为主，但由于当时的天气有春夏冷湿的现象，尤以每年的春季至秋季为最好的季节，有利于植物的生长，因而统万城周围水草丰美，成为夏国最重要的畜牧业生产区，这由北魏两次攻夏战争中俘获的战利品即可得到证明。公元426年（魏始光三年，夏承光二年），北魏乘赫连勃勃病死其子赫连昌新立的机会，讨伐夏国。"癸未，分兵四出剽掠居民，杀获万余，得生口牛马十余万。"〔5〕公元427年（魏始光四年，夏承光三年），北魏再次讨伐夏国，这一次，统万城被攻克，"获昌所署公卿将校及其诸母姐妹妻妾宫人以万数，马三十余万匹，牛羊数千万头，府库珍宝、车骑器物不可胜计。"〔6〕在北魏对夏国的连续两次讨伐中，一次"得生口牛马十余万"，一次"获……马三十余万匹，牛羊数千万头"，可见统万城周围确已成为夏国最重要的畜牧业生产区。

---

〔3〕 侯甬坚：《夜宿统万城》，《陕西师大报》2003年2月28日。

〔4〕 戴应新：《赫连勃勃与统万城》，西安：陕西人民出版社，1990年10月第1版，第59页。

〔5〕 《十六国春秋》卷六十七《夏录二·赫连昌》，《钦定四库全书》第463册，上海：上海古籍出版社，1987年6月第1版，第874页。

〔6〕 《十六国春秋》卷六十七《夏录二·赫连昌》，《钦定四库全书》第463册，上海：上海古籍出版社，1987年6月第1版，第876页。

二 军事上具有战略地位是赫连勃勃定都统万城的另一个主要原因

史念海先生指出："都城在军事上能够发挥它的全面指挥的作用，是要内外兼顾的，不仅要顾到国内各处，而且还要顾及域外，也就是说要抵御周边各族的侵扰。"[7]夏国的都城——统万城，在军事上可以发挥它的全面指挥的作用，因为它可以内外兼顾。

首先，从国内情况来说，包括统万城在内的无定河流域，自古以来宜农宜牧。"经秦汉两代的发展，无定河流域已从原来的戎狄之居变成人情欣欣然的农业世界，整个流域进入历史上第一次土地开发高潮期"，但"从东汉至南北朝时期，无定河流域的人口民族构成与土地垦殖状况发生了与秦汉时期截然不同的变化，其突出特点是农耕民族人口锐减，已开垦的耕地转农为牧。"[8]是知到五胡十六国时期，无定河流域的生产方式已从秦汉时期的农业经营转变为畜牧业经营，而夏国的居民构成是游牧人口居多，因而赫连勃勃把都城选在无定河流域的统万城，其目的之一就是最大限度地照顾游牧民族的利益。

其次，从对外发展和防御来说，统万城在军事上具有战略地位。

1. 从对外发展来说，统万城在军事进攻上具有战略地位。

市来弘志指出："统万城位于鄂尔多斯沙漠南缘路之上，不仅侵攻陇东便利，并且如溯无定河支流而进马上便可由洛水而出，正当夺取长安的两条进军路线的交汇处。另外，若沿沙漠西行，再急转南下，又可顺高平川谷直达高平城。……可以说在以河套为进退之地，视南

---

[7] 史念海：《中国古都和文化》，北京：中华书局，1998年7月第1版，第201页。

[8] 韩茂莉：《历时时期无定河流域的土地开发》，《中国历史地理论丛》1990年第2辑。

下为争夺目标的格局上，统万城作为向外发起攻击的据点具有其它地方无可比拟的战略地位。"〔9〕市来弘志的分析，不无道理。

2. 从对外防御来说，统万城在军事上也具有战略地位。

从夏国疆域图（图一）可以看出，夏国东与北魏相邻，北与柔然接壤，西与西秦、北凉相接，南与后秦为界。统万城距北方的柔然相对较远，况且统万城之北又有代来城、大城作为屏障，所以来自

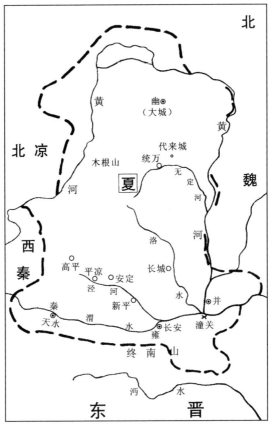

图一　夏国（407～431）疆域图
（据戴应新《赫连勃勃与统万城》一书）

〔9〕　市来弘志:《论大夏统万城的战略地位》，史念海主编:《汉唐长安与黄土
高原》第 155～160 页，《中国历史地理论丛》增刊 2001 年。

北方的威胁不大。西边的西秦、北凉，距统万城也较远，况且在统万城施工的第三年（凤翔三年，415 年），夏国就与北凉结盟[10]，因而来自西边的威胁也不大。位于夏国南疆的后秦与东疆的北魏，距统万城相对较近，尤以北魏距统万城最近，因而这两国是赫连勃勃所要对付的主要敌人，但在后秦被东晋灭亡以后，尤其是赫连勃勃袭取东晋占领的长安以后，赫连勃勃所要对付的主要敌人就只有夏国东疆的北魏了。下面用事实加以说明。

姚兴死后，赫连勃勃"寻进据安定，姚泓岭北镇戍郡县悉降，勃勃于是尽有岭北之地。"[11]此凤翔四年（416 年）之事也。同年九月，东晋征西将军刘裕灭后秦而入据长安；十二月，刘裕留其子义真镇长安而还。由于刘裕之子义真是"弱才小儿"，赫连勃勃抓住有利战机，于凤翔五年（417 年）袭取了长安，实现了自己的夙愿。昌武元年（418 年）正月，群臣劝赫连勃勃称皇帝，没有答应；群臣固请，乃许之。三月，筑坛于灞上，僭即皇帝位，大赦其境内，改凤翔六年（418 年）为昌武元年。真兴元年（419 年），群臣劝都长安，勃勃曰："朕岂不知长安累帝旧都，山河四塞，沃饶险固！但荆吴僻远，势不能为人之患。东魏与我风俗略同，壤境邻接，自统万去魏境裁数百余里，朕在长安，统万必危，恐有不守之忧；若在统万，彼终不敢济河而西。诸卿特未见及此耳！"[12]群下

---

〔10〕《十六国春秋》（《钦定四库全书》第 463 册）卷六十六《夏录一·赫连勃勃》载："（凤翔三年）夏五月，勃勃遣御史中丞乌洛孤与河西王沮渠蒙逊结盟……蒙逊遣弟湟河太守沮渠汉平来盟。"第 868 页。

〔11〕《十六国春秋辑补》卷六十五《夏录二·赫连勃勃》，《野史精品》第一辑，长沙：岳麓书社，1996 年 4 月第 1 版，第 652 页。

〔12〕《十六国春秋》卷六十六《夏录一·赫连勃勃》，《钦定四库全书》第 463 册，第 872 页。《十六国春秋辑补》卷六十五《夏录二·赫连勃勃》所载与此文稍异，现录于此，以备对照。勃勃曰："朕岂不知长安累帝旧都，有山河四塞之固！但荆吴僻远，势不能为人之患。东魏与我同壤境，去北京才数百余里，若都长安，北京恐有不守之忧。朕在统万，彼终不能济河，诸卿适未见此耳！"其下咸曰："非所及也。"

咸曰："非所及也。"上文中的"东魏"，实际上就是北魏，因北魏在大夏国的东边，故而赫连勃勃才称其为东魏，但这与一百余年后由北魏分裂出的东魏、西魏之东魏有别。从赫连勃勃与其群臣的对话中可知，长安作为都城的优势条件有三：一是"累帝旧都"。它不仅是西周、秦、西汉各朝帝王的都城，而且也是前秦、后秦的都城。二是有"山河四塞"之固。这里的山，主要是指长安南边的秦岭和其北边的阴山（秦、汉王朝曾把防线扩大到阴山山脉）；这里的河，就是"八水绕长安"的八条水，即长安东边的灞水、浐河，北边的泾水、渭水，西边的沣水、涝水，南边的潏水、滈水（其上源为交水）；这里的"四塞"，应是指长安东有潼关、西有散关、南有武关、北有萧关而言的。正是由于长安周围有山有河，又有"四塞"，可以建立纵深防御体系，因而长安就显得"险固"了。三是"沃饶"。常言道：水利是农业的命脉。正是由于长安周围有八条水环绕，所以包括长安在内的"八百里秦川"成了旱涝无虞的富庶之地，这是建都于长安的经济基础。既然长安具有建都的三个优势条件，那么，赫连勃勃为什么不从统万城迁都长安呢？究其原因，这主要是因为，在袭取长安以后，赫连勃勃的力量达到了鼎盛时期，他所要对付的主要敌人也发生了变化。在袭取长安以前，赫连勃勃所要对付的主要敌人一直是后秦姚兴，为此，他不惜与自己有杀父之仇的北魏政权来结盟而对付后秦；但后秦灭亡以后，尤其是赫连勃勃袭取东晋占领的长安以后，由于与夏国南境接壤的东晋，其统治中心远在荆吴，不能对夏国构成太大威胁，倒是与夏国"风俗相同"的盟友北魏，因与夏国仅隔一黄河天堑而相距才数百余里，所以成了夏国潜在的最危险的敌人，最为赫连勃勃忌惮，因而赫连勃勃不迁都长安而仍按原计划定都统万城，其目的就是为了凭借黄河天堑和统万城的坚固来防御仇敌北魏，这正是赫连勃勃定都统万城的军事目的。

三 交通便利是赫连勃勃定都统万城的 第三个主要原因

《水经注》[13]卷三载："奢延水……出奢延县西南赤沙阜,东北流……俗因县土,谓之奢延水,又谓之朔方水矣。东北流,迳其县故城南,王莽之奢节也。赫连龙升七年,于是水之北、黑水之南,遣将作大匠梁公叱干阿利改筑大城,名曰统万城。"侯仁之先生据此分析说:"从他(郦道元)这段记载里,还可知道统万城也正是因汉代奢延城之旧而'改筑'的。可见远自汉代以来,这里就是筑城设县之地。"[14]奢延城为西汉上郡所辖23县城之一,"在上郡所辖范围之内,无疑无定河流域的自然条件、地理位置较其它地区都重要,因而人口相应集中,土地开垦面积也大,为此不但上郡郡治设置在这里,而且上郡所辖二十三县中,多数县分布在这里,今已考清县址的 12 县中,就有 5 县在无定河流域,占 42%。"[15]上郡本是秦汉王朝农业开发的重点,而无定河流域又是上郡农业开发的重点,因而这里人口相应集中,设县也较为密集,交通自然便利,这从上郡郡治设在这里的肤施县也可得到佐证。赫连勃勃把其都城选在鄂尔多斯高原南缘的无定河流域,并且因汉代奢延城之旧而"改筑",其目的之一,无非是想利用奢延城所处之无定河流域便利的交通而已。由上郡郡治肤施至长安有道路可通,而奢延城距肤施又不很远,自然,因汉代奢延城之旧而"改筑"的统万城至长安也有道路可通,这由蒲坂守将乙升于承光二年(426 年)派往统万城告急的使臣所走的路线即可得到证明,正如《十六国春秋》卷六十七《夏录二·赫连昌》所载:"蒲坂守将东平公乙

---

[13] 《四部备要》本,页 17 下。

[14] 侯仁之:《从红柳河上的古城废墟看毛乌素沙漠的变迁》,《文物》1973 年第 1 期。

[15] 韩茂莉:《历时时期无定河流域的土地开发》,《中国历史地理论丛》1990年第 2 辑。

升闻奚斤将至，遣使诣统万告急；使至统万，见魏军已围其城，还告乙升曰：'统万已败矣。'乙升惧，弃蒲坂西走，斤追败之，乙升奔长安，斤遂克蒲坂。"夏使从蒲坂到统万城告急，必走长安。可见，从统万城至长安确有道路可通，而且路况还比较良好。

不仅统万城至长安有道路可通，而且赫连勃勃在进攻东晋占领的长安期间，还特为其母修筑了一条圣人道。据《太平寰宇记》卷三十七《保安军》载，圣人道在"（保安）军城东七十里，从蕃界末**殢**族界来，经（保安）军界一百五里，入敷政县界，即赫连勃勃白夏台入长安时，平山谷开此道。土人呼为圣人道。"史念海先生据此分析说："宋保安军即今志丹县。敷政县东北距唐延州一百五十里。唐延州即今延安市。这个县也在清安塞县西南一百二十里。清安塞县在今安塞县南沿河湾。夏台即唐宋时的夏州，也就是今靖边县北白城子，为赫连勃勃夏国的都城。……富县城西夏太后城的位置，显示出赫连勃勃所修的圣人道，就止于其地。"[16]

在夏国的疆域中，地理环境相对优越而宜于发展畜牧业经济的地方并非只有统万城周围地区，而且还有高平（今宁夏固原市原州区）周围地区。龙升元年（407年），诸将谏固险，不从，又复言于勃勃曰："陛下将欲经营宇内，南取长安，宜先固根本，使人心有所凭系，然后大业可成。高平险固，山川沃饶，可以都也。"[17]勃勃曰："卿知其一，未知其二。吾大业草创，众族未多，姚兴亦一时之雄，关中未可图也。且其诸镇用命，我若专固一城，彼必并力于我，众非其敌，亡可立待。吾以云骑风弛，出其不意，救前则击后，救后则击其前，使彼疲于奔命，我则游食自若，不及十年，岭北、河东尽我有也。待姚兴死后，徐取长安。姚泓凡弱小儿，擒之方略，已在吾计中矣。"[18]从赫连勃勃

---

〔16〕 史念海：《直道和甘泉宫遗迹质疑》，《中国历史地理论丛》1988年第3辑。

〔17〕 《十六国春秋辑补》卷六十四《夏录一·赫连勃勃》，《野史精品》第一辑，长沙：岳麓书社，1996年4月第1版，第647页。

〔18〕 《十六国春秋辑补》卷六十四《夏录一·赫连勃勃》，《野史精品》第一辑，长沙：岳麓书社，1996年4月第1版，第647页。

和其诸将的对话中可以看出，高平作为都城的优势条件有二：一是"险固"，有利于防御外来之敌的入侵；二是"山川沃饶"，适宜于发展畜牧业经济。尽管高平具有建都的两个优势条件，但其时赫连勃勃大业草创，力量尚不强大，若建都而"专固一城"，容易使敌人"并力于我"而导致灭亡；有鉴于此，赫连勃勃采取了"云骑风弛"的运动战术，使后秦的岭北城门不敢昼启，夏国士兵则"游食自若"，为此，后秦主姚兴发出了"吾不用黄儿之言，以至于此"（黄儿，姚邕小字也）的慨叹！尽管赫连勃勃没有把高平作为其都城，但由于高平"山川沃饶"，后来终于成为夏国重要的畜牧经济区之一。

既然高平周围地区和统万城周围地区是夏国两个重要的畜牧经济区，那么，这两个地区之间应有便利的交通。这可由文献记载得到证明。公元427年（魏始光四年，夏承光三年），北魏军队再次进攻统万城，"会日已暮，昌尚书仆射问至跋城奉昌母出走，长孙翰将八千骑追昌至于高平，不及而还。"[19]北魏大将长孙翰率领的骑兵有8000人之多，但他于日暮追击赫连昌母子至高平也没有追上，这一方面与夏国士兵习于赫连勃勃所倡导的"云骑风弛"运动战术有关，另一方面与统万城至高平的道路良好也不无关系。

总之，在地理环境相对优越而宜于发展畜牧业经济、军事上具有战略地位、交通便利三个原因的交互作用下，赫连勃勃把其都城选在了鄂尔多斯高原南缘的统万城，这无疑是正确的。事实证明也是如此。终赫连勃勃之世，他的仇敌北魏始终没有敢进攻统万城就是佐证。

（原文载陕西师范大学西北环发中心编：《统万城遗址综合研究》，西安：三秦出版社，2004年7月版）

---

〔19〕《十六国春秋》卷六十七《夏录二·赫连昌》，《钦定四库全书》第463册，上海：上海古籍出版社，1987年6月第1版，第876页。

隋唐墓志所反映的统万城、朔方城、夏州城*

——兼论统万城周围土地的沙漠化

由康兰英先生主编的《榆林碑石》（三秦出版社 2003 年 10 月第
1 版）一书，收隋唐墓志五十余合，这些墓志对于统万城、朔方城、
夏州城多所涉及，因而我们可以利用这些墓志来研究统万城、朔方
城、夏州城在隋唐时期的情况，同时，也可以研究"统万城"周围
土地的沙漠化问题。为了便于研究起见，我们把"统万城"周围出
土的隋唐墓志列成表一。

隋唐墓志中的"统万城"（偶尔做"夏赫连氏统万城"），已深
深地烙了隋唐人的意识之中；墓志中的"朔方城"应是"朔方郡
城"之省，它就是赫连勃勃的统万城；墓志中的"夏州城"（简称
"夏城"）应是夏州的理所，它也就是赫连勃勃的统万城。下面分别
加以阐述：

一　统万城

隋唐时期，"统万城"城名仍活在人们的心里。从表一可以看
出，有 24 合墓志有"统万城"的记载，时间起自隋开皇十三年
（593 年），终于唐天宝七载（748 年），历时 150 余年之久，可见，
"统万城"城名已深深地烙在了隋唐人的意识之中。

---

*　本文与盛秦陵合作。

统万城本是五胡十六国时期大夏国的都城。公元413年，大夏国的创建者赫连勃勃以叱干阿利为将作大匠，发岭北夷夏十万余人，筑都城于朔方水（今红柳河）之北、黑水（今纳林河）之南，名曰统万城（今陕西靖边县红墩界镇白城子）。关于统万城的得名，学术界主要有两种看法：一是传统的看法，即《晋书·赫连勃勃载记》所说的"统一天下，君临万邦"之意，此后，唐人李吉甫《元和郡县志》亦从《晋书》之说，元人胡三省《通鉴》注因之，而现代人编的《辞海》"统万城"条亦袭用前说；对于传统的说法，著名史学家缪钺先生提出了怀疑，他在其《读史存稿》（三联书店1963年版）一书中说：

> 《北史·宇文莫槐传》称："其语与鲜卑颇异。"当是指宇文部落犹属独立时而言，至北魏末叶将近二百年，似宇文氏已不复存其"与鲜卑语异"之匈奴语言矣。然有一事颇可注意。赫连夏之龙升七年（晋安帝义熙九年，魏道武永兴五年）于奢延水之北、黑水之南筑大城，名曰统万而都焉（《水经·河水注》），《元和郡县志》谓赫连勃勃自言统一天下，君临万邦，故以统万为名。《通鉴》亦取其说。今案赵万里先生集冢墓四之五元彬墓志，五之七元湛墓志，四之六十元举墓志，俱称"统万突镇都大将"；三之二三元保洛墓志又称"吐万突镇都大将"。吐、统一声之转，是本译胡语，故或统或吐（《古今姓氏书辨正》亦言统万亦作吐万），或省去突字。赫连氏当时自无《元和志》所言之义。《水经注·河水》"又北［径］薄骨律镇城"子注云："赫连果城也，……遂仍今称，所未详也"。薄骨律与统万皆是胡语，汉人不识其义，强为之说，则较白口韵镏传说尤为晚矣。

陈桥驿先生据此分析说："'统万'一词的汉义解释，如上所述首见于《晋书》而不是《元和志》，这是缪氏的偶失。但他据赵万里所集元保洛墓志及《古今姓氏书辨正》，指出'吐、统一声之转，是本译胡语',其说是可以成立的。又引赫连薄骨律镇城相对比,郦注称薄骨律镇城'语出戎方,不究城名',而对统万城亦不置一辞,可为缪氏'汉人不识其义,强为之说'的旁证。"[1]由此可见,统万又作吐万,本是从胡语翻译过来的,《晋书》释为"统一天下,君临万邦"只不过是望文生义,强为之说,至于统万究竟是何意,尚需进一步研究。

二 朔方城

从表一可以看出,记载有"朔方县"的墓志为4合,记载有"朔方郡"、"朔方城"的墓志各有2合,记载有"朔方"、"朔方里"的墓志各有1合。

表一 "统万城"周围出土隋唐墓志一览表

墓志名称	墓主葬时	墓主葬地	墓志出土地
叱奴延辉墓志	开皇十三年（593年）十一月十三日	砂地南山之阳、西北去夏州统万城十里	靖边县红墩界乡圪坨河大队华家洼林场尔德井村
刘神墓志铭	永昌元年（689年）五月廿一日	统万城南七里平原	同上
贾武墓志铭	证圣元年（695年）一月廿七日	朔方城南九里之平原	靖边县红墩界乡圪坨河村
王夫人墓志铭并盖	天册万岁元年（695年）十月十一日	统万城东十里原	靖边县红墩界乡圪坨河大队华家洼林场尔德井村
许买墓志铭并盖	万岁通天元年（696年）五月廿日	统万城东廿五里	内蒙古自治区乌审旗纳林河乡背锅沙郭梁村

---

[1] 陈桥驿:《郦学札记》,上海:世纪出版集团、上海书店出版社,2000年9月第1版,第219页。

墓志名称	墓主葬时	墓主葬地	墓志出土地
武征墓志铭并盖	万岁通天元年（696年）五月廿一日	夏州城东廿五里原	内蒙古自治区乌审旗纳林河乡七大队背锅沙郭梁村
王诠墓志铭并盖	万岁通天元年（696年）八月廿一日	统万城东廿五里原	靖边县红墩界乡圪坨河村
安旻墓志铭并盖	神功元年（697年）十月七日	统万城南廿里	同上
张德墓志铭并盖	神功元年（697年）十月廿一日	夏州城东南廿里原	同上
杜识则墓志铭并盖	久视元年（700年）六月廿日	寝疾终于朔方里第……卜宅定居	靖边县红墩界乡统万城周围
任操墓志铭并盖	久视元年（700年）十月廿二日	统万城东南深井里十里	靖边县红墩界乡圪坨河大队华家洼林场尔德井村
梁才墓志铭并盖	久视元年（700年）十月廿八日	夏州城东廿里原	内蒙古自治区乌审旗纳林河乡背锅沙郭梁村
辛节墓志铭并盖	景龙二年（708年）五月廿八日	统万城南廿五里原	靖边县红墩界乡圪坨河大队华家洼林场尔德井村
王玄度墓志铭并盖	景龙三年（709年）七月十九日	夏赫连氏统万城东南原	同上
权通幕志铭并盖	景龙三年（709年）十月廿六日	夏州城东五里原	靖边县红墩界乡圪坨河村
牛兴墓志铭并盖	唐隆元年（710年）七月廿一日	夏州城南廿里原	靖边县红墩界乡圪坨河大队华家洼林场
刘保墓志铭并盖	唐隆元年（710年）七月廿四日	统万城东廿五里原	内蒙古自治区乌审旗纳林河乡七大队背锅沙郭梁村

墓志名称	墓主葬时	墓主葬地	墓志出土地
王最墓志铭并盖	先天元年（712年）九月十九日	统万城南廿五里广平原	靖边县红墩界乡圪坨河村
药言墓志铭	开元二年（714年）三月十五日	夏州城南廿五里原	靖边县红墩界乡圪坨河大队华家洼林场尔德井村
郭逸墓志铭并盖	开元三年（715年）正月廿三日	统万城南廿五里原	靖边县红墩界乡尔德井村城梁
任珪墓志铭并盖	开元六年（718年）七月十七日	夏城东南之旧茔	靖边县红墩界乡圪坨河大队华家洼林场尔德井村
胡公愿墓志铭并盖	开元十四年（726年）二月廿三日	统万城南廿五里原	靖边县红墩界乡圪坨河村
曹恽墓志铭并盖	开元十六年（728年）七月廿一日	统万城南廿里之平原	靖边县红墩界乡蓿芨滩村伍梁沙
刘嘉庆墓志铭并盖	开元十八年（730年）十月廿一日	统万城南十里原	靖边县红墩界乡圪坨河大队华家洼林场尔德井村
任遂良墓志铭并盖	开元十九年（731年）十一月四日	（统万城）任氏旧茔	同上
马文静墓志铭并盖	开元二十年（732年）十一月三日	朔方掣磨忏原	同上
杨会墓志铭并盖	开元二十四年（736年）七月七日	统万城东卅里原	靖边县红墩界乡杨家村东陈梁
武令珪墓志铭并盖	开元二十五年（737年）十一月十四日	统万城南廿五里	靖边县红墩界乡圪坨河大队华家洼林场
张令问妻臧氏墓志铭并盖	开元二十七年（739年）八月十三日	统万城南廿五里先茔之佐	靖边县红墩界乡圪坨河村
李贞墓志铭并盖	天宝元年（742年）十一月十九日	（朔方）城南廿里	靖边县红墩界乡圪坨河村华家洼林场

沙苑子文史论集　*Culture and History Dissertation Collection of Shayuanzi*

第一篇　历史地理研究

墓志名称	墓主葬时	墓主葬地	墓志出土地
张亮墓志铭并盖	天宝四载（745 年）十月廿五日	故郡东南廿里之原	靖边县红墩界乡圪坨河大队华家洼林场
杨洪素墓志铭并盖	天宝四载（745 年）十月廿五日	深井原东	靖边县红墩界乡圪坨河大队华家洼林场尔德井村
敬奉墓志铭并盖	天宝四载（745 年）十一月十九日	统万城南廿五里原	靖边县红墩界乡圪坨河村
臧一墓志铭并盖	天宝六载（747 年）八月廿八日	统万城朔水之南廿五里原	同上
蔡君妻武氏墓志铭并盖	天宝六载（747 年）十月七日	统万城南廿五里原	靖边县红墩界乡圪坨河华家洼林场尔德井村
药元墓志铭并盖	天宝六载（747 年）十月廿八日	统万城朔水之南廿五里原	靖边县红墩界乡华家洼林场
李臣墓志铭并盖	天宝七载（748 年）正月十一日	统万城南廿五里原	靖边县红墩界乡圪坨河大队华家洼林场尔德井村
孟宾墓志铭并盖	天宝十三载（754 年）七月	（朔方）郡南先茔	靖边县红墩界乡圪坨河村
王忠亲墓志铭并盖	贞元二十一年（805 年）七月廿七日	（夏）州之东廿里浊水原	内蒙古自治区乌审旗纳林河乡背锅沙郭梁村
张宁墓志铭并盖	大约元和二年（807 年）十一月	夏州朔方县西西平峰下	靖边县红墩界乡圪坨河村
杨翼墓志铭并盖	长庆二年（822 年）十月十日	夏州朔方县东南廿五里平郊	靖边县红墩界乡尔德井大队神村界队陈梁村
娥冲虚墓志铭	大和三年（829 年）乙亥月十四日	朔方县东四十里横水西原	横山县雷龙湾乡沙梁村庙梁北

续表

墓志名称	墓主葬时	墓主葬地	墓志出土地
高凉墓志铭并盖	大和五年（831 年）九月廿五日	朔方郡东卅里双井之崇岭	内蒙古自治区乌审旗纳林河乡七大队背锅沙村南沙
张彦琳及妻王氏墓志铭并盖	咸通二年（861 年）十一月廿三日	夏州东南一十二里深井旧地	靖边县红墩界乡蓆芨滩村伍梁沙
臧允恭墓志铭并盖	咸通九年（868 年）十月十三日	（夏州）城东南鹿儿塠原	内蒙古自治区乌审旗纳林河乡背锅沙郭梁村
陈审墓志铭并盖	咸通十一年（870 年）二月廿四日	夏州城南大有堡东	靖边县红墩界乡圪坨河村
曹公墓志铭并盖	咸通十四年（873 年）四月十八日	（夏）州南独堎原	靖边县红墩界乡圪坨河大队华家洼林场尔德井村
白敬立墓志铭	乾宁二年（895 年）	夏州朔方县	靖边县红墩界乡华家洼林场

说明：此表据《榆林碑石》一书制成

朔方城，应是“朔方郡城”之省。《通典》卷一百七十三《州郡三》载：“夏州今理朔方县。战国时属秦，为上郡地，后匈奴并有之。汉武取河南地，为朔方郡。后汉因之。晋亦为朔方郡。晋乱后，夏赫连勃勃建都于此。勃勃于（朔方黑水城之南营建都）[朔方水北、黑水之南营起都城]，号曰统万城，今郡城是。至赫连定，为后魏所灭。后魏置夏州。西魏置弘化郡。隋初郡废，炀帝初复置朔方郡。大唐为夏州，或为朔方郡。领县四：朔方、宁朔、长泽、德静。”上引文献不仅阐述了朔方郡的地理沿革，而且明确指出，赫连勃勃的统万城，就是唐时的朔方郡城；而不论是《贾武墓志铭》所说的“朔方城”，还是《李贞墓志铭》所说的“（朔方）城”，都应是“朔方郡城”之省。

三 夏州城（简称"夏城"）

从表一可以看出，有 17 合墓志涉及"夏州"的记载，这其中包括记载有"夏州城"的 8 合墓志和记载有"夏城"的 1 合墓志。

唐人李吉甫《元和郡县志》"夏州"条载："《禹贡》雍州之域。春秋及战国时属魏。秦并天下，置三十六郡，属上郡。汉武帝分置朔方郡。后汉建武二十年罢，二十七年复置。灵帝末，羌胡为乱，塞下皆空。至晋末，赫连勃勃于今州理僭称大夏，勃勃字屈孑，朔方匈奴人。父卫辰，苻坚时为西单于，遂有朔方之地。辰后为后魏所杀。勃勃杀高平没弈干，并其众，自称天王，于朔水之北，黑水之南，营起都城，即今州理是也，名曰统万城。至子昌，为魏太武帝所灭，置统万镇。孝文帝太和十一年，改置夏州，隋大业元年以为朔方郡。隋末为贼帅梁师都所据，贞观二年讨平之，改为夏州，置都督府。天宝元年改为朔方郡，乾元元年复为夏州。州境东西二百一十五里。南北七十里。八到东南至上都一千五十里。东南至东都一千八百五十里。东至银州一百八十里。东南至延州四百里。西南至盐州三百里。西北至丰州七百五十里。……管县四：朔方，德静，宁朔，长泽。"上引文献不仅阐述了夏州的地理沿革、州境、八到、管县数，而且明确指出，赫连勃勃的统万城，就是唐时夏州的州理——夏州城，简称"夏城"（见《任珪墓志铭》）。

四 关于"统万城"周围土地沙漠化的问题

统万城周围土地的沙漠化，最晚不迟于夏末（北）魏初。据《十六国春秋》卷六十七《夏录二·赫连昌》载：承光三年（427年）夏四月，因魏司空奚斤与夏平原公赫连定相持于长安（今陕西省西安市），魏世祖欲乘虚伐统万；五月，发兵平城（今山西省大同市）；六月戊戌，军至统万，次于黑水，分军伏于深谷。由于赫连昌采用坚守待援的策略，魏世祖遂针锋相对，以赢师诱其出城作战。赫连昌果然上当，并于甲辰引步骑三万出城逆战。魏世祖"遂收军伪北，引而疲之，昌以为退，鼓噪而前，舒阵为两翼；行五六里，世祖冲之，昌阵兵不动；稍复前行，会有风雨从东北来，扬沙晦冥"，颇晓方术的宦者赵倪以"今风雨从贼上来，我向之，彼背之，天不助人，且将士饥渴"为由，劝魏世祖摄骑避之而更俟后日，没有被采纳。从以上描述可知，在统万城以北五六里开外的地方，由于来自东北（应为"东南"）方向的风雨，致使"扬沙晦冥"，可见当时的风沙还是比较大的。从考古资料也可以证明这一点。1975 年至 1980 年，考古工作者对统万城城址勘测发现："城址建筑物废墟的瓦砾层下，是原生自然堆积的细砂，钻探13 米，已深入到城墙根基之下，仍是一色的黄砂，这证明砂是筑城前就有的了"[2]。基于文献资料与考古资料的双重证据，我们认为，五胡十六国时期，统万城及其附近的土壤应以沙质土为主，这与对鄂尔多斯高原广泛进行的第四纪地质调查而发现大量第四纪古风成沙的结果相一致。

前已述及，赫连勃勃的统万城，就是唐时夏州的州理——夏州城。隋唐时期，夏州城周围的土地沙漠化进一步加剧了。《维大隋开皇十三年岁次癸丑十一月丁酉朔十三日己酉故都督叱奴辉墓志》（简称《叱奴（延）辉墓志》）载："君讳，字延辉，西夏州人也。故都督、郡功曹、州从事，历任十代。……春秋七十薨背。迁葬于砂地南山之阳、西北去夏州统万城十里坟穴。"从志文可知，隋开皇十三年（593 年）十一月十三日，西北距夏州统万城十里之遥的南山之阳，以砂地为主，而这里就是叱奴（延）辉迁葬的地方，由此可知统万城方圆十里的范围已有砂的踪影了。

唐王朝时，有关夏州城周围土地沙漠化的记载不绝于文献。据

---

〔2〕 陕西省文管会：《统万城城址勘测记》，《考古》1981 年第 3 期。

史籍记载，贞元十四年（798年）"夏州沙碛，无树艺生业"。《王忠亲墓志铭》也载："叔讳忠亲……遘寝疾而不愈。以贞元廿一年六月八日，薨于夏州之私第也。……以其年七月廿七日，权厝于州之东廿里浊水之原，礼也。……其铭曰：古塞苍茫兮黄沙四起，怀哉卜玉兮沉殁于此。……"这里的"古塞"，无疑是指以坚固著称的统万城。在隋开皇十三年（593年），夏州城周围的土地沙漠化还仅局限于方圆十里的范围，可到了贞元二十一年（805年），过了200多年的时间，夏州城方圆二十里的范围已是"黄沙四起"了。又据《新唐书·五行志》载：长庆二年（822年）十月，"夏州大风，飞沙为堆，高及城堞"。唐人沈亚之（781~832）《夏平》一文说："夏之属土广长几千里，皆流沙，属民皆杂虏，虏之多者曰当项，相聚为落于野，曰部落。其所业无农桑，事畜马牛羊橐驼。"于唐懿宗咸通十二年（871年）登进士第的诗人许棠，在其《夏州道中》[3]一诗里说："茫茫沙漠广，渐远赫连城。堡回烽相见，河移浪旋生。无蝉嘶折柳，有寇似防兵。不耐饥寒迫，终谁至此行。"从上引资料看，夏州城周围的土地沙漠化是愈演愈烈。

从北魏至唐代的三四百年中，夏州城周围到底发生了什么事情，导致土地沙漠化愈演愈烈呢？据史书记载，北魏时统万镇北有水利设施"黑渠"，唐初梁师都据守夏州城，唐军"频选轻骑践其禾谷"，统万城一号马面下的方形竖坑内有大量高粱米储存，都说明夏州城周围有农业生产。这一带唐代有较多的行政建制和人口迁入，以统万城遗址为中心，向东近15公里，向南近20公里的范围内（北面和西面沙漠覆盖，古迹分布情况不清楚），都分布着比较密集的古墓群[4]。可见，夏州城周围土地沙漠化的不断扩大，除自然因

---

〔3〕《全唐诗》下册，上海：上海古籍出版社，1986年10月第1版，第1530页。

〔4〕侯甬坚：《夜宿统万城》，《陕西师大报》2003年2月28日。亦载侯甬坚、李令福编：《走向世界的沙漠古都——统万城》第134~137页，《中国历史地理论丛》专辑，2003年。

素方面的气候因素外，主要与人类不合理的开发有关。当今，要控制和治理统万城（即唐时夏州城）周围土地的沙漠化，只有大力植树种草，加大林牧业的比重，把农林牧的结构调整好。

（原文载《碑林集刊》十，西安：陕西人民美术出版社，2004 年 12 月版）

试论邺城被多个割据政权选为都城的原因[*]

　　位于今河北省邯郸市最南端、河南省安阳市区北偏东 20 公里处而跨漳河两岸的邺城，历史时期本在漳河的南岸，它曾是魏晋南北朝时期曹魏、后赵、冉魏、前燕、东魏、北齐的都城。具体地说，邺有二城，即邺北城和邺南城。邺北城（在漳河以北，今属河北临漳县）是曹操在齐桓公邺城的基础上改建的，是曹魏、后赵、冉魏、前燕的都城；邺南城（在漳河以南，今属河南安阳市）是东魏迁都邺城后重新修建的，是东魏和北齐的都城。

　　邺城作为曹魏的都城，始于建安十八年（213 年），止于黄初元年（220 年），共 8 年；作为后赵的都城，始于晋成帝咸康元年（335 年），止于晋穆帝永和六年（350 年），共 16 年；作为冉魏的都城，始于晋穆帝永和六年（350 年），止于永和八年（352 年），共 3 年；作为前燕的都城，始于晋穆帝升平元年（357 年），止于晋废帝太和五年（370 年），共 14 年；作为东魏的都城，始于东魏孝静帝天平元年（534 年），止于孝静帝武定八年（550 年），共 17 年；作为北齐的都城，始于北齐文宣帝天保元年（550 年），止于北齐幼主承光元年（577 年），共 28 年。

　　从上可以看出，邺城作为都城的历史，有 86 年。为什么曹魏、后赵、冉魏、前燕、东魏、北齐等割据政权，先后定都于邺城呢？笔者认为，这有以下三个方面的原因：

---

　　* 本文与霍彦儒合作。

一 在军事上有攻守兼备而控制全局的作用，这是邺城被多个割据政权的统治者选为都城的原因之一

　　史念海先生指出："都城在军事上能够发挥它的全面指挥的作用，是要内外兼顾的，不仅要顾到国内各处，而且还要顾及域外，也就是说要抵御周边各族的侵扰。"[1]史先生的话是说，作为都城，攻、守的功能都应具备，这样才能发挥它全面指挥的作用，控制全局。

　　首先，谈谈邺城的防守功能。

　　邺城，始筑于春秋时期，正如《水经注》所载："本齐桓公所置也，故《管子》曰：筑五鹿、中牟、邺，以卫诸夏也。"[2]看来，齐桓公当初筑邺城的目的，是为了抵御外族的入侵而保卫华夏族的。

　　邺城北临漳河，南有淇水，中有洹水，"左孟门而右漳釜，前带河，后被山"[3]，有山河之险。

　　史念海先生指出："还有一些都城，建于平原广阔之地，其附近只有一道高山可以作为屏障，都城就建于近山之处。……十六国时期及北朝的魏、齐两代皆曾以邺为都城，它的故址就在今河北临漳县。这里固然也是一片平原，其西的太行山却巍峨耸峙，相映成趣。邺城西北就是战国时赵国的邯郸城，相距临迩，格局也相仿佛。"[4]从史先生的论述可知，处于平原广阔之地的邺虽不利于防守，但其

---

〔1〕　史念海：《中国古都和文化》，北京：中华书局，1998 年 7 月第 1 版，第 201 页。

〔2〕　陈桥驿：《水经注校释》，杭州：杭州大学出版社，1999 年 4 月第 1 版，第 179 页。

〔3〕　《战国策·魏一》，高诱注：《战国策》，上海：上海书店，1987 年 1 月，第 92 页。

〔4〕　史念海：《中国古都和文化》，北京：中华书局，1998 年 7 月第 1 版，第 183 页。

附近却有一道高山——太行山，这无疑成为都城的天然屏障。

邺城附近不仅有山，而且有水。具体地说，这就是漳水和洹水。割据政权的统治者，充分利用都城附近的水资源，建起了护城河。具体地说，邺"以漳水和洹水支流为护城河，西、北两边是漳水，东、南两边是洹水"〔5〕。护城河的修建，弥补了邺城在防守上的不足。

《水经注》载："……城之西北有三台，皆因城为之基，巍然崇举，其高若山，建安十五年魏武所起，平坦略尽。……中曰铜雀台，高十丈，有屋百一间……南则金虎台，高八丈，有屋百九间。北曰冰井台，亦高八丈，有屋百四十五间，上有冰室，室有数井，井深十五丈，藏冰及石墨焉。石墨可书，又燃之难尽，亦谓之石炭。又有粟窖及盐窖，以备不虞。今窖上犹有石铭存焉。左思《魏都赋》曰：三台列峙而峥嵘者也。……其城东西七里，南北五里，饰表以塼。百步一楼，凡诸宫殿，门台、隅雉，皆加观榭。"〔6〕又无名氏《邺中记》载："三台皆砖甃，相去各六十步，上作阁道如浮桥，连以金屈戍……施，则三台相通；废，则中央悬绝也。"〔7〕

从以上记载可知，邺城"饰表以塼"，也就是在城墙外体包一层砖，这是前所未有的。这样，城墙"既坚固，又壮观，更便于军事防御"〔8〕。尤其需要强调的是，邺城西北的三台（冰井台、铜雀台、金虎台），对于都城的防守具有举足轻重的作用，这是因为三台

---

〔5〕 郭黎安：《魏晋南北朝都城形制试探》，中国古都学会编：《中国古都研究》（第二辑），杭州：浙江人民出版社，1986 年 9 月第 1 版，第 46 页。

〔6〕 陈桥驿：《水经注校释》，杭州：杭州大学出版社，1999 年 4 月第 1 版，第 180 ~ 181 页。

〔7〕 许作民：《邺都佚志辑校注》，郑州：中州古籍出版社，1996 年 1 月第 1 版，第 94 页。

〔8〕 焦从贤、许作民：《邺城规制及其在都城建造史上的地位》，中国古都学会编：《中国古都研究》（十一），太原：山西人民出版社，1994 年 9 月第 1 版，第 288 页。

集堡垒、仓库、台榭于一身[9]，也就是说，由于三台"皆砖甃"，使邺城外围形成坚固的堡垒；又由于三台建有足够数量储存粟、盐、冰的仓库，使防守者饮食无忧；而阁道对于三台之间的连接，使得防守者信息灵通，便于统一指挥，增加了防守的成算。

正是由于三台集堡垒、仓库、台榭于一身，非常坚固，往往令敌人心有余悸，或不敢贸然进攻，或不敢尽全力进攻。如十六国时期，后赵石勒率军攻打前赵北中郎将刘演镇守的邺城三台，在刘演部将临深、牟穆等率众数万投降的有利情况下，时诸将佐议欲攻取三台以据之，但石勒的谋士张宾却劝石勒说："刘演众犹数千，三台险固，攻守未可卒下，舍之则能自溃。"[10]结果，石勒接受了谋士张宾的正确建议。又如，后燕慕容垂对于前秦苻丕镇守的邺城进行围攻，在攻拔邺郭后，慕容垂以邺城犹固，采纳了右司马封衡"引漳水以灌之"的建议，但还是没有结果。燕、秦两军在邺城下相持了一年多，致使"幽冀人相食，邑落萧条"[11]。由于"邺城久不下"，慕容垂的部将翟斌还产生了二心。而邺城的被占领，是苻丕主动放弃的，而不是被攻破的。由此可见，邺城的防守是比较完备的。

北齐时，尚书右仆射高隆之，主管营构之事。他除了增筑周回二十五里的南城外，又凿渠引漳水周流城郭，造治水碾硙，并有利于时；鉴于漳水靠近帝都，便"起长堤以防泛溢之患"[12]，使邺都的防卫更加完备。

其次，说说邺城的进攻功能。

十六国时期，后赵石勒在进攻东晋不利的情况下，征求谋士张

---

[9] 郭黎安：《魏晋南北朝都城形制试探》，中国古都学会编：《中国古都研究》（第二辑），杭州：浙江人民出版社，1986年9月第1版，第44页。

[10] 《十六国春秋辑补》卷十一《后赵录一·石勒》，《野史精品》第一辑，长沙：岳麓书社，1996年第1版，第324页。

[11] 《十六国春秋辑补》卷四十三《后燕录二·慕容垂》，第547页。

[12] （唐）李百药：《北齐书》卷十八《高隆之传》，北京：中华书局，1972年11月第1版，第236页。

宾的意见，宾曰："……邺有三台之固，西接平阳，四塞山河，有喉衿之势，宜（此）〔北〕徙据之。伐叛怀服，河朔既定，莫有处将军之右者。"[13]据此可知，因"邺有三台之固……四塞山河，有喉衿之势"，所以占据它就可以"伐叛怀服"，拓定河朔。

后燕慕容垂对其部下说："洛阳四面受敌，北阻大河，至于控驭燕赵，非形胜之便，不如北取邺都，据之以制天下。"众咸以为然[14]。从慕容垂的话中可以看出，要控驭燕赵，洛阳非形胜之便，而占有邺城却有"制天下"的潜力。

为什么占有邺城就有"制天下"的潜力呢？顾祖禹指出："以河南之全势较之，则宛不如洛，洛不如邺也明矣。……夫邺倚太行，阻漳、滏，夏商时固有都其地者。战国之世，赵用此以拒秦，秦亦由此以并赵。汉之末，袁绍不能有其险也，入于曹操，遂能雄长中原；晋之衰，刘琨不能固其险也，殁于石勒，因以蹂躏司、豫；石赵之亡，冉闵不能保是险也，并于慕容隽，从而兼有山东；元魏之季，尔朱兆不能用其险也，归于高欢，因而盗窃魏柄。迨其后，尉迟迥据之以问罪杨坚，则远近震动。……夫自古用兵，以邺而制洛也常易，以洛而制邺也常难，此亦形格势禁之理矣。"[15]既然"自古用兵，以邺而制洛也常易"，那么，谁占领了河北平原的重镇——邺城，谁就控制了河北平原，而控制了河北平原，也就控制了河南的重镇洛阳乃至整个河南，因而占有邺城就有"制天下"的潜力。

史念海先生指处："东魏和北齐都于邺。邺在今河北临漳县。邺和长安北距突厥的远近大体相当。东魏和北齐对突厥的策略，也和西魏、北周相仿佛，不仅未能取得像汉唐两代那样的成就，反而使突厥更为猖獗，其可汗保钵乃至于宣称：'但使我在南两个儿孝顺，

---

〔13〕《十六国春秋辑补》卷十一《后赵录一·石勒》，第 323 页。

〔14〕《十六国春秋辑补》卷四十二《后燕录一·慕容垂》，第 541 页。

〔15〕（清）顾祖禹：《读史方舆纪要》卷四十六《河南方舆纪要》，贺次君、施和金点校，北京：中华书局，2005 年 3 月第一版，第 2085 页。

何忧无物邪?'"〔16〕虽然邺和长安北距突厥的远近大体相当,但定都长安的汉王朝和唐王朝都是统一王朝,可以动员全国的力量来对付突厥(汉王朝的北方之敌主要是匈奴),而定都于邺城的东魏和北齐都是割据政权,不仅整体力量无法与汉王朝和唐王朝相比,而且它们还要分散精力来对付其他割据政权的威胁,这样,东魏、北齐对突厥的策略及成效,"未能取得像汉唐两代那样的成就"也就可以理解了。

二 具有四通八达的交通,是多个割据政权的
统治者选邺城为都的重要原因之一

据《汉书》卷二十八上《地理志第八上》所载,魏郡辖 18 县,即邺、馆陶、斥丘、沙、内黄、清渊、魏、繁阳、元城、梁期、黎阳、即裴、武始、邯会、阴安、平恩、邯沟、武安。又据《后汉书·志第二十·郡国二》记载,魏郡辖十五城,即邺、繁阳、内黄、魏、元城、黎阳、阴安邑、馆陶、清渊、平恩、沙、斥丘、武安、曲梁、梁期。

可见,处于平原广阔之地而作为魏郡治所的邺城,它既与其所属的十多座县城有交通往来,也应与魏郡以外的城有交通往来。正是由于邺城有四通八达的陆路交通,所以多个割据政权的统治者,才把其都城选在了这里。

为了适应军事斗争的需要,曹操于建安九年春正月,济河,遏淇水入白沟以通粮道〔17〕。

为了打击乌桓的势力,建安十一年(206 年),曹操又开挖了平虏渠、泉州渠〔18〕。

---

〔16〕 史念海:《中国古都和文化》,北京:中华书局,1998 年 7 月第 1 版,第 238 页。

〔17〕《三国志》卷一《魏书·武帝纪》,第 25 页。

〔18〕《资治通鉴》卷六十五《汉纪五十七·献帝建安十一年(206 年)》,第 2069 页。

《水经注》载："汉献帝建安十八年，魏太祖凿渠，引漳水东入清洹以通河漕，名曰利漕渠。"[19] 建安十八年为公元 213 年。

此后，"邺都水运可由漳水、利漕渠、白沟、平虏渠、泉州渠、新河，向北直抵河北平原北端的滦河下游，向南可由黄河抵达江淮。邺都成为黄河下游大平原上的南北水运交通的枢纽"[20]。

史念海先生指出："更由于白沟和利漕渠的开凿，漳水就可与这些渠道相沟通，太行山东各处的船只，能够驶抵邺城之下，邺也就可以得到繁荣和发展。"[21] 正是由于白沟和利漕渠的开凿，使邺城又有了便利的水上交通，难怪崔光在劝说孝文帝定都邺城时说出了"邺城平原千里，漕运四通，有西门史起遗迹，可以饶富"[22] 的话。

三　周围具有发展经济的优越条件并可以致富，是多个割据政权的统治者选邺城为都的另一重要原因

《水经注》载："昔魏文侯以西门豹为邺令也，引漳以溉邺，民赖其用。其后至魏襄王，以史起为邺令，又堰漳水以灌邺田，咸成沃壤，百姓歌之。"[23]《邺中记》也载："当魏文侯时，西门豹为邺令，堰引漳水溉邺，以富魏之河内；后史起为邺令，引漳水十二渠，

〔19〕陈桥驿：《水经注校释》，杭州：杭州大学出版社，1999 年 4 月第 1 版，第 182 页。

〔20〕邹逸麟：《试论邺都兴起的历史地理背景及其在古都史上的地位》，《中国历史地理论丛》1995 年第 1 辑。

〔21〕史念海：《中国古都和文化》，北京：中华书局，1998 年 7 月第 1 版，第 184 页。

〔22〕（清）顾炎武：《历代宅京记》卷十一《邺上》，北京：中华书局，1984 年 2 月第 1 版，第 168 页。

〔23〕陈桥驿：《水经注校释》，杭州：杭州大学出版社，1999 年 4 月第 1 版，第 179 页。

灌溉魏田数百顷，魏益丰实。"〔24〕据此可知，早在战国时期，邺城周围的平原依赖于漳水的灌溉就已成为沃壤了。

史念海先生指出："太行山东的邺仅濒于漳水。就是这条漳水，由于能够灌溉，改造了当地的舄卤地，使之转成沃壤，农业也因之而有起色。"〔25〕正是由于邺城周围的平原靠着漳水的灌溉而使当地成为沃壤，农业大有起色，这就使割据政权的统治者在选取都城时不得不把目光移到了这里。

三国时期，定都邺城的曹魏政权，继续利用漳水来灌溉当地的农田，正如《水经注》所载："魏武王又堨漳水，回流东注，号天井堰。二十里中，作十二墱，墱相去三百步，令互相灌注，一源分为十二流，皆悬水门。陆氏《邺中记》云：水所溉之处，名曰堨陵泽。故左思之赋魏都，谓墱流十二，同源异口者也。"〔26〕《邺中记》也载："后废堰田荒，更修天井堰，引邺城西面漳水十八里中细流，东注邺城南，二十里中作二十堰。"〔27〕正是由于曹魏政权新修了"天井堰"，使得邺城以南的土地成为沃壤。

东魏孝静帝天平年间，由于"决漳水为万金渠"〔28〕，邺城周围的农业继续保持着发展的势头。

史念海先生指出："西汉魏晋多以赋名家的文人学士，如班固和张衡就皆撰有《两都赋》。由于东汉都于洛阳，故于东都称道备至，赋中所说的物产就不如西京繁多。不仅不如关中，甚至还不如后来的邺都。左思所撰的《魏都赋》，就不厌其详地举出邺的附近产梨、栗、酎酒和笋、枣、粱、稻，还有锦绣、罗绮、绵纩、缣总。这里

---

〔24〕 陆翙：《邺中记》，北京：商务印书馆，1937 年 6 月初版，第 10 页。

〔25〕 史念海：《中国古都和文化》，北京：中华书局，1998 年 7 月第 1 版，第184 页。

〔26〕 陈桥驿：《水经注校释》，杭州：杭州大学出版社，1999 年 4 月第 1 版，第179 页。

〔27〕 陆翙：《邺中记》，北京：商务印书馆，1937 年 6 月初版，第 10 页。

〔28〕 （清）顾炎武：《历代宅京记》卷十一《邺上》，北京：中华书局，1984 年2 月第 1 版，第 169 页。

面除农产品外，主要是丝织品，显然可见，邺也和临淄一样，都是丝织业的中心。"〔29〕据此可知，曹魏邺都周围的农业大有起色，出产丰富的农产品，同时邺都也是当时丝织业的中心之一。

焦从贤、许作民二位先生指出："曹魏时期的邺城不仅是北中国的政治文化中心，而且也是手工业和商业的中心，纺织、雕刻、日用工业品等已具有可观的规模和水平，从而使邺城成为全国最繁荣的大都市之一。"〔30〕曹魏时期的邺城之所以能成为当时北中国的政治文化中心和手工业、商业的中心，这在它被作为曹魏的都城之前已打好了根基。我们知道，邺自春秋齐桓公始筑城，至战国魏文侯和魏襄王又重点经营。秦时置县，两汉为魏郡治所，东汉末年后又先后为冀州、相州的治所。建安十八年（213年）曹操称魏王，定都于此，无非看重邺自秦汉以来就是北中国的政治中心之一，同时又有发展经济的优越条件。

《十六国春秋辑补》卷十七《后赵录七·石虎》载："（建武八年）盛兴宫室，于邺起台观四十余所，营长安、洛阳二宫，作者四十余万人。"《邺中记》也载：

> 织锦署在中尚方。锦有大登高、小登高、大明光、小明光、大博山、小博山、大茱萸、小茱萸、大交龙、小交龙、蒲桃文锦、斑文锦、凤凰朱雀锦、韬文锦、桃核文锦。或青绨，或白绨，或黄绨，或绿绨，或紫绨，或蜀绨。工巧百数，不可尽名也。
>
> 石虎中尚方御府中巧工作锦。织成署皆数百人。
>
> 石虎御府屩，有鸡头纹屩、鹿子屩、花屩。〔31〕

---

〔29〕 史念海：《中国古都和文化》，北京：中华书局，1998年7月第1版，第188页。

〔30〕 焦从贤、许作民：《邺城规制及其在都城建造史上的地位》，中国古都学会编：《中国古都研究》（十一），太原：山西人民出版社，1994年9月第1版，第287页。

〔31〕 陆翙：《邺中记》，北京：商务印书馆，1937年6月初版，第8页。

由以上记载来看，后赵用四十余万人在邺都建造四十余所台观，不仅役使了大量的劳动力，而且耗费了巨大物力和财力，这是国家招致灭亡的原因之一，但同时也说明当时的邺都是繁华的。而在后赵邺都的中上方御府中，作锦的巧工有数百人之多，而织锦署的锦更是名目繁多，令人眼花缭乱。可见，邺不仅是当时丝织业的中心，也是手工业和商业的中心。

看来，自曹操定都邺城后，经十六国时期而至于南北朝时期，邺城一直成为北中国政治、文化的中心，同时也是手工业和商业的中心，孝文所谓"石虎倾于前，慕容灭于后，国富主奢"[32]就从一定程度上说明了这个问题。

综上所述，邺城被多个割据政权的统治者选为都城的原因主要有三点：一是在军事上有攻守兼备而控制全局的作用，二是具有四通八达的交通，三是周围具有发展经济的优越条件并可以致富。

（原文载《陕西历史博物馆馆刊》第 16 辑，西安：陕西出版集团、三秦出版社，2009 年 11 月版）

---

[32] （清）顾炎武：《历代宅京记》卷十一《邺上》，北京：中华书局，1984 年 2 月第 1 版，第 168 页。

《史记》"黄帝铸鼎"之荆山地望考

《史记》[1]卷二十八《封禅书第六》载：

> 黄帝采首山铜，铸鼎于荆山下。鼎既成，有龙垂胡须下迎
> 黄帝。黄帝上骑，群臣后宫从上者七十余人，龙乃上去。余小
> 臣不得上，乃悉持龙须，龙须拔，堕，堕黄帝之弓。百姓仰望
> 黄帝既上天，乃抱其弓与胡须号，故后世因名其处曰鼎湖，其
> 弓曰乌号。

关于荆山的地望，根据有关古籍及《辞海》[2]、《中国历史地
名大辞典》[3]等工具书以及现代学者的研究，主要有以下七种观点：

第一，在湖北省西部、武当山东南、汉江西岸，漳水发源于此。
东南谷地宽广，西北巍峨陡峻。《书·禹贡》[4]："荆及衡阳惟荆
州"；"荆、河惟豫州。"《汉书·地理志》[5]称为"南条荆山"。西
周时楚立国于这一带。有抱玉岩，相传春秋楚国卞和得玉于此。

---

[1] （西汉）司马迁：《史记》，北京：中华书局，1982 年 11 月第 2 版，第 1394
页。

[2] 《辞海·地理分册：历史地理》，上海：上海辞书出版社，1982 年 8 月第 2
版，第 179 页。

[3] 史为乐主编：《中国历史地名大辞典》，北京：中国社会科学出版社，2005
年 3 月第 1 版，第 1760 页。

[4] 顾颉刚主编：《尚书通检》，北京：书目文献出版社，1982 年 5 月北京新 1
版，第 4 页。

[5] （东汉）班固：《汉书》，北京：中华书局，1962 年 6 月第 1 版。

第二，在安徽怀远西南。《水经·淮水注》[6]："淮出于荆山之左，当涂之右，奔流二山之间。"

第三，在河南灵宝县阌乡南。相传黄帝采首山之铜，铸鼎于此。

第四，《禹贡》："导岍及岐，至于荆山。"《汉书·地理志》称为"北条荆山"。相传禹铸鼎于此。据《汉书·地理志》、《水经注》当在今陕西大荔朝邑镇南，但其地今无山。

第五，《禹贡》："导岍及岐，至于荆山。"《汉书·地理志》称为"北条荆山"。相传禹铸鼎于此。据《隋书·地理志》、《元和郡县图志》，当在今富平西南。

第六，在泾阳县与三原县交界处。《关中胜迹图志》[7]卷二《嵯峨山》："在泾阳县北五十里。本名巀嶭山，一名慈峨山，亦名荆山。《汉书·地理志》池阳县：巀嶭山在北。颜师古曰：'即今俗所呼嵯峨山是也。'《说文》：巀嶭山在冯翊池阳。《后汉书（地理）[郡国]志》：云阳县有荆山。《注》引《帝王世纪》：'禹铸鼎于此。'《魏书·地形志》：北地郡泥阳县有慈峨山。王褒《云阳宫记》：'慈峨山，黄帝铸鼎于此。'"《关中胜迹图志》卷二《嵯峨山》又载："在三原县西北四十里。《雍胜略》：'嵯峨在天齐原之上，特出云表。登其岭，泾、渭、黄河皆在目前。'"

第七，在今大荔、富平两县间。著名历史地理学家史念海先生说："《禹贡》说雍州，指出'荆岐既旅，终南惇物，至于鸟鼠'。这是说雍州的山。荆山在今大荔、富平两县间，岐山在今岐山县，这是没有问题的。"[8]

---

〔6〕 陈桥驿：《水经注校释》卷三十，杭州：杭州大学出版社，1999 年 4 月第 1
版，第 533 页。

〔7〕 (清) 毕沅撰，张沛点校，西安：三秦出版社，2004 年 12 月第 1 版，第 46 页。

〔8〕 史念海：《释〈禹贡〉雍州"终南惇物"和"漆沮既从"》，原载西北农业
大学编印：《一代宗师——辛树帜先生百年诞辰纪年文集》，1997 年 3 月；
又载史念海：《河山集》九集，西安：陕西师范大学出版社，2006 年 12 月
第 1 版，第 82～100 页。

　　距今 5000 年以前，也就是新石器时代晚期，黄帝与其部落主要生活于今北方之黄河流域，而第一种观点和第二种观点所说的荆山都在南方，就没有必要论述了。至于第三、第四、第五、第六、第七几种观点，学者们多倾向于富平之荆山，如何光岳先生在其《楚源流史》一书中说："楚人所以迁到黄帝铸鼎的荆山与夏禹铸鼎的荆山（陕西富平西南，现区划归阎良区）正是楚人系黄帝之裔，与夏又系亲族，以图抵抗商人的侵逼。"[9]杨东晨先生也说："黄帝铸鼎的荆山有湖南衡阳、陕西朝邑、陕西富平、河南灵宝、安徽怀远之说，但陕西富平、河南灵宝记载较多，且陕西富平荆山（今区划归阎良）距黄帝葬地桥山（陕西黄陵）较近，比较可靠。"[10]

　　从南、北地域来说，黄帝铸鼎之荆山，绝不是《禹贡》和《汉书·地理志》所说的南条荆山，而应是北条荆山，它就在今陕西境内。至于它是在陕西境内的大荔、富平两县间还是泾阳县与三原县交界处，抑或是富平县或大荔县朝邑镇南，我们倒是更倾向于大荔县朝邑镇南之说，理由有以下四点：

一　从较早的文献记载来看，黄帝铸鼎之荆山实在大荔县朝邑镇南，是唐人和后世文人把它误移到了富平

　　《尚书·禹贡》："黑水西河惟雍州：弱水既西，泾属渭汭。漆沮既从，沣水攸同。荆岐既旅，终南惇物，至于鸟鼠。"司马迁《史记》卷二《夏本纪》引此段文基本相同，只是个别字做了改动，如改"既"为"已"、改"攸"为"所"，即是；而班固《汉书》卷二十八上《地理志第八上》所引完全相同。师古曰："漆、沮，即冯翊之洛

〔9〕　何光岳：《楚源流事》，长沙：湖南人民出版社，1988 年 10 月第 1 版，第182 页。

〔10〕　杨东晨：《阎良黄帝铸鼎原浅议》，待刊。

水也。沣水出鄠之南山。言漆、沮既从入渭,沣水亦来同也。"又师古曰:"荆、岐,二山名。荆在岐东。言二山治毕,已旅祭也。"

师古即颜师古。他所说的"漆、沮,即冯翊之洛水也"是有一定道理的。《关中胜迹图志》卷十《名山》载:"商原:在大荔县北二十五里。《太平寰宇记》:'《水经注》云洛水南经商原西,俗所谓许原。'《通典》:'冯翊有商原,所谓商颜。'《雍胜略》:'许原一名高原,其地宽平,自蒲城连朝邑界。近沮水之浒,又名浒原。'《通志》:'许原一名长虹岭,又名铁镰山,尽于同州界,绝于洛;东经朝邑,绝于河。延袤八十余里。'"从《关中胜迹图志》所引有关文献来看,冯翊的商原(在今大荔县北),又名商颜、许原(又名浒原、高原、长虹岭、铁镰山),之所以名"浒原",是因为"近沮水之浒",而上引《太平寰宇记》又有"《水经注》云洛水南经商原西,俗所谓许原"之文,可知沮水就是洛水,所以颜师古说的"漆、沮,即冯翊之洛水也"是有一定道理的,之所以有道理,宋代学者程大昌为我们提供了很好的回答:"故自孔安国、班固以后论著此水者,皆指怀德入渭之水以为洛水,而曰洛即漆、沮者,言其本同也。"[11]

《尚书·禹贡》:"导岍及岐,至于荆山,逾于河。"《汉书》卷二十八上《地理志第八上》所引基全相同,仅仅是把"岍"改为"汧"。对于《禹贡》北条荆山,自古以来各家的注释就有分歧,主要有两种观点:

1. 笼统注明荆山的方位

《集解》孔安国曰:"荆在岐东,非荆州之荆也。"

2. 具体注明荆山的地望

(1)在今富平县

《隋书》[12]卷二十九《志第二十四·地理上·京兆郡》:"富平:

---

〔11〕 程大昌:《雍录》卷六《洛漆沮》,黄永年点校,北京:中华书局,2002 年 6 月第 1 版,第 122 页。

〔12〕 (唐)魏征等:《隋书》,北京:中华书局,1973 年 8 月第 1 版,第 809 页。

旧置北地郡，后周改曰中华郡，寻罢。有荆山。"《括地志辑校》〔13〕卷一《雍州·富平县》："荆山在雍州富平县，今名掘陵原。按雍州荆山，即黄帝及禹铸鼎地也。"〔14〕《元和郡县图志》〔15〕卷一《关内道一·京兆府·富平县》："荆山，在县西南二十五里岐山东，《禹贡》云'荆、岐既旅'，是也。"这是唐朝人的观点。

（2）在今大荔县朝邑镇南

《史记》卷二《夏本纪》之《索隐》："汧，一作'岍'。按：有汧水，故其字或从'山'或从'水'，犹岐山然也。《地理志》云吴山在汧县西，古文以为汧山。岐山在右扶风美阳县西北；荆山在左冯翊怀德县南也。"那么，作为汉的左冯翊怀德县在何处呢?《汉书》卷二十八上《地理志第八上·左冯翊》："襄德，《禹贡》北条荆山在南，下有强梁原。洛水东南入渭，雍州寖。莽曰德骧。"

著名历史地理学家谭其骧先生在其主编的《中国历史地图集》第二册〔16〕之《西汉·司隶部》地图中，标绘强梁原在临晋县（今大荔县朝邑镇）南，荆山更在强梁原南；怀德县在临晋县西南，与之为邻。

贺次君先生于《元和郡县图志》卷一《关内道一·京兆府·富平县》"荆岐既旅是也"注云："今按：《汉志》'左冯翊怀德，《禹贡》北条荆山在南，下有强梁原。'《太平寰宇记》引《水经注》'洛水东南历强梁原，俗谓之朝坂。'西汉怀德与朝坂，俱在唐同州朝邑县，为洛水流域，则《禹贡》荆山不得在雍州富平。《隋志》、《括地志》及此志著荆山于富平，盖因三国时富平曾置怀德县，后遂误以为西汉怀德，并移荆山于此。"

---

〔13〕（唐）李泰等著，贺次君辑校：《括地志辑校》，北京：中华书局，1980年2月第1版。

〔14〕《史记·夏本纪》"荆岐已旅"《正义》引《括地志》，第15页。

〔15〕（唐）李吉甫：《元和郡县图志》，贺次君点校，北京：中华书局，1983年6月第1版，第10页。

〔16〕谭其骧主编：《中国历史地图集》第二册，北京：中国地图出版社，1982年10月第1版，第15~16页。

《读史方舆纪要》[17]卷五十四《陕西三·朝邑县》："强梁原，在县治南。俗谓之朝坂，西魏以此名县。《郡国志》：'长春宫在强梁原上。'盖原本广衍，县治与故宫皆据其上。《汉志》：'怀德县南有荆山，山下有强梁原，原即荆山北麓矣。'"顾祖禹认为，强梁原是荆山的北麓，也就是说，强梁原与荆山本为一体。

《三秦记》："强梁原：洛水出强梁原，在富平县西南，荆渠之侧。"刘庆柱先生辑注引《同州志》云："华原在朝邑县西，绕北而东，以绝于河，古河壖也；一名朝坂，亦谓之华原山，盖华原即朝坂，朝坂即强梁原。荆山之麓直抵河壖，禹治水以此渡河，故《禹贡》曰：'至于荆山，逾于河。'朝邑即汉之襄德，荆山当在其境，唐人误以荆山在富平。"[18]刘庆柱先生推测，本文（《三秦记》）误将朝邑之强梁原、荆渠归入富平，疑此为唐代或以后文人讹误。根据《同州志》相关记载，刘庆柱先生认为华原山就是朝坂，而朝坂就是强梁原，也就是说，华原山、强梁原、朝坂是三位一体的。

把《禹贡》北条荆山注在岐东是没有错的，问题是，它究竟是在今富平县还是在今大荔县朝邑镇南呢？我们更倾向于后者。

从前引文献来看，唐人著的《隋书》、《括地志》、《元和郡县图志》都把北条荆山注在富平，是"因三国时富平曾置怀德县，后遂误以为西汉怀德，并移荆山于此"，也就是说："盖自后汉移怀德于富平，考古者遂以富平之怀德为朝邑西南之怀德，于是专系荆山于富平，此致误之由也。"[19]由此看来，把《禹贡》北条荆山注在富平是唐人弄错了，以后文人也就因袭了唐人的错误。

---

[17]（清）顾祖禹：《读史方舆纪要》，贺次君、施和金点校，北京：中华书局，2005 年 3 月第 1 版，第 2606 页。

[18] 刘庆柱：《三秦记辑注》（长安史迹丛刊），西安：三秦出版社，2006 年 1 月第 1 版，第 115～116 页。

[19]《富平县志稿》卷一《禹贡北条荆山考》。（清）樊增祥修，谭麟纂：《富平县志稿》（中国方志丛书·华北地方·第二三九号），光绪十七年刊本；台北：成文出版社有限公司，1969 年，第 120 页。

　　《禹贡北条荆山考》一文的作者指出："自《隋书·地理志》谓
富平县有荆山，于是后人注《禹贡》者皆以北条荆山专属于富平，
而蔡氏《集传》并云：耀州富平县掘陵原，即北条荆山，盖以掘陵
与强梁之音相近也。"[20]"掘陵"与"强梁"之音确实相近。"梁"
与"陵"一音之转，音近自不必说；今关中农村，说某人执拗，有
用"犟"（土音强）形容的，亦有用"倔"（与"掘"音同）形容
的，根据音韵学"音近义同"的原则，"掘"与"强"音近是不成
问题的。这样看来，之所以把富平县"掘陵原"当做北条荆山，是
因为"掘陵"与"强梁"（强梁原即朝坂，在今大荔县朝邑镇南）
之音相近致误的。

　　《禹贡北条荆山考》一文的作者又指出："今以地图考之，若北
条荆山专属富平，既与《禹贡》逾河之文不甚符合，而与班氏洛水
东南入渭之语尤相抵牾。夫《禹贡》既言'导岍及岐，至于荆山，
逾于河'，则荆山之尾距河甚近。班氏于荆山下云：洛水东南入渭，
则荆山之麓，其去洛水亦不甚远；若专属富平，则怀德之西南（此
指朝邑西南之怀德而言）尚隔重泉（汉县，属左冯翊，故城在今蒲
城县东南五十里）频阳（汉县，属左冯翊，故城在今富平县东北六
十里）二县，班氏何不系荆山于重泉、频阳之下，而属之于朝邑西
南之怀德耶？且洛河入渭之处距富平甚远，地望亦不相属。"[21]根据
这段考证，若北条荆山专属富平，既与《禹贡》逾河之文不甚符合，
而与班氏洛水东南入渭之语尤相抵牾，显然不妥。若把北条荆山定
为泾阳与三原交界处的嵯峨山，同样是既与《禹贡》逾河之文不甚
符合，又与班氏洛水东南入渭之语相抵牾，显然也不妥。若把北条
荆山定在河南灵宝县阌乡南，虽与《禹贡》逾河之文相符合，但却
与班氏洛水东南入渭之语相抵牾，同样不妥。

　　朝邑背靠荆山（即华原山、强梁原、朝坂）而面临洛水，隔河

────────────

〔20〕《富平县志稿》卷一，第 117 页。

〔21〕《富平县志稿》卷一，第 118～119 页。

（黄河）与山西省相望，且洛水在朝邑东南三十里入渭[22]，若我们把北条荆山专属朝邑，既与《禹贡》逾河之文相符合，又与班氏洛水东南入渭之语相一致，一切问题也就迎刃而解了。

二　朝邑镇南之荆山附近的地理环境
　　非常适宜于黄帝部落的生存

全新世中期曾出现过世界性的气候回暖现象，在国外通常叫做"气候最适宜时期"。在中国，由于这个时期在年代上与仰韶文化有些联系，所以也称为"仰韶温暖时期"（大约距今 8000～3000 年间）。竺可桢先生认为，从仰韶文化时期到殷墟时期，我国境内大部分地区的年平均温度比现在高 2℃左右，冬季一月份的平均温度比现在高 3℃～5℃。龚高法先生更具体地描述了距今 8000～3000 年间的气候状况，当时各地气温普遍比现在高，但升温幅度各不相同。在东部地区，随着纬度的升高，古今温差增大。东北地区当时年平均气温比现在高 3℃以上，华北地区比现在高 2℃～3℃，长江中下游地区比现在高 2℃左右，岭南和台湾比现在高不足 2℃。在中国西部地区，温暖时期升温幅度随纬度升高而减少。这一时期我国气温带也相应比现在偏北，亚热带北界向北曾到达华北平原的北部。

史念海先生指出："由已经发现的新石器时代遗址看来，当时人们所选择的居住地址就已显示出他们对于地理环境的适应和善于利用的情况。时代虽然已先后不同了，但是人们在选择居住地方的时候，依然要注意到饮水的来源。……新石器时代的遗址遍于全国各地，大体说来，总是邻近于当地的河流或湖泊。"[23]

---

〔22〕　韩五泉：《朝邑县志》卷一《总志第一》："漆沮一名洛水，自耀州同官县来，至朝邑东南三十里入渭。"韩五泉：《朝邑县志》（中国方志丛书·华北地方·第五四〇号），（明）韩邦靖纂修，明正德十四年刊本，台北：成文出版社有限公司，1976 年。

〔23〕　史念海：《河山集》，北京：生活·读书·新知三联书店，1963 年 9 月第 1版，第 6 页。

史念海先生又指出："古代的人们所以喜欢居住于河流的近旁也并不仅是为了饮水的方便。河谷中林木畅茂，禽兽繁多，可以进行狩猎，对于他们的生活有很多便利的地方。尤其是河谷中的土壤多是冲积层土壤，肥沃疏松，当古代的人们已经知道经营农业之后，他们可以利用原始的农具在这些肥沃疏松的土壤上从事耕作，就是粗放的种植也可以有所收获。就这一点说来，古代人们选择河谷附近为他们居住的处所，正是善于利用自然环境的又一例证。这种情形在古代显然是相当普遍的。"〔24〕

根据史先生的论述，"新石器时代的遗址遍于全国各地，大体说来，总是邻近于当地的河流或湖泊"可谓是普遍的规律，因为这样的选址有四大好处：一是便于人和牲畜的饮水；二是河谷中林木畅茂、水草丰美，便于发展原始的渔猎经济；三是距水源近，便于发展原始的农业经济；四是便于原始人的交通往来。

作为史前先民，黄帝部落选择朝邑镇南背靠荆山而面临洛水的自然环境，完全符合史前先民选址的普遍规律，即"总是邻近于当地的河流或湖泊"。他们居于荆山（即华原山、强梁原、朝坂）之上，可以避免夏秋季节因洛水的暴涨而被淹。洛水既是人和牲畜的饮水之源，也是黄帝部落捕鱼的场所。当时气候湿润，洛水河谷林木畅茂，水草丰美，野兽定然不少，自然成为黄帝部落天然的狩猎场所。洛水河谷的土壤多是冲积层土壤，肥沃疏松，黄帝部落即使用原始的农具在这些肥沃的土壤上从事粗放式的耕作和种植，多少都会有所收获的，因而他们的生活来源基本上是有保障的。况且洛水之南又有渭水，洛水在朝邑东南三十里入渭，然后渭水入黄河；在洛、渭、黄交汇的三角洲地带有一地名沙苑（图一），东西长八十里，南北长三十里，在唐代还因水草丰美而成为唐王朝的养马基地，那么，在气候湿润的新石器时代，黄帝部落定然不会放弃这块宜牧

---

〔24〕 史念海：《河山集》，北京：生活·读书·新知三联书店，1963 年 9 月第 1 版，第 10 ~ 11 页。

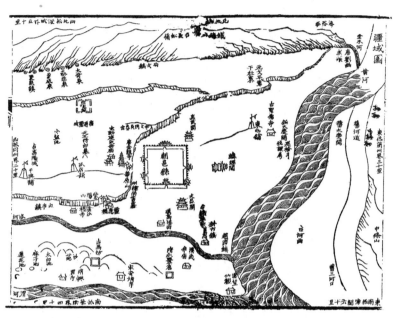

图一　朝邑县疆域图（据王兆鳌纂修：《朝邑县后志》[25]）

宜农的宝地，而是会积极而认真地加以利用的。

三　从铜的产地看荆山的位置

《史记》被鲁迅先生赞为"史家之绝唱，无韵之离骚"，它的记载不会没有根据。从前引《史记》的话来看，黄帝虽铸鼎于荆山，但其铸鼎的原材料铜却来源于首山，而首山与荆山也应该相距不远。因此，只要我们弄清了首山的位置，荆山的位置也就迎刃而解。

《汉书》卷二十八上《地理志第八上·河东郡》载："蒲反，有尧山、首山祠。雷首山在南。故曰蒲，秦更名。莽曰蒲城。"《后汉

---

〔25〕（清）王兆鳌纂修：《朝邑县后志》（中国方志丛书·华北地方·第二四一号），康熙五十一年刻后刊本；台北：成文出版社有限公司，1969年，第66~67页。

书·志第十九·郡国一·河东郡》[26]又载："蒲坂有雷首山。"顾祖禹于《读史方舆纪要》卷四十一《山西三·蒲州·中条山》下注曰："州东南十五里。其山中狭而延袤甚远，因名。亦曰薄山，又名雷首山。《春秋》宣二年《传》'赵宣子田于首山'，即此山也。"从以上引文来看，首山又名雷首山、薄山、中条山，位于今山西省西南部、黄河以北，即永济市蒲州镇南，与大荔县朝邑镇隔黄河相望。而据现代学者研究，中条山有丰富的铜矿[27]，是中国重要的铜矿产区[28]。

由于首山和荆山的关系是相距不远，我们既已确定首山就是位于今山西省永济市蒲州镇南的中条山，那么，把荆山确定在与首山仅一河之隔的朝邑镇南，也就顺理成章而不难理解了。

四　从交通因素看荆山的位置

史念海先生指出："实际上当时人们居住于河流的近旁，应当和交通问题有关。一苇之航原比翻山越岭为容易，就是不便于通行舟楫的河流，循河谷上下的来往，途径也是较为平坦的，古代的人们不仅注意到要在河流旁边选择住地，而且还特意选择到两河交汇的地方，正是这样的意思。"[29]

黄帝部落之所以选择朝邑镇南背靠荆山（即华原山、强梁原、朝坂）而面洛水的自然环境，交通因素是不可忽视的。前已述及，洛水在朝邑东南三十里入渭，渭水然后入黄河，而生活在渭水流域的宝鸡北首岭遗址的先民，其活动年代据放射性碳素断代并经校正：

---

〔26〕（晋）司马彪：《后汉书志》，（南朝宋）范晔：《后汉书》附，北京：中华书局，1965 年 5 月第 1 版，第 3397 页。

〔27〕唐晓峰：《翻越中条山》，唐晓峰：《人文地理随笔》，北京：生活·读书·新知三联书店，2005 年 1 月第 1 版，第 111 页。

〔28〕戴均良等主编：《中国古今地名大词典》上册，上海：世纪出版集团、上海辞书出版社，2005 年 7 月第 1 版，第 464 页。

〔29〕史念海：《河山集》，北京：生活·读书·新知三联书店，1963 年 9 月第 1 版，第 12 页。

早期为公元前 5150 ~ 前 5020 年，中期为前 4840 ~ 前 4170 年，晚期为前 4080 ~ 前 3790 年[30]，与黄帝及其部落生活的年代大体相当。由于宝鸡北首岭遗址的先民确已发明了小船[31]，并驾小船于水中捕鱼，那么，生活在洛水、渭水流域的黄帝部落，除驾小船捕鱼外，无疑也完全可以把小船作为水上交通工具。黄帝部落的人不仅可以驾着小船在洛水、渭水乃至黄河中捕鱼，而且可以于荆山（即华原山、强梁原、朝坂）尽头的黄河岸边驾着小船到河对面的首山去采铜矿，然后再返回荆山而铸鼎，是完全可能并顺理成章的事。

综上所述，把黄帝铸鼎之荆山定在富平西南或泾阳县与三原县交界处的嵯峨山，既与《禹贡》逾河之文不甚符合，又与班固"洛水东南入渭"之语相抵牾，显然不妥；若把黄帝铸鼎之荆山定在河南灵宝县阌乡县南，虽与《禹贡》逾河之文相符合，但却与班固"洛水东南入渭"之语相抵牾，同样不妥。由于我们已考证出《史记》"黄帝采首山铜，铸鼎于荆山"中的首山为山西省南部之中条山，若我们把黄帝铸鼎之荆山定为与中条山仅一河之隔的大荔县朝邑镇南之华原山（即强梁原、朝坂），既与《禹贡》逾河之文相符合，又与班固"洛水东南入渭"之语相一致，同时因当时已有了小船作为水上交通工具，首山（今山西省南部中条山）的铜矿运到河对面的荆山（即华原山、强梁原、朝坂）应不成问题，这样，一切问题也就迎刃而解了。

（原文载《文史哲》2013 年第 4 期）

---

〔30〕 中国大百科全书总编辑委员会《考古学》编辑委员会、中国大百科全书出版社编辑部编：《中国大百科全书·考古学》，北京：中国大百科全书出版社，1986 年 8 月第 1 版，第 41 页。

〔31〕 张维慎：《北首岭遗址之船形壶所反映的历史事实》，《文博》2004 年第 2 期。

第二篇　中国古代礼俗研究

古文献所反映的"肉袒谢"

中国古代的请罪方式并不局限于一种,但"肉袒谢"作为统治阶级各层男士间最隆重的请罪方式,至今未见专文论及,本文以《史记》、《汉书》中"肉袒谢"的史料为主,参以《越绝书》、《吴越春秋》、《战国策》、《礼记》等的有关资料,拟对西汉及其以前的"肉袒谢"情况作一阐述,以求教于方家。

所谓"肉袒谢",就是裸露上身请罪的意思。

中国是个礼仪之邦,"礼"在中国古代统治者的心目中是非常重要的,而包裹住躯体的衣服更是礼仪中的重要一环,必须按照严格的等级规定来穿着,正如《后汉书·舆服志上》所说:"夫礼服之兴也,所以报功章德,尊仁尚贤。故礼尊尊贵贵,不得相逾,所以为礼也。非其人不得服其服,所以顺礼也。"统治者为了"报功章德,尊仁尚贤",发明了礼服,而且规定:"非其人不得服其服,所以顺礼也。"不仅如此,统治阶级的各层男士还不能无缘无故地不穿礼服而裸露身体,即使在射箭或驾驭马车时也不能例外,因为当众裸露身体是一种失礼行为。

当众裸露身体的只是身份低下的人,具体地说,他们或是从事繁重劳动的人,或是耍百戏而供上等人观赏的人,因而统治者要求他们在见君子时要"冠毋兔,劳毋袒,暑毋褰裳"[1]

对于统阶级的各层男士来说,当众无缘无故地裸露身体是一种

---

[1] 《礼记·曲礼上》。

失礼行为，但若有缘有故，倒不见得。《礼记·内则》云："不有敬事，不敢袒裼。"换句话说，"有敬事"是"敢袒裼"的。这里所谓的"敬事"，是指祭祀等事。如《礼记·郊特牲》载："禹再拜稽首，肉袒亲割，敬之至也。"此外，剥脱衣服还是对罪犯的处置[2]，而某人主动剥脱衣服，则是服罪、请罪的表示。《史记·宋微子世家》载："周武王伐纣克殷，微子乃持其祭器造于军门，肉袒面缚，左牵羊，右把茅，膝行而前以告。于是武王乃释微子，复其位如故。"《索隐》："肉袒者，袒而露肉也。面缚者，缚手于背而面向前也。"王子義注曰："肉袒，脱去上衣，露出肉体。"[3]张大可注曰："肉袒面缚：袒臂露肉，缚手于背后，而面向前膝行，古时投降形式。"[4]张氏认为肉袒面缚而膝行为古时的投降形式是正确的，只是张氏释"肉袒"为"袒臂露肉"似欠妥，当以王氏释"肉袒"作裸露上身为宜。作为古时的投降形式，肉袒面缚而膝行中的"肉袒"含有服罪、请罪之意。《史记·楚世家》载："（庄王）十七年春，楚庄王围郑，三月克之。入自皇门，郑伯肉袒牵羊以逆。"《集解》贾逵曰："肉袒牵羊，示服为臣隶也。"刘绍东注曰："肉袒牵羊：裸露上身牵着羊，表示认罪。"[5]而《史记·晋世家》也载："（景公）三年，楚庄王围郑，郑告急晋。晋使荀林父将中军，随会将上军，赵朔将下军，郤克、栾书……佐之。六月，至河。闻楚已服郑，郑伯肉袒与盟而去。"《史记会注考证》曰："《左传》'肉袒'下有'牵羊'二字。肉袒，去裼露体也，即袒裼也。杜预曰：'肉袒牵羊，示服为臣仆也。'"我们认为，司马迁之所以去掉"牵羊"二字而保

〔2〕 杨泓：《中国古文物中所见人体造型艺术》，《文物》1987 年第 1 期。

〔3〕 王子義注：《宋微子世家》，王利器主编：《史记注译》，西安：三秦出版社，1988 年 11 月第 1 版，第 1176 页。

〔4〕 张大可注：《宋微子世家》，《史记全本新注》，西安：三秦出版社，1990 年 6 月第 1 版，第 992 页。

〔5〕 刘绍东注：《楚世家》，王利器主编：《史记注译》，西安：三秦出版社，1988 年 11 月第 1 版，第 1240 页。

留"肉袒"二字，目的是为了强调郑伯的真诚服罪、请罪以及楚庄王以宽广的胸怀而赦罪，正如《史记·郑世家》所载：当郑襄公（即郑伯）裸露上身、牵着羊迎接楚庄王而请罪以后，楚庄王便让楚军后退三十里驻扎。这时楚国的大臣们说："从鄢都到这里，士大夫们也已疲劳很久了，如今取得了郑国却又放弃它，怎么个道理呢？"庄王说："所以来讨伐，是讨伐不服罪顺从的。现在郑国已经服罪顺从，还有什么要求呢？"庄王终于撤兵离去。又《史记·楚世家》载："十八年，成王以兵北伐徐，徐君（即徐男）肉袒谢，乃释之。"刘绍东注曰："肉袒，裸露上身，表示惶恐。谢：认罪。"[6]《史记会注考证》："僖七年《左传》：肉袒，去上衣，露肢体，意谓归骨就刑戮，所以表其顺服也。《左传》云：'许男面缚衔璧，大夫衰绖，士舆榇'，史公以'肉袒'二字易之。"我们认为，《左传》所载许男的繁琐礼仪是其向楚成王的投降仪式，而《史记》则是强调许男的诚心服罪和请罪，故司马迁以"肉袒"二字替换了《左传》有关的繁琐描写。

不论是商末微子向周武王的投降仪式，还是春秋时期郑襄公向楚庄王的投降仪式，战败国的国君（或代表）都是主动"肉袒"，这是诚心服罪、请罪之意。在徐男向楚成王的投降仪式中，《左传》虽没有徐男"肉袒"的记载，但司马迁在《史记·楚世家》中为了强调徐男的真心服罪和请罪，直接用"肉袒"二字替换了《左传》关于投降仪式的繁琐描写。由此可见，至迟在商朝末年，"肉袒谢"就被用于战败国国君（或代表）向战胜国国君的投降仪式之中；而至春秋时期，由于诸侯争霸，战争频繁，"肉袒谢"的这种用途相对增多。又如吴王夫差战败后，派王孙骆代表自己向越王勾践的请罪，就是典型的例子，正如《吴越春秋·勾践伐吴外传第十》所载："吴使王孙骆肉袒膝行而前，请成于越王……"。王孙骆的"肉袒膝行"，

---

〔6〕 刘绍东注：《楚世家》，王利器主编：《史记注译》，西安：三秦出版社，1988年11月第1版，第1238页。

当是由微子向周武王的投降仪式"肉袒面缚……膝行而前"简化而来。

对于中国古代统治阶级的各层男士来说，"肉袒谢"是最隆重的请罪方式。除战败国国君向战胜国国君请罪时可以使用外，一个诸侯国的大臣向另一个诸侯国的大臣请罪时也可使用。如忠臣伍子胥被吴王夫差害死后，越国便向吴国进攻，在越军欲进入胥门时，却遭到了暴风雨及飞沙走石的意外袭击，于是范蠡、文种便向伍子胥请罪而借道，正如《吴越春秋·勾践伐吴外传第十》所载："范蠡、文种乃稽颡肉袒，拜谢子胥，愿乞假道。"在这里，"稽颡"是范蠡、文种向伍子胥行的丧礼，而"肉袒"才是行的请罪礼。在一个诸侯国内，大臣向国君请罪时也可使用"肉袒谢"。《越绝书》卷十《越绝外传记吴王占梦》载："太宰嚭、王孙骆惶怖，解冠帻，肉袒而谢。吴王忿圣言不祥，乃使其身自受其殃。"因王孙骆推荐的公孙圣给吴王解梦时说了不吉利的话，所以太宰嚭和王孙骆等赶快解冠帻而裸露上身（肉袒）向吴王请罪。他们在请罪时之所以要解冠帻，是因为"冠，至尊也，不居肉袒之体也"[7]。作为统治阶级各层男士间最隆重的请罪方式，大臣向国君行"肉袒谢"时不仅要免冠，而且有时还要徒跣（即光脚），战国时期齐相田单向齐襄王的请罪就是典型的例子。《战国策》卷十三《齐六》载："异日而王曰：'召相单来。'田单免冠徒跣肉袒而进，退而请死罪。五日，而王曰：'子无罪于寡人。子为子之臣礼，吾为吾之王礼而已矣。'"

战国至西汉时期，"肉袒谢"大致分为以下三种情况：

第一种是由商末微子向周武王的投降仪式损益而来。《史记·范雎蔡泽列传》载："须贾大惊，自知见卖，乃肉袒膝行，因门下人谢罪。"这是须贾得知张禄先生竟然是范雎的消息以后所采取的措施。须贾之所以要这么做，并不是无缘无故的，原来，他与范雎曾一起在魏相魏齐府上做事，由于须贾怀疑范雎把魏国的情报出卖给了齐

---

[7]《礼记·问丧》。

国,便在魏齐面前说范雎的坏话,致使范雎不仅被魏齐舍人打断了肋骨和牙齿,而且装死被扔进厕所也难免宾客的尿淋。王伯祥注曰:"肉袒膝行,卸去衣服,露出了身体,跪在地上移膝前进。(表示有罪不敢整肃衣冠、挺身而进)"〔8〕张大可注曰:"肉袒膝行:赤膊身体,跪着走路,表示认罪。"〔9〕张、王二氏释"肉袒"虽言辞略异,但细究其意,皆为裸露上身,甚确。须贾"肉袒膝行",当是承袭王孙骆向越王请罪的故事。

又《汉书》卷九十二《游侠传》载:"原涉字巨先。……涉欲上冢,不欲会宾客,密独与故人期会。涉单车驱上茂陵,投墓,入其里宅,因自匿不见人。遣奴至市买肉,奴乘涉气与屠争言,斫伤屠者,亡。是时,茂陵守令尹公新视事,涉未谒也,闻之大怒。知涉名豪,欲以示众厉俗,遣两吏胁守涉。至日中,奴不出,吏欲便杀涉去。涉迫窘不知所为。会涉所与期上冢者车数十乘到,皆诸豪也,共说尹公。尹公不听,诸豪则曰:'原巨先奴犯法不得,使肉袒自缚,箭贯耳,诣廷门谢罪,于君威亦足矣。'尹公许之。涉如言谢,复服遣去。"原巨先的家奴在市上买肉时仰仗其主人之势而斫伤屠夫并逃亡,加之茂陵守令尹公新上任,原巨先也没有去谒见,这使他处于窘迫的境况,在诸位豪强与尹公协商下,原巨先不得不"肉袒自缚,箭贯耳",到廷门向尹公谢罪,以便满足尹公的威势。地方豪强原巨先向地方官茂陵守令尹公的"肉袒自缚,箭贯耳",当是由微子向周武王的投降仪式"肉袒面缚……膝行而前"损益而来,具体地说,去掉了"膝行而前"的动作而增加了"箭贯耳"的动作。

第二种是在"肉袒"的基础上辅以"伏斧质"、"负荆"、"自髡"等行为,以便表明请罪者所犯罪行的轻重。《史记·廉颇蔺相如

---

〔8〕 王伯祥:《史记选》之《范雎蔡泽列传》注,北京:人民文学出版社,1982年10月第2版,第243页。

〔9〕 张大可注:《范雎蔡泽列传》,见《史记全本新注》,西安:三秦出版社,1990年6月第1版,第1497页。

列传》载："君不如肉袒伏斧质请罪，则幸得脱矣。"这是缪贤舍人
蔺相如曾对缪贤所说的话。王伯祥注曰："肉袒，解衣露膊。伏斧质
请罪，表示服罪请求就刑。斧质就是斧钺和椹质。"[10]张大可注曰：
"肉袒，脱去上衣，露出肉体，表示伏罪就刑。"[11]张氏释"肉袒"
为裸露上身是正确的，而王氏认为"斧质就是斧钺和椹质"亦可
从。那么，"伏斧质"所表示的是怎样的罪呢？《史记·范雎蔡泽
列传》载范雎见秦王时曾说："今臣之胸不足以当椹质，而要不足
以待斧钺，岂敢以疑事尝试于王哉？"是知"椹质"是施加于人之
胸部的刑具，而斧钺则是施加于人之要（腰之本字）部的刑具，
这两种刑具是犯人被处以极刑时配合使用的。又《汉书·项籍传》
载陈余给章邯的书信云："……将军何不还兵与诸侯为从，南面称
孤，孰与身伏斧质，妻子为戮乎？"师古曰："质谓锧也。古者斩
人，加于锧上而斫之也。"由此我们认为，蔺相如劝缪贤"肉袒伏
斧质请罪"，当是因缪贤犯了死罪。事实也正是如此，缪贤因为打
算私下逃到燕国去，犯了难以赦免的死罪，正是其舍人蔺相如阻
止了他，并为其分析了不能逃亡燕国的理由，使得缪贤心悦诚服，
终于接受了"肉袒伏斧质"向赵王请罪的方式，而赵王也就豁达
地赦免了他。

　　与缪贤向赵王"肉袒伏斧质请罪"相较，同时期发生在赵国的
大将廉颇向丞相蔺相如"肉袒负荆"请罪中"负荆"所表示的罪
行，就显得轻了。《史记·廉颇蔺相如列传》载："廉颇闻之，肉袒
负荆，因宾客至蔺相如门谢罪。"《索隐》："肉袒者，谓袒衣而露肉
也。负荆者，荆，楚也，可以为鞭。"《正义》："肉袒，露膊。"《史
记会注考证》引中井积德曰："荆，鞭也。"王伯祥曰："肉袒负荆，
解衣露膊，背着荆杖，表示服罪领责之意。荆是荆棘的枝条，可以

---

〔10〕　王伯祥：《史记选》之《廉颇蔺相如列传》注，北京：人民文学出版社，
　　　1982 年 10 月版，第 270 页。

〔11〕　张大可注：《廉颇蔺相如列传》，见《史记全本新注》，西安：三秦出版社，
　　　1990 年 6 月第 1 版，第 1520 页。

为鞭。"〔12〕张大可注曰："负荆：背负荆杖。荆，指用带刺的荆条做成的鞭子。"〔13〕诸家释"荆"为以荆条做成的鞭子无疑是正确的，只是他们在释"肉袒"一词时，或不释，或释而语焉不详。我们认为，"肉袒"还是理解为赤膊即裸露上身为宜。胡留元、冯卓慧认为："以荆条鞭背的制度，大约从西周开始，至战国秦汉还在沿用。有名的廉颇负荆谢罪故事，是战国时期鞭背的记载。"〔14〕是知廉颇"肉袒负荆"，通过宾客到蔺相如府上去谢罪，是甘愿接受鞭背的惩罚。这种惩罚虽没有"伏斧质"的惩罚重，但却广泛应用，而且一般不能赦免。廉颇因为"有攻城野战之大功"〔15〕，便居功自傲，不仅看不起蔺相如取得相位的方式——"以口舌为劳"〔16〕，而且揭穿蔺相如的出身老底"素贱人"（即宦者令缪贤舍人）〔17〕，同时他也羞居于蔺相如的位次之下，出恶言侮辱蔺相如，这样他就剥夺了一个人应"不辱辞令"〔18〕的要求，使蔺相如受了言辞羞辱，因而当蔺相如表白他不愿与廉颇争斗的原因在于"先国家之急而后私仇也"〔19〕的话后，廉颇遂选取了"肉袒负荆"的方式向蔺相如请罪，这是与其所犯罪之轻重相适应的。

与战国时期缪贤向赵王"肉袒伏斧质请罪"以及廉颇向蔺相如"肉袒负荆"请罪相较，发生在西汉昭帝时的某兄弟俩向郡守韩延寿的"皆自髡肉袒谢罪"中，某兄弟俩皆"自髡"所表示的罪状就更

---

〔12〕 王伯祥：《史记选》之《廉颇蔺相如列传》注，北京：人民文学出版社，1982 年 10 月版，第 276 页。

〔13〕 张大可注：《廉颇蔺相如列传》，见《史记全本新注》，西安：三秦出版社，1990 年 6 月第 1 版，第 1524 页。

〔14〕 胡留元、冯卓慧：《西周法制史》，西安：陕西人民出版社，1988 年 12 月第 1 版，第 96 页。

〔15〕 （汉）司马迁：《史记》卷八十一《廉颇蔺相如列传》，北京：中华书局，1982 年 11 月第 2 版，第 2443 页。

〔16〕 《史记》卷八十一《廉颇蔺相如列传》，第 2443 页。

〔17〕 《史记》卷八十一《廉颇蔺相如列传》，第 2443 页。

〔18〕 司马迁：《报任安书》。

〔19〕 《史记》卷八十一《廉颇蔺相如列传》，第 2443 页。

轻了。《汉书》卷七十六《韩延寿传》载："延寿为吏，上礼仪，好古教化……入守左冯翊……行县至高陵，民有昆弟相与讼田自言，延寿大伤之，曰：'幸得备位，为郡表率，不能宣明教化，至令民有骨肉争讼，既伤风化，重使贤长吏、啬夫、三老、孝弟受其耻，咎在冯翊，当先退。'是日移病不听事，因入卧传舍，闭阁思过。一县莫知所为，令丞、啬夫、三老亦皆自系待罪。于是讼者宗族传相责让，此两昆弟深自悔，皆自髡肉袒谢，愿以田相移，终死不敢复争。延寿大喜，开阁延见，内酒肉与相对饮食，厉勉以意告乡部，有以表劝悔过从善之民。"在高陵县某兄弟俩向郡守韩延守的"自髡肉袒谢"中，"肉袒"表示服罪、请罪之意，而"自髡"则表示所犯罪行的轻重。所谓"髡"就是剃去头发的一种刑罚。我们曾一再声称，"肉袒谢"是统治阶级各层男士间最隆重的请罪方式，但也不能绝对排除个别老百姓偶尔使用这种请罪方式的可能性。高陵县某兄弟俩向郡守韩延寿的"自髡肉袒谢"，是我们见到的老百姓偶尔使用统治阶级各层男士间最隆重的请罪方式的仅有一例。

第三种是作为统治阶级各层男士间最隆重的请罪方式，"肉袒谢"在西汉时期不仅非常流行，而且大多没有辅助性动作。《史记·淮南衡山列传》载："辟阳侯出见之，（厉王）即自袖铁椎椎辟阳侯，令从者魏敬刭之，厉王乃驰走阙下，肉袒谢曰：'……臣谨为天下诛贼臣辟阳侯，报母之仇，谨伏阙下请罪。'孝文伤其志，为亲故，弗治，赦厉王。"祁念曾注曰："肉袒：脱去上衣，露出身体。表示恐惶。谢：谢罪、认罪、认错。"[20]祈氏释"肉袒"为"脱去上衣，露出身体"，亦即裸露上身，甚确。厉王擅杀朝廷命官，按法应是死罪，而孝文帝却赦免了他，这一方面固然与厉王"肉袒谢"有关，但实际上却因厉王乃孝文帝的异母兄弟之故，这是汉代皇帝法外权的例证之一。

---

〔20〕　祈念曾注：《淮南衡山列传》，王利器主编：《史记注译》，西安：三秦出版社，1988 年 11 月第 1 版，第 2496 页。

又《汉书》卷三十五《荆燕吴传》载："汉将弓高侯颓当遗王书曰：'奉诏诛不义，降者赦，除其罪，复故；不降者灭之。王何处？须以从事。'王肉袒叩头汉军壁，谒曰：'臣卬奉法不谨，惊骇百姓，乃苦将军远道至于穷国，敢请菹醢之罪。'弓高侯执金鼓见之……乃出诏书为王读之，曰：'王其自图之。'王曰：'如卬等死有余罪。'遂自杀。太后、太子皆死。"胶西王卬虽"肉袒叩头汉军壁"，但他却没有厉王被孝文帝赦免那样幸运，主要原因是他犯了谋反之罪，所以弓高侯颓当也无权做主，只能奉景帝诏行事，这样，卬难免一死，他的母亲和儿子也不能幸免。

又《史记·韩长孺列传》载："其后安国坐法抵罪，蒙狱吏田甲辱安国。安国曰：'死灰独不复然乎？'田甲曰：'然即溺之。'居无何，梁内史缺，汉使使者拜安国为梁内史，起徒中为二千石。田甲亡走。安国曰：'甲不就官，我灭尔宗。'田甲肉袒谢。安国笑曰：'可溺矣！公等足与治乎？'卒善遇之。"这是西汉景帝时某县小狱吏向二千石大官请罪的例子。章惠康注曰："肉袒：脱去外衣，裸露肢体。表示惶恐请罪。"[21] 章氏释"肉袒"为"脱去外衣，裸露肢体"亦即裸露上身，甚确。韩安国因犯法被判罪，遭受到蒙县狱吏田甲的侮辱，但没过多久，韩安国就被汉朝廷拜为梁内史，从囚徒一跃而为二千石的大官，田甲便惶恐不安地逃跑了。可在韩安国"甲不就官，我灭尔宗"的言语威胁下，田甲不得不向韩安国"肉袒谢"，而韩安国也就以长者的豁达赦免了他，并友好地让他做官。

作为统治阶级各层男士间最隆重的请罪方式，"肉袒谢"并不局限于一个人向某人请罪时使用，而且在一个人替另一个人向某人请罪时也可使用。《史记·郦生陆贾列传》载："（平原君）乃求见孝惠幸臣闳籍孺，说之曰：'君所以得幸帝，天下莫不闻。今辟阳侯幸太后而下吏，道路皆言君谗，欲杀之。今日辟阳侯诛，旦日太后含

---

〔21〕 章惠康注：《韩长孺列传》，王利器主编：《史记注译》，西安：三秦出版社，1988 年 11 月第 1 版，第 2290 页。

怒，亦诛君。何不肉袒为辟阳侯言于帝？帝听君出辟阳侯，太后大欢。两主共幸君，君贵富益倍矣。'于是闳籍孺大恐，从其计，言帝，果出辟阳侯。"《史记会注考证》："颜师古曰：'肉袒，谓脱其衣袖而见肉。肉袒者，自挫辱之甚，冀见哀怜。"罗光辉注曰："肉袒：解开上衣，露出肉体，表示请罪。"[22]颜、罗二氏虽对"肉袒"的裸露程度释而不清，但罗氏却在译文中说清楚了。他说："您何不裸露上身替辟阳侯向皇帝请罪求情。"[23]闳籍孺之所以心甘情愿地按平原君朱建的话去做，主要是由于朱建在对闳籍孺的说辞中，既威之以刑，又诱之以荣华富贵，终于打动了闳籍孺的心，所以他才愿意以羞辱的方式（肉袒）替辟阳侯向皇帝请罪求情。

又《史记·万石张叔列传》载："子孙有过失，不谯让，为便坐，对案不食。然后诸子相责，因长老肉袒固谢罪，改之，乃许……万石君徙居陵里。内史庆醉归，入外门不下车。万石君闻之，不食。庆恐，肉袒请罪，不许。举宗及兄建肉袒，万石君……乃谢罢庆。"章惠康注曰："肉袒：去衣露体。表示惶恐。"[24]章氏释"肉袒"为"去衣露体"，亦即裸露上身，甚确。文中连用了三个肉袒：第一个"肉袒"笼统地表述了万石君对于子孙过错的不苟且态度，他的做法就是以不吃饭表示不满，等到子孙们互相批评，并通过尊长辈讨保，裸露上身（肉袒）坚决请罪而改过，他才许可。第二个"肉袒"，以内史庆因醉酒入外门而没有下车的具体事例来阐述万石君对于子孙过错的不苟且态度。第三个"肉袒"则是庆之兄建在庆"肉袒"请罪没有被万石君答应的情况下替庆进行的请罪，意在表明事态的严重。一篇文章中连用三个"肉袒"，把万石君为了维

〔22〕罗光辉注译：《郦生陆贾列传》，王利器主编：《史记注译》，西安：三秦出版社，1988 年 11 月第 1 版，第 2126 页。

〔23〕罗光辉注译：《郦生陆贾列传》，王利器主编：《史记注译》，西安：三秦出版社，1988 年 11 月第 1 版，第 2131 页。

〔24〕章惠康注：《万石张叔列传》，王利器主编：《史记注译》，西安：三秦出版社，1988 年 11 月第 1 版，第 2192 页。

护封建等级制而对子孙过错毫不苟且的谨小慎微性格刻画得淋漓尽致。

综上所述，作为统治阶级各层男士间最隆重的请罪方式，至迟在商朝末年，"肉袒谢"就被用于战败国国君（或代表）向战胜国国君的投降仪式之中。至春秋时期，由于诸侯争霸，战争不断，"肉袒谢"的这种用途相对增多。战国至西汉时期，"肉袒谢"大致分为三种情况：第一种是由商末微子向周武王的投降仪式损益而来；第二种是在"肉袒"的基础上辅以诸如"伏斧质"、"负荆"、"自髡"等行为，用来表明请罪人所犯罪行的轻重；第三种是在西汉时期，"肉袒谢"非常流行，且大多没有辅助性动作。它不仅在一个人向某人请罪时可以使用，而且在一个人替另一个人向某人请罪时也可使用，同时，个别老百姓偶尔也可使用这种请罪方式。西汉以后，"肉袒谢"虽不再流行，但并没有绝迹，而是间或也能够看到这种请罪方式。

（原文载《陕西历史博物馆馆刊》第八辑，西安：三秦出版社，2001年6月第1版）

试论唐代女子拜礼的拜仪及其适用场合

张说《虬髯客传》："公归逆旅。其夜五更初，忽闻叩门而声低者。公起问焉，乃紫衣戴帽人，杖一囊，曰：'妾杨家之红拂女也。'公遽延入，脱去衣帽，乃十八九佳丽人也。素面青衣而拜，公惊答拜。"尚秉和先生据此提出了"唐时虽男女相乱，初见亦拜"[1]的结论，这无异于是说，拜礼已深入到女子生活的许多方面。关于唐代女子拜礼的拜仪，宋代的文人士大夫已有论及。例如，文莹《玉壶清话》[2]卷二记载道："上尝问赵韩王曰：'男尊女卑，男何以跪而女不跪？'历问学臣，无有知者，惟贻孙曰：'古者男女皆跪，至天后世，女始拜而不跪。'韩王曰：'何以为质？'贻孙曰：古诗云'长跪问故夫'。遂得振学誉。"这里的"上"是指宋太祖赵匡胤，而"赵韩王"自然是指宰相赵普了。对于《玉壶清话》的这段记载，元代脱脱等人所撰的《宋史》[3]卷二百四十九《王溥传》附其子《贻孙传》也有类似的记载，只不过稍加发挥而已："太祖尝问赵普，拜礼何以男子跪而妇人否，普问礼官，不能对。贻孙曰：'古诗云：长跪问故夫，是妇人亦跪也。唐太后朝妇人始拜而不跪。'普问

---

〔1〕 尚秉和：《历代社会风俗事物考》卷二十四"拜跪"，北京：中国书店，2001 年 1 月第 1 版，第 287 页。

〔2〕 （宋）文莹：《玉壶清话》（唐宋史料笔记丛刊），北京：中华书局，1984年 7 月第 1 版，第 14 页。

〔3〕 （元）脱脱等：《宋史》，北京：中华书局，1985 年 6 月第 1 版，第 8802页。

所出，对云：'大和中，有幽州从事张建章著《渤海国记》，备言其事。'普大称赏之。"罗大经《鹤林玉露》[4]卷四"男子妇人拜"也说："……古者妇女以肃拜为正，谓两膝齐跪，手至地，而头不下也。……周宣帝令命妇相见皆跪，如男子之仪。不知妇人膝不跪地，而变为今之拜者，起于何时？程泰之以为始于武后，不知是否。余观王建《宫词》云：'射生宫女尽红妆，请得新弓各自张。临上马时齐赐酒，男儿跪拜谢君王。'则唐时妇女拜不跪可证矣。"从上引资料可知，宋初女子行拜礼时一般都不膝盖跪地，以至于宋太祖赵匡胤提出了"男尊女卑，男何以跪而女不跪"的问题，而臣下王贻孙的答复是："古者男女皆跪，至天后世，女始拜而不跪。"与王贻孙观点相同的还有文莹、程泰之等人，而罗大经对于"至天后世，女始拜而不跪"则持"不知是否"的态度。

我们知道，女子行拜礼时从"跪"到"不跪"的变化是有一个过程的，在这个过程中，坐具的变化无疑起着不可低估的作用。汉及其以前，人们是席地而坐，所以凡拜必跪；到了南北朝时，人们的坐具已引进了胡床，而至唐时胡床使用得更加多起来（彩版一就是描绘初唐人们宴饮时的坐具皆为床榻的形象画面），因而此时女子行拜礼时就不一定凡拜必跪了。换句话时，唐时女子拜礼的拜仪至少有两种情况：一是行拜礼时必定两膝跪地，一是行拜礼时不必两膝跪地。关于第一种情况，考古资料为我们提供了难得的形象资料。

图一，是一女跪拜俑形象。长 26.5 厘米，西安市郊区唐代墓葬出土。头梳高髻前倾，鬓发作尖状。右眼微眯，大耳有轮。上身着长窄袖衫，袖着地，两手均隐袖内。下着长裙曳地，裙腰（女俑背部双平行弧线）高束。低头，双膝、双手均着地，头与腰基本在一水平线上，作跪拜状。现藏陕西历史博物馆。

---

〔4〕（宋）罗大经：《鹤林玉露》（唐宋史料笔记丛刊），北京：中华书局，1983年 8 月第 1 版，第 67 页。

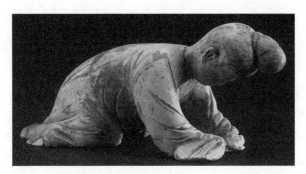

图一　彩绘侍女跪拜俑（西安市郊区唐代墓葬出土）

　　陕西历史博物馆所藏的这件女跪拜俑，其发髻式样在考古资料中还有发现。如山西长治县宋家庄发现的唐代范澄夫妇墓，曾出土有陶俑，其中有两件女仆俑：一件高 14 厘米，原置于陶灶旁。头梳高髻前倾，身穿翻领短袖上衣，腰束长裙曳地，右腿盘曲，左腿支起，双臂搭于膝上，似在烧饭。另一件高 27 厘米，原置于陶磨旁。头梳高髻前倾，穿窄袖上衣，腰束长裙曳地，手执簸箕作簸米状（图二）。两相比较可以看出，陕西历史博物馆所藏女跪拜俑的发髻式样与范澄夫妇墓二件女仆俑的发髻式样是相同的，皆为高髻前倾。不仅如此，陕西历史博物馆女跪拜俑与范澄夫妇墓置于陶磨旁的女仆俑的服饰也大致一样：上均着长窄袖衫，下均长裙曳地。戴争在其编著之《中国古代服饰简史》一书中指出："窄袖衫襦、长裙，主要流行于隋至初唐。"又范澄夫妇墓曾出

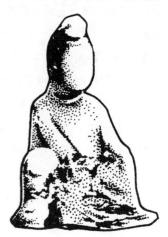

图二　唐范澄夫妇墓女仆俑

土有墓志，据墓志可知，墓主为唐代范澄及其夫人韩氏。范澄卒于唐太宗贞观十年（636 年），韩氏卒于唐高宗显庆五年（660 年），两人合葬于显庆五年。既然范澄夫妇墓置于陶磨旁的女仆俑穿的是主要流行于隋至初唐的窄袖衫襦、长裙，而我馆女跪拜俑不仅服饰与

其大致一样，发髻式样也相同，由此我们认为，陕西历史博物馆女跪拜俑亦应为初唐至盛唐时期的人物形象，而且其身份不会太高，大概不外乎女仆之类的人物。

搞清了陕西历史博物馆所藏女跪拜俑的身份和时代以后，我们还有必要来谈一谈其所行跪拜礼的名称。据段玉裁《说文解字注》"擅"下注知，妇人之拜约有三种，即肃拜、手拜、稽颡，而其正拜，却是肃拜。郑玄注《礼记·少仪》曰："妇人以肃拜为正。"《周礼·春官大祝》："九曰肃拜。"贾公彦疏："妇人亦以肃拜为正。"段玉裁于《说文解字注》中说："肃拜者，妇人之拜。"关于肃拜的拜仪，古今学者众说纷纭，莫衷一是。东汉郑玄于《周礼·春官大祝》注云："肃拜，但俯下手，今时擅是也。"宋朱熹《朱子语类·礼》有载："问：'古者妇人以肃拜为正，何谓肃拜？'曰：'两膝跪地，手至地而头不下曰肃拜。'"宋人岳珂在其所撰《愧郯录》卷八《礼殿坐像》中指出："其为肃拜，则又拱两手而下之至地也。"清人惠士奇曰："《容经》曰：端股整足曰经立，微磬曰共坐，微折曰肃立，垂佩曰卑立；平衡曰经坐，微俯曰共坐，俯首曰肃坐，废首低肘曰卑坐。观肃立、肃坐，则肃拜可知。肃者，磬折之象，下于拱，上于卑，但俯首，不废首。"赵翼于《陔余丛考》卷三十一《妇人拜》中说："按推手曰揖，引手曰擅。肃拜如擅，正今俗妇人拢两手向下之礼也。"近人尚秉和在其所著《历代社会风俗事物考》卷二十四"肃拜（即揖）之真象"中指出："由是论之，古之揖与今异。今揖上手至额（自下而上），古揖则下手至地（自上而下），古之揖今戏剧所行者是也。"许嘉璐主编之《中国古代礼俗辞典》（中国友谊出版公司1991年6月版）"肃拜"条云："古代跪拜礼中最轻的一种。拜时只俯身拱手至地。"以上诸家所论，以朱熹的立论较为接近原始肃拜之真象，我们之所以称原始肃拜，这主要是指人们席地而坐时肃拜之情形。与朱熹立论相近的还有岳珂、惠士奇、许嘉璐等。我们之所以认为朱熹的立论较为接近原始肃拜之真象，这主要是因为他的"头不下"一词用语欠妥，当以惠士奇的"俯首"用语为妥。又郑玄、赵翼、尚秉和等人的论点较为接近，他们都认为肃拜如揖。尚秉和认为："古揖则下手至地（自上而下）"，而郑玄所谓的"今时揖"，自非古揖莫属，当然是要"下手至地"了，而赵翼立论的"肃拜如擪，正今俗妇人拢两手向下之礼也"则指坐用床榻后肃拜之情形。他于《陔余丛考》卷三十一《妇人拜》中指出："古人席地而坐，引身即为跪，则妇人拜亦未有不跪者。古诗'伸腰跪拜'，正是事实。引身长跪、拢手向下，即是伸腰拜跪也。虽长跪，而其拜则仅肃拜，不作男子俯伏之状。《朱子语类》所谓'直身长跪，拜时亦只俯首如揖'，便是肃拜。妇人首饰甚多，自难俯伏地上也，此席地而坐时，妇人有跪拜之礼也。迨后坐用床榻，则妇人之跪不便，故无复引身长跪之仪，而仅存拢手肃拜之礼，此所以有拜而无跪也。"由此看来，赵翼等人的论点与朱熹等人的论点在描述肃拜拜仪上是一致的，他们虽然描述的角度不同，但却都反映了原始肃拜的真相。与原始肃拜相对的是非原始肃拜，亦即后世肃拜，它是指人们坐用床榻以后肃拜之情形而言的。赵翼在《陔余丛考》卷三十一《妇人拜》中又说："总之，席地而坐时，妇人拜必兼跪；坐用床榻后，妇人有拜无跪……后世妇人肃拜行礼时稍作鞠躬虚坐之状，此亦有所本。"必须明确指出，赵翼总结的坐用床榻后"妇人有拜无跪"的结论值得商榷，此结论只适用于一般场合，而不适用于少数特殊的场合。

陕西历史博物馆所藏的女跪拜俑，其仪容与朱熹、赵翼等人所说的肃拜礼的拜仪是一致的，它是古人席地而坐时所行肃拜礼在唐代的反映，只不过这种肃拜礼在唐代并不是常见的，它只适用于"妇初见舅姑"、"宫人于君后"〔5〕等少数特殊场合，而在大多数场合，则是应用如赵翼所说的"稍作鞠躬虚坐之状"的肃拜礼。

陕西历史博物馆所藏的女跪拜俑，不仅是古人席地而坐时所行肃拜礼在唐代的反映，而且也是我国跪拜礼的雏形。姚荣涛在《"跪

---

〔5〕（清）赵翼：《陔余丛考》卷三十一《妇人拜》，北京：中华书局，1963年4月第1版，第660页。

拜礼"的起源和消亡》〔6〕一文中指出:"人类刚刚能直立行走时,他们的行走姿势,大约跟现在动物园中的猩猩单用后肢行走时的姿势差不多,弯腰曲背、身体前倾、步履蹒跚,前肢下垂、离地面很近。以这种姿势行走的人们,当他们站定表示友好或敬意时,前肢着地,后肢弯曲就是很自然的了……已经能直立行走的人类,做出的后肢弯曲、前肢着地的姿势,就是跪拜礼的雏形。"顾炎武在《日知录·拜稽首》中说:"古人席地而坐,引身而起,则为长跪……手至地,则为拜。"钱杭在《我国古代跪拜礼的情况如何?》〔7〕一文中指出:"跪为两膝着地,腰杆伸直;跪而以手碰地即为拜。"近人尚秉和先生在"古拜,屈膝头与腰平"〔8〕之考证中指出:"拜与揖异,揖可立为,拜必屈膝。《世说》陶公既救出梅赜,赜见陶公,拜,陶公止之。赜曰:'梅仲直膝,明日岂可复屈耶?'是拜必屈膝之证也。然虽跪地而首不至地。《荀子》'平衡曰拜',注:'平衡谓磬折,头与腰如衡之平。'是跪地后,身磬折,使头与腰相平如衡,即古拜式也。"尚先生所谓的"古拜式",除没有明言手之动作外,其所谓古拜式与陕西历史博物馆女跪拜俑的拜仪以及姚荣涛所谓跪拜礼的雏形是一致的,因此,尚先生所谓的"古拜式",实应加入顾炎武所谓"双手至地"或钱杭所谓"以手碰地"的内容。

通过以上的考辨可知,唐代女子拜礼的名称主要是"肃拜",其拜仪包括两种情况:一种是自古延续下来的席地而坐时"肃拜"之拜仪,我们称之为"原始肃拜",即两膝跪地,两手掌至地,腰与地平行,头略低;另一种是坐用床榻以后所行"肃拜"之拜仪,即"稍作鞠躬虚坐之状"。

关于第二种拜仪,应适合于大多数一般场合。而第一种拜仪,

---

〔6〕 文史知识编辑部:《古代礼制风俗漫谈》(一集),北京:中华书局,1983年6月第1版,第111页。

〔7〕 本社编:《中国文化史三百题》,上海:上海古籍出版社,1987年11月第1版,第370页。

〔8〕 尚秉和:《历代社会风俗事物考》卷二十四"拜跪",第282页。

只适合于少数特殊的场合，具体地说，大致有以下几种情况：

第一，它适合于"宫人于君后"。前引王建《宫词》云："射生宫女尽红妆，请得新弓各自张。临上马时齐赐酒，男儿跪拜谢君王。"罗大经由此得出了"则唐时妇女拜不跪可证矣"的结论。其实，罗大经的理解并不正确。我们知道，唐代是一个开放的社会，女子也有与男子一样抛头露面的机会，而女子服装的款式更是多样化，其中包括男装的款式，唐墓壁画及陶俑就有男装侍女（彩版二）的形象，而且出现频率还不低，因而我们认为，王建《宫词》中的"男儿"应是着男装的"射生宫女"，这样说来，王建《宫词》就成了唐时宫女向君王行跪拜礼的有力证据。

第二，它适合于"妇初见舅姑"以及晚辈对于长辈的相见。唐太宗贞观年间的大臣王珪，以"意存忠孝"深为李世民器重。李世民不仅让他为其子魏王泰的师傅，而且把其女南平公主下嫁给王珪之子敬直。虽然"礼有妇见舅姑之仪"，但"自近代公主出降，此礼皆废"，而李世民却要南平公主向王珪夫妇行"妇见舅姑之仪"，以至于王珪发出了"今主上钦明，动循法制。吾受公主谒见，岂为身荣，所以成国家之美耳"的感叹。于是，"遂与其妻就席而坐，令公主亲执笲行盥馈之道，礼成而退。是后公主下降有舅姑者，皆备妇礼，自珪始也。"[9]连公主出嫁时都要向其公公、婆婆行"妇见舅姑之仪"，至于王公贵族之女和普通百姓之女就更不用说了。如杜甫《新婚别》诗中写到："兔丝附蓬麻，引蔓故不长。嫁女与征夫，不如弃路旁。结发为妻子，席不暖君床。暮婚晨告别，无乃太匆忙。君行虽不远，守边赴河阳。妾身未分明，何以拜姑嫜。"萧涤非注曰："身——身份，即指在家庭中的名义地位。唐代习俗，嫁后三日，始上坟告庙，才算成婚。今仅宿一夜，婚礼未成，故身份不明。"[10]可见，嫁与征

〔9〕（后晋）刘昫等：《旧唐书》卷七十《王珪传》，北京：中华书局，1975年5月第1版，第2530页。

〔10〕萧涤非：《杜甫诗选注》，上海：上海古籍出版社，1983年9月第1版，第79页。

夫的女子，本来是要向其公公婆婆跪拜而行"妇见舅姑之仪"的，只是由于其夫"暮昏晨告别"，婚礼未成，所以她才发出了"妾身未分明，何以拜姑嫜"的哀叹！又白行简《李娃传》载："郑生见娃母，跪拜致词。"这虽是后辈的男子向长辈的女子行跪拜礼的例证，但由此也可以推想，后辈的女子与长辈的女子或男子相见时也要行跪拜礼。

第三，它适合于重大的祭祀场合。《旧唐书》卷四十三《志第二十三·职官二》载："凡祭祀之名有四：一曰祀天神，二曰祭地祇，三曰享人鬼，四曰释奠于先圣先师。其差有三：若昊天上帝、皇地祇、神州、宗庙为大祀。祀天地皆以祖宗配享。日月星辰、社稷、先代帝王、岳镇海渎、帝社、先蚕、孔宣父、齐太公、诸太子庙为中祀。司中、司命、风师、雨师、众星、山林、川泽、五龙祠等，及州县社稷、释奠为小祀。"无论是祀天神、祭地祇，还是享人鬼，女子所行的拜礼都应是"原始肃拜。"具体地说，在以下祭祀场合，女子所行拜礼应为"原始肃拜"。（一）皇帝或皇后亲祀明堂时。唐高宗时，虽欲创立明堂，但由于大臣群议未决，终未能如愿。武则天临朝，遂于垂拱三年（687 年）春毁东都之乾元殿，就其地创之，至四年正月五日而成，号万象神宫。自明堂建成后，武则天先后多次亲享明堂："永昌元年正月元日，始亲享明堂，大赦改元。……载初元年冬正月庚辰朔，日南至，复亲飨明堂，大赦改元，用周正。……天授二年正月乙酉，日南至，亲祀明堂，合祭天地，以周文王及武氏先考、先妣配，百神从祀，并于坛位次第布席以祀之。"[11]不论是永昌元年（689 年）正月元日的亲享明堂，还是载初元年（689 年）冬正月庚辰朔的亲飨明堂或天授二年（691 年）正月乙酉的亲祀明堂，武则天所行之拜礼都应是"原始肃拜"。证圣元年（695 年）正月夜，由于与明堂毗邻的佛堂发生火灾而延烧明堂，至天亮遂使二堂并毁。天册万岁二年（696 年）三月，重造明堂成，

---

〔11〕《旧唐书》卷二十二《志第二·礼仪二》，第 864 页。

号为通天宫。四月朔日，武则天又行亲享之礼，大赦，改元为万岁通天。其年九月，又大享于通天宫；以契丹破灭，九鼎初成，大赦，改元为神功。（二）皇后、诸王大妃及宫女祭地祇或事圆丘时。《旧唐书》卷二十三《志第三·礼仪三》："乾封之礼，文德皇后配皇地祇，天后为亚献，越国太妃为终献。……景龙之季，有事圆丘，韦氏为亚献，皆以妇人升坛执笾豆。"（三）皇后祭祀川泽之神时。则天垂拱四年（688 年）四月，"雍州永安人唐同泰伪造瑞石于洛水，献之。……于是号其石为'宝图'……至其年十二月，则天亲拜洛受图，为坛于洛水之北，中桥之左。"〔12〕从所引史料可知，"则天亲拜洛"之"洛"应是洛水之神。（四）皇后祭祀先蚕时。《旧唐书》卷二十四《志第四·礼仪四》载："高宗显庆元年三月辛巳，皇后武氏有事于先蚕。玄宗先天二年三月辛卯，皇后王氏祀先蚕。肃宗乾元二年三月己巳，皇后张氏祠先蚕于苑内，内外命妇同采焉。"皇后祭祀"先蚕"，属于"中祀"的规模。（五）被册立之皇后、太子妃、诸王妃、公主拜太庙时。《旧唐书》卷四十三《志第二十三·职官二》载："凡册皇后、太子、太子妃、诸王、诸王妃、公主，并临轩册命，陈设如冬、正之仪。讫，皆拜太庙。"被册立的皇后、太子妃、诸王妃、公主等在拜太庙时，其所行拜礼应为"原始肃拜"，因为"大凡祭祀朝会，在位者拜跪之节，皆赞导之，赞者承传焉。"〔13〕（六）女子祭祀祖先时。在封建社会，上至天子、王公贵族，下至黎民百姓，对于祭祖都是非常重视的，为此，国家对于祭祖场所的数量有着严格的等级规定："凡官爵二品已上，祠四庙。五品已上，祠三庙。六品已下达于庶人，祭祖祢而已。"〔14〕无论是皇后、太子妃、诸王妃、公主，还是官吏或平民百姓的妻女，她们在祭祀祖先时，其所行拜礼都应为"原始肃拜"。

---

〔12〕《旧唐书》卷二十四《志第四·礼仪四》，第 925 页。

〔13〕《旧唐书》卷四十四《志第二十四·职官三·太常寺》，第 1873 页。

〔14〕《旧唐书》卷四十三《志第二十三·职官二》，第 1831 页。

综上所述，古代女子的拜礼以"肃拜"为正。唐代女子"肃拜"的拜仪分为两种：一种是席地而坐时女子所行"肃拜"礼的拜仪，即两膝跪地，两手掌至地，腰与地平行，头略低；这种拜仪适合于女初见公公婆婆、宫人对于国君和皇后（或皇太后）以及祭祀天地、祖先等重大场合。另一种是坐用床榻以后女子所行"肃拜"礼的拜仪，即"稍作鞠躬虚坐之状"；这种拜仪适合于大多数一般场合。

（原文载《陕西师范大学学报》哲学社会科学版 2002 年第 6 期）

"面缚"考辨

一 "面缚"释义

《史记·宋微子世家》载："周武王伐纣克殷，微子乃持其祭器造于军门，肉袒面缚。"

商朝末年，在微子向周武王的投降仪式之中，微子是以商朝代表的身份而向诸侯国国君的周武王"肉袒面缚"的。春秋时期，诸侯争霸，战争频繁，而战争往往会有胜负，这样，胜败双方举行投降仪式也就在所难免了。由于"面缚"这个动作包含于投降仪式之中，因而文献中时有所见，如《左传·僖公六年》："许男面缚衔璧，大夫衰绖，士舆榇。"在投降仪式之中，许男是以许国国君的身份而向楚国国君的楚成王"面缚"的。

对于上引两处文献中的"面缚"，学术界存在着三种截然不同的观点：

晋代的杜预、唐代的司马贞、清代的周寿昌以及近现代的学者和权威工具书，多认为"面缚"的含义是缚手于身背之后，这是第一种观点。杜预在《左传·僖公六年》注云："缚手于后，唯见其面，以璧为赘，手缚，故衔之。"司马贞《史记·索隐》曰："面缚者，缚手于背而面向前也。刘氏云'面即背也'，义亦稍迁。"此后，多数学者及近现代的权威工具书多采用杜预和司马贞的说法。清人周寿昌说："面缚：僖六年《传》：'许男面缚。'注：'缚手于后，

唯见其面。'案：面，背面也。"〔1〕杨伯峻、徐提二位先生说："面
缚……反其手而缚之于背：许男面缚。"〔2〕王子羲先生注译《史
记·宋微子世家》〔3〕指出："面缚：把手缚在背后，面向前。"张大
可先生在《史记全本新注》〔4〕之《宋微子世家注》中指出："肉袒
面缚：袒臂露肉，缚手于背后，而面向前膝行，古时投降形式。"
《辞源》第四册〔5〕载："面缚，两手反绑于身背而面向前。示投
降。"《辞海》（1979年版）缩印本〔6〕曰："面缚，两手反绑。"《大
辞典》〔7〕曰："面缚，缚手于后而面向前。即反缚、反绑。"《康熙
字典·戌集·面部》〔8〕曰："《史记·项羽纪》马童面之《注》：'如
淳曰：面，不正视也。'《前汉·项羽传》注：'师古曰：如淳说非
也。面谓背之，不面向也。面缚亦谓反背而缚之。杜元凯以为但见
其面，非也。'"《中华大字典·戌集·面部》〔9〕曰："面缚，反背而
缚之也。"看来，《中华大字典》把"面缚"解释为"反背而缚之"
是依据了《康熙字典》，而《康熙字典》则是引用了唐人颜师古的
说法。按照颜师古的说法，"反背而缚之"并非与背反方向而缚之，
而是反手于背而缚之。对于颜师古的观点，清代学者多支持其说，

〔1〕 （清）周寿昌：《思益堂日札》卷一，长沙：岳麓书社，1985年8月第1
版，第26页。
〔2〕 杨伯峻、徐提编：《春秋左传词典》，北京：中华书局，1985年11月第1
版，第505页。
〔3〕 王利器主编：《史记注译》*（二），西安：三秦出版社，1988年11月第1
版，第1176页。
〔4〕 张大可：《史记全本新注》，西安：三秦出版社，1990年6月第1版，第
992页。
〔5〕 广东、广西、湖南、河南辞源修订组，商务印书馆编辑部编：北京：商务
印书馆，1983年第1版，第3363页。
〔6〕 辞海编辑委员会编：《辞海》（1979年版）缩印本，上海：上海辞书出版
社，1980年8月第1版，第2029页。
〔7〕 本局大辞典编纂委员会：《大辞典》下册，台北：三民书局股份有限公司，
1985年8月第1版，第5245页。
〔8〕 《康熙字典》，北京：中华书局，1958年1月第1版，第39页。
〔9〕 《中华大字典》，北京：中华书局，1978年10月第1版，第2668页。

如段玉裁、王念孙、洪亮吉、朱骏声等人分别从引申、假借、反训诸方面对颜氏之注加以申证〔10〕。

第二种观点认为，"面缚"的含义是缚手于胸前之面前，这以黄生、竹添光鸿、杨希枚三位先生为代表。黄氏《义府》卷下"面缚"条云："凡缚者必反接，所以防他变。若微子则是自为出降之礼，但缚手而不反接，故以面字著之。"日本学者竹添光鸿说："面缚本反缚之对……反缚既为缚于后之称，则面缚之为缚手于前无疑。"〔11〕杨希枚先生在其论文《先秦诸侯受降、献捷、遣俘制度考》〔12〕中指出："案，'面即背也'既'义亦稍迁'，是知'面缚'即'缚手于背'之说自迁。面缚应即背缚之对言，即缚手于胸前面前；而与缚手者之面向前或后无关。历史语言研究所掘藏殷虚出土之偶人，即有手缚于胸前者。《杜注》及小《司马》说非。"

第三种观点认为，"面缚"的含义既非缚手于身背之意，也非缚手于胸前面前之意，而是系颈或缚首〔13〕之意，这以黄金贵先生为代表。

以上三种观点，笔者虽赞同第一种观点，但尚需补充完善。理由有六：

第一，"面缚"源于古代捆绑奴隶或战俘的方式。

从出土文物来看，商代捆绑奴隶或战俘的方式有二类：第一类是捆绑脖颈。在商代甲骨文中，时代较晚的，将羌字书作、、。

---

〔10〕 分别见《说文解字》九篇上"面"字注，上海：上海古籍出版社，1988年
2月第2版；《广雅疏证》卷二下《释诂》，北京：中华书局，1983年5月
第1版；《春秋左传诂》僖公六年"许男面缚"注，北京：中华书局，
1987年版；《说文通训定声·乾部第十四》"面"字注，武汉市古籍书店影
印，1983年6月。

〔11〕 《左传会笺》僖公六年。

〔12〕 杨希枚：《先秦文化史论集》，北京：中国社会科学出版社，1995年版，第
155页。

〔13〕 黄金贵：《"面缚"考》，原文载《文史》1985年第23辑，又收入黄金贵：
《古代文化词语考论》，杭州：浙江大学出版社，2001年6月第1版，第
49~52页。

石志廉先生据此分析说："8是绳索的形象……较晚期的羌字象一人以绳索束颈状，说明这些羌人在商代被大量作为被俘奴隶的写照。"[14]石先生的分析不无道理。第二类是捆绑双手，具体又分为两种情况：（1）捆绑双手于胸前，这种情况多见于女性奴隶或战俘。如美国哈佛大学沙可乐美术博物馆藏商代圆雕玉女立像（The Sackler Art Museum, Harvard University），原系温斯洛普（Grenville L. Winthrop）馈赠品。头上束发作左右双牛角形，赤身裸体，乳房和阴户等女性性征明显，臂、腿部有文身之饰，双手被枷于腹前（图一），似属异族女俘或罪隶[15]。同馆陈列温斯洛普氏馈赠之商代圆雕玉质女奴立像，形质略同上例，惟发式作左右两大髻，在头上部，裸体而无文身之饰，双手亦被枷于前（图二）[16]。1937年殷墟第15次发掘，在小屯358号深窖中出土一批殷代陶俑，虽大都残碎，但在四例完整者当中，就有女性罪隶，她们头上盘发或束单髻，有的戴额带，臂被缚于前，双手均桎梏于荣中（图三）；具体地说，有一女俑，头顶束发作单髻，浑身一丝不挂，跣足，双手被枷于前[17]。从图一、图二、图三可以清楚地看出，前两人都是双手被缚于胸前，而后者则是双手被枷于胸前。（2）捆绑双手（或双臂）于身背之后，这种情况多见于男性奴隶或战俘。如美国哈佛大学Fogg（福格）美术馆藏有一商代石质圆雕羌人像，高11.7厘米，传河南安阳出土；人作站立形，瘦长脸，尖下颌，高颧骨，粗眉大眼，蒜头鼻，两耳甚大，大嘴厚唇，发向后梳，贴垂脑后，双手束以桎梏，为男性奴隶形象[18]。1983至1984年，在四川成都方池街四川省总工会

---

〔14〕 石志廉：《商石雕羌人像》，《中国文物报》1989年8月11日第3版。

〔15〕 宋镇豪：《夏商社会生活史》，北京：中国社会科学出版社，1994年9月第1版，第382~383页。

〔16〕 宋镇豪：《夏商社会生活史》，北京：中国社会科学出版社，1994年9月版，第383页。

〔17〕 宋镇豪：《夏商社会生活史》，北京：中国社会科学出版社，1994年9月版，第383页。

〔18〕 石志廉：《商石雕羌人像》，《中国文物报》1989年8月11日第3版。

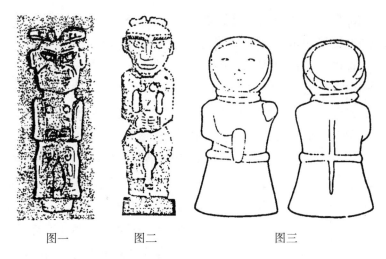

图一　　　　图二　　　　　　　图三

基建工地上，发掘清理出一批重要文物，其中有一青石雕刻的人像，高约 0.5 米，双腿弯曲作跪状，双手交叉于身后，作捆缚状，面部粗犷，颧骨额突，双耳直立，尖下巴，高鼻梁，瘦长的脸上横着一张大嘴，头发由中间分开向左右披下，从其特征上看，可能为一青年男性，它的形象与 1976 年河南安阳殷墟五号墓（妇好墓）出土的 376 号石雕人像甚相似，应是同一时期[19]。1937 年殷墟第 5 次发掘，在小屯 358 号深窖中出土一批殷代陶俑，虽大都残碎，但在四例完整者当中，有一类头顶秃光，臂被缚于背后，为男性罪隶[20]。

　　在商朝，既然对男性奴隶或战俘的捆绑方式多是缚双手（或双臂）于身后，那么，在微子向周武王的投降仪式当中，作为商朝国君代表的微子，因其为男性，所以其"面缚"实际上是指反训的"背缚"或"反缚"，即缚双手（或双臂）于身背之后；至于微子以后投降仪式当中的"面缚"，也是指反训的"背缚"或"反缚"，这是由礼仪的承袭性决定的。

　　第二，从文献资料来看，"面缚"实指反训的"背缚"或"反缚"。

---

〔19〕　石志廉：《商石雕羌人像》，《中国文物报》1989 年 8 月 11 日第 3 版。

〔20〕　宋镇豪：《夏商社会生活史》，北京：中国社会科学出版社，1994 年 9 月版，第 383 页。

　　据《左传·襄公十八年》载，公元前555年，齐晋大战于平阴（在今山东平阴东北），齐师将遁，"夙沙卫连大车以塞隧而殿。殖绰、郭最曰：'子殿国师，齐之辱也。子姑先乎！'乃代之殿。卫杀马于隘以塞道。晋州绰及之，射殖绰，中肩，两矢夹脰，曰：'止，将为三军获；不止，将取其衷。'顾曰：'为私誓。'州绰曰：'有如日。'乃弛弓而自后缚之，其右具丙，亦舍兵而缚郭最，皆衿甲面缚。"从这段记载来看，在齐师的撤退过程中，夙沙卫因不满殖绰、郭最代其殿后，遂"杀马于隘以塞道"，致使殖绰被晋将州绰所射而中肩，在州绰发私誓而不杀降者的情况下，殖绰、郭最便投降了晋军；州绰便扔掉了弓而自后绑缚殖绰，州绰的车右具丙也抛弃兵器而绑缚郭最，他们（殖绰、郭最）都是被"衿甲面缚"。在这里，我们虽知殖绰是被州绰从后绑缚的，但究竟是怎样绑缚的，尚需分析。笔者认为，殖绰被绑缚的方式有三种情形：一是只绑缚脖颈；二是只绑缚双手（或双臂）于身背之后；三是既系脖颈，又绑缚双臂、双手于身背之后，具体地说，先把绳索的中段套于脖颈后并使两边向前过双肩，然后使绳索从两边分别绕臂至手腕，最后用两绳头绑缚手腕于身后。如果州绰仅仅是绑缚殖绰的脖颈，只需把绳索简单地结成一个圆环而套于殖绰的脖颈上即可，用不着如此麻烦地扔掉弓而自后绑缚，因而第一种情形的可能性不大。第二和第三种情形虽都有可能性，但我们更倾向于第三种情形，因为这种情形可以使古籍中有关"面缚"的注疏迎刃而解。郭最被绑缚的详情虽不可确知，但前已清楚地交代了殖绰是被州绰从后绑缚（脖颈、双臂、双手）的，后又说"皆衿甲面缚"，则郭最被州绰的车右具丙绑缚（脖颈、双臂、双手）亦是从身后无疑，从而也证明了被俘战将的"面缚"实指反训的"背缚"或"反缚"。

　　《左传》有关"面缚"的记载，除前引僖公六年和上引襄公十八年的记载外，尚有昭公四年的记载：楚子"以诸侯灭赖。赖子面缚衔璧，士袒舆榇从之，造于中军。王问诸椒举，对曰：'成王克许，许僖公如是。王亲释其缚，受其璧，焚其榇。'王从之，迁赖于鄢。"赖子向楚子的"面缚",与许僖公（许男）向楚成王的"面缚"一样,都是用于投降仪式之中。而《左传》明确记载齐降将殖绰的"面缚"是指反训的"背缚"或"反缚",则赖子和许僖公虽都贵为一国之君,但他们毕竟也是投降者,因而他们的"面缚"与齐降将殖绰的"面缚"一样,都是指反训的"背缚"或"反缚"。

战国时期,描述一国之君向另一国之君臣服时则用"交臂"一词,如《战国策》卷二十六《韩一》载苏秦为楚合纵,说韩王曰:"夫以韩之劲与大王之贤,乃欲西面事秦,称东藩……交臂而服焉,夫羞社稷而为天下笑,无过此者矣。"同书同卷又说:"臣闻鄙语曰:'宁为鸡口,无为牛后。'今大王西面交臂而臣事秦,何以异于牛后乎!夫以大王之贤,挟强韩之兵,而有牛后之名,臣窃为大王羞之!"苏秦两次谈话中所说的"交臂",其意为绑缚双臂于身背之后,它实际上就是古投降仪式中"面缚"动作的一部分,因而韩王"交臂而服",也就是以臣礼侍奉秦王,自然也就有"牛后"之名,难怪苏秦为韩王感到羞耻。

第三,从礼俗制度来看,"面缚"并非"系首"。

黄金贵先生在《"面缚"考》一文中,从文献资料、词义训诂、礼俗制度三个方面加以考证,认为"面缚"就是系颈或缚首,这是一种未引起人们重视的有创见性的观点,但也不无可商之处。《新五代史》卷六十三《前蜀世家第三·王建》载:"魏王继岌至成都,衍君臣面缚舆榇,出降于七里亭。"《册府元龟》卷四百二十七《将帅部·受降》作"素衣牵羊,草索系首,肉袒衔璧,舆榇后从……"。黄先生据此分析说:"两文相照,可见'面缚'犹言系首。"《新五代史》的撰者是北宋时的欧阳修,他的文风是叙事简练,因而对于王衍君臣的投降仪式用"面缚舆榇"加以概括,使我们难以窥见投降仪式的全貌;有幸的是,早于《新五代史》成书的《旧五代史》,则保存了这方面的详细资料,该书卷一百三十六《僭伪列传第三·王衍》载:"魏王至成都北五里升仙桥,伪百官班于桥下,衍乘行舆至,素衣白马,牵羊,草索系首,面缚衔璧,舆榇而后。"

在王衍君臣向后唐魏王的投降仪式中,既有"草索系首",又有"面缚衔璧",这说明"面缚"与"系首"是两个动作。这里的"草索系首",《乾隆御批纲鉴》卷六十七《五季》作"首绖"。那么,什么是绖(dié)呢?《仪礼·丧服》载:"斩衰裳,苴绖杖绞带。"《注》:"麻在首在要(腰)皆曰绖。"《礼记·檀弓上》:"孔子之丧,二三子皆绖而出。"是知"首绖"就是古代服丧的人把麻布条结在头上,今关中农村尚保留有这种遗俗,具体地说,就是在服丧期或死者下葬时,孝子把皓布折成带状而从前额向后脑勺绑缚。由此可见,"草索系首"只是丧服的一部分,它既有专名"首绖",自应与"面缚"有别。

第四,"系颈"只是"面缚"系列动作之一。

《史记》卷八《高祖本纪》载:"秦王子婴素车白马,系颈以组,封皇帝玺符节,降轵道旁。"此事被晋潘岳在《为贾谧作赠陆机》一诗中概括为"子婴面梓"四个字,而李善注此诗,也引《左传》所载"许男面缚……舆梓"事加以说明;黄金贵先生据此分析说:"'舆梓'即丧车载棺,与'素车白马'同指一事,然则'面缚'也就是指系颈了。"[21] 又《三国志》卷二十八《魏书·邓艾传》记刘禅率群臣出降的情形是"面缚舆梓诣军门",而同书卷六十五《吴书·贺邵传》作"近刘氏……君臣系颈,共为羁仆",黄金贵先生据此分析说:"同一书记同一事,一曰'面缚',一曰'系颈',然则面缚就是系颈,殆无疑义。"[22] "系颈"之所以能够代指"面缚",原因有二:一是因"系颈"为"面缚"系列动作之一。前文已考释清楚,"面缚"实指反训的"背缚"或"反缚",既系脖颈,又绑缚双臂、双手于身背之后,

---

〔21〕 黄金贵:《"面缚"考》,原文载《文史》1985年第23辑,又收入黄金贵:《古代文化词语考论》,杭州:浙江大学出版社,2001年6月第1版,第49~52页。

〔22〕 黄金贵:《"面缚"考》,原文载《文史》1985年第23辑,又收入黄金贵:《古代文化词语考论》,杭州:浙江大学出版社,2001年6月第1版,第49~52页。

则"系颈"确为"面缚"系列动作之一。二是史官在叙述古代礼仪时有以个别动作代指全部动作的习惯。如《后汉书》卷一上《光武帝纪第一上》记赤眉君臣向光武帝投降之事有"面缚"一词，而《资治通鉴》卷四十一《汉纪三十三·光武帝建武三年（27 年）》则作"肉袒"，是知"肉袒"、"面缚"都应是"肉袒面缚"的省称。又如，同是记前蜀王衍君臣向后唐魏王的投降仪式，《旧五代史》卷一百三十六《僭伪列传第三·王衍》作"素衣白马，牵羊，草索系首，面缚衔璧，舆榇而后"，而《新五代史》卷六十三《前蜀世家第三·王建》不仅把其简化为"面缚舆榇"四个字，而且在介绍宗寿不肯投降后唐军队时，更把这种礼仪简化为"衔璧"一个动作。既然史官在叙述古代礼仪时有以个别动作代指全部动作的习惯，那么，作为"面缚"系列动作之一的"系颈"，无疑也可以代指"面缚"的系列动作，但这并不等于说"系颈"就是"面缚"的系列动作。

第五，从战胜国国君（或代表）或将军的安全角度考虑，把战败国国君（或代表）或将军的"面缚"理解为反训的"背缚"或"反缚"更为合理。

在中国古代，两国交战，自然有胜有败。作为战败国的国君（或代表）或将军，他们的投降并不都是心甘情愿的，因而就存在反抗的可能性，如三国时期蜀汉丞相费祎被魏降人郭脩（循）刺杀[23]就是典型的例子。对于反抗者来说，最有力的反抗工具就是双手，更何况古人的衣袖较宽，容易藏匿兵器，这就大大增加了反抗者成功的可能性，如淮南厉王刘长，就是用袖中的金椎椎杀辟阳侯而为其母报仇的[24]。为了保证战胜国国君（或代表）或将军的安全，战败国国君（或代表）或将军的"面缚"无疑是指反训的"背缚"或"反缚"，即系颈且缚双臂、双手于身背之后，这就是黄氏

---

[23]　（晋）陈寿：《三国志》卷四十四《蜀书·费祎传》，北京：中华书局，1982 年 7 月第 2 版，第 1062 页。

[24]　（汉）班固：《汉书》卷四十四《淮南衡山济北王传》，北京：中华书局，1962 年 6 月第 1 版，第 2136 页。

《义府》卷下"面缚"条"防他变"的具体措施。

第六,"面缚"不能只从字面意思去理解。

《说文》:"面,颜前也。"《战国策·齐策》载:"群臣吏民能面刺寡人之过者,受上赏。"王凤阳先生据此分析说,"面"在这里用作状语,表示当面的意思,而"面刺"就是当面指出[25]。上引《史记》、《左传》"面缚"之"面",亦应用作状语,表示当面的意思;而"面缚"若仅从字面意思来理解,当然是指绑缚双手于胸前。由于上引《史记》、《左传》的"面缚"者为战败国的国君(或代表)或将军,他们既已向敌方投降,表示愿做敌方的战俘或奴隶,而中国古代绑缚男性奴隶或战俘的方式多为缚双手(或双臂)于身背之后,自然,上引《史记》、《左传》的"面缚"应是指反训的"背缚"或"反缚",即缚双手(或双臂)于身背之后,连带也要一起系颈。

二 "面缚"使用的场合

从上引文献可知,作为古投降仪式中的一个动作,"面缚"多发生于改朝换代或战乱之际,如商朝末年有微子向周武王的"面缚";春秋时期既有许男向楚成王的"面缚",又有赖子向楚子的"面缚";西汉末年有赤眉君臣向光武帝的"面缚";东汉时又有南单于向西域副使梁慬的"面缚"[26];而至三国两晋十六国时期,"面缚"的使用更加频繁,这分为以下几种情况:

1. "面缚"与其他动作一起构成投降仪式

景耀六年(263年)夏,曹魏大兴徒众,命征西将军邓艾、镇西将军钟会、雍州刺史诸葛绪数道并攻蜀汉。蜀汉遣左右车骑将军张翼、廖化、辅国大将军董厥等拒之。炎兴元年(263年)冬天,邓艾破卫将军诸葛瞻于绵竹,于是蜀汉主刘禅用光禄大夫谯周的策

---

〔25〕 王凤阳:《古辞辨》,长春:吉林文史出版社,1993年6月第1版,第117页。

〔26〕 《后汉书》卷四十七《梁慬传》:"单于惶怖,遣左奥鞬日逐王诣慬乞降,慬乃大陈兵受之。单于脱帽徒跣,面缚稽颡,纳质。"第1593页。

略，降于邓艾[27]。邓艾至成都，刘禅率太子诸王及群臣六十余人"面缚舆榇诣军门"[28]，邓艾执节解缚焚榇，受而宥之，接受了刘禅君臣的投降。

太康元年（280年）二月，吴主孙皓听说晋将王濬的军队旌旗器甲属天满江，威势甚盛，莫不破胆；于是采用光禄勋薛莹、中书令胡冲的计策，派人送降文于王濬，要求委质请命。壬寅，王濬进入石头城，孙皓乃备亡国之礼，"素车白马，肉袒面缚，衔璧牵羊，大夫衰服，士舆榇，率其伪太子瑾、瑾弟鲁王虔等二十一人，造于垒门"[29]；王濬亲自给孙皓松了绑，并受璧焚榇，然后把他送往西晋的国都长安。

建元十二年（晋太元元年，376年）四月，前秦皇帝苻坚以凉州刺史张天锡"虽称藩受位，而臣道未纯"为借口，派武卫苟苌、左将军毛盛、中书令梁熙、步兵校尉姚苌率步骑十三万，前往姑臧讨伐张天锡。在前秦军队的进攻面前，张天锡的军队屡战屡败，尤其是"赤岸"一战，赵充哲率领的五万劲勇被击溃，天锡仅率数千骑奔还姑臧，因而不得不向苟苌"致笺请降"。甲午，苟苌率领的前秦大军至姑臧城下，天锡"面缚舁榇，降于军门"[30]，苟苌不仅给张天锡松了绑，而且把他送往前秦国都长安。这样，诸郡县皆降，凉州也就平定了。

嘉宁元年（346年），东晋遣安（一作征）西将军、荆州刺史桓温率水军攻伐蜀国，蜀主李势虽发大军抵御，但却难以抵挡，于是在三月十七日派散骑常侍王幼送降文于桓温，答应即日到白水城投降。李势"寻舆榇面缚军门"[31]，桓温不仅给李势松了绑，焚毁了

---

〔27〕《三国志》卷三十三《蜀书·后主传》，第900页。

〔28〕《三国志》卷二十八《魏书·邓艾传》，第779页。

〔29〕（唐）房玄龄等：《晋书》卷四十二《王濬传》，北京：中华书局，1974年11月，第1210页。

〔30〕《十六国春秋辑补》卷三十四《前秦录五·苻坚》。《野史精品》第一辑，长沙：岳麓书社，1996年4月第1版，第487页。

〔31〕《晋书》卷一百二十一《载记第二十一·李势》，第3048页。

他带来的樣，而且迁李势及其弟（一作叔父）李福、从兄李权等亲族十余人于东晋都城建康。李势后被东晋封为归义侯，并于升平五年（361 年）死于建康。

2. "面缚"单独也可构成投降仪式

建元七年（晋简文咸安元年，371 年），前秦将军苻雅、杨安及益州刺史王统奉皇帝苻坚之命，率步骑七万，前往讨伐反叛的仇池氏杨世之子杨纂。在苻雅进攻仇池的过程中，由于杨纂的叔父杨统（因与杨纂争位而起兵）率武都之众投降了苻雅，加之杨纂的将军"硕"也密降苻雅而请为内应，在这种窘况下，杨纂恐惧不安，遂"面缚出降"〔32〕，而苻雅不仅给杨纂松了绑，而且把他送往前秦的国都长安。

玄始四年（415 年），由于北凉国君沮渠蒙逊率众攻克了西秦国君乞伏炽磐的广武郡，因而乞伏炽磐也率众三万来袭击沮渠蒙逊之弟沮渠汉平（时任折冲将军、湟河太守）镇守的湟河。由于沮渠汉平力战固守，乞伏炽磐将要引退，可沮渠汉平的长史焦昶、将军段景却密信招乞伏炽磐，这样，乞伏炽磐再次进攻沮渠汉平，在这种情况下，沮渠汉平采纳了焦昶、段景的劝说，"面缚出降"〔33〕。

文帝元嘉十六年（439 年）丙申，魏主率众至姑臧，遣使谕河西王沮渠牧犍出降。沮渠牧犍听说柔然将要入寇魏的边境，庆幸魏主一旦东还，就可以婴城固守。但由于其兄子"祖"的逾城出降，其城内情况俱被魏主知悉，加之其兄子"万年"又于九月率麾下出降，在姑臧城溃的情况下，沮渠牧犍遂率左右文武五千人"面缚请降"〔34〕，而魏主也就豁达地给他松了绑，并以礼相待。

3. "面缚"也可用于大臣向国君的请罪

三国时期，蜀汉大将关羽之所以丢失荆州，与时为南郡太守的

〔32〕《十六国春秋辑补》卷三十四《前秦录四·苻坚》，第481页。
〔33〕《十六国春秋辑补》卷九十六《北凉录二·沮渠蒙逊》，第807页。
〔34〕《资治通鉴》卷一百二十三《宋纪五·文帝元嘉十六年（439 年）》，第3874页。

麋芳叛迎孙权不无关系，因而，作为麋芳的哥哥，麋竺便向其国君刘备"面缚请罪"[35]，而刘备以"兄弟罪不相及"加以抚慰，崇待如初；可麋竺却惭愧恼怒而发病，一年多就死了。

骏太元四年（东晋成帝咸和二年，327年）夏五月，前凉国君张骏听说前赵刘曜的军队被后赵石勒所败，便去掉刘曜所封的官爵，复称晋大将军、凉州牧，同时遣武威太守窦涛、金城太守张阆、武兴太守辛岩、扬烈将军宋辑等率众东会韩璞，攻讨秦州诸郡。而刘曜也遣其将刘胤，西伐张骏之武威枹罕，护军辛岩告急求救。于是张骏遣辛岩、韩璞东拒刘胤，屯于狄道城。由于敌寡我众，辛岩主张速战速决，而韩璞却主张稳重的持久战。双方相持了七十余日，军粮告急，由于韩璞采取分兵运粮的办法，即派辛岩督运粮草于金城，结果给刘胤提供了可乘之机。刘胤率精骑三千，袭辛岩于沃干岭，战于临洮，大为刘胤所败，韩璞的军队随即也溃败了，死者三万余人。战后，韩璞代表诸将"面缚归罪"，张骏却说："孤之罪也，将军何辱！"[36]于是，皆赦之。

宋明帝泰始元年（465年），豫州刺史殷琰叛。二年正月，明帝遣辅国将军刘勔西讨之；十二月，殷琰降，时殷琰有疾，以板自舆，与"诸将帅面缚请罪"[37]，而刘勔并抚宥之，无所诛戮。

4."面缚"成为"投降"的代名词

对于蜀汉主刘禅向曹魏大将邓艾的古投降仪式和吴主孙皓向晋将王濬的古投降仪式，十六国时期的君臣在谈论时皆用"面缚"加以代替，这说明此时"面缚"已成为"投降"的代名词。如李特于元康中随流人入蜀至剑阁险阻休息时感慨道："刘禅有如此之地而面缚于人，岂非庸才邪！"[38]又如前秦皇帝苻坚在建元十八年（晋太

---

〔35〕《三国志》卷三十八《蜀书·麋竺传》，第970页。

〔36〕《十六国春秋辑补》卷六十九《前凉录三·张骏》，第674页。

〔37〕《宋书》卷八十七《殷琰传》，亦见于《册府元龟》卷四百二十七《将帅部·受降》。

〔38〕《晋书》卷一百二十《载记第二十·李特》，第3022页。

元七年，382 年）十月与群臣讨论伐晋之事时说："仲谋泽洽全吴，孙皓因三代之业，龙骧一呼，君臣面缚，虽有长江，其能固呼！"[39] 这里的"龙骧"，就是我们前面所提到的晋将王濬，他当时为龙骧将军。

嘉平七年（安帝义熙十一年，415 年），在西秦国君乞伏炽磐的进攻下，南凉的乐都溃败，诸城皆降，唯独南凉国君秃发傉檀的振威将军尉贤政固守浩亹，不肯投降。乞伏炽磐虽以尉贤政之妻儿在乐都而胁迫他，但尉贤政却以"受凉王厚恩"为借口而不肯就犯，在无奈的情况下，乞伏炽磐只得让秃发傉檀的继承人秃发虎台手书晓谕尉贤政，而尉贤政借机奚落秃发虎台说："汝为国储，不能尽节，反面缚于人，弃父负君，亏万世之业，贤政义士，岂如汝乎！"[40] 在这里，"面缚"无疑已成为"投降"的代名词。

又如，后秦将领齐难等人奉国君姚兴之命，率步骑四万至姑臧，后凉国君吕隆（字永基）素车白马迎于道旁，以示投降。史臣评论吕隆说："永基庸庸，面缚姚氏。"[41] 在这里，"面缚"无疑也成为"投降"的代名词。

综上所述，从考古资料、文献资料、礼俗制度等方面考察，古投降仪式及请罪中的"面缚"，其含义既非少数人所说的缚双手于胸前面前之意，也非个别人所说的"系颈或缚首"之意，而是指反训的"背缚"或"反缚"，其具体做法是既系脖颈，又缚双臂、双手于身背之后。作为古投降仪式的一个动作，"面缚"多发生于改朝换代或战乱之际，如商朝末年有微子向周武王的"面缚"，春秋时期有许男向楚成王的"面缚"以及赖子向楚子的"面缚"，西汉末有赤眉君臣向光武帝的"面缚"，东汉又有南单于向西域副使梁慬的"面缚"，而至三国两晋十六国时期，"面缚"的使用更加频繁，这分为

---

〔39〕《十六国春秋辑补》卷三十六《前秦录六·苻坚》，第 495 页。

〔40〕《十六国春秋辑补》卷九十一《南凉录三·秃发傉檀》，第 782 页。

〔41〕《晋书》卷一百二十二《载记第二十二·吕隆》，第 3072 页。

四种情况：一是与其他动作一起构成古投降仪式，二是单独构成古投降仪式，三是用于大臣向国君的请罪，四是成为"投降"的代名词。

（原文以《面缚：古代投降仪式解读》刊于《中州学刊》2004年第2期，收录时有增补）

从咥、啖（或作啗、噉）看古人饮食的豪爽性*

古语有云：民以食为天。这是说，在老百姓的眼里，没有比吃喝更天经地义和更大的事了。至于吃喝的方式，因人而异：有的人是细嚼慢咽，有的人则是狼吞虎咽，而后者在古书中常常用"咥"、"啖"（或作"噉"、"啗"）等字来表示。下面分别加以阐述：

一 咥（dié）

关于"咥"字，任克《关中方言词语考释》（西安地图出版社1995 年 10 月）一书没有收录。而景尔强教授《关中方言词语汇释》一书却有收录，他说："'咥'字的这个引申义至今仍活在关中方言词中。如说'开饭了，快咥饭去'、'馍白得很，快咥'等等。此虽系普及常用词，但终嫌粗俗欠雅。"[1]作为"普及常用词"，"咥"字为什么"终嫌粗俗欠雅"呢？在"吃"的意思上，"咥"字表达的不是"细嚼慢咽"式地吃，而是"狼吞虎咽"式地吃，所以"终嫌粗俗欠雅"，而这正表现了古人饮食的豪爽性。

《广雅·释诂三》："咥，啮也。"这里的"啮"（niè），是"咬"

---

*　　本文与王锋合作。

〔1〕　景尔强：《关中方言词语汇释》，西安：陕西人民出版社，2000 年 1 月第 1
　　　版，第 75 页。

的意思。

《易·履卦》："履虎尾，不咥人。亨。"高亨先生分析说："履虎尾不咥人者，险而不凶之象也。亨即享字，古人举行享祀，曾筮遇此卦，故记之曰亨。"[2]《易·履卦》又载："眇能视，跛能履，履虎尾，咥人凶。"高亨先生据此分析说："按能并读为而。眇而视，跛而履者，无其能而为其事也。履虎尾者，自致于险境也。咥人者，遭大祸也。眇不能视而视焉。跛不能履而履焉。终以视不明而履于虎尾。又以履不捷而及于虎口。其凶甚矣。"[3]

《金史》卷十六《本纪第十六·宣宗下》载："（元光二年）十一月……开封县境有虎咥人，诏亲军百人射杀之，赏射获者银二十两，而以内府药赐伤者。""元光"为金宣宗完颜珣的年号，元光二年系公元 1223 年。这一年冬天，作为金都城南京附近的开封县（今河南省开封市）境发生了"虎咥人"的事件，皇帝对此事非常关注，派一百名亲军去射杀老虎，并对射杀老虎的人赏银二十两。老虎吃人的方式是撕下肉来而吞食，非常残忍，所以才引起老百姓惶惶不可终日。这样说来，"虎咥人"的"咥"字，无疑就是"狼吞虎咽"式地吃。

马中锡《中山狼传》有"今欲反咥我"、"是安不可咥"之语。《聊斋志异》卷九《赵城虎》也载："无何，一虎自外来。吏错愕，恐被咥噬。"[4]不论是狼还是虎，它们吃人的方式均是撕其肉而吞食，因而两书中的"咥"字，其意均是"狼吞虎咽"式地吃。

在关中方言中，人们吃饭时互让对方常曰："咥！咥！咥！"这里的三个"咥"字，借鉴了虎狼"咥人"之"咥"的意思，因而其

---

〔2〕 高亨：《周易古经今注》（重订本），北京：中华书局，1984 年 3 月第 1 版，第 188 页。

〔3〕 高亨：《周易古经今注》（重订本），北京：中华书局，1984 年 3 月第 1 版，第 189 页。

〔4〕 蒲松龄：《聊斋志异》（二十四卷抄本），济南：齐鲁书社，1981 年 9 月第 1 版，第 292 页。

意应是"狼吞虎咽"式地吃。

王广庆先生释"鸟啄谓之'刀'"[5]时指出:"河洛谓鸟啄曰'刀食',鸡相斗曰'刀架'。〈说文〉:啄,鸟食也,竹角切 zhún。段玉裁本,丁角切 dāo,云鸟喙锐,食物以啄。按:啄之与刀,犹倬之为菿,从卓得声之字有'倬'。"由于"鸟喙锐",所以它进食的方式是吞食,亦即啄(dāo)食。由此可见,在河南方言中,人们吃饭时互让对方常说的"啄!啄!啄!"中的三个"啄"(dāo)字,其意无疑借鉴了"鸟喙锐,食物以啄"之"啄"(dāo)的含义,其意应与"咥"的含义一样,亦为"狼吞虎咽"式地吃。

二 啖(或作"啗"、"噉")

据高亨先生研究[6],在古书中,啖与啗、啖与噉,因通假可以互用。《韩非子·说难》载卫君的爱姬弥子瑕吃桃未尽,"以其半啗君"。《群书治要》、《艺文类聚》八六、《白孔六帖》九九、《太平御览》八二四又九二七、《事类赋》二六、《意林》并引啗作啖。

《太玄·交·上九》:"猛则噉。"林瑀《释文》:"噉又作啖。"

既然啖与啗、啖与噉在古书中可以通假,那么,啖、啗、噉三字的意思是相同的。王凤阳先生指出:"啖(dàn),亦作'啗'、'噉'、'餤'……《广雅·释诂》'食也'。'啖'也是吃,不过不是一般的吃,而是带着饥饿或贪欲大口大口地吃,狼吞虎咽地吃,尽情恣意地吃。"[7]啖(或作"啗"、"噉")的意思可以用"狼吞虎咽地吃"来概括,但具体又分为以下几种情况,下面分别加以阐述:

---

〔5〕 (民国)王广庆:《河洛方言》,郑州:中州古籍出版社,1993年3月第1版,第80页。

〔6〕 高亨纂著:《古字通假会典》,董治安整理,济南:齐鲁书社,1989年7月第1版,第248页。

〔7〕 王凤阳:《古辞辨》,长春:吉林文史出版社,1993年6月第1版,第750页。

1. 荒年、战乱时因乏食会出现人民"自相啖食"或弱者被强者噉食的惨剧

汉王充《论衡·谰时》:"仓卒之世,谷食乏匮,人民饥饿,自相啖食。"这里的"仓卒之世",指的就是荒年或战乱之时。而在战乱之时,时常会发生弱者被强者噉食的惨剧。隋末唐初,贼人朱粲以人来充军粮,置捣磨寨,谓"啖醉人如食糟豚"〔8〕。其事详《旧唐书》卷五十六《李子通传》。宋初,有一市井贩缯出身的王彦升,以军功至防御使。此人性极残忍,俘获戎人,则置酒宴饮,引戎人以手捉其耳,对客咀嚼,戎人血流满面,彦升笑语自若〔9〕。其噉人的情形,令人发指。

2. 啖(或作啗)特指武将或壮士的吃相

在鸿门宴上,樊哙将项王所赐的一斗酒"立而饮之"后,又将所赐一生彘肩(生猪腿)"拔剑切而啖之"〔10〕,其豪爽而放荡不羁的性格使项王惊呼为壮士。唐初,太宗(李世民)"使宇文士及割肉,以饼拭手",太宗多次看宇文士及,可宇文士及就是假装不悟,"更徐拭而便啗之"〔11〕,反映了武将的豪爽和不拘小节。宋朝的张齐贤为布衣时,倜傥有大度;他因孤贫落魄而常舍道上逆旅,有群盗十余人饮食于逆旅之间,居人皆惶恐窜匿,他却上前施礼,要群盗给他吃的,群盗点头后,他满酌大酒杯,一饮而尽,如是者三,又取猪腿,以指分为数段而啗之,势若狼虎,他的不拘小节使群盗对这位穷秀才感到惊讶!皆叹曰:"真宰相器也。"〔12〕

---

〔8〕 (宋)庄绰:《鸡肋编》卷中,北京:中华书局,1983年3月第1版,第43页。

〔9〕 (宋)王辟之:《渑水燕谈录》卷九,北京:中华书局,1981年3月第1版,第111页。

〔10〕 (汉)司马迁:《史记》卷七《项羽本纪》,北京:中华书局,1982年11月第2版,第313页。

〔11〕 (唐)刘餗:《隋唐嘉话》卷上,北京:中华书局,1979年10月第1版,第12页。

〔12〕 (宋)司马光:《涑水纪闻》卷七,北京:中华书局,1989年9月第1版,第132~133页。

3. 啖指饥饿病人的吃相

大千世界，无奇不有。宋真宗时的官员王旦，虽位极一品，而"饮啖全少，不畜声伎"[13]，其节俭可谓难得！但世上也竟有患饥饿症的人。宋时，江南逆旅中一老妇，啖物不知饱。徐德占过逆旅，老妇诉以饥，对德占以蒸饼啖之，尽一竹箦，约百饼，犹称饥不已，其子耻之；日饭一石米，虽即痢之，饥复如故。京兆醴泉主簿蔡绳，余友人也，亦得饥疾，每饥立须啖物，稍迟则顿仆闷绝。怀中常置饼饵，虽对贵客，遇饥亦便龁啖[14]。

4. 对某些食物有偏爱的人，其吃相可用"啖"来表示

古语云："饮食男女，人之大欲存焉。"这是说，口腹之欲是人的正常需要，但人与人之间的口腹之欲却并不相同，有喜食肉类者，有喜食五谷杂粮者，有喜食果类者，下面分类加以阐述：

（1）喜食肉类者

南朝的宋明帝，"嗜蜜渍鱁鮧，每啖数升"[15]，这是帝王对于自己偏爱食物的满足。而唐朝的大诗人贾岛，至老无子，因"啖牛肉得疾"，终于传署[16]，甚是可惜。北宋时，有一道人名叫徐问真，自言潍州人，嗜酒狂肆，"能啖生葱鲜鱼"[17]，且治病有效验。按理说，和尚是不吃肉的，但婺州有僧嗜猪头，一噉数枚，俗号"猪头和尚"[18]，莫测其人。北方游牧民族，性格豪爽，吃东西狼吞虎

---

〔13〕（宋）吴处厚：《青厢杂记》卷一，北京：中华书局，1985 年 5 月第 1 版，第 4 页。

〔14〕（宋）沈括：《梦溪笔谈》卷二十一《异事异疾附》，沈阳：辽宁教育出版社，1997 年 3 月第 1 版，第 121 页。

〔15〕（唐）张鷟：《朝野佥载》卷五，北京：中华书局，1979 年 10 月第 1 版，第 113 页。

〔16〕《鉴诫录》卷八，（唐）裴庭裕：《东观奏记》附录三，北京：中华书局，1994 年 9 月第 1 版，第 191 页。

〔17〕（宋）苏轼：《东坡志林》卷二《记道人问真》，北京：中华书局，1981 年 9 月第 1 版，第 42 页。

〔18〕（宋）方勺：《泊宅编》卷中，北京：中华书局，1983 年 7 月第 1 版，第 84 页。

咽。如宋代北与"黑水胡"、南与"达靼"接境的"山西族",其人非常劲悍,这从他们"唯啖生肉血,不火食"[19]即可略知一二。北方的少数民族吃东西时狼吞虎咽,南方的蛮人亦不逊色。如"辰、沅、靖州蛮有犵狫,有犵獠……俗亦土著,外愚内黠,皆焚山而耕,所种粟豆而已;食不足则猎野兽,至烧龟蛇啖之。"[20]这些蛮人,之所以"烧龟蛇啖之",是因为食物不足而迫不得已的。

(2)喜食五谷杂粮者

北宋时,王文正太尉宽宏大度,未尝见其怒。饮食有不精洁者,但不食而已。其家人想试试他的度量,便以少埃墨投羹中,"公唯啖饭而已"。问其何以不食羹? 曰:"我偶不喜肉。"一日又墨其饭,公视之曰:"吾今日不喜饭,可具粥。"[21]作为太尉这样的高官,王文正的耐心和大度名不虚传,实属不易。从营养学的角度来说,对五谷杂粮不应有所偏食,如果偏食,会引起不良的后果。如《博物志》卷四《食忌》载:"人啖豆三年,则身重行止难。"这里的"豆",指的是生大豆,《名医别录》"生大豆……久服令人身重"可证。同书同卷又载:"啖麦,令人多力健行。"又同书同卷载:"啖榆则眠,不欲觉。"这里的"榆",是指榆树的果实——榆荚,因其形似钱而小,又称榆钱。

(3)喜食果类者

春秋时期的大思想家和大教育家孔子,对于鲁哀公所赐的桃与黍,他是"先饭黍而后啗桃",结果引起"左右皆掩口而笑"[22],这说明当时的饮食次序是先食果类,后食五谷所做的饭类。但汉代的王充却认为孔子的"食序"是正确的,他在《论衡·自纪》中

〔19〕(宋)沈括:《梦溪笔谈》卷二十四《杂志一》,第134页。

〔20〕(宋)陆游:《老学庵笔记》卷四,北京:中华书局,1979年11月第1版,第44页。

〔21〕(宋)沈括:《梦溪笔谈》卷九《人事一》,第53页。

〔22〕梁启雄:《韩子浅解·外储说左下》,北京:中华书局,1960年8月第1版,第301页。

说:"孔子侍坐于鲁哀公,公赐桃与黍,孔子先食黍而〔后〕啖桃,可谓得食序矣。"汉代的王吉,少时求学于长安,东家有大枣树垂到了他的庭园中,他的老婆便"取枣以啖吉"[23];王吉知道事情的真相后,遂休了自己的老婆。但在邻里的再三劝说下,王吉接回了自己的老婆,为此里中语曰:"东家有树,王阳妇去;东家枣完,去妇复还。"因王吉字子阳,所以"王阳"应是"王子阳"的简写。

唐代的杨玉环喜食荔枝是大家熟知的。而宋代的大文豪苏东坡,亦喜食荔枝,其诗"日啖荔枝三百颗,不妨长作岭南人"[24]可证。荔枝(圆形)与枣(椭圆形)的果实差不多一样大,可以吞到嘴里再嚼食,因而用"啖"来形容喜食荔枝之人的吃相,恰当不过。南宋的爱国诗人陆游,在其《老学庵笔记》(中华书局 1979 年 11 月版)中,给我们讲述了一件发生在北方而与荔枝有关的趣事:北方民家,吉凶辄有相礼者,谓之"白席",多鄙俚可笑。韩魏公自枢密归邺,赴礼席,偶取盘中一荔支(枝),欲啗之。白席者遽唱言曰:"资政吃荔支,请众客同吃荔支。"魏公憎其喋喋,因置不复取。白席者又曰:"资政恶发也,却请众客放下荔支。"魏公为一笑。"恶发",犹云怒也。

综上所述,陕西方言中的"咥"(dié)和河南方言中的"啄"(dāo),古已有之,它们的意思都是"狼吞虎咽"式地吃。啖(dàn),或作"啗"、"噉",也是"狼吞虎咽"式地吃,但具体又分为四种情况:一是荒年、战乱时因乏食会出现人民"自相啖食"或弱者被强者噉食的惨剧;二是特指武将或壮士的吃相;三是指饥饿病人的吃相;四是对某些食物有偏爱的人,其吃相可用"啖"来表示。

(原文载《陕西师范大学继续教育学报》2006 年第 2 期)

---

〔23〕(汉)班固:《汉书》卷七十二《王吉传》,北京:中华书局,1962 年 6 月第 1 版,第 3066 页。

〔24〕(宋)苏轼《分类东坡诗》十《食荔枝》。

关于周人女始祖姜嫄的几个问题

载有姜嫄事迹的历史文献，以《诗经》和《史记》最为翔实，
为了说明问题，不妨摘录于此：

> 厥初生民，时维姜嫄。生民如何？克禋克祀，以弗无子。
> 履帝武敏歆，攸介攸止，载震载夙，载生载育，时维后稷。诞
> 弥厥月，先生如达。不坼不副，无灾无害。以赫厥灵，上帝不
> 宁。不康禋祀，居然生子。诞置之隘巷，牛羊腓字之。诞置之
> 平林，会伐平林。诞置之寒冰，鸟覆翼之。鸟乃去矣，后稷呱
> 矣。实覃实訏，厥声载路。[1]

对于《诗经》的这段描述，汉代的大史学家司马迁，进行了通
俗易懂的改写，他在《史记》中说：

> 周后稷，名弃。其母有邰氏女，曰姜原。姜原为帝喾元妃。
> 姜原出野，见巨人迹，心怡然说，欲践之，践之而身动如孕者。
> 居期而生子，以为不祥，弃之隘巷，马牛过者皆避不践；徙置
> 之林中，适会山林多人，迁之；而弃渠中冰上，飞鸟以其翼覆
> 荐之。姜原以为神，遂收养长之。初欲弃之，因名曰弃。[2]

---

〔1〕（清）方玉润：《诗经原始》下《诗·大雅·生民》，李先耕点校，北京：
中华书局，1986 年 2 月第 1 版，第 503 页。

〔2〕（汉）司马迁：《史记》卷四《周本纪》，北京：中华书局，1982 年 11 月
第 2 版，第 111 页。

　　司马迁《史记》所载的姜原，与《诗经》所载的姜嫄，实为一人；而姜嫄之"嫄"，是由"原"加"女"旁构成的。《诗经》中的帝，本无确指，而《史记》则确指帝喾。那么，姜嫄真是帝喾的元妃吗？据学者们的研究，回答是否定的。如徐旭生先生说："然则周弃决不是帝喾的儿子，所以姜嫄为帝喾元妃的说法实属后人附会。"〔3〕赵光贤先生也说："司马迁虽说：'考信于六艺'，可是书中所记先秦史实，却时见抵牾。比如说《殷本纪》、《周本纪》记载，契和稷都是帝喾之子，同仕于尧、舜。但是契传13世到成汤，历时500余年，稷传15世到武王，历时却达千余年。周的王季与商汤应是同辈人，可是却相隔五六百年！而且，按照《周本纪》所列世次，周的15位先公先王，都必须在位七八十年，嗣子必须在王的暮年出生，并且每人都有百年之寿方能与1100年之数相合，这是根本不可能的。这错误是由于他误信契与稷都是帝喾之子的传说，而这个传说显然是后人编造出来的。"〔4〕在这里，我们主要讨论以下两个问题。

一　姜嫄践"巨人迹"的真相

　　关于姜嫄践"巨人迹"的含义，学术界有着不同的一些观点，现简述于下：

　　1. "象征的舞蹈"说或"鸟舞"说

　　闻一多先生说："上云禋祀，下云履迹，是履迹乃祭祀仪式之一部分，疑即一种象征的舞蹈。所谓'帝'实即代表上帝之神尸。神尸舞于前，姜嫄尾随其后，践神尸之迹而舞，其事可乐，故曰'履帝武敏歆'，犹言与尸伴舞而心甚悦喜也。'攸介攸止'，介林义光读为愒，息也，至确。盖舞毕而相携止息于幽

---

　　〔3〕　徐旭生：《中国古史的传说时代》（增订本），北京：文物出版社，1985年10月，第92页。

　　〔4〕　赵光贤：《中国历史研究法》，北京：中国青年出版社，1988年5月，第133～134页。

闲之处，因而有孕也。"〔5〕

对于闻一多先生的观点，赵国华先生进一步发挥，认为姜嫄跳的是"鸟舞"，他说："姜嫄履帝武敏，当是在祈求生殖的祭祀上，她跟随某个男人，亦步亦趋，跳模拟鸟禽以'足''踩蛋'（交尾）的舞蹈。"〔6〕

2. "戴天头"说

杨向奎先生说："'履帝武敏歆'，也就是与天匹配。"〔7〕又说："姜嫄'其德不回，上帝是依'，依于上帝生子，更是'戴天头'的绝好注解。'戴天头'后生子与婚后生子有同等地位，后稷不会被人所歧视。"〔8〕所谓戴天头是指当姑娘长到十六岁左右时，家长要为她单方面举行婚礼，戴上已婚女子的头饰，她的配偶就是老天爷，因而称为"戴天头"。

3. "处女生殖"即"丰产巫术"说

朱狄先生说："这个姜嫄履大人之迹的故事实际上与华胥履大迹的故事是完全一致的，它们无疑属于处女生殖的范畴。"〔9〕那么，"处女生殖"的机制如何呢？他说："所谓履大神之迹实际上是一种丰产巫术的遗迹，其中心内涵是'地'与'母'的直接接触，正因为这种接触是非常平常的，因此就需要一种特殊的'郊禖'仪式去强化这种接触，以便使不娠的妇女像土地长出庄稼那样能生儿育女。"〔10〕

---

〔5〕 闻一多：《姜嫄履大人迹考》，闻一多：《神话与诗》，上海：华东师范大学出版社，1997 年 1 月第 1 版，第 75～83 页。

〔6〕 赵国华：《生殖崇拜文化论》，北京：中国社会科学出版社，1990 年 8 月第 1 版，第 274 页。

〔7〕 杨向奎：《宗周社会与礼乐文明》（修订本），北京：人民出版社，1997 年 11 月第 2 版，第 270 页。

〔8〕 杨向奎：《宗周社会与礼乐文明》（修订本），北京：人民出版社，1997 年 11 月第 2 版，第 271 页。

〔9〕 朱狄：《原始文化研究——对审美发生问题的思考》，北京：生活·读书·新知三联书店，1988 年 2 月第 1 版，第 764 页。

〔10〕 朱狄：《原始文化研究——对审美发生问题的思考》，北京：生活·读书·新知三联书店，1988 年 2 月第 1 版，第 765 页。

4. "太阳崇拜"说

江林昌先生著《履迹生子观念源于太阳崇拜考》[11]一文，他在该文中认为，《生民》"履帝武敏"之"帝"指的是太阳神，而"帝武敏"则是指的太阳圣迹。他又说，所谓"大人迹"、"巨人迹"、"帝迹"，指的即是太阳足迹。郑晓江主编的《中国生育文化大观》也说，履迹生子是以感日等自然天象而受孕生育现象的衍化形态或变体[12]。

5. "图腾感生"说

在中国古代，学者们多认为圣人"感天"而生。于省吾先生对旧说大胆怀疑，认为那些"都是无凭无据的主观想象，引人于不可知的领域"，因而他主张姜嫄"履帝武敏歆"生子并非"感神灵或感上帝"，而是表现了"妇女感图腾童胎入居体内而妊娠的虚幻想法"[13]，这无疑是对大名鼎鼎的英国社会人类学家詹·乔·弗雷泽"图腾入胎说"的发挥。

于省吾先生所说的图腾，并未确指，而周庆明先生则推断"武敏"是"虎之迹"，而"虎之迹"就是周族姬姓的图腾[14]。刘夫德先生认为，这个"人面"的"烛龙"（月）形象，应该就是姜嫄履其迹的"大人"（巨人）[15]。徐元济先生指出："由于生产力低下，缺乏科学知识，姜嫄不知道自己怀孕是和姬姓的男子交媾所造成的，而认为是姬族祖先图腾足迹入居自己体内的结果。"[16]

---

〔11〕 江林昌：《楚辞与上古历史文化研究——中国古代太阳循环文化揭秘》，济南：齐鲁书社，1998 年 5 月第 1 版，第 286～301 页。

〔12〕 郑晓江主编：《中国生育文化大观》，南昌：百花洲文艺出版社，1999 年 1 月第 1 版，第 101 页。

〔13〕 于省吾：《诗"履帝武敏歆"解》，《中华文史论丛》第六辑，上海：上海古籍出版社，1965 年 8 月。又见于省吾：《泽螺居诗经新证》，北京：中华书局，1982 年 11 月第 1 版，第 202～215 页。

〔14〕 周庆明：《"高禖"探源》，转引自赵国华：《生殖崇拜文化论》第 273 页。

〔15〕 刘夫德：《周人早期的图腾》，《兰州大学学报》1986 年第 3 期。

〔16〕 徐元济：《从母系制过渡到父权制的一场夺子战争——对〈诗经·生民〉神话的一种解释》，《福建师大学报》1981 年第 1 期。

以上几种观点，仁者见仁，智者见智。但笔者以为，第一种观点比较接近真相。正如闻一多先生所说："诗所纪既为祭时所奏之象征舞，则其间情节，去其本事之真相已远，自不待言。以意逆之，当时实情，只是耕时与人野合而有身，后人讳言野合，则曰履人之迹，更欲神异其事，乃曰履帝迹耳。"闻一多先生的观点基本正确，只是"与人野合而有身"并不一定是在耕时，而最大可能是在社祭之后。下面论述这种观点的理由。

第一，从后稷的出生时间判断，姜嫄是在春季怀上后稷的。

后稷出生后，出于某种原因，其母连续三次抛弃他，而第三次抛弃的地点，《诗经》说是"诞置之寒冰"，《史记》说是"弃渠中冰上"，既然当时有寒冰，说明正值冬季；妇女的妊娠规律是"十月怀胎，一朝分娩"，加之姜嫄是"诞弥厥月"、"居期而生子"，生产时间既没有提前，也没有推后，因而从妊娠规律来判断，姜嫄是春季怀上后稷的。

第二，仲春之月，正是社祭的时间。

《周礼·地官·媒氏》载："仲春之月，令会男女，于是时也，奔者不禁。若无故而不用令者，罚之。司男女之无夫家者而会之。"仲春之月即春季的第二个月，在这个月，男女之所以"奔者不禁"，完全是因为这个月是社祭的时间；而《周礼·媒氏》所载情况，应是远古先民的习俗在周代的遗存。《墨子·明鬼》："燕之有祖，当齐之社稷，宋之有桑林，楚之有云梦也，此男女之所属而观也。"《广韵》云："属，聚也，会也。"这里的"此男女之所属而观也"，正是仲春之月男女"奔者不禁"中"奔者"的向往之地。

第三，姜嫄是在社祭以后与某个姬姓男子野合而有身。

在甲骨文中，土、社本是一字，是后来才分化为两个字的。

作为"男女之所属而观也"的地方，社一般设在郊外，或者以巨石作为其标志，或者以周围的树木作为其标志，而尤以后者居多。如《论语·八佾》载，鲁哀公问社于宰我，宰我对曰："夏后氏以松，殷人以柏，周人以栗。"除夏后氏、殷人、周人分别用松、柏、栗作为社的标志外，也有以桑林作为社的标志的，如春秋时的宋国就是如此。

由于桑林是社的标志，而社又是"男女之所属而观也"的地方，所以参加完社祭的男女青年，在桑林中野合就是自然而然的事了；在汉代画像砖中，就有《桑林野合图》，而且不止一幅[17]。故而"'桑林'、'桑间'后来即成为中国语言中表示淫秽之所的隐语"[18]。

《诗·鲁颂·閟宫》之诗曰："赫赫姜嫄，其德不回。上帝是依，无灾无害。弥月不迟，是生后稷。"《毛传》曰："閟，闭也。先妣姜嫄之庙，在周常闭而无事。孟仲子曰：是禖宫也。"著名先秦史专家斯维至先生指出，社本因崇拜女性祖先而设立，因而他认为"禖宫、高禖、郊禖等都是社。"[19]又《太平御览》卷一百三十五引《春秋元命苞》曰："周本姜嫄，游闭宫，其地扶桑，履大迹生后稷。"《黄氏逸书考》辑《春秋元命苞》也说："姜嫄游閟宫，其地扶桑，履大人迹而生男。""闭"与"閟"音同义同，"闭宫"也就是"閟宫"，即社；扶桑，即桑树。说"姜嫄游閟宫"，实际上是指她参加了仲春之月的社祭；而在社祭过程中，一般都要跳象征男女性事的舞蹈，这就是所谓的"履大迹"、"履大人迹"、践"巨人迹"，亦即赵国华先生所说的"鸟舞"；在跳完"鸟舞"以后，社祭仪式也告结束，姜嫄便与某个姬姓男子到"閟宫"近处的桑林中野合，于是就有了后稷。

后稷明明是其母姜嫄在参加完社祭后与某个姬姓男子野合而生的，而史籍却载为"履帝武敏"、践"巨人迹"、"履大迹生后稷"、

---

[17]　刘达临：《中国性事图鉴》，长春：时代文艺出版社，2003 年 7 月第 2 版，第 96 页。

[18]　郑晓江主编：《中国生育文化大观》，南昌：百花洲文艺出版社，1999 年 1 月第 1 版，第 54 页。

[19]　斯维至：《后稷的降生与社的崇拜》，《陕西师大学报》（哲学社会科学版）1991 年第 3 期。

"履大人迹而生男"，这是对真相的一种巧妙掩盖。史籍为什么要掩盖后稷诞生的真相呢？这与儒家的崇圣心理密切相关。我们知道，孔子在修《春秋》时曾遵循了一条原则，那就是"为尊者讳，为圣者讳，为贤者讳"。而学术界公认，孔子曾删削过《诗》三百篇。后稷是古之神圣王，孔子对他尊敬有加，因而《诗经》关于后稷诞生神话中的不雅成分，孔子无疑是要删削加工的，因而"履帝武敏"等实际上就是被掩盖了真相的记载。从后世的例子，也可说明这个问题。《史记》卷四十七《孔子世家》载："纥与颜氏女野合而生孔子，祷于尼丘得孔子。"清代学者崔述据此分析说："案：此文疑本作'纥与颜氏女祷于尼邱，野合而生孔子于尼邱'。"[20]崔述的分析，不仅文通字顺，而且更合乎逻辑性。但《论语纬撰考》[21]则作："叔梁纥与征在祷尼丘山，感黑龙之精以生仲尼。"纥即叔梁纥，颜氏女名"征在"，因而《史记》说"纥与颜氏女祷于尼丘"与《论语纬撰考》说"叔梁纥与征在祷尼丘山"是一回事；只是在实质性问题上，《史记》本作"野合而生孔子于尼丘"，而《论语纬撰考》却作"感黑龙之精以生仲尼"。《论语纬撰考》在实质性问题上之所以与《史记》有异，主要是因为历代尊孔的缘故，故而以感生说巧妙地加以掩盖罢了。又如《史记》卷八《高祖本纪》载："其先刘媪尝息大泽之陂，梦与神遇。是时雷电晦冥，太公往视，则见蛟龙于其上。已而有身，遂产高祖。"这段话隐藏的信息是：汉高祖是其母刘媪在大泽之陂休息时与某个男子野合而生，而太公"见蛟龙于其（刘媪）上"只是对真相的一种掩盖，之所以要对真相加以掩盖，完全是因为汉高祖乃西汉开国皇帝，为尊者讳罢了。秦汉史专家王云度先生认为，高祖非太公亲生，这正好可以佐证我们的观点是正确的。再如《史记》卷四十九《外戚世家》载："薄姬曰：

〔20〕　崔述：《史记探源》，北京：中华书居，1986 年 9 月第 1 版，第 146 页。

〔21〕　《礼记正义》卷六《檀弓上》孔颖达疏引，（清）阮元校刻：《十三经注疏》，北京：中华书局，1980 年 9 月第 1 版，第 1275 页。

'昨暮夜妾梦苍龙据吾腹。'高帝曰:'此贵征也,吾为女遂成之。'一幸生男,是为代王。"代王本是高帝(刘邦)宠幸薄姬而生,但为了美化代王的出生,便有了"昨暮夜妾梦苍龙据吾腹"梦境的编造和出台。这段记载也可说明,不论是《论语纬撰考》中的"感黑龙之精以生仲尼",还是《史记》卷八《高祖本纪》中的"见蛟龙于其(刘媪)上",无疑都是对真相的掩盖。

于省吾先生指出:"后稷属于三代以前的尧舜时代,自然还没有出现'帝'或'上帝'这样观念。那么《生民》'履帝武敏歆'的'帝',《闷宫》'赫赫姜嫄,其德不回,上帝是依'的'上帝',以及《生民》'生民如何,克禋克祀'之说,都是周人所加上的时代烙印。"因而他得出结论说:"起初姜嫄只是'履大迹'而怀孕,并非'履天神之迹'。"[22]于省吾先生的结论,已经接近真相了。前已述及,后稷本是其母姜嫄在参加完社祭后与某个姬姓男子野合而生的,后人"讳言野合,则曰履人之迹,更欲神异其事,乃曰履帝迹耳"。胡一桂也说:"后稷后世王天下数百年,学者欲神其事,故附会其说。不知血气之类,父施母生,圣贤所同也,何必有诙诡谲诞之事,然后为圣且贤哉!"[23]胡一桂的责难,不是没有道理。

二 后稷被其母姜嫄抛弃之原因试探

关于后稷被其母姜嫄抛弃之原因,学术界有以下几种说法:

1. 无父被弃说

《史记》卷十三《三代世表》引褚先生之语曰:"后稷母为姜嫄,出见大人迹而履践之,知于身,则生后稷。姜嫄以为无父,贱

---

[22] 于省吾:《诗"履帝武敏歆"解》,《中华文史论丛》第六辑,上海:上海古籍出版社,1965年8月。又见于省吾:《泽螺居诗经新证》,北京:中华书局,1982年11月第1版,第202~215页。

[23] 〔日〕泷川资言:《史记会注考证附校补》卷四《周本纪》考证引,〔日〕水泽利忠校补,上海:上海古籍出版社,1986年4月,第75页。

而弃之道中，牛羊避不践也。……"褚先生认为，后稷之所以被抛弃，是因为他无父，其母姜嫄"贱而弃之"。

清人方玉润说："唯邓潜谷与季明德两家以为姜嫄未嫁而生子者得之。盖'以弗'云者，以其弗嫁，未字于人也。'无子'者，以其未字于人，故尚无子也。"又说："是知后稷之生，必因无名而见弃。若从帝郊禖而娠，岂尚无名乎哉？……又况诗中溯源，但题其母，不及其父，则是无父而生也明矣。姜嫄为高辛氏世妃，或曰元妃，都无定解，然皆后日事。若此时，则尚未有夫也，故足怪。"[24]

赵国华先生也说："稷之遭弃，是缘于母亲姜嫄无夫而生子。"[25]

2. 图腾考验说

朱存明先生说："后稷出生后被三次抛弃，这带有图腾考验仪式的内涵。"[26]

3. 形体异常说

对于《生民》中"诞弥厥月，先生如达"，清人马瑞辰引陶元淳的解释说："凡婴儿在母腹中，皆有皮以裹之，俗所谓胞衣也。生时其衣先破，儿体手足少舒，故生之难。惟羊子之生，胞乃完具，堕地而后，母为破之，故其生易。后稷生时，盖藏于胞中，形体未露，有如羊子之生者，故言如达。"[27]

清人魏源说："胞无坏副之形，儿无灾苦之啼。古人未知后世翦胞之法，故见其浑沌包裹，形如卵然，则以为小产未成形而弃之。……居然，惊遽词。惊其胎生如卵，是以先弃诸隘巷，再弃诸平林，皆

---

〔24〕（清）方玉润：《诗经原始》下《诗·大雅·生民》，李先耕点校，北京：中华书局，1986 年 2 月第 1 版，第 505 页。

〔25〕赵国华：《生殖崇拜文化论》，北京：中国社会科学出版社，1990 年 8 月第 1 版，第 275 页。

〔26〕朱存明：《千面英雄：中国古代的崇拜文化》，《徐州师范学院学报》（哲社版）1995 年第 1 期。

〔27〕转引自金启华译注：《诗经全译》，南京：江苏古籍出版社，1984 年 11 月第 1 版，第 670 页。

不知其中有婴儿也。迨伐林之人，弃诸寒冰，乃有大鸟翼覆移时，如伏卵然，稷得鸟伏气，乃破胞而出，如鸟出鷇（kòu），呱呱喤喤，其家始闻而收之，故至是始言实覃实讦，厥声载路。以明前此未尝啼也。"[28] 魏源说后稷生时"浑沌包裹，形如卵然"，其母姜嫄误认为"小产未成形"而弃之，这种说法并不准确（因为《诗经》和《史记》明明说"诞弥厥月"、"居期而生子"），倒是姜嫄"惊其胎生如卵"才是后稷被抛弃的主要原因，因为这种现象非常罕见。

袁珂先生说："诗说'先生如达'，'达'是什么意思呢？'达'就是羊胞胎的意思，小羊初生，胞胎完具，胞胎落地后，始破胎而出。言后稷生时像羊胞胎那样是一团肉球的形状。这样《史记》所说的姜原'以为不祥，弃之隘巷'才有了根据。姜原'以为不祥'者，并非是因为践了巨人迹，无夫生子的缘故。……后稷遭弃，实在由于他'先生如达'，形体异常，这一点《诗经》的记叙就大有可取。"[29] 袁珂先生的分析，透彻明了，很有见地。

对于《生民》一诗中"先生如达"之"达"的理解，关系到后稷被弃的原因。多数学者认为：达，通羍，初生的小羊；此句指后稷生下很容易，像生小羊一般[30]。但有人认为："羊之生子，既不滑利，也不是连胞而下，通常是先露前蹄，根本没有什么'胞衣完具，母为破之'的事实。"[31] 这无异是说，羊生子时，即使羊羔有带胞而下者，那也是偶见而非常见，因而刘毓庆先生又有新说："《食物志》云：'苦瓜一名菩荙'……'先生如达'当读作'先生

〔28〕 转引自金启华译注：《诗经全译》，南京：江苏古籍出版社，1984 年，第670 页。

〔29〕 袁珂：《中国神话史》，上海：上海文艺出版社，1988 年 10 月，第 59 页。

〔30〕 高亨：《诗经今注》，上海：上海古籍出版社，1980 年 10 月第 1 版，第 402页。

〔31〕 转引自范三畏：《旷古逸史——陇右神话与古史传说》，兰州：甘肃教育出版社，1997 年 7 月，第 270 页。

如瓜'。在神话传说中，许多民族都与瓜发生过关系，如基诺族、布朗族、傣族等，传说便是从瓜中生出来的；苗、瑶、拉祜等族则有在葫芦瓜中避水的传说；周族史诗《绵》开篇便言'绵绵瓜瓞'，以此比喻周族的发展，在这里似乎也透露了周人与'瓜'有过关系的信息。诗所言'先生如达'，当然并非说姜嫄生下的就是瓜，而是言后稷出生时为胞衣所裹，混沌如瓜。"[32] 刘先生仅凭"苦瓜一名菩荙"就推断"先生如达"当读作"先生如瓜"，证据稍嫌单薄，因为他没有举例论证达、荙与瓜可以通假，但他所说"后稷出生时为胞衣所裹，混沌如瓜"却是正确的，为当时实情，这也是后稷被抛弃的主要原因。

以上几种观点，笔者以为袁珂先生的观点是正确的。试论述于下：

陈子展先生说："后稷之母姜嫄可能为有邰氏部落之女酋长。传说中之后稷与其相先后之'圣人'感天而生，此适表明后人不知社会之史之发展者，曲解或神幻化由上古野合杂交或血族群婚向对偶婚过渡时期之一种婚姻现象也。"[33] 那么，由上古野合杂交或血族群婚向对偶婚过渡时期之一种婚姻现象为何呢？这就是普那路亚婚。晁福林先生说："种种迹象表明，修己、简狄、姜嫄的时代正当普那路亚婚盛行的时期。"[34] 所谓普那路亚婚，即外婚制，它是群婚的高级发展阶段。在这种婚制下，有婚姻关系的人群分为两个集团：一个集团的一群姐妹，是另一集团的一群兄弟的共同配偶；反过来说，另一集团的一群兄弟，是一个集团的一群姐妹的共同配偶。严格地说，古书上所谓"知母不知父"正是这种婚俗的结果。

---

[32] 刘毓庆：《雅颂新考》，太原：山西高校联合出版社，1996 年，第 22～23 页。

[33] 陈子展：《诗经直解》下，上海：复旦大学出版社，1983 年 10 月第 1 版，第 919 页。

[34] 晁福林：《先秦民俗史》，上海：上海人民出版社，2001 年 1 月，第 130 页。

姜嫄生活的时代，相当于我国古史传说的尧舜禹时期。当时盛行普那路亚婚，人们一般"知母不知父"，因而后稷无父被弃说也就难以成立了。至于图腾考验说，出于后稷是古之神圣王的缘故，对后稷的诞生加了一道神圣的光环，因而也不足取。最合理的解释是：后稷生时，姜嫄"惊其胎生如卵"，因这种现象非常罕见，古人以为不祥，所以才导致后稷被抛弃。这由后世的例子也可说明。刘成国《徐州地理志》云徐偃王之异，言："徐君宫人妊而生卵，以为不祥，弃之于水滨。孤独母有犬，名曰鹄仓，猎于水侧，得弃卵，衔以来归，孤独母以为异，覆暖之，遂成儿，生时偃，故以为名。徐君宫中闻之，乃更录取。长而任智，袭君徐国。"〔35〕这里所谓"徐君宫人妊而生卵"的"卵"，即带胞生；徐偃王出生时之所以被抛弃，主要是因为徐君宫人"妊而生卵，以为不祥"的缘故。又《魏书·高句丽传》曰："高句丽者，出于夫余，自言先祖朱蒙。朱蒙母河伯女，为夫余王闭于室中，为日所照，引身避之，日影又逐。既而有孕，生一卵，大如五升。夫余王弃之与犬，犬不食；弃之与豕，豕又不食；弃之于路，牛马避；后弃之野，众鸟以毛茹之。夫余王割剖之，不能破，遂还其母。其母以物裹之，置于暖处，有一男破壳而出。及其长也，字之曰朱蒙。"〔36〕河伯女生下朱蒙是一个大如五升的卵（即带胞生），古人以为不祥，所以才导致朱蒙被夫余王抛弃。

以上我们举的都是古代的例子。那么，在现实生活中，是否有"胎生如卵"（即带胞生）的现象呢？我们认为，世间万物，无奇不有。"胎生如卵"的现象虽然罕见，但偶尔还是可以找到的。据何光岳先生介绍，其侄子出生时即全身包裹于胞衣中。范三畏先生也指出："人确实偶有带胞生的，迷信的人们有时却以为是妖

---

〔35〕 陈桥驿：《水经注校释》卷八《济水》，杭州：杭州大学出版社，1999 年 4 月第 1 版，第 146 页。

〔36〕 （北齐）魏收：《魏书》卷一百，北京：中华书居，1974 年 6 月第 1 版，第 2213 页。

异，从而抛弃的也不是没有。"他举例说："笔者有一亲戚的孩子也是全身包在胞衣中产下来的，幸亏并未抛弃，今已大学毕业而当医生了。"[37]他进一步指出："现实中带胞生的孩子确实常常被以为怪异，不敢哺养的并不罕见。看来，若如此理解后稷诞生后被弃，倒也合乎初民的心理。"[38]以今推古，姜嫄生后稷时的"先生如达"即"胎生如卵"（带胞生），因这种现象非常罕见，古人以为不祥，所以才导致后稷被抛弃。

综上所述，所谓"履大迹"、"履大人迹"、践"巨人迹"，是指象征男女性事的一种舞蹈，或称"鸟舞"，它是社祭的仪式之一。后稷本是其母姜嫄参加社祭后与某个姬姓男子野合而生，而史籍载为"履大迹"、"履大人迹"、践"巨人迹"，完全是出于儒家崇圣心理而对野合的巧妙掩盖；为了更神异其事，乃曰"履帝迹耳"，因为当时尚无"帝"、"上帝"的概念。姜嫄生活的时代，相当于我国古史传说的尧、舜、禹时期。当时盛行普那路亚婚（即外婚制），民"知母不知父"，因而后稷被其母姜嫄抛弃，既不是因为他无父而生，也不是因为他要接受图腾仪式的考验，而最大的可能是因为他形体异常被抛弃。事实正是如此，后稷出生时，其母姜嫄惊其"胎生如卵"（带胞生），因这种现象非常罕见，古人以为妖异而不祥，所以后稷被其母姜嫄抛弃就是自然而然的事了。

（原文载《广西民族学院学报》2006 年第 3 期）

---

〔37〕 范三畏：《旷古逸史——陇右神话与古史传说》，兰州：甘肃教育出版社，1997 年 7 月，第 269 页。

〔38〕 范三畏：《旷古逸史——陇右神话与古史传说》，兰州：甘肃教育出版社，1997 年 7 月，第 269 ~ 270 页。

说席地而坐时的无礼行为"箕踞"

——兼谈南越王赵佗对于汉使陆贾的箕踞

一 "箕踞"释义

对于"箕踞"的含义,学者们有三种观点:

第一种观点认为,古人席地而坐,正常情况下的坐姿是两膝着地,臀部压在脚后跟上(图一、图二、彩版三、彩版四)[1];如果臀部着地,两脚前伸,整个身体就像簸箕的形状,就把这种坐法叫作"箕踞",它是一种对人无礼的行为。唐代的颜师古、孔颖达,今人王凤阳,以及《辞海》、《辞源》、《大辞典》、《远东·汉语大字典》、《中国文化史词典》、《三礼辞典》等权威工具书皆持这种观点。

图一 腰佩宽柄器之玉坐人
(殷墟妇好墓出土)

---

[1] 图一、图二、彩版三、彩版四在过去出版的书籍中以"跽坐人"或"跽坐俑"命名,本文吸收了杨泓《说坐、跽和跂坐》(刊杨泓、孙机《寻常的精致》第3~7页,沈阳:辽宁教育出版社,1996年9月第1版)一文的研究成果,把图一、图二命名为"坐人",彩版三、彩版四命名为"坐俑"。

在《汉书》卷三十二《张耳陈余传》、卷四十三《陆贾传》下，颜师古的注释分别为："箕踞者，谓申两脚其形如箕"，"箕踞，谓伸其两脚而坐。亦曰箕踞其形似箕。"同时代的孔颖达，与颜师古观点一致，正如他对《礼记·曲礼》"坐毋箕"疏所说："箕谓舒展两足，状如箕舌也。"

王凤阳先生说："'踞'就是现代汉语的'蹲'；两个脚掌贴席，臀部下垂但不贴席，两膝翘起，这就是'踞'。如果把臀部放到席上，把两腿伸开，这就是'箕踞'……古

图二　战国铜坐人漆绘灯
（河南三门峡市上村岭
5 号墓出土）

代在见人的时候用'踞'或'箕踞'的姿态都是很不礼貌的。"[2]

《辞源》："箕踞：古时无椅橙，坐于席上，坐则跪，行则膝前，足皆向后，以是为敬。若伸两足，则手据膝，故若箕状。箕踞为傲慢不敬之容。"[3]

《辞海》："箕踞，亦作'箕倨'、'踑踞'。坐时两脚伸直岔开，形似簸箕。……为一种轻慢态度。"[4]

《大辞典》曰："箕倨，舒展两足而坐。为傲慢不敬的姿态。也作箕踞、踑踞。"[5]

---

〔2〕　王凤阳：《古辞辨》，长春：吉林文史出版社，1993 年 6 月第 1 版，第 813 页。

〔3〕　广东、广西、湖南、河南辞源修订组，商务印书馆编辑部编：《辞源》（修订本）第三册，北京：商务印书馆，1981 年 12 月修订第 1 版，第 2364 页。

〔4〕　辞海编辑委员会编：《辞海》（1979 年版）缩印本，上海：上海辞书出版社，1980 年 8 月第 1 版，第 1888 页。

〔5〕　本局大辞典编纂委员会：《大辞典》中册，台北：三民书局股份有限公司，1985 年 8 月初版，第 3541 页。

《远东·汉语大字典》曰："箕踞。古人席地而坐，两膝着地，腿部屈在臀下；如果臀部着地，腿部向前伸开，叫做'箕踞'，是很不礼貌的。"〔6〕

《中国文化史词典》曰："箕踞，最不恭敬的一种坐法。姿势是：臀部贴地，两腿张开，平放而直伸，象箕一样。"〔7〕

《三礼辞典》曰："箕：臀部著地，两腿张开伸直，状如畚箕。此为不恭敬之坐法。亦作箕踞。"〔8〕

第一种观点对"箕踞"的解释，也就是对"箕"的解释。箕即箕股，其姿态是臀部着地，两脚前伸并叉开。《礼记·曲礼》强调"坐毋箕"，就是席坐的时候，不能"舒展两足，状如箕舌也"。

第二种观点是裴骃在《史记》卷八十九《张耳陈余列传》【集解】所引崔浩的话："屈膝坐，其形如箕。"《辞海》亦支持其说，正如《辞海》所载："箕踞，亦作'箕倨'、'踑踞'。……一说屈膝张足而坐。为一种轻慢态度。"〔9〕第二种观点对"箕踞"的解释，也就是对"踞"解释。踞，其本字为"居"〔10〕，也就是说，先有"居"字，而后才有"踞"字。所以有的学者谈及"箕踞"时，也有写作"箕居"的。《说文·尸部》："居，蹲也。"《足部》："蹲，居也。"自许慎把"踞"（本字作"居"）的姿态释为"蹲"后，许多工具书和一些学者都承袭了这一说法，如前面提到的王凤阳先生

---

〔6〕 徐中舒主编：《远东·汉语大字典》(5)，美国国际出版公司，1991年9月版，第2978页。

〔7〕 上海师范大学古籍整理研究所编（杨金鼎主编）：《中国文化史词典》，杭州：浙江古籍出版社，1987年8月，第137页。

〔8〕 钱玄、钱兴奇编著：《三礼辞典》，南京：江苏古籍出版社，1993年3月，第1002页。

〔9〕 辞海编辑委员会编：《辞海》（1979年版）缩印本，上海：上海辞书出版社，1980年8月第1版，第1888页。

〔10〕 《说文·尸部》"居"下重出："踞，俗居从足。"徐灏注笺："居字借为居住之义，因增足旁为蹲踞字。"朱士端校定本："俗居从足者，盖古人制字居字最先。许君因汉时踞字已行，故亦列于《足部》，而于居下踞字云'俗从足'者，以证居为本字也。"

以及《辞源》、《辞海》、《大辞典》、《远东·汉语大字典》等即是。那么，"踞"的姿态就是"蹲"呢？还是与"蹲"有别呢？王凤阳先生说："'蹲'与'踞'原来无别，不过后来人们为了把臀部着地与不着地两种'踞'法分别开来，习惯上就把臀不着地称作'蹲'或'蹲踞'了，《一切经音义》引《字林》'踞谓垂足实坐也；蹲犹虚坐也'。"[11]看来，踞与蹲还是有别的，它们区别的关键为臀部是否着地？

图三　殷商时之踞状石像
（河南安阳四盘磨村出土）

如果"坐时两脚底和臀部着地，两膝上耸"，这就是踞（图三），又叫踞坐[12]，也就是《字林》所谓的"垂足实坐也"；如果坐时臀部不着地，只是"足底著地，而下其脾、耸其膝"[13]，这就叫蹲（图四），也就是《字林》所谓的"虚坐也"。

第三种观点是对前两种观点的消化和吸收。朱启新先生在《古人的席坐姿态》[14]一文中说："箕踞之势，有两种说法：一种认为，把臀部坐在地上，曲起双膝，足底着地。……另一种认为，臀部坐在地上，向前伸开双足，像只簸箕。这两种说法并不矛盾，只要一屁股坐在地上，或曲膝如蹲坐，或伸腿如箕舌，都是禁忌的。"朱先生说箕踞之势有两种说法，显然是把"箕"和"踞"的两种姿态都

〔11〕　王凤阳：《古辞辨》，长春：吉林文史出版社，1993 年 6 月第 1 版，第 813 页。

〔12〕　辞海编辑委员会编：《辞海》（1979 年版）缩印本，上海：上海辞书出版社，1980 年 8 月第 1 版，第 1971 页；罗竹风主编：《汉语大词典》（缩印本）下卷，北京：汉语大词典出版社，1997 年 4 月，第 6134 页。

〔13〕　《说文解字注》，（汉）许慎撰，（清）段玉裁注，上海：上海古籍出版社，1988 年 2 月第 2 版，第 399 页。

〔14〕　朱启新：《文物物语——说说文物自身的故事》，北京：中华书局，2006 年 8 月第 1 版，第 6~7 页。

采纳了。由于"箕踞"一词是由"箕"和"踞"构成的，所以把"箕踞"之势释为"箕"和"踞"的两种姿态，并无不妥。

李济先生在《跪坐蹲居与箕踞——殷墟石刻研究之一》[15]一文中，把人类放置身体的方法（直立一式不算）分为四个阶段：第一个阶段是坐地，

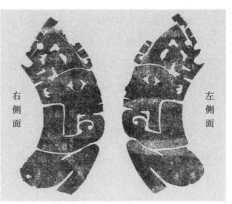

图四　殷商时之蹲状人像
（侯家庄 1550 墓出土之佩玉拓像）

即以臀承受全身重量，下肢的放置无定，如猿猴的坐法及人的箕踞等；第二个阶段是蹲居，即以两足承受全身重量，下肢屈折，以膝向下（上），臀向下而不著地；第三个阶段是跪坐，即以两小腿及两脚承受全身重量，膝向前，臀在脚上；第四个阶段是高坐，臀关节与膝关节处各作 90°上下屈折，由坐具在臀下支持全身重量。他在同文中还说："事实上人的身体皆好逸而恶劳：坐具发明以前，就人的身体构造说，蹲踞比箕踞吃力，跪坐比蹲踞吃力。"看来，作为"箕踞"的两种姿态，不论是"箕"的姿态，还是"踞"的姿态，都属于人类放置身体的第一个阶段，也是最省力、最舒适的休息方法，因为这两种姿态有一个共同特点，那就是臀部着地。

虽然"箕"的姿态和"踞"的姿态都是最省力、最舒适的休息方法，但典籍中频繁出现的"箕踞"一词，其重点却在"箕"上，也就是说，"箕踞"的姿态通常是指"箕"的姿态。至于"踞"的姿态，典籍中时常用一个"踞"字来表示，如《韩诗外传》卷九载：

---

[15]　张光直、李广谟编：《李济考古学论文集》，北京：文物出版社，1990 年 6月，第 943～961 页。

孟子妻独居，踞。孟子入户视之，白其母曰："妇无礼，请去之。"母曰："何也?"曰："踞。"其母曰："何知之?"孟子曰："我亲见之。"母曰："乃汝无礼也，非妇无礼。《礼》不云乎：'将入门，问孰存。将上堂，声必扬。将入户，视必下。'不掩人不备也。今汝往燕私之处，入户不有声，令人踞而视之，是汝之无礼也，非妇无礼也。"于是孟子自责，不敢去妇。

这段话告诉我们：孟子之妻一个人在自己的卧室里脚底、臀部着地而两膝上耸，进行休息，这本来没有妨碍任何人，倒是孟子，上得堂来，应该先发声打招呼，入得室来，也应该眼睛向下看，可孟子却反其道而行之，这样就不可避免地看到了其妻没有礼貌的"踞"态，便以此为由向其母提出休妻，孟母问清情况，反责孟子举止失礼，于是孟子打消了休妻的念头。

又如，秦朝末年，有一次沛公刘邦西过高阳，郦食其去见沛公，"沛公方踞床，使两女子洗足。郦生不拜，长揖，曰：'足下必欲诛无道秦，不宜踞见长者。'于是沛公起，摄衣谢之，延上坐。"[16]这里的"踞床"，就是臀部着床而垂足，这样两女子才能为沛公洗足。沛公以踞的姿态见郦食其，是对长者的不敬，因而郦食其为沛公陈述利害后，沛公刘邦不仅向郦食其赔礼道歉，并且请他上坐，以示尊重。

在社交场合，不仅"箕"的姿态和"踞"的姿态都是无礼的，"蹲"的姿态同样也是无礼的。《后汉书》卷二十五《鲁恭传》所谓"蹲夷踞肆，与鸟兽无别"之语可证。李济先生在《跪坐蹲居与箕踞——殷墟石刻研究之一》一文中也说："足底著地而下其脾（段注：脾，今俗云屁股是也）耸其膝的蹲踞状态，虽是适合人体构造的一种最自然的休息方法，但是无论在东方社会或西方社会，都认为是一种不文明的，或者说，一种没有礼貌的态度。"

---

〔16〕（汉）司马迁：《史记》卷八《高祖本纪》，北京：中华书局，1982 年 11 月第 2 版，第 358 页。

二 为何"箕踞"是一种不礼貌的坐姿?

为何"箕"、"踞"、"蹲"都是不礼貌的坐姿? 这就要从古人服装的功能谈起。据阎玉山《我国古代的裳和裙》一文介绍,裳是"由远古人类的遮羞布演变而来。它的功用主要是蔽体遮羞,其次才是保温御寒。它最初是用树叶、兽皮制作,后来才改用布帛。起初,人们下身只穿裳,裳之内并不穿裈裤。"[17]既然裳起源于古人的遮羞布,那么,不论它的质地是起初的兽皮、树叶,还是后来的帛,它蔽体遮羞的主要功能始终都没有变,即使人们在裳之内穿内裤后,这种功能仍继续存在,这就是席地而坐时的人们把双膝着地、臀部压在双脚后跟上作为正常坐姿的原因。相反,如果采用臀部着地的"箕踞"式坐姿,则裳的遮羞功能失去作用,人的下体被暴露,这与人们发明裳的目的大相矛盾,所以"箕踞"式坐姿是一种不礼貌的坐姿。

为什么采用臀部着地的"箕踞"式坐姿,裳的遮羞功能就会失去作用呢? 这要从古人衣裳的特点谈起。尚秉和先生在《古因下衣不全、屈身之事皆跪行之,以防露体》[18]一文中指出:"古者下衣不全,故时时防露体,曾于《身服部》详之矣。箕踞或露下体,故不论男女,以为大不敬。屈膝坐则永无露体之嫌。不惟此也,凡俯身之动作,屈身之动作,无不跪为之。……夫结袜纳履,足可蹲地为之;而不尔者,以蹲则两股开张,有暴下体之势,故必坐为之。"尚秉和先生的分析可谓透彻。由于古人的下衣(即裳)不全,因而采用双膝着地而臀部压在双脚后跟上的正常坐姿,永无露下体之患,可一旦采用了"箕"、"踞"、"蹲"的任何一种姿势,人的下体就容

---

[17] 《文史知识》编辑部编:《古代礼制风俗漫谈》(四集),北京:中华书局,1992 年 7 月第 1 版,第 41 页。

[18] 尚秉和:《历代社会风俗事物考》卷二十三,北京:中国书店,2001 年 1 月第 1 版,第 274 页。

易暴露了，所以"箕"、"踞"、"蹲"三种姿态都是无礼的行为。

苏莹辉先生在《从青铜器铭和甲骨刻辞观察商人的居处形态》[19]一文中指出："在周朝以前，蹲居与箕踞的习惯，则较跪坐为流行。"这说明，"箕"、"踞"、"蹲"最初并不算无礼行为。

李济先生在《跪坐蹲居与箕踞——殷墟石刻研究之一》[20]一文中指出："蹲居与箕踞不但是夷人的习惯，可能也是夏人的习惯；而跪坐却是尚鬼的商朝统治阶级的起居法，并演习成了一种供奉祖先，祭祀神天，以及招待宾客的礼貌。周朝人商化后，加以光大，发扬成了'礼'的系统，而奠定3000年来中国'礼'教文化的基础。"可见，商统治阶级把跪坐定为供奉祖先、祭祀神天、招待宾客的礼貌后，周人又发扬光大，把跪坐确定为当时通行的社交标准，即有跪坐习惯的人才算有礼貌，这样，"箕"、"踞"、"蹲"三种姿态便成了无礼的行为，这种观念经春秋战国、秦汉直到三国魏晋时期，一直主宰着人们的思想观念。

三　在社交场合采用不礼貌的"箕踞"，
容易招来杀身之祸

在秦汉时期，坐姿采用"箕踞"的形式，是对客人的大不敬，容易招来杀身之祸。

据《史记》卷八十六《刺客列传》载："荆轲者，卫人也。……秦王方环柱走，卒惶急，不知所为，左右乃曰：'王负剑！'负剑，遂拔以击荆轲，断其左股。荆轲废，乃引其匕首以掷秦王，不中，中铜柱。秦王复击轲，轲被八创。轲自知事不就，倚柱而笑，箕踞以骂曰：'事所以不成者，以欲生劫之，必得约契以报太子

---

〔19〕《故宫文物月刊》第十卷第一期，第22~25页，1992年4月。

〔20〕张光直、李广谟编：《李济考古学论文集》，北京：文物出版社，1990年6月，第943~961页。

也.'"从上引事实可以看出，荆轲奉燕太子丹之命前去秦国刺杀秦王，因在刺杀过程中被秦王用剑砍断左股（大腿），身体多处受伤，知道大事不成，便对秦王"倚柱而笑，箕踞以骂"。由于荆轲的左股（大腿）被砍断，单凭右膝难以支撑全身的重量，所以对荆轲"倚柱而笑，箕踞以骂"只能理解为：背靠着柱子而臀部着地，双腿前伸，对秦王冷笑且大骂。朱启新先生指出，因为箕踞"是一种违礼的行为，所以有的人就故意以这种违礼的坐相，表现出'仇视'、'鄙视'或'傲慢'、'玩世不恭'的心态。"[21] 荆轲刺秦始皇失败后之所以"箕踞以骂"，主要是从坐姿和言语上对秦始皇的仇视（图五）。

又《史记》卷八十九《张耳陈余列传》："汉七年，高祖从平城过赵，赵王朝夕袒韝蔽，自上食，体甚卑，有子婿礼。高祖箕踞詈，甚慢易之。"这段话翻译成现代汉语为：汉七年，高祖从平城（今山西大同）路过赵国，赵王从早到晚光着膀子，屈尊照顾高祖的饮食，尽了女婿的礼节。但高祖却

图五　秦箕踞陶俑
（秦始皇陵园 K007 号陪葬坑出土）

臀部着地、两脚向前平伸并破口大骂，非常傲慢。赵相贯高因不满高祖对赵王的箕踞和破口大骂，便打算在柏人（县治在今河北省隆尧县西）谋刺他，只因高祖的机警而没有在柏人休息，贯高的谋刺计划才没有得逞。

宋人孔平仲对汉高祖有一段评论，颇发人深省。他说："汉高嫚而侮人，骂詈诸侯，如奴耳！非有礼节，此魏豹所以叛汉也。又

---

〔21〕　朱启新：《文物物语——说说文物自身的故事》，北京：中华书局，2006 年 8 月第 1 版，第 7 页。

《张耳传》张敖为赵王，高祖过赵，赵王旦暮自上食，体甚卑，有子婿礼。高祖箕踞骂詈，甚慢之，赵相贯高、赵午乃有柏人之谋。夫高祖固英主，然好骂，害事如此。"[22]高祖刘邦号称英主，但却一向好骂，对人缺少礼节，致使魏豹叛汉，赵相贯高、赵午欲于柏人（县治在今河北省隆尧县西）谋刺他。看来"遇士无礼"，不仅得不到贤士的信任，而且有时还可能有生命之忧。

又据《汉书》卷九十二《游侠传》的史料，汉武帝时，大侠郭解出游，人都回避，唯独有一人以箕踞的姿势看着他。郭解问了这个人的姓名，他的门客就要去杀箕踞者。郭解说："居邑屋不见敬，是吾德不修也，彼何罪！"便私下请求尉史说："是人吾所重，至践更时脱之。"因而每至直更，数过，吏弗求。箕踞者感到奇怪，就打听了其中缘故，这才知道是大侠郭解为自己脱的罪。于是箕踞者便用中国古代最隆重的请罪方式之一的肉袒（裸露上身），向大侠郭解请罪。少年听说郭解对箕踞者是以德报怨并使箕踞者心悦诚服后，越发羡慕和敬佩郭解的行为。

四　浅谈南越王赵佗对于汉使陆贾的箕踞

据《史记》卷九十七《郦生陆贾列传》、《史记》卷一百一十三《南越列传》、《汉书》卷四十三《陆贾传》和《论衡》卷二《率性篇》的史料可知，刘邦击败项羽而平定天下后，鉴于多年用兵而老百姓穷困，便于汉十一年派陆贾去见南越王赵佗。赵佗开始"箕倨（踞）见陆生"，很傲慢。陆贾说以汉德，惧以盛威，赵佗被他说服，马上改变态度而"蹶然起座，谢陆生"，也就是急忙把伸着的两腿收回，改成正常的坐态，并且向陆贾赔礼道歉。赵佗接受了汉中央王朝"南越王"的正式封号，奉制称藩，陆贾也就圆满地完成了自己

---

[22]（宋）孔平仲：《珩璜新论》，刊《钦定四库全书》第863册，上海：上海古籍出版社，1987年6月第1版，第103页。

的使命。

从上引史料来看，高祖刘邦对赵王"箕踞骂詈"，赵王的属下贯高等人就要在柏人谋刺他；汉武帝时某人对大侠郭解箕踞，郭解的门客就要去杀箕踞者。可见，在社交场合对人箕踞，是对人的大不敬，容易招来杀身之祸。刘邦是因为自己的机警而没有在柏人休息才避免了杀身之祸，箕踞者是因为大侠郭解的宽宏大量才没有被杀，这是他们的幸运。

对于南越王赵佗来说，他对汉使陆贾箕踞，也就是对汉王朝的轻视，容易引发不必要的麻烦，好在陆贾肩负的是和谈使命，不与南越王计较，而南越王也能够识时务，及时改正错误，向陆贾赔礼道歉，这样双方就达成了协议：南越国奉制称藩，双方和平相处。由这件事的圆满解决来看，陆贾是聪明的，南越王是明智的，他们都不失为英雄豪杰！

综上所述，箕的姿势是臀部着地，两脚前伸；踞的姿势是臀与脚掌同时着地，膝盖上耸。因它们有臀部着地的共同特点，所以箕与踞常常连用，构成"箕踞"一词。不过，典籍中出现的箕踞，通常是指箕的姿势。古人下衣不全，故不论男女，要时时防露体，而箕与踞的姿态都有露下体之患，因而成为无礼行为。在周朝以前，箕踞的习惯比跪坐更为流行。自周人把永无露下体之患的商统治者之起居法——跪坐（即两膝着地，臀部压在脚后跟上）定为社交场合的标准后，经春秋战国、秦汉直到三国魏晋时期，这种标准一直是礼教的组成部分，自然，在社交场合采用箕踞的坐姿就成为无礼行为了。

（原文载《碑林集刊》十三，西安：陕西人民美术出版社，2008 年 6 月版）

第三篇　简牍与典籍研究

从《扁鹊仓公列传》中的仓公医案谈养生的禁忌

张大可先生在《史记全本新注·扁鹊仓公列传》的题解中说："本篇是司马迁所创《方技传》之祖，载述扁鹊、仓公两位医家事迹，……本篇载仓公医方为主，上及扁鹊，是述医方之源，故编次在汉人传记之间。"是知本篇虽载有扁鹊、仓公两位不同时代的医家的事迹，但却列于汉人传记之间，这主要是因为仓公医方是重点，谈及扁鹊，只不过是追溯医方的源流罢了。

仓公（公元前 215～前 115 年，一说公元前 216～前 150 年），姓淳于，名意，西汉临淄（今属山东）人。因为曾作过齐国太仓长，后人便称他为太仓公，简称仓公。他从小就喜欢方术，于高后八年（前 180 年）拜没有儿子且年龄七十多岁的同郡元里公乘阳庆为师，阳庆把自己珍藏的禁方全部给了仓公，"并传黄帝、扁鹊之脉书，五色诊病，知人死生，决嫌疑，定可治及药论，甚精。"（见《扁鹊仓公列传》，以下引该文不再注明）仓公研读三年，始为人治病，判断病人主死主生，多有灵验。并从此行游诸侯，不以家为念。由于不愿为一些官宦人家治病，于文帝四年被人以莫须有的罪名告发，因而被判刑并当乘传转长安受刑。在这关键时刻，他的五个女儿中的最小者缇萦，以大无畏的精神，毅然上书汉文帝，说："妾父为吏，齐中称其廉平，今坐法当刑。妾切痛死者不可复生而刑者不可复续，虽欲改过自新，其道莫由，终不可得。妾愿入身为官婢，以赎父刑罪，使得改行自新也。"她的真诚之心打动了文帝，不但使其父无罪释放，而且也被破格接见，并详细询问了学医经过、师承、治疗过哪些病、疗效如何以及弟子等情况，仓公一一作了如实回答。其中重点介绍了二十五个医案，对于病人的里居、职业、病状以及医生的施诊时间、辩证治病、施用药物，莫不详细记载，开创了我国医家记载"病历"的纪元。这些医案，关于妇人的六则，关于小儿的二则，难能可贵的是还有死亡的十则，且是根据脉象来断定生死的。把这些医案加以类比，然后进行分析和归纳，便能得出以下的养生禁忌。

一　内不节，养生之通忌！

内（房事）节制与否，在养生中起着重要的作用。而是否能够做到节制内，关键在于能否控制自己的欲望。我国先秦至秦汉时期的思想家们，早已认识到了控制欲望的重要性。《老子》曰："弱其志，强其骨。"河上公曰："有欲者亡身。"《曲礼》更明确指出："欲不可纵。"《素问·上古天真论》在谈到人能否长生时，从正反两方面论述了节制内在养生中所起的不同作用。它说："上古之人，其知道者，法于阴阳，和于术数，食饮有节，起居有常，不妄作劳，故能形与神俱，而尽终其天年，度百岁乃去。今时之人不然也，以酒为浆，以妄为常，醉以入房，以欲竭其精，以耗散其真，不知持满，不时御神，务快其心，逆于生乐，起居无节，故半百而衰也。"不论是思想家们，还是医学家们，都认识到了节制内的关键在于控制欲望的膨胀，但这只是笼统的说教，而仓公作为一个伟大的医学家，给我们提供了不节制内的人自食其苦果的活生生实例。有关这方面的医案之一是一个叫循的郎中令生了病，其他医生认为是气逆上攻入胸腹之中，并进行了针刺疗法。而仓公却诊断为腰腹疼痛气胀，使人不能大小便。循也直言不讳地告诉仓公，不能大小便已三天了。仓公便让他服用清火的火剂汤，两三天病便好了。循的病是好了，但他得病的原因却是内不节，这一点仓公在医案中已明确指出。有关这方面的医案之二是齐王为阳虚侯时，病得很厉害。众医都认为是阴气蹶逆之病，而仓公通过诊脉，诊断为胁下痹病。仓公便让他服用火剂粥，五六天气就顺畅了；又让他服用丸药，过了五六日病便好了。齐王的病，病因与郎中令循一样，也是内不节，这一点，仓公并没有因为齐王的地位而隐讳。有关这方面的医案之三是安陵阪里公乘项处生了病，仓公通过切脉诊断为"牡疝"，并一再叮嘱"慎毋为劳力事，为劳力事则必呕血死。"但处后来竟然蹴鞠（踢足球），使腰部受了寒，并出了很多汗，即开始呕血。仓公进行了复诊，预言"当旦日日夕死。"果不出所料。处的病因，同上二例一样，得之内不节，并违犯了禁忌，结果招来了杀身之祸。可见，内不节轻则致病，重则使人丧生，前车之鉴，我们能不戒惧吗？

二 数饮酒或饮酒大醉，也是养生的通忌！ 而酒且内，则是养生的大忌！

酒是我国劳动人民在长期的生产和生活实践中发明的，起先是用于祭祀和治病。到了殷商王朝，饮酒之风非常盛行。而这也是其亡国的因素之一，为此代殷而起的周王朝，还曾专门下过禁酒令，但也无济于事。我们认为，饮酒适量是对身体有益的，而数饮酒，甚或酩酊大醉，则是对身体有害的。这一点，仓公已为我们提供了活生生的案例。案例之一说的是安阳武都里成开方，自信自己没有病，而仓公根据他的肾和肺的脉是互相倒置地跳动，认为是得了沓风（中风病之一），并预言三年后四肢无活动能力，声音嘶哑，人也就死到临头了。虽然现在已四肢不能活动，但还没有声音嘶哑。成开方得病的原因，仓公明确指出是"数饮酒以见大风气"。案例之二说的是济北王的乳母生了病，仓公告诉她得的是寒气逆行而足心发热的热蹶，便在她的足心三处进行了针刺疗法，病旋即也就好了。病虽是好了，但她得病的原因却是"饮酒大醉"，这一点仓公是明确告诉了我们的。看来数饮酒要比间或饮酒大醉对身体危害大得多。

数饮酒或饮酒大醉固然是对身体有害的，而酒且内（过性生活）则是对身体有着大害。前引《素问·上古天真论》已明确指出："以酒为浆，以妄为常，醉以入房，以欲竭其精，以耗散其真"是人衰老的最常见的因素之一，而仓公也用活的医案给我们敲响了警钟。案例之一说的是齐侍御史成得了头痛病，而仓公通过诊脉判定得的是毒疮，并且当发作于肠胃之间，于后五日臃肿，后八日吐脓血死，果不出所料。而成得病的原因，却是"饮酒且内"。案例之二说的是齐中尉潘满如小腹痛，仓公通过诊脉断定得的是气积聚腹中的蛊胀病，并告诫齐太仆饶和内史繇说："如果中尉不再自动中止性生活的话，那么三十天就会死的。"只过了二十多天，便尿血而死。而得病的原因，与齐侍御史成相同，看来酒且内不仅使人变得衰老，而且常常置人于死地，这一点不能不使我们有所醒悟！

三　忧或思，养生之通忌！盛怒而以
接内，养生之大忌！

众所周知，在祖国医学中，喜、怒、忧、思、悲、恐、惊被称为七情。如果对七情采取放纵态度，就会使人致病。《素问·举痛论》载："怒则气上，喜则气缓，悲则气消，恐则气下……惊则气乱，劳则气耗，思则气结。"而对七情采取怎样的态度，才不会使人致病呢？荀悦《申鉴·俗嫌》载："有养性乎，曰：养性秉中和，守之以生而已。……故君子节宣其气，勿使有所雍闭滞底。昏乱百度则生疾，故喜怒哀乐思虑，必得其中，所以养神也。"看来只有七情"必得其中"，才不会使人致病。而不论是忧还是思，都是七情之一，它们都可以使人致病，因而成为养生的禁忌。在这一方面，仓公为我们提供了两个医案。其一说的是齐王中子诸婴儿小子生了病，仓公通过诊脉认定得的是气鬲病。这种病使人心烦意乱，吃不下饭，不时地呕吐胃沫酸水。仓公便让服用下气汤，第一天气就顺畅下行，第二天就能吃饭，第三天病就痊愈了。病是好了，但得病的原因却是心中忧愁，不思饮食。其二说的是济北王侍者韩女腰背痛，众医都认为是怕寒怕冷，而仓公通过诊脉，认为得的是因内寒而致的月经不潮。随即采用了药物熏疗法，立时来了月经，腰背痛的病也就好了。而其得病的原因，却是"欲男子而不可得也"的相思病。作为七情之一，忧或思使人得的病虽然不至于难治，但毕竟使人经受了痛苦，所以我们后来人最好还是七情"必得其中"，不要让古人的痛苦再在自己身上体验一番。

怒作为七情之一，与忧或思一样，如果使其任意发作，同样可以使人致病。而我国古代的思想家和医学家们，早就认识到这种情志活动产生的后果。《素问·阴阳应象大论》说："天有四时五行，以生长收藏，以生寒暑燥湿风。人有五脏化五气，以生喜怒悲忧恐。故喜怒伤气，寒暑伤形。暴怒伤阴，暴喜伤阳……喜怒不节，寒暑过度，生乃不固"。《淮南子·诠言训》也说："重于滋味，淫于声色，发于喜怒，不顾后患者，邪气也。"看来暴怒是会损伤人的阴气的，而让它任意发作，这是一种邪气猖獗的表现。所以养生者主张人们节制情志活动，具体地说就是"和喜怒"。《灵枢·本神篇》云："故智者之养生也，必顺四时以适寒暑，和喜怒而安居住，节阴阳而调刚柔。如是则僻邪不至，长生久视。"《诠言训》又云："凡治身养性，节寝处，适饮食，和喜怒，便动静，使在己者得，而邪气因而不生。"

仅暴怒一种情志活动对人的危害就不小了，而在暴怒之下再去过性生活，即所谓"盛怒而以接内"，对人的危害就更大了。仓公在这一方面已给我们提供了案例。说的是齐章武里曹山跗生了病，仓公通过诊脉判断为伴随有寒热的肺消瘅，便告诉他说："你得了不治之症，只能好好供养，不必医治啦！"因为按医理来说，"后三天应当发狂，肆意乱走动，五天后即死"。果不出仓公预料，即如期死。而其得病的原因，正如仓公所说："山跗病得之盛怒而以接内。"可见，人在暴怒之下过性生活，对身体的健康危害很大。

仓公医案共二十五个，本文引用了十个。就所引医案涉及的患者来说，多与诸侯王及其周围人士有关，显然属于社会的中上层。这些医案或者说的是经常饮酒甚或酩酊大醉，甚而酒后就过性生活，或者说的是诸如忧、思、怒等情志活动的不节以及在此不佳情绪下的性生活，或者说的是纯粹的性生活不节，这不仅表现了汉代中上层人士致病的常见因素，也反映了他们骄奢淫逸的生活，而这正是与养生的要求背道而驰的，因而成为养生家的禁忌，也是我们后人应该引以为戒的。

（原文载秦始皇兵马俑博物馆、陕西省司马迁研究会编：《司马迁与史记研究论文集》，西安：陕西人民出版社，1994 年 9 月第 1 版）

《山海经》中的"甘木"考辨

"甘木"一词，见于《山海经·大荒南经》，其语曰："有不死之国，阿姓，甘木是食。"晋郭璞注曰："甘木即不死树，食之不老。"袁珂注曰："不死之国，即不死民，见《海外南经》；不死树在昆仑山上，见《海内西经》。"[1]郭璞认为"甘木"实际上就是不死树，并有延年益寿的功效，袁珂先生支持其说，并进一步对不死树的产地及生活在那里的人民作了解释，但终没有指出"甘木"为现代的何种植物？而明李时珍认为"甘木"是梅的古文**某**的讹书，他说："梅古文作**某**，象子在木上之形，梅乃杏类，故反杏为**某**，书家讹为甘木"[2]。这是一种未引起人们注意的有创见性的观点，惜未详细分析讹书的原因，今试补释论证之。

众所周知，先秦的典籍，原来都是用秦统一前的六国文字书写的，后世把这种字体叫做古文。由于汉代学者在诠释古文时不能完全认识，再加上口耳授受和辗转传抄的缘故，以致讹文误字时有所见，为此清代朴学大师俞樾著《古书疑义举例》一文，其中有"一字误为二字例"。他以《国语·晋语》中的话为例，认为"吾观晋公子，贤人也。其从者，皆国相也。以相一人，必得晋国"中的

---

〔1〕 袁珂：《山海经校注》，上海：上海古籍出版社，1980 年 7 月第 1 版，第 370 页。

〔2〕 （明）李时珍：《本草纲目》卷二十九"梅"，北京：中国书店，1988 年 5 月第 1 版。

"一人"二字，应是"夫"字之误[3]。《山海经》作为我国先秦的一部重要典籍，鉴于以上因素，其存在讹文误字现象自不待言，而且也存在一字误为二字的情况。如《海内经》云："有国名曰流黄辛氏，其域中方三百里，其出是尘土。"对于"尘土"一词，郭璞、杨慎、郝懿行、蒋知让诸家皆有注释，但只有蒋知让深得要旨，他于孙星衍校本眉批云："尘土当是尘、麈等字之讹。"袁珂先生对蒋氏的观点表示支持，并进一步论证"尘土"系"麈"字误析为二也[4]。本文所要考证的"甘木"，也属于一字误析二字例，它实际上是由"某"字误析为二的，其理由有三：一是我国古代典籍的文字是由上至下竖向排列的，而典籍的流传主要又是靠的手抄，这在隋唐以前尤其如此，加之"某"字形体本长，如书之竹简，其长当又特甚，抄者不慎，误析为"甘木"二字，极有可能，所以说李时珍的观点是有一定道理的。二是《山海经》中虽然有以一个字命名的植物，如梨[5]、猿[6]、荂[7]等，但以两个字命名的且后一个字带有木的植物更多，如丹木[8]、怀木[9]、栃木[10]、蒙木[11]、梢木[12]、亢木[13]等。也许是受后者木名的影响，抄书人或注书人有意把"某"改为"甘木"，不是没有可能。三是早于古文的金文，已经出现了"某"字，或作 ![字形] （见《禽簋》）[14]，或作 ![字形] （见《谏

---

[3] 俞樾等：《古书疑义举例五种》，北京：中华书局，1956年1月版，第102~103页。

[4] 袁珂：《山海经校注》，上海：上海古籍出版社，1980年7月第1版，第454页。

[5] 《山海经·中山经》。

[6] 《山海经·中山经》。

[7] 《山海经·中山经》。

[8] 《山海经·西山经》。

[9] 《山海经·西山经》。

[10] 《山海经·中山经》。

[11] 《山海经·中山经》。

[12] 《山海经·中山经》。

[13] 《山海经·中山经》。

[14] 容庚编著：《金文编》，北京：中华书局，1988年版，第393页。

篇》）〔15〕。两者的形象大同小异：同的是两者下部皆为木，异的是两者上部一作 ⽇，一作 ⽢，但皆为果实之形。既然"某"之两种形象皆为果实在木上之形，因而"某"应为一种植物无疑。

既然"甘木"系"某"之误析，而"某"又确系一种植物无疑，那么它应为今天的什么植物呢？汉许慎《说文解字》释"某"曰："㮗，酸果也，从木甘，阙。㮮，古文某，从口。"（段玉裁注本《说文解字》）段玉裁注曰："此是今梅子正字，说见梅下，此阙谓义训酸而形从甘不得其解也。……甘者，酸之母也。凡食甘多易作酸味，水土合而生木之验也。……从口者，甘之省也。"是知"某"为酸果之梅的正字，但它之所以"从木甘，阙"，是因为许慎的老师当初并没有讲清"某"应为形声字，还是会意字，因而付之阙如。其实"某"应为会意字，段玉裁、朱骏声等皆这样认为，且段玉裁对"义训酸而形从甘"以五行的学说作了解释，颇能令人信服。又段玉裁注《说文解字》释"梅"曰："……许意某为酸果正字，……则凡酸果之字作梅，皆假借也。"段氏的注，使我们明白"某为酸果正字"，梅只不过是它的假借字而已。清人王筠也认为"某"为酸果之梅的正字，他在其所著《文字蒙求》卷三释"某"中说："此梅杏之梅之正字，酸果也。"

《山海经》中不仅有酸果之梅的正字"某"（误为"甘木"）的记载，而且也有其假借字"梅"的材料。

（1）又东北三百里曰灵山。……其上多桃李梅杏。（《中山经·中次八经》）

（2）又东北三百里，曰岷山。……其木多梅棠。（《中山经·中次九经》）

（3）又东二百五十里，曰岐山。……其木多梅梓。（《中山经·中次九经》）

---

〔15〕　容庚编著：《金文编》，北京：中华书局，1988 年版，第 393 页。

（4）又东一百五十里，曰崌山。其木……多梅梓。(《中山经·中次九经》)

从上引四条材料可以看出，中山经地区的灵山、岷山、岐山、崌山等均出产梅，但这四山所产的梅是否都是酸果之梅呢？因梅有酸果之梅与柟（或作楠）树之梅的区别，因而我们还不能遽下结论。丁永辉同志在《〈山海经〉与古代植物分类》[16]一文中认为，《山海经》划分植物类型的依据有三：一曰形态或气味相似的植物归为一类；二曰习性相同的植物归为一类；三曰功用相同的植物归为一类。如果用这三条依据来分析以上四条材料，则灵山、岷山的植物符合第三条依据，灵山的梅与桃、李、杏并列，而桃、李、杏均为蔷薇科李属，且都是带核的可以吃的水果，显然，与它们并列的梅，也只能是蔷薇科李属带核的可以吃的水果，即酸果之梅，而不可能是柟树之梅，因为柟树之梅的果实是不可以吃的。同样，崌山的梅与棠并列，而棠为蔷薇科中可以吃的水果，自然与它并列的梅也是蔷薇科中可以吃的水果，即酸果之梅。至于说岐山、崌山的植物，它们则符合第二条依据。岐山、崌山的梅皆与梓并列，而梓为紫薇科乔木，与它并列的梅，自然也应为乔木，至于它究竟为哪一科？因梅曾是柟（或作楠）的别名[17]，而《南山经》中的虖勺之山，《西山经》中的天帝之山、石脆（脃）之山、翠山，厹（庑）阳之山、符惕之山，《北山经》中的敦薨之山，《东山经》中的余峨之山，《中山经》中的夸父之山、瑶碧之山、暴山、纶山，均出产梅，它或与棕并列，或与梓并列，其中虖勺之山、朝歌之山、瑶碧之山、纶山、余峨之山的柟与梓并列，又柟为樟科植物，因而岐山、崌山的梅，亦应为樟科乔木，即柟。

《山海经》中的梅，在有的山指酸果之梅，而在有的山却指柟树

---

〔16〕 见《自然科学史研究》第 12 卷第 3 期（1993 年）。

〔17〕 夏玮英：《植物名释札记》释"柟木"，北京：农业出版社，1990 年 12 月第 1 版，第 183 页。

之梅，容易使人混淆。原来，梅是柟的另一种称呼，也就是说，它的本义是指柟树。在《尔雅》一书中，只有关于柟树之梅的记载，而不见关于酸果之梅的记载。樊光、孙炎两人释《尔雅》均曰："荆州曰梅，扬州曰柟。"[18]自从"后世取梅为酸果之名，而梅之本义废矣"[19]。这样也就使人们对梅与柟产生了混淆，就连许慎也不例外。他于《说文解字》释"梅"中说："柟也，可食。"其实柟之果并不可食，这一点朱骏声已经认识到，他于《说文通训定声》释"梅"条说："字亦作莓，与酸果之某迥别，许君云可食，误。"而段玉裁却还为许氏辩护，他说："……然则许以柟梅二篆厕诸果之间，又曰可食，岂非始误与？曰此浅人所改窜也。"[20]段玉裁注《说文解字》释"梅"又曰："以许书律群经，则凡酸果之字作梅，皆假借也。凡某人之字作某，亦皆假借也。假借行而本义废，固不可胜数矣。"这是说，酸果的正字本为"某"，由于"某"后来被用为某人之某，以致它的本义"酸果"也就被人忽视了；同样梅的本义是指柟树，后来由于梅被用作酸果正字"某"的假借字，以致人们对它的本义"柟树"也淡忘了。这就是梅与柟容易混淆的原因。《山海经》中酸果的正字"某"见于《大荒南经》，而它的假借字梅则见于《中山经》，这表明，在先进的中山经地区，酸果之梅的正字"某"已被其假借字"梅"所代替，而相对落后的大荒南经，还保留着酸果之梅的正字"某"。

（原文载《陕西历史博物馆馆刊》第二辑，西安：三秦出版社，1995 年 6 月第 1 版）

---

[18] 段玉裁：《说文解字注》释"柟"与释"梅"，上海：上海古籍出版社，1988 年 2 月第 2 版，第 239 页。

[19] 段玉裁：《说文解字注》释"梅"，第 239 页。

[20] 段玉裁：《说文解字注》释"梅"，第 239 页。

论《淮南子》的用人思想[*]

在中国两千多年君主专制的封建社会里，人君能否知人善用，历来被认为是国家能否治理的根本。早在春秋时期，齐国著名的政治家晏子就已清楚地认识到了这一点。他说："国有三不祥：夫有贤而不知，一不祥；知而不用，二不祥；用而不任，三不祥也。"对于先秦诸子来说，虽"百家殊业，而皆务于治"，因而对于用人之道这一治国之本，也无不有着自己的见解。西汉时期，淮南王刘安及其门客本着"纪纲道德，经纬人事，上考之天，下揆之地，中通诸理"这一目的，博采百家思想之精华，编写了在我国古代思想史上占有重要地位的著名典籍——《淮南子》。《淮南子》在对诸子百家治国安邦的思想兼收并蓄的基础上，也吸收了他们的用人思想，并在此基础上进行了发展和完善，形成了自己独特的察人用人的思想体系。

《淮南子》对于前人用人思想的精华兼收并蓄，并使之更加系统化，从而形成了自己的思想体系。它不仅提出了"无愚智贤不肖，莫不尽其能"，即人尽其才的用人思想，而且还指出了保证人尽其才的条件。

一　"无愚智贤不肖，莫不尽其能"即人尽其才的用人之道

《淮南子》的这一用人思想，是对前人用人思想的完善。先秦诸

---

*　本文与何菊玲合作。

子在用人上大多尚贤用智。孟子曾以"虞不用百里奚而亡，秦穆公用之而霸"的例子，说明君主能否用贤直接关系到国家兴亡的道理。荀子认为君主身死国亡的根本原因是"不亲贤用智"。墨子不仅认为尚贤是治国的根本，而且认为"国之贤良之士"的众寡与"国之治"的厚薄密切相关。他力主对于不肖者"抑而废之"。这些思想家在主张尚贤的同时，于有形无形之中轻视或贬低了愚及不肖者的作用。

实际上，任何人都有自己的长处。《鬼谷子·权篇》就已认识到了这一点，它说："是故智者不用其所短，而用愚人之所长；不用其所拙，而用愚人之所工，故不困也。"道家老子则更明确地提出了"人无弃人，物无弃物"的主张。战国时期，在以养士著称的孟尝君田文的宾客中，所谓"鸡鸣"、"狗盗"之徒却能使其主逃脱秦难，令众人皆服。可见，"不肖之徒"亦有自己的长处。

《淮南子》认为："知者之所短，不若愚者之所修；贤者之所不足，不若众人之有余。"它赞赏"圣人之处世，不逆有伎能之士"的举动，并引老子"人无弃人，物无弃物"的话，说明天下没有根本无用的人，也没有根本无用的物。即使是"不善人"，也是"善人之资也"。它以公孙龙收"善呼者"为门客、楚将子发礼遇"善偷"之人的具体事例，说明愚及不肖者的雕虫小技亦是长处，并能在关键时候解决大问题。它还认为贤智在治国安邦中的作用固然重要，但大众百姓的力量亦不容忽视。只有"用众人之力，则无不胜也"，"众智之所为，无不成也"。《淮南子》的这一思想，蕴含着朴素的"人民创造历史"的唯物史观，正是在这一唯物史观的基础上，它才提出了"无愚智贤不肖，莫不尽其能"的用人思想。

《淮南子》认为，人的才能虽有大小之别，但他们各有自己的用处，天下没有根本无用的人，它以巧工制木的形象比喻充分说明了这个问题。它说："贤主之用人也，犹巧工之制木也，大者以为舟航柱梁，小者以为楫楔，修者以为榱橑，短者以为朱儒枅栌，无小大修短，各得其所宜，规矩方圆，各有所施。……是故林莽之材，犹无可弃者，而况人乎！"

《淮南子》不仅提出了人尽其才的用人思想，而且还指出了人尽其才必须具备的条件。

二 人尽其才必须具备的条件

1. 君主"不任己之才"是人尽其才的前提条件

《淮南子》推崇的是贤人政治，而贤人政治的基本要求是君主无为而臣下有为。贤明的君主，讲求的是使用"众力"、"众智"为己效劳，而不是"任己之才"来与臣下争功。君主若事必躬亲，人臣就会"常后而不先"，并且因职责不明难以尽其才。《主术训》指出，国家之所以能出现"贤者尽其智，而不肖者竭其力，德泽兼覆而不偏，群臣劝务而不怠"以及"近者安其性，远者怀其德"的喜人局面，正是由于人主得用人之道而"不任己之才"的缘故！由此可见，人主"不任己之才"是"无愚智贤不肖，莫不尽其能"的前提条件。

那么，人主如何才能做到"不任己之才"呢？《淮南子》认为，只有"君臣异道"，即君得君道，臣得臣道，天下才会大治。《主术训》非常清楚地阐明了这一问题："主道员者，运转而无端，化育如神，虚无因循，常后而不先也。臣道员者，运转而无方，论是而处当，为事先倡，守职分明以立成功也。是故君臣异道则治，同道则乱。各得其宜，处其当，则上下有以相使也。"而能否做到"君臣异道"，主要取决于君主，因为"人之所以乐为人主者，以其穷耳目之欲而适躬体之便也"。正是由于这种"穷耳目之欲而适躬体之便也"的驱使，使得君主往往利令智昏，结果出现了"君臣同道"的混乱局面。因此《淮南子》认为，要保证君臣各得其道，君主就必须修身节欲，"不与臣争功"，这样才能使人臣皆尽其力，为主效劳。

2. 遵循"力胜其任"、"能称其事"的量才用人原则是人尽其才的关键

《淮南子》已经意识到了个体能力的差异性。它说，每个人的能

力大小不同，有的人任一种职务就会觉得太重而难以胜任，而有的人身兼数职还觉得太轻。因此，在用人中依据每个人的长处及能力大小而量才用人至为重要。具体地说，对于有大略的人，不可让他干具有捷巧性的工作；对于有小智的人，不可让他干具有大功的事。这是因为"审毫厘之计者，必遗天下之大数，不失小物之选者，惑于大数之举"。对于有一技之长的人，只让他干一件事，这样，"力胜其任，则举之者不重也"，"能称其事，则为之者不难也"。它进一步批评指出，现今朝廷所不重用、乡曲所不称誉的人，并非因其人不肖，实乃因官非其职所致。

《淮南子》又认为，在任用将帅时，坚持量才用人的原则尤为重要，因为战争的胜负直接关系到国家的安危。在将帅中，轻者、重者、贪者、廉者各有所用，他们的长处分别是欲发、欲止、欲取、不利非其有，而人君所要做的就是依据他们的长处而量才用人。具体地说，对于勇敢的人，可以令他进攻、战斗，而不可令他持牢；对于持重的人，可以令他固守，而不可令他凌犯敌人；对于贪婪的人，可以令他进取，而不可令他守职；对廉洁的人，可以令他守分，而不可令他进取；对于守信的人，可以令他持约，而不可令他随机应变。如果是与上述五种人相反的人，圣人也要兼而用之，并按他们的才能大小来使用。由此可见，在用人中坚持量才用人的原则是实现人尽其才的关键。

3. 德才兼备的贤臣居于上位是人尽其才的重要保证

荀子曾把大臣分为三类："下臣事君以货，中臣事君以身，上臣事君以人。"王先谦注解曰："货，谓聚敛及珍异献君。身，谓死卫社稷。人，谓举贤也。"荀子所谓的"上臣"，就是身居上位而握有大权之臣，他们专以为君主举荐贤才为务。《淮南子》认为，要使人臣各尽其才，人主除了自己"不任己之才"而遵循量才用人的原则外，能否选到贤能之人居于上位也是至关重要的。贤能之人居于上位，其宽阔的胸怀使他不但不会嫉贤妒能而压制有才能的人，反而会把国家利益放在首位而为人主举荐贤才，因而天下贤士争相聚集于朝廷，乐为人主效命。正如孟子所说："尊贤使能，俊杰在位，则天下之士，皆悦而愿立于其朝矣。"孟子所谓的"俊杰"，正属荀子所谓"上臣"的范畴。

上臣在治国安邦中的作用之所以重要，不仅因为其有才能，而更重要的是因为其有容人的高尚品德，所以《淮南子》对于上位人选最为慎重，因为这与国家的安危息息相关。正如《主术训》所说："是故人主之一举也，不可不慎也。所任者得其人，则国家安，上下和，群臣亲，百姓附；所任者非其人，则国家危，上下乖，群臣怨，百姓乱。"

对于上位的人选，《淮南子》认为大致有以下三类。首先，"圣人"、"忠正"、"直士"。《主术训》载："人主忠正而尚忠，忠正在上位，执政营事，则谗佞奸邪无由进矣。是故圣人得志而在上位，谗佞奸邪而欲犯主者，譬犹雀之见鹯而鼠之遇狸也，亦必无余命也。""故人主诚正，则直士任事，而奸人伏匿矣。"第二，"仁知"之士。孟子认为："惟仁者宜在高位，不仁而在高位，是播其恶于众也。"《淮南子》继承并完善了这一思想，认为处于高位的人不仅需要仁，而且也需要知，两者缺一不可。《泰族训》指出："故仁知，人材之美者也。所谓仁者，爱人也；所谓知者，知人也。爱人则无虐刑矣，知人则无乱政矣"。仁智之士处于高位，其仁的品德，促使其泛爱人类，故"无虐刑"。知人则善于用人，善于用人也就"无乱政"了。第三，英、俊、豪、杰之士。《淮南子》对于英、俊、豪、杰的定义是："智过万人者谓之英，千人者谓之俊，百人者谓之豪，十人者谓之杰。明于天道，察于地理，通于人情，大足以容众，德足以怀远，信足以一异，知足以知变者，人之英也；德足以教化，行足以隐义，仁足以得众，明足以照下者，人之俊也；行足以为仪表，知足以决嫌疑，廉足以分财，信可使守约，作事可法，出言可道者，人之豪也；守职而不废，处义而不比，见难不苟免，见利不苟得者，人之杰也。"英、俊、豪、杰虽然在品德和才智方面各有差别，但他们皆为德才兼备之人，所以他们是可以居于上位的，只是仍须"各以小大之材处其位，得其宜"。

4. 赏罚恰当是人尽其才的有效激励手段

《淮南子》认为，君臣的关系是"相报之势"，人君要使人臣各尽其才，必须恰当地使用赏罚这一激励臣下的手段。如何才能做到赏罚恰当呢?《淮南子》认为须注意以下几点：首先，君主须明确赏罚的目的是为国家的利益而非自己的私欲，这样君主就会"喜不以赏赐，怒不以罪诛"，而且还会"赏罚不阿"。其次，被赏者功当其赏，被罚者罪当其诛，他们就会心悦诚服而无怨言，所谓"诛者不怨君，罪之所当也；赏者不德上，功之所致也。"再次，《淮南子》非常讲求赏罚的效率。它以赵襄子解晋阳围后首赏高赫的例子，说明善赏者"费少而劝众"；又以齐威王诛无盐令的事例，说明善罚者"刑省而奸禁"。最终提出了赏罚的最高境界乃是"至赏不费，至刑不滥"。

综上所述，我们可以对《淮南子》察人用人的思想体系作一概括：在察人方面，《淮南子》通过考察人们在多种截然不同环境下的行为以及其交友等情况来判断其真情，进而识别贤与不肖。同时，从人无完人、金无足赤的角度出发，它提出了"君子不责备于一人"而舍短求长的选贤原则，并对贤者提出了独到的见解。在用人方面，《淮南子》纠正了先秦诸子多重视贤智而忽视愚和不肖者作用的偏向，第一次从理论上提出了"无愚智贤不肖，莫不尽其能"的用人思想，并且明确指出了使"无愚智贤不肖，莫不尽其能"的条件：其一，君主"不任己之才"；其二，贯彻执行量才用人的原则；其三，德才兼备的贤臣居于上位；其四，恰当使用赏罚这一激励臣下的手段。今天，在人才竞争的环境下，《淮南子》"君子不责备于一人"而舍短求长的选贤原则和量才用人的原则以及高层领导须德才兼备的思想，对我们选拔和使用人才仍有借鉴。

（原文载《石油大学学报》社会科学版 1997 年第 1 期）

论《淮南子》的察人之道

在中国两千多年的君主专制的封建社会里，人君能否知人善用，历来被认为是国家治乱的根本。早在春秋时期，齐国著名的政治家晏子就已清楚地认识到了这一点。他说："国有三不祥：夫有贤而不知，一不祥；知而不用，二不祥；用而不任，三不祥也。"[1]对于先秦诸子来说，虽"百家殊业，而皆务于治"[2]，因而对于用人之道这一治国之本，也无不有着自己的见解。西汉时期，淮南王刘安及其门客本着"纪纲道德，经纬人事，上考之天，下揆之地，中通诸理"[3]这一目的，博采百家思想之精华，编写了在我国古代思想史上占有重要地位的著名典籍《淮南子》。《淮南子》在对诸子百家治国安邦的思想兼收并蓄的基础上，也吸收了他们的察人用人思想，并在此基础上进行了发展和完善，形成了自己独特的察人、用人的思想体系。本文拟对察人之道这一问题作一考察，以期在我国现代化建设中，能为我们选拔人才提供借鉴，如古人著《淮南子》是为了"窥道开塞，庶后世使知举错取舍之宜适"[4]。

所谓察人之道，就是按照一定的标准识别人才的方法。《淮南子》的察人之道包括三个方面：一是"备人情"的识人之法；二是

---

〔1〕《晏子春秋·景公猎逢蛇虎以为不祥晏子谏第十》。

〔2〕（汉）刘安：《淮南子》卷十三《氾论训》，（汉）高诱注，上海：上海书店，1986年7月第1版，第213页。

〔3〕《淮南子》卷二十一《要略》，第369页。

〔4〕《淮南子》卷二十一《要略》，第373页。

"君子不责备于一人"而舍短求长的选贤原则；三是"遇士无礼，不可以得贤"的求贤之道。

一 在不同环境下观察一个人的行为而 "备人情"的识人之法

《淮南子》认为，人是复杂多变的，识别人才不能只看其外表和言辞，还必须看其在不同环境下的所作所为，这样才能了解其真情，识别其贤与不肖。《氾论训》认为，人与人之间并非像玉与石、美与丑那样泾渭分明，容易辨别，而往往是物类相似、嫌疑肖像，这就是世主乱惑和众人炫耀的原因。"故狠者类知而非知，愚者类仁而非仁，戆者类勇而非勇。"[5]《道应训》载孔子回答子贡"何谓益而损之"的话时也说："夫物盛而衰，乐极则悲；日中而移，月盈而亏。是故聪明睿智，守之以愚；多闻博辩，守之以陋；代力毅勇，守之以畏；富贵广大，守之以俭；德施天下，守之以让。"可见一个人的外表所反映的并非一定就是其庐山真面目，故《人间训》进而申明，对于物类相似的情况，尤其不能从外部表现去识别，应着重从人的行为方面去判断其真情并进而识别其是否贤能，这样才可以避免许多失误。对于圣人来说，"见小行则可以论大体"[6]，"见其一行而贤不肖分矣"[7]，但对于大多数人来说，要识别一个人，仅"见小行"或"见其一行"似嫌不足，还需观察其在贫与富、贵与贱等截然不同环境下的行为，这样才能更准确地把握此人。为此，《氾论训》提出了"备人情"的识人之法："故论人之道，贵则观其所举，富则观其所施，穷则观其所不受，贱则观其所不为，贫则观其所不取。视其更难，以知其勇；动以喜乐，以观其守；委以财货，以论

---

[5] 《淮南子》卷十三《氾论训》，第227页。
[6] 《淮南子》卷十八《人间训》，第325页。
[7] 《淮南子》卷十三《氾论训》，第228页。

其仁；振以恐惧，以知其节。则人情备矣。"《淮南子》这一思想，
继承并总结了前人的思想。

从人的行为方面考察一个人的真情并进而判断其是否贤能，这
在《淮南子》以前就已存在。春秋时期辅佐齐桓公成就霸业的管仲，
就是一个善于依据人的行为考察一个人的真情并进而判断其是否贤
能的政治家。据《史记·齐太公世家》记载，管仲在为桓公分析易
牙、竖刁、开方等人之所以不能成为自己的接班人时指出，易牙的
"杀子以适君"、竖刁的"自宫以适君"、开方的"倍亲以适君"等
行为，皆非人情，故人君难以亲近，不能予以重用。晚于管仲而有
知人善任之誉的晏子，其识人之法亦侧重于人的行为。他不仅考察
一个人在通（即贵或达之意）与穷截然不同环境下的行为，而且也
考察其在富的环境下的行为以及其交游情况[8]，从而判断其真情并
进而识别其是否贤能。战国时期的政治改革家李悝（克），对注重行
为的识人之法进行了初步概括，他在回答魏文侯何人能做宰相的问
题时指出："君不察故也。居视其所亲，富视其所与，达视其所举，
穷视其所不为，贫视其所不取，五者足以定之矣，何待克哉！"[9]李
悝（克）这种"五视"的识人之法，在《吕氏春秋》中被发展成
"八观"，并在此基础上增加了"六验"以及"六戚四隐"的内容。
《吕氏春秋》卷三《季春纪·论人》载："凡论人，通则观其所礼，
贵则观其所进，富则观其所养，听则观其所行，止则观其所好，习
则观其所言，穷则观其所不受，贱则观其所不为。喜之以验其守，
乐之以验其僻，怒之以验其节，惧之以验其特，哀之以验其人，苦
之以验其志。八观六验，此贤主之所以论人也。论人者，又必以六
戚四隐。何谓六戚？父母兄弟妻子。何谓四隐？交友故旧邑里门郭。
内则用六戚四隐，外则用八观六验，人之情伪贪鄙美恶无所失矣。"

---

〔8〕《晏子春秋·内篇问上》。

〔9〕（汉）司马迁：《史记》卷四十四《魏世家》，北京：中华书局，1982 年 11
月第 2 版，第 1840 页。

《吕氏春秋》把察人之道归纳为八观六验及六戚四隐，可谓全面而具体，只是似有烦琐之嫌。《淮南子》本着实用的目的，在对李悝"五视"及《吕氏春秋》"八观"进行糅合的基础上，形成了自己的"五观"，同时它也吸收了太公所谓"八征"中的廉、勇〔10〕以及《吕氏春秋》"六验"中的节、守等内容。《淮南子》不仅重视观外之法，而且也重视观内之法。《泰族训》记载说，四岳把舜推荐给尧时，尧不仅任以百官以观其外，而且还把自己的两个女儿嫁给他以观其内。由于尧善于察人，因而《氾论训》把一个人没有建功立业之前就能识别其为贤者的人赞誉为"尧之知舜"，而把一个人在事成名立之后才识别其为贤者的人讥讽为"市人之知舜也"。

考察一个人所结交的朋友，也是判断其是否贤能的重要因素之一。孔子曾把交友作为察人的一项重要内容，《吕氏春秋》把交友列为"四隐"之首。到了《淮南子》，它不仅把交友作为察人的重要因素，而且还把一个人做官以后所参加的党派作为察人的重要因素，正所谓"察其党与，而贤不肖可论也"〔11〕。

《淮南子》对于前人的察人之道，并非完全因袭它，而是本着实用的目的有所取舍，使之更符合自己的要求。"则人情备矣"一句话，概括了它的察人之道是通过观察人的行为来了解人的真情并进而判断其是否贤能，这样才能真正地做到识人。

二　"君子不责备于一人"而舍短求长的选贤原则

所谓选贤原则，实际上就是判断贤人的标准。《淮南子》对于贤人的标准提出了自己独到的见解。它认为，人君在选才求贤时所要牢记的一条重要原则是求人之长，而非对人求全责备。人无完人，

---

〔10〕《六韬·选将》。

〔11〕《淮南子》卷二十《泰族训》，第359页。

金无足赤，即使五帝三王，也有所短。《氾论训》认为："夫人之情，莫不有所短"，"尧舜汤武，世主之隆也；齐桓晋文，五霸之豪英也。然尧有不慈之名，舜有卑父之谤，汤武有放弑之事，五伯有暴乱之谋。"连尧舜汤武以及五霸这些豪英都有所短，世俗之人，当然也不能例外。为此，《淮南子》提出了"君子不责备于一人"而舍短求长的选贤原则，也就是说，人君在选贤时要看重某人所长而忽视其所短，这样才能求得贤才。反之，"志人之所短，而忘人之所修，而求得其贤于天下，则难矣。"[12]"以人之小恶，而忘人之大美，此人主之所以失天下之士也。"[13]在《淮南子》看来，人君在选贤时如不遵循舍短求长这一原则，不仅难以求得贤才，而且这也是其失去天下贤士的主要原因。

既然人都有所长，也有所短，而往往是长处与短处并存于一身。那么，什么样的人可以称为贤者呢？《淮南子》对此以实例进行了阐明：

1. "以义补缺"，不失为贤者。

众所周知，周武王灭商两年后病死。成王年幼继位，政事由周公代管。武庚趁机煽动管叔、蔡叔反叛，周公面临危局亲率大军东征，平息了叛乱，诛管叔，放蔡叔，使周王朝转危为安。由于周公杀了管叔，他便负上了"杀弟之累"[14]。"周公诛管叔蔡叔，以平国弭乱，可谓忠臣也，而未可谓弟（悌）也。"[15]但周公东征胜利后，辅佐成王以致天下太平，并在管理国事七年后因成王长大而适时地还政给成王，被人们称为义举。所以《氾论训》赞扬周公"以义补缺"，即不失时机地还政于成王的义举弥补了他杀弟的缺憾，因而仍不失为贤者。

2. "以功灭丑"，不失为贤者。

《氾论训》记载说：管仲曾辅佐公子纠未能成功，不可称为智；

---

〔12〕《淮南子》卷十三《氾论训》，第 226 页。

〔13〕《淮南子》卷十二《道应训》，第 194～195 页。

〔14〕《淮南子》卷十三《氾论训》，第 224 页。

〔15〕《淮南子》卷二十《泰族训》，第 354 页。

纠失败被杀，他却遁逃奔走，不死其主之难，不可以称为勇；束缚桎梏，大讳其耻，不可以称为贞。身有这三种行为的人，连布衣之士都不愿把他作为益友，人君更不愿把他作为义臣。但管仲在鲍叔牙的举荐下，从囚徒一跃而为齐国的宰相，辅佐齐桓公取得了"九合诸侯，一匡天下"的赫赫功绩。桓公"一匡天下"的丰功伟绩，冲刷了他争国的恶名，即"桓公以功灭丑"[16]，仍不失为贤者。管仲辅佐的业绩，也洗刷了他一度所有的不智、不勇、不贞的恶名，也不失为贤者。如果当初管仲死于公子纠之难，就不会有这样的功绩了。所以《氾论训》指出："今人君论其臣也，不计其大功，总其略行，而求其小善，则失贤之数也。故人有厚德，无问其小节；而有大誉，无疵其小故。"高诱注："略，大也；小善，忠也；数，术也。"这从正、反两方面告诫人们，在识别贤才时，如果一意看重其人的小善（忠诚）而不计其大功，总其略行，那么这种选贤之法是不可取的。对于有厚德的人，不要计较其小节；对于有大誉的人，不要挑剔其小疵。只有这样，才能发现人才。

3. 有"小过"而"大略得"，不失为贤者。

《氾论训》认为："夫人之情，莫不有所短，诚其大略是也。虽有小过，不足以为累。若其大略非也，虽有闾里之行，未足大举。"它举例说，颜啄聚是梁父的大盗，但终为齐的忠臣；段干木是晋国的大驵（市侩），但终为魏文侯国师；齐人孟卯，娶其嫂而生子女五人，但他相魏，却使魏国转危为安；楚将景阳，酗酒成性，披发而御于妇人，但却威服诸侯。这四人莫不有短，然而却功名不灭，这正是由于他们"其略得也"[17]的缘故。相反，孔子弟子季襄和孟子弟子陈仲子，立节抗行，不入洿君之朝，不食乱世之食，以致饥饿而死。他们之所以"不能存亡接绝"，就是由于"小节伸而大略屈"的缘故[18]。

---

〔16〕《淮南子》卷二十《泰族训》，第 224 页。

〔17〕《淮南子》卷十三《氾论训》，第 226 页。

〔18〕《淮南子》卷十三《氾论训》，第 226 页。

《淮南子》强调，选举人才，要注重他的主要方面。如果人有大略，则可以不计较其小过，否则，就会遮蔽人才之大略，目睹"小节伸而大略屈"的后果。

三 "遇士无礼，不可以得贤"的求贤之道

在确定了贤者的标准之后，如何与贤者进行思想交流，取得其信任，为我所用，即如何得到贤才，这就是求贤之道所要解决的问题。为此《淮南子·说林训》提出了"遇士无礼，不可以得贤"的论断。这个论断，已被历史事实所证明。宋人孔平仲对汉高祖有一段评论，颇发人深省。他说："汉高嫚而侮人，骂詈诸侯，如奴耳！非有礼节，此魏豹所以叛汉也。又《张耳传》张敖为赵王，高祖过赵，赵王旦暮自上食，体甚卑，有子婿礼。高祖箕踞骂詈，甚慢之，赵相贯高、赵午乃有柏人之谋。夫高祖固英主，然好骂，害事如此。"〔19〕高祖刘邦号称英主，但却一向好骂，对人缺少礼节，致使魏豹叛汉，赵相贯高、赵午欲于柏人谋刺他。看来"遇士无礼"，不仅得不到贤士的信任，而且有时还可能有生命之忧。相反，如果对贤士礼节备至，虚心求教，就会得到贤士的信任而愿意报答知遇之恩，做到"士为知己者死"。《论语·八佾》说："君待臣以礼，臣事君以忠。"战国四公子之一的信陵君魏公子无忌，因为仁而下士，"士无贤不肖皆谦而礼交之"，所以"士以此方数千里争往归之，致食客三千人。"〔20〕战国时期的燕昭王，为了洗刷先王的耻辱，振兴弱燕，他"卑身厚币以招贤者"，结果"乐毅自魏往，邹衍自齐往，剧辛自赵往"〔21〕，天下贤士争相趋燕。在与群臣共同努力下，终于一洗国耻，使燕国一度由弱变强。历史事实证明，是否能够礼遇贤士，其

---

〔19〕（宋）孔平仲：《珩璜新论》，刊《钦定四库全书》第863册，上海：上海古籍出版社，1987年6月第1版，第103页。

〔20〕《史记》卷七十七《魏公子列传》，第2377页。

〔21〕《史记》卷三十四《燕召公世家》，第1558页。

效果是截然不同的。

中国是个礼仪之邦，礼仪在人际交往中是不可缺少的。《淮南子》强调礼遇贤士的思想，对我们今天这个人才竞争的时代有着重要的现实意义，而其提出的"君子不责备于一人"而舍短求长的选贤原则，在我们选拔人才时更具有指导性。

（原文载《陕西历史博物馆馆刊》第六辑，西安：陕西人民教育出版社，1999 年 6 月第 1 版）

《山海经》所反映的古尺度

《山海经》是中国古代一部重要的典籍，向有奇书之称。此书"反映了全部野蛮时代和开化时代的若干历史情况"[1]，因而书中关于尺度方面的许多记载，对于研究尺度的起源颇有参考价值。

一 关于"尺"、"丈"的记载

1. 关于"尺"的记载

> 又东五十五里曰宣山……其上有桑焉，大五十尺，其枝四衢，其叶大尺余，赤理黄华青柎，名曰帝女之桑。（《中山经》）

晋郭璞对于"大五十尺"的注释是："围五丈也。"也就是说，作为帝女之桑的树木周长为五十尺，即五丈。

关于"尺"的定义，主要有两种观点：传统观点认为，尺与手有关，如《大戴礼记·主言》引孔子曰："布手知尺"，孔尚任《周汉尺考辨》引何休曰："布手知尺"。汪宁生先生也持这种观点。黄怀信先生另创新说却认为尺与手无关，他说："布手之度，显然不足一尺。所以，手当与尺无关……求之人体，今人谓肘前大骨为尺骨，必有渊源。试度之，其长恰约食指中节的十倍。以前肘度物，无疑

---

[1] 吕振羽：《史前期中国社会研究》，北京：生活·读书·新知三联书店，1961年12月第1版，第68页。

也是可行的办法。据此，本初之尺当法前肘，即可谓'布肘知尺'。古人谓'布手'，是否'布肘'之音讹?"[2]

以上两种观点，笔者倾向于汪宁生先生所持的传统观点。汪宁生先生首先从古文字的材料对"尺"（图一）加以说明，他说："《金文编》附录中有图七的二个字，原注'不可识'。我疑此即尺字，象一手拃开量物之形。小篆尺字仍作尺。"[3]接着他又从民族学的材料对"尺"加以说明，他说："《大戴礼记·主言》：'布手知

图一（即汪氏之文图七）

尺'。尺的最早标准即来源于人手拃开之长。正像许多少数民族的以'拃'为主要长度单位一样，我国古代亦以尺为长度主单位。传世最早的尺长度不过15～17厘米，正与成年人一拃的距离相符。"[4]黄怀信先生曾说："布手之度，显然不足一尺。"在这里，黄先生似乎是用较晚的尺度来衡量"布手之度"的，当然不足一尺。我们知道，尺度的发展规律呈由小而大的趋势，早期的尺度显然没有后世的长，因而汪宁生先生所谓"传世最早的尺长度不过15～17厘米，正与成年人一拃的距离相符"之语如从"尺"的起源方面来讲，要比黄怀信先生"布手之度，显然不足一尺"的说法更为妥当。

---

〔2〕 黄怀信：《说古尺度》，《文博》1987 年第 2 期。

〔3〕 汪宁生：《从原始计量到度量衡制度的形成》，《考古学报》1987 年第 3 期。

〔4〕 汪宁生：《从原始计量到度量衡制度的形成》，《考古学报》1987 年第 3 期。"专用之尺，殷代已出现。传世有一骨尺，相传为安阳殷墟出土，今藏故宫博物院，长 16.95 厘米，尺分十寸。又有传世两个象牙尺，相传均安阳出土，尺分十寸，寸分十分。一长 15.78 厘米，藏中国历史博物馆；另一长 15.8 厘米，存上海博物馆。这些虽非发掘品，据形制看来，确为古老的尺。吴大澂《权衡度量实验考》据传世圭璧，对照《周礼》所记载其尺度，考定周代每尺应为 19 厘米左右。考虑到尺度从小而大的发展规律，上述三种尺较周尺更短，出土于殷墟是有可能的。其长度在 15～17 厘米之间，正与成人一拃之长相符。"此段话亦录自汪宁生先生《从原始计量到度量衡制度的形成》一文，它正是"传世最早的尺长度不过 15～17 厘米"的证明过程。

2. 关于"丈"的记载

> 又东七十里曰半石之山。其上有草焉，生而秀，其高丈余，赤叶赤华，华而不实，其名曰嘉荣，服之者不霆。(《中山经》)

在这里，我们要理解名为"嘉荣"之草的高度，就必须弄清"丈"的命名。关于"丈"的命名，主要也有两种观点：汪宁生先生认为"丈"是以人体为天然标准的，一丈应是一般男子之平均身高。他说："《说文·夫部》：'夫，丈夫也。……周制：八寸为尺，人长八尺，故曰丈夫。'又《十部》：'丈，十尺也。'由于汉尺已加大，八寸正合所谓'周制'之一尺。原一丈仅合汉尺八尺，按每尺 23 厘米计算，正与一般男子之平均身高相当，可见'丈'亦以人体为天然标准的。"[5] 黄怀信、王凤阳二位先生均认为，"丈"是"杖"的本字，因为"拐杖是老年人所经常扶持的，因此它也成为测量长度大的物体的工具。"[6] 黄怀信先生说："考《说文徐笺》'丈'下引戴侗有曰：'老者、疾者之所扶。象之，故亦曰丈，别作杖。老者然后杖，尊之，故曰丈夫。'此说可信。丈古文字正作手持杖之形，可见丈实为杖之本字。所以，丈就是杖。杖本扶持之物，但无疑也可用以度物。所以，被用作了度的单位。古之杖长于人身，大于人身八尺之数，或许近于十尺，所以作度之后被赋予了十尺的内容。这就是十尺为丈的来源。"[7] 黄怀信先生赞成戴侗"老者然后杖，尊之，故曰丈夫"。但秦末的泗水亭长刘邦并不是老者，他在咸阳看到秦皇帝以后，却感慨地说："大丈夫当如此也"[8]。刘邦既不是老者，走路自然用不着拐杖，为什么他还自

---

[5] 汪宁生：《从原始计量到度量衡制度的形成》，《考古学报》1987 年第 3 期。

[6] 王凤阳：《古辞辨》，长春：吉林文史出版社，1993 年 6 月第 1 版，第 280 页。

[7] 黄怀信：《说古尺度》，《文博》1987 年第 2 期。

[8] (汉) 司马迁：《史记》卷一《高祖本纪》，北京：中华书局，1982 年 11 月第 2 版，第 344 页。

称"大丈夫"呢？原来，丈夫是成年男子的通称，这由文献记载可以证明："男子二十而冠，冠而列。"〔9〕在古代，男子二十岁成年方行冠礼，行完冠礼便可加入丈夫的行列。由于男子已经成年，身体各部分基本定型，不会有太大的变化，身高当然也不例外，所以"丈夫"应是描写男子的身体状况（包括身高）的。一般称妻子的父亲为"丈人"，但对于"丈人"之"丈"却有两种读音：今普通话读 zhàng，而关中方言却读 cháng。查郭锡良《汉字古音手册》（北京大学出版社1986年11月第1版）可知，丈（zhàng）与长（cháng）在上古音中均为定母、阳部。又由于声同或声近，必然义同或义近。所以我们认为"丈夫"之"丈"应有"长"（长短之长）意，也就是说，"丈夫"之意应与"长夫"之意相同，而"长夫"也就是"高夫"，因为"长"有"高"之意，这由文献记载可以证明。《山海经·北山经》曰："又北水行五百里，流沙三百里，至于洹山。其上多金玉，三桑生之，其树皆无枝，其高百仞。"又《山海经·海外北经》曰："三桑无枝，在欧丝东，其木长百仞，无枝。"郭璞注曰："言皆长百仞也。"在一本书里同样都是记载三桑树的高度，一处说"高百仞"，而另一处则说"长百仞"，显然"长百仞"也就是"高百仞"，因而"长"有"高"之意。需要补充说明的是，古文献记载也证明，"丈"确为"成人之长"，具体地说是成年男子之身长。如《意林》引《风俗通》曰："《礼》云十尺曰丈，成人之长也。"《论衡·无形篇》也载："至人独不变者，禀得正也。生为婴儿，长为丈夫，老为父翁，从生至死，未尝变更者，天性然也。"《论衡·气寿篇》更具体指出："譬犹人形一丈，正形也，名男子为丈夫……不满丈者，失其正也，虽失其正，犹乃为形也。"由于成年男子身高已基本定型而不会有太大变化，相对于未成年人来说，他们的身高是以人体为法之诸尺度中最长（高）的了，所以把成年人列入"丈夫"的行列可谓名副其实。至于一丈为什么是十尺的缘由，汪宁生和黄怀信二位先生各有己说，笔者今从汪宁生先

---

〔9〕《谷梁传》文公十二年。

生之说。

二　关于"仞"、"寻"、"围"的记载

1. 关于"仞"的记载

又西六十里曰太华之山。削成而四方，其高五千仞。(《西山经》)

大运山高三百仞。(《海外西经》)

此天穆之野，高二千仞。(《大荒西经》)

又北水行五百里，流沙三百里，至于洹山。其上多金玉，三桑生之，其树皆无枝，其高百仞。

有木，青叶紫茎，玄华黄实，名曰建木……百仞无枝。(《海内经》)

从以上记载可以看出，"仞"是用来度高的，它不仅可以度量山(如太华之山、大运山、天穆之野等)的高度，而且也可以度量树(如三桑、建木等)的高度。

昆仑南渊深三百仞。(《海内西经》)

从极之渊深三百仞，维冰夷恒都焉……一曰忠极之渊。(《海内北经》)

从以上记载可以看出，"仞"也可用来度深，具体度量的是昆仑南渊、从极之渊(忠极之渊)的深度。

要之，仞既可用来度高，也可用来度深，但不外乎是竖向度量的，究竟怎么个竖向度量法，我们还须弄清"仞"的命名。

清人程瑶田《通艺录》说："言七尺者是也。扬雄《方言》云：'度广曰寻'，杜预《左传》'仞沟洫'注：'度深曰仞'，二书皆言人伸两手以度物之名，而寻为八尺，仞必七尺者，何也？同一伸手度物，而广深用之，其势自不得不异。人长八尺，伸两手亦八尺，

用以度广，其势全伸而不屈；而用之以度深，则必上下其左右手而侧其身焉，身侧则胸与所度之物不能相摩，于是两手不能全伸而成弧之形，弧而求其弦以为仞必不能八尺，故七尺曰仞，亦其势然也。"[10]段玉裁不仅说自己的见解与程瑶田一致而且对程氏之说倍加赞赏，以致说出了"程说甚精，仞说可定矣"[11]的话。吴承洛先生对于"仞"的见解，与程瑶田、段玉裁的观点是一致的，他说："再考寻与仞皆人伸两手之全度，惟普通之度法，所谓度广曰寻，则两手左右平伸，尽其全度，度深，则两手上下直伸，不能尽其全度，则仞度小，寻为八尺，而仞祇有七尺。"[12]而汪宁生先生，也是赞同程瑶田之说。其实程瑶田、段玉裁等人的说法并不正确。能得"仞"命名之真谛者，古人有金鹗先生，今人有王凤阳、王晖、黄怀信诸位先生。清代人金鹗先生说："仞字从人，明是以人身为度。"[13]而王凤阳、王晖、黄怀信诸位先生虽然也都知道"仞"的真谛是以人的高度为单位来度高深的，但只有王晖先生一人论述得最为详细缜密。他说："我们认为'仞'就是取人的高度作单位来度高、深的，词义来源就是'人'。如今天人们还常说：'这坑有一人多深'，'这墙差不多有二人高'。这里的'人'就是以身高作为一个度量单位，等于古代的'仞'。这是一种简便的测量高深的方法，而且常给人一种形象、直观的感觉。"[14]这是从民俗学的角度来论述"仞"的命名。他又说："这种表示一个人身高的度量单位：人，在我们所见到的古书上一般却写作'仞'，其实这是文字功能再分配的结果，而在地下文字资料和早期载籍上'人'与'仁'及'刃''仞'

---

[10] 《说文解字·仞》段玉裁注，段玉裁：《说文解字注》，上海：上海古籍出版社，1988年2月第2版，第265页。

[11] 《说文解字·仞》段玉裁注，段玉裁：《说文解字注》，第265页。

[12] 吴承洛：《中国度量衡史》（中国文化史丛书第一辑），上海：上海书店，1984年，第88页。

[13] （清）孙诒让：《周礼正义》卷八十五"考工记·匠人"疏引，北京：中华书局，1987年12月第1版，第3485页。

[14] 王晖：《说"仞"》，《考古与文物》1989年第6期。

等字常常通用。""人和仁上古音完全相同，人和仞、刃声母相同，韵部也极近，人、仁上古韵在真部，仞、刃在文部，它们可以通用假借。""从古籍石碑中这些同源字和假借字的用例来看，'仁''人''仞'完全可以通用。"[15]这是从文字学和音韵学的角度对"仞"的命名加以证明。

既然"仞"是以人的高度为单位来竖向度量高、深的，那么各家对仞的高度为什么会有分歧（计有八尺说、七尺说、五尺六寸说、四尺说[16]）呢？在回答这个问题之前，我们有必要对四种说法中不合理之说或错误之说加以澄清乃至剔除。黄怀信先生说："《小尔雅》云：'四尺谓之仞'，其下又曰'倍仞谓之寻'。前面已知周尺八尺为寻，可见这里也从周尺。而且是将仞作为度广的单位，以及半寻的名称而用的。《小尔雅》此说不知所本。或云当是古之异制，但于文献无证。前已指出，仞在文献中只作度竖深之用。《小尔雅》作为训诂书，本为治文献而作，自不会在文献之外另求异制，而事实上也不可能有异制可求，因为仞始终没有脱离人体法度而独立为制。所以，此说只能算作是误说。"[17]王晖先生也认为，四尺说为误说，他说："后来一般人对'仞'的词义来源就不清楚了，以至出现了《小尔雅》、《孔丛子》'四尺谓之仞'的错误说法。"[18]既然黄怀信和王晖二位先生都认为四尺说为错误的说法，那么我们就应该把四尺说加以剔除。清人胡承珙《小尔雅义证》说："应劭以五尺六寸为仞，此仍与七尺曰仞者合。盖用八寸为尺，七乘八，故得五尺六寸。"黄怀信先生认为胡承珙"此说可信"，并进一步分析说："《说

---

〔15〕 王晖：《说"仞"》，《考古与文物》1989 年第 6 期。

〔16〕 八尺说，见《说文》、《孟子》赵岐注、《孔子家语》王肃注、《尚书》孔传、《山海经》郭璞注、《汉书》颜师古注；七尺说，见《论语》包咸注、《仪礼》郑玄注、《楚辞》王逸注、《吕氏春秋》高诱注；五尺六寸说，见《汉书·食货志下》注引应劭说；四尺说，见《小尔雅·广度》。

〔17〕 黄怀信：《谈谈古书中的"仞"》，《文史知识》1988 年第 5 期。

〔18〕 王晖：《说"仞"》，《考古与文物》1989 年第 6 期。

文》云：‘周制八寸为尺’，意思是说，周尺一尺相当于汉尺八寸。应劭将‘七尺曰仞’误认为是从周尺，欲把它换算为汉尺，故用七乘八，得五尺六寸，‘释古以今’，所以就直接把七尺为仞说成了五尺六寸为仞。周以八寸为尺，本来就属误传，信此误传，又以汉为周，误上加误，其结论就可想而知。所以‘五尺六寸’之说不可信。”〔19〕黄怀信先生的分析不无道理，所以五尺六寸说也应该剔除。

现在只剩下八尺说与七尺说两种说法了。据王晖先生研究，“人、仞八尺说为春秋时尺度，七尺说为战国、秦汉尺度”〔20〕。到此，对“仞”的高度之所以产生分歧也可以进行解释了，正如王凤阳先生所说：“至于对‘仞’的高度的解释不一，正反映了不同时代所用的标准尺度换算成习惯单位时有很大出入。时代越早，标准尺越小，‘仞’换算的‘尺’数就越大；反之，时代越晚，标准尺越长，换算的尺数就越小，这是必然的。换算的尺数的差异，正反映‘仞’始终是表示‘人’的平均身高的，明白这点，‘仞’的说法不一就迎刃而解了。”〔21〕

2. 关于“寻”、“围”的记载

> 海内昆仑之虚在西北，帝之下都。昆仑之虚方八百里，高万仞。上有木禾，长五寻，大五围。（《海内西经》）

关于“寻”的命名，学者们意见基本没有分歧。汪宁生先生说：“甲骨文中有如图八的字，前辈学者解释不一，罗振玉释‘谢’，郭沫若释‘汛’，于省吾释‘㠯’（帅），唐兰释‘寻’。若从字形来看，似以释‘寻’较符合造字之初意。”〔22〕这是从文字学的角度来说明“寻”（图二）的命名，其说可从。他又说：“寻为双臂平伸的距离，相当于少数民族的一庹。《大戴礼·主言》：‘舒臂知寻’。《小尔雅·广度》：‘寻，

〔19〕黄怀信：《谈谈古书中的“仞”》，《文史知识》1988年第5期。

〔20〕王晖：《说“仞”》，《考古与文物》1989年第6期。

〔21〕王凤阳：《古辞辨》，长春：吉林文史出版社，1993年6月第1版，第281页。

〔22〕汪宁生：《从原始计量到度量衡制度的形成》，《考古学报》1987年第3期。

舒两肱也。'《说文·寸部》：寻，度人之两臂为长，八尺也。'今观'寻'字，正像张臂量物或量席之形。一寻等于八尺，正如景

图二（即汪氏之文图八）

颇族、佤族以一庹为八拃。"〔23〕这是把民族学资料与文献记载结合起来论证"寻"的命名及长度，更有说服力。通过汪宁生先生的论述，我们可以得出这样一个结论："寻"是横向度量物体的广度的，其长度是一人的双臂长再加上其胸宽。虽然我们已经明白了"寻"的命名及其长度，但为了使我们对"寻"的长度有一个更加形象的印象，我们有必要简论一下"寻"与"仞"的关系。《周礼·考工记·匠人》载："广尺深尺谓之畎"，"广二尺深二尺谓之遂"，"广四尺深四尺谓之沟"，"广八尺深八尺谓之洫"，"广二寻深二仞谓之浍"。对此，黄怀信先生分析说："其畎、遂、沟、洫，皆广与深相等，而且递相为倍。那么，浍也不至于独异。既然如此，以其法推之，浍之广、深就应均是一丈六尺。不言一丈六尺而言二寻、二仞，正说明二寻、二仞就是一丈六尺。那么一寻一仞，自然就是八尺。广深相同而分别称寻、仞，正是寻不可以度深、仞不可以度广的缘故。"〔24〕黄怀信先生对"寻"与"仞"的关系分析得至为透彻，他不仅指出了"寻"与"仞"的相同点（尺寸相同），而且也指出了它们的不同点（"寻"只用来度广，"仞"只用来度高、深）。关于"寻"与"仞"的异同点，王晖先生也进行了精辟分析，他说："'仞''寻'的尺度完全相同，不过它们的使用是有区别的：站立的'人'是用来度量'崇'的，伸展两臂的'寻'是用来度量'长'的。这也完全符合我们今天所知道的同一人的高度与其伸展两臂的长度完全相等的科学原理，而这一原理早已被古人发现了并使用到生活实践中去了。"〔25〕

---

〔23〕　汪宁生：《从原始计量到度量衡制度的形成》，《考古学报》1987 年第 3 期。

〔24〕　黄怀信：《谈谈古书中的"仞"》，《文史知识》1988 年第 5 期。

〔25〕　王晖：《说"仞"》，《考古与文物》1989 年第 6 期。

关于"围"的命名，笔者以为当法人身。《康熙字典·丑集上》释"围"曰："《韵会》：'五寸曰围，一抱曰围'。"[26]《辞源》释"围"曰："计度圆周的量词。《庄子·人间世》：'见栎社树，其大蔽数千牛，絜之百围。'《释文》引李（颐）云：'径尺为围。'一说五寸为围，一抱也叫围，说法不一。"[27]《辞海》释"围"曰："计量圆周的约略单位，即两手的拇指和食指合拢的长度。亦指两臂合抱的长度。"[28]《古汉语常用字字典》释"围"曰："量词。两臂合抱的圆周长，或两手大拇指与食指合拢的圆周长。"[29]以上几种说法，笔者认为两臂合抱的圆周长亦即一抱比较妥当。一围，俗语称为"一搂"。距今已有五千余年历史的黄帝手植柏高 19 米，胸径 11 米，而当地人对于此树之胸径则用"七搂八拃半，圪里圪瘩不上算"[30]的谚语加以描述，正可说明搂是俗语。由此可见，作为书面语的"围"，其俗语作"抱"或"搂"。而对于一个人来说，一围（或称一抱或一搂）和一寻的长度应是相等的，只不过"寻"是平伸两臂横向度量物体的广度的，而围则是屈伸两臂弧形度量圆形物体之周长的。

三　关于"步"、"里"的记载

1. 关于"步"的记载

　　是山也，广员三百步，其名曰发丸之山。（《北山经》）

---

[26]　《康熙字典》，北京：中华书局，1958 年 1 月第 1 版，第 50 页。

[27]　广东、广西、湖南、河南辞源修订组，商务印书馆编辑部编：《辞源》第一册，北京：商务印书馆，1979 年 7 月修订第 1 版，第 0577 页。

[28]　辞海编辑委员会编：《辞海》（1989 年版）缩印本，上海：上海辞书出版社，1990 年 12 月第 1 版，第 861 页。

[29]　《古汉语常用字字典》编写组：《古汉语常用字字典》，北京：商务印书馆，1979 年 9 月第 1 版，第 251 页。

[30]　何炳武、姚敏杰：《历史文化名城黄陵》，西安：西北大学出版社，1995 年，第 98 页。

　　帝命竖亥步，自东极至于西极，五亿十选九千八百步。竖亥右手把算，左手指青丘北。一曰禹令竖亥。一曰五亿十万九千八百步。（《海外东经》）

　　郭璞注曰："竖亥，健行人。"又曰："选，万也。"由以上记载可知，"步"不仅可以度量发丸之山的范围或面积，而且也可以度量东极至于西极的距离。

　　关于"步"的命名，学者们基本没有意见分歧。《小尔雅·广度》载："跬，一举足也，倍跬谓之步。"《集韵》曰："跬，《说文》：半步也；《司马法》：凡人一举足曰跬……两举足步也。"王凤阳先生说："'步'作为长度单位古代指两脚各迈动一次的距离"，"度地用'步'作为基本单位，这是由于……度地适于用步量的缘故。"〔31〕汪宁生先生说："测量长度，除以人的手臂之外，还可用足。这就产生了跬、步这样的长度单位。甲骨文、金文中'步'字（图九），正作两次迈步之形，……测较长的距离及确定土地面积用步确较方便（今人作粗略测量时犹多用步测）。"〔32〕由文献记载和专家学者的论述可知，"步"是指人两次迈脚之形，无疑是取法于人体的，它便于测量较长的距离及确定土地面积；而甲骨文、金文中的"步"（图三）字，则给我们留下了深刻的直观印象。

　　至于"步"与"尺"的换算关系，王凤阳先生说："每'步'的长度和'尺'换算时，各时代因尺大尺小而不同。《礼记·王制》'古者以周尺八尺为步，今以周尺六尺四寸为步'；《史记·秦本纪》'六尺为步'；《旧唐书·食货志》'五尺为步'。"〔33〕王先生的话基本是对

---

〔31〕 王凤阳：《古辞辨》，长春：吉林文史出版社，1993 年 6 月第 1 版，第 281 页。

〔32〕 汪宁生：《从原始计量到度量衡制度的形成》，《考古学报》1987 年第 3 期。

〔33〕 王凤阳：《古辞辨》，长春：吉林文史出版社，1993 年 6 月第 1 版，第 282 页。

的。但在秦代，每"步"的长度和"尺"换算时，"尺"的大小却是受着统治者习尚的影响。《史记·秦始皇本纪》载："衣服、旄旌、节旗皆上黑，数以六为纪，符、

图三　甲骨文、金文中的"步"字
（即汪氏之文图九）

法冠皆六寸，而舆六尺，六尺为步，乘六马。"张大可先生注曰："各种成数以六为约数。按五行相生相克之序数，水克火序数为六，所以秦尊数六。"[34]

2. 关于"里"的记载

在与长度有关的诸度量中，《山海经》对于"里"的使用频率最高，主要集中在《五藏山经》，而《海内南经》、《海内西经》、《海内北经》，《海外南经》、《海外北经》、《大荒东经》、《大荒北经》，也偶有涉及。

> 又北水行四百里至于泰泽。其中有山焉，曰帝都之山，广员百里。（《北山经》）
>
> 又南水行五百里曰诸钩之山……是山也，广员百里。（《东山经》）
>
> 又南水行五百里曰流沙。行五百里，有山焉，曰跂踵之山。广员二百里……有水焉，广员四十里皆涌，其名曰深泽。（《东山经》）
>
> 又南水行五百里，流沙三百里，至于无皋之山……是山也，广员百里。（《东山经》）
>
> 又西九十里曰夸父之山……其北有林焉，名曰桃林，是广员三百里。（《中山经》）
>
> 狄山……一曰汤山……其范林方三百里。（《海外南经》）

---

〔34〕 张大可：《史记全本新注》卷六，西安：三秦出版社，1990年，第113页。

……范林方三百里，在三桑东，洲环其下。（《海外北经》）

氾林方三百里，在狌狌东。（《海外南经》）

大泽方（百）〔千〕里，群鸟所生及所解。在雁门北。（《海内西经》）

大泽方千里，群鸟所解。（《大荒北经》）

流黄酆氏之国，中方三百里。（《海内西经》）

海内昆仑之虚在西北，帝之下都。昆仑之虚方八百里。（《海内西经》）

凡鹊山之首，自招摇之山以至箕尾之山，凡十山，二千九百五十里。（《南山经》）

凡《西经》之首，自钱来之山至于隗山，凡十九山，二千九百五十七里。（《西山经》）

寻木长千里，在拘缨南，生河上西北。《海外北经》

大荒之中有山，名曰衡山。有先民之山。有槃木千里。（《大荒北经》）

东海中有流波山，其上有兽……其名曰夔。黄帝得之，以其皮为鼓，橛以雷兽之骨，声闻五百里，以威天下。（《大荒北经》）

从以上记载可以看出，"里"既可以度量物体的范围或面积，也可度量物体的长度。具体地说，"里"可以度量山（如帝都之山、诸钩之山、跂踵之山、无皋之山等）、林（桃林、范林、氾林等）、泽（深泽、大泽等）、诸侯国（如流黄酆氏之国）、帝之下都（即海内昆仑之虚）的范围或面积，通常用"广员"、"方员"、"方"等词来表示，其中"广员"、"方员"之"员"，是"圆"之本字。也可以度量陆路或水路的行程，山与山（如招摇之山以至箕尾之山，钱来之山至于隗山等）的距离，树木（如寻木、槃木等）的长度，以及声音传播的距离等。

关于"里"的命名，陈梦家先生说："里制也是以尺度、尺数和步数而构成的计里程长短的标准单位。自秦以来，大致六尺为步、步三百为一里，很少改变。"[35] 王凤阳先生说："'里'这个长度单位是由田制决定的。战国以前实行的是井田制……井田制是氏族公社时期残留下来的田制，为了分配的平均和轮换种植的便利，田都划分为豆腐干形的方田，大小一致，每块方田叫做一'里'，'里'的各边为三百步。因为井田制的长期推行，长度固定，习惯上就把'里'也作为长度的单位了。"[36] 陈、王二位先生的话颇有道理，其说可从。

许慎《说文·尺部》曰："周制，寸、尺、咫、寻、常、仞诸度量，皆以人之体为法"，汪宁生先生对此分析说："所谓'周制'，不仅是指周代，更多应指周代以前的度制。"[37] 汪先生的分析，不无道理。《山海经》记载的长度单位有"尺"、"丈"、"仞"、"寻"、"围"、"步"、"里" 7 种，除"里"不是直接以人体为法的度量外，其他 6 种都是以人体为法的长度单位，由此可见，《山海经》对于研究"尺"度等长度单位的起源有着举足轻重的地位，难怪学者们把此书称为百科全书式的书籍。

（原文载《陕西历史博物馆馆刊》第七辑，西安：三秦出版社，2000 年 11 月第 1 版）

---

[35] 陈梦家：《亩制与里制》，《考古》1966 年第 1 期。

[36] 王凤阳：《古辞辨》，长春：吉林文史出版社，1993 年 6 月第 1 版，第 282 页。

[37] 汪宁生：《从原始计量到度量衡制度的形成》，《考古学报》1987 年第 3 期。

试释简帛医籍中的"堇"

一　秦墓竹简医籍中的"堇"

睡虎地秦墓竹简《日书》甲种《病》篇的内容有：

> 戊己有疾，巫堪行，王母为祟，得之于黄色索鱼、堇酉。
> 七二正贰

对于"堇酉"一词，睡虎地秦墓竹简整理小组的释文是"堇酉（酒）"[1]。吴小强说："堇，《说文》：'黏土也。'从简文文例，似应为一种祭祀食物。"[2]王子今先生认为："堇酉"以直接释作"堇酒"为妥[3]，其证据是《绀珠集》、《鸡肋集》的相关材料以及元人的诗句，不妨转引于此。《绀珠集》卷二"齿落后生"条载："张果有道术，帝欲试之，饮以堇酒。连进三杯，醺然如醉，曰：'非佳酒也。'顷之齿皆焦黑，以所持铁如意击齿皆落，假寐少时，齿复尽生，洁白如玉色。"《鸡肋集》卷四十九亦载："玄宗遣许峤邀迎张果至东都，谓力士曰：'吾闻饮堇汁无苦者，真奇士也。'会天寒，

---

[1]　睡虎地秦墓竹简整理小组编：《睡虎地秦墓竹简》，北京：文物出版社，1990年9月第1版，第193页。

[2]　吴小强：《秦简日书集释》，长沙：岳麓书社，2000年版，第71页。

[3]　王子今：《睡虎地秦简〈日书〉甲种〈病〉篇释读》，《秦文化论丛》第十辑，西安：三秦出版社，2003年7月版。

使以堇酒饮果，果乃饮三卮，醺然如醉。所作顾曰：'非佳酒也。'乃寝。顷之，取镜视齿，则尽燋且黫。以铁如意击齿堕，藏于带。乃怀中出药，微红，傅堕齿之断。复寝，良久，齿乃出矣，粲然洁白。玄宗方信之。"元人吴莱《病齿》诗曰："今年吾壮强，三十逾六五。更后三十年，零落何足数。起呼白驴公，堇酒且酌取。"从上引文献可知，"堇酒"与治疗牙齿的疾病有关。又《唐本草》引《名医别录》称堇葵"主毒肿痛疔疮，蛔虫，齿䘌"，是知"堇酒"应是把堇葵泡在粮食酒中而过一段时间后形成的。所谓的堇葵，也就是《诗·大雅·绵》"周原膴膴，堇荼如饴"之堇。

二 汉墓帛书医籍中的"堇"

（1）马王堆汉墓帛书《五十二病方》有治疗被蚖（一种毒蛇）咬伤的医方多种，其中之一为：

> 一，以堇一阳筑（筑）封之，即燔鹿角，以弱（溺）饮之。

马王堆汉墓帛书整理小组注云："堇，即堇菜，《新修本草》引《小品方》、《万毕方》云：'除蛇蝎毒及痈肿'与本方主治相符。"[4]魏启鹏、胡翔骅先生注曰："堇：苦堇、堇葵、石龙芮。唐《新修本草·菜部下》引《小品方》、《万毕方》称捣汁洗之并服之，'除蛇蝎毒及痈肿'。与本方同意。"[5]魏、胡二位先生释堇为苦堇、堇葵是对的，但同时又把堇释为石龙芮则不妥。据程必勇先生考证，"《唐本草·菜部》惟有'堇'而无'水堇'……，《唐本草·菜部》堇乃《纲目》'紫花地丁'，原植物为今堇菜科堇菜、紫花地

---

〔4〕 马王堆汉墓帛书整理小组：《五十二病方》，北京：文物出版社，1979年版，第52页。

〔5〕 魏启鹏、胡翔骅：《马王堆汉墓医书校释》（壹），成都：成都出版社，1992年6月第1版，第70页。

丁、犁头草等，与水堇（石龙芮）根本不是同物；《纲目》石龙芮条并入堇纯属失误。"[6]又说："今中药紫花地丁功能清热解毒、消散痈肿。常用于疔疮、乳痈、肠痈、丹毒等热毒疮疡症，毒蛇咬伤，及肝热目赤肿痛之症，与堇记载之功能完全相符。"[7]又《淮南子·说林训》曰："蝮蛇螫人，傅以和堇则愈。"高诱注曰："和堇：野葛，毒药。"《淮南子》是西汉淮南王刘安组织人编写的，高诱亦为汉代人，按理说他的注释不会有问题，但笔者以为他的注释值得推敲，而推敲的重点是"和"字。在汉人眼里，既有"和堇"一词，又有"毒堇"（见《五十二病方》，下文将要引用）一词，说明"和"与"毒"是相对而言的，因而"和"之意应为"平和"、"温和"，自然，"和堇"就是平和而无毒的堇葵（亦称堇菜）了，正如唐人孟诜《食疗本草》所载："堇菜，味苦。……捣傅肿毒，良。蛇咬，生杵傅之，毒即出矣。"[8]高诱之所以把"和堇"释为有大毒的野葛，完全是因为"钩吻草与堇菜相似"[9]的缘故。这里的"钩吻草"，就是"野葛"。

（2）马王堆汉墓帛书《五十二病方》有治疗"痒"的医方，现抄录于下：

> 一，**痒**，痛于脬及胺，痛甚，弱（溺）□痛益甚，□□□□【治】之，黑叔（菽）三升，以美醯三□煮，疾饮，溃（沸），止火；溃（沸）下，复饮。参（三）溃（沸），止。浚取【汁】。牡【厉（蛎）】一，毒堇冶三，凡【二】物□□。取三指最（撮）到节一，醯寒温适，入中□饮。饮先食【后】

---

〔6〕　梅全喜主编：《本草纲目补正》，北京：中医古籍出版社，1993 年 8 月第 1 版，第 146 ~ 147 页。

〔7〕　梅全喜主编：《本草纲目补正》，北京：中医古籍出版社，1993 年 8 月第 1 版，第 147 页。

〔8〕　唐嘉弘、冯国定等辑校：《养生妙方——食疗本草、本草拾遗》，成都：巴蜀书社，1993 年 6 月第 1 版，第 110 页。

〔9〕　（晋）张华：《博物志》卷四《物类》。

食次（餐）。壹饮病俞（愈），日壹【饮】，三日，病已。病已，类石如泔从前出。毋禁，毋时。冶厉（蛎）；毒堇不暴（曝）。以夏日至到□□毒堇，阴干，取叶、实并冶，裹以韦臧（藏），用，取之。岁【更】取○毒堇。毒堇□□□堇叶异小，赤茎，叶从（纵）繤者，□叶、实味苦，前【日】至可六、七日秀（秀），□□□□泽旁。·令。

在上文中，"毒堇"一词总共出现了五次。魏启鹏、胡翔骅先生注释曰："毒堇：帛书整理小组'疑即罂粟科的紫堇'。但未见紫堇利尿治淋的记载，疑为苦菜，《滇南本草》称为紫苦菜、《本草品汇精要》称为堇菜。《滇南本草》称其'凉血热，寒胃，发肚腹中诸积，利小便'，《本草纲目》称其治血淋。"〔10〕"毒堇"之"毒"说明，堇是一种有毒药草。《国语》卷八《晋语二·献公》载："骊姬受福，乃寘鸩于酒，寘堇于肉。"韦昭注曰："堇，乌头也。"作为三国时期的吴国人，韦昭把有毒的堇释为乌头倒无可厚非，但《五十二病方》中的堇却不指乌头，因为在《五十二病方》中，作为乌头别名的乌喙，其出现次数达十余次之多。既然《五十二病方》中的毒堇不指乌头，那么，它应是哪一种药草呢？笔者以为，当为石龙芮（水堇），原因有二：第一，据《中国有毒植物》〔11〕记载，石龙芮全草有毒，这与"毒堇"之有毒性是一致的；由于加热会使石龙芮毒性降低，所以在《五十二病方》中，"毒堇"加醯煎至一沸、二沸、三沸不等，目的就是为了降低"毒堇"的毒性。第二，明李时珍《本草纲目》卷十七《草部·石龙芮》条载："【集解】〔别录曰〕石龙芮生太山川泽石边。五月五日采子，二月、八月采皮，阴干。……〔藏器曰〕尔雅云：芨，堇草。注云：乌头苗也。苏恭注

---

〔10〕 魏启鹏、胡翔骅：《马王堆汉墓医书校释》（壹），成都：成都出版社，1992 年 6 月第 1 版，第 86～87 页。

〔11〕 陈冀胜等：《中国有毒植物》，北京：科学出版社，1977 年版，第 599 页，转引自梅全喜主编《本草纲目补正》第 148 页。

天雄亦云：石龙芮叶似堇草，故名水堇。据此，则堇草是乌头苗，水堇定是石龙芮，更非别草也。〔颂曰〕今惟出兖州。一丛数茎，茎青紫色，每茎三叶，其叶短小多刻缺，子如葶苈而色黄。……〔时珍曰〕苏恭言水堇即石龙芮，苏颂非之，非矣。按魏吴普本草石龙芮一名水堇，其说甚明。唐本草菜部所出水堇，言其苗也。本经石龙芮，言其子也。……水堇即俗称胡椒菜者，处处有之，多生近水下湿地。高者尺许，其根如荠。二月生苗，丛生。圆茎分枝，一枝三叶。叶青而光滑，有三尖，多细缺。……"[12]据〔颂曰〕可知，产于兖州的石龙芮，其特征是"茎青紫色……其叶短小多刻缺"，而在对中草药颜色的描述中，会出现"紫色或释为青，或释为赤等等情况"[13]，因而，"茎青紫色"也可理解为"茎青赤色"，这样一来，石龙芮的特征就与毒堇"堇叶异小，赤茎"的特征相一致了；又据〔别录曰〕和〔时珍曰〕可知，石龙芮（水堇）的生长环境是"生太山川泽石边"，"多生近水下湿地"，这与毒堇"□□□□泽旁"的生长环境也是一致的。

（3）马王堆汉墓帛书《五十二病方》有治疗"胕腏"（小腿部烧伤）的医方多种，其中之一为：

> 一，夏日取堇叶，冬日取其本，皆以甘〈口〉沮〈咀〉而封之。乾，辄封其上。此已皆验。

魏启鹏、胡翔骅先生注释曰："堇叶：当为水堇，又名石龙芮。《名医别录》称其'主治毒肿痈疮'。现代临床报到，用石龙芮全草熬制为膏，敷治下肢溃疡，疗效甚佳。"[14]前已述及，堇与水堇

---

〔12〕（明）李时珍：《本草纲目》（校点本）第二册，北京：人民卫生出版社，1979 年 5 月第 1 版，第 1222 页。

〔13〕高晓山主编：《中药药性论》，北京：人民卫生出版社，1992 年 11 月第 1 版，第 202 页。

〔14〕魏启鹏、胡翔骅撰：《马王堆汉墓医书校释》（壹），成都：成都出版社，1992 年 6 月第 1 版，第 128 页。

（石龙芮）并不是同一物，因而，这里的堇当为堇菜。《新修本草》甲本残卷云："堇，菜也，出《小品方》。《万毕方》云：'除蛇蝎毒及痈肿。'"〔15〕

（4）马王堆汉墓帛书《五十二病方》载有治疗"虫蚀"的医方多种，兹录其口腔被虫蚀（即口腔溃疡）的医方于下：

> 一，戚（蜮）食（蚀）口鼻，冶颧（堇）葵□□□，以桑薪焐□□其□□令汁出，以羽取▢

据研究，"堇，又称堇葵，一作颧葵，古代尤其是唐代以前主要野菜。"〔16〕魏启鹏、胡翔骅先生注释曰："堇葵：即水堇。《唐本草》引《名医别录》称其'主毒肿痈疖疮，蛔虫，齿龋'，与本方意同。"〔17〕前已述及，堇葵与水堇（石龙芮）并不是同一物；石龙芮全草有毒，人误食后口腔灼热，随后肿胀，咀嚼困难，脉搏徐缓，瞳孔散大，呼吸困难，严重者可致死亡〔18〕。显然，这里的堇葵，应是堇菜。

（原文载《秦文化论丛》第十一辑，西安：三秦出版社，2004 年 6 月版）

---

〔15〕 马继兴等：《敦煌医药文献辑校》，南京：江苏古籍出版社，1998 年 10 月第 1 版，第 616 页。

〔16〕 梅全喜主编：《本草纲目补正》，北京：中医古籍出版社，1993 年 8 月第 1 版，第 207～208 页。

〔17〕 魏启鹏、胡翔骅：《马王堆汉墓医书校释》（壹），成都：成都出版社，1992 年 6 月第 1 版，第 148 页。

〔18〕 陈冀胜等：《中国有毒植物》，北京：科学出版社，1977 年版，第 599 页，转引自梅全喜主编《本草纲目补正》第 148 页。

司马迁笔下的鞭笞之罚[*]

《史记》是司马迁的史学巨著，书中涉及鞭笞之罚的记载有十几处，但其目的却不同，下面分别加以阐述。

一 肯定主人公的知错能改

廉颇与蔺相如都是赵惠文王的大臣。廉颇因为"有攻城野战之大功"[1]，便居功自傲，不仅看不起蔺相如取得相位的方式——"以口舌为劳"，而且揭穿蔺相如出身的老底"素贱人"[2]（即缪贤舍人），同时他也羞居于蔺相如的位次之下，出恶言侮辱蔺相如，这样他就剥夺了一个人应"不辱辞令"[3]的正常需要，使蔺相如受了言辞羞辱，因而当廉颇听说蔺相如不愿与自己争斗的原因在于"先国家之急而后私仇也"[4]的话后，遂"肉袒负荆，因宾客至蔺相如门谢罪。"[5]胡留元、冯卓慧先生认为："以荆条鞭背的制度，大约从

———————

　*　本文与裴蓓合作。

〔1〕（汉）司马迁：《史记》卷八十一《廉颇蔺相如列传》，北京：中华书局，1982 年 11 月第 2 版，第 2443 页。

〔2〕《史记》卷八十一《廉颇蔺相如列传》，第 2443 页。

〔3〕（汉）班固：《汉书》卷六十二《司马迁传》，北京：中华书局，1962 年 6 月第 1 版，第 2732 页。

〔4〕《史记》卷八十一《廉颇蔺相如列传》，第 2443 页。

〔5〕《史记》卷八十一《廉颇蔺相如列传》，第 2443 页。

西周开始，至战国秦汉还在沿用。有名的廉颇负荆谢罪故事，是战国时期鞭背的记载。"〔6〕是知廉颇"肉袒负荆"，通过宾客到蔺相如府上去谢罪，是甘愿接受鞭背的惩罚。

常言道"知错能改，善莫大焉。"司马迁之所以强调廉颇的"肉袒负荆"，目的是为了肯定主人公"知错能改"的态度。正是因为廉颇有"知错能改"的态度，才使得他与蔺相如成了"刎颈交"，传为美谈。

二　谴责某人罪有应得

刘邦死后，吕太后专权，大封吕氏，吕禄被封为赵王，吕产被封为梁王，吕通被封为燕王。由于刘邦在天下大定后曾与大臣有约："非刘氏王者，天下共击之。"所以吕太后死后，周勃、陈平等忠于刘氏的大臣在合谋捕杀吕产后，"遂遣人分部悉捕诸吕男女，无少长皆斩之。辛酉，捕斩吕禄，笞杀吕嬃"〔7〕。这里的吕嬃，就是吕禄的姑姑。吕嬃的被笞杀，是罪有应得，因为她曾参与了违背高祖之约的行动。

三　刻画人物的性格

张耳和陈余都是魏国大梁（今河南开封）人，因张耳年长于陈余，故陈余父事张耳，俩人成为"刎颈交"。秦灭魏后，听说此二人为魏之名士，便悬重金缉拿他们。不得已，二人乃变姓名，一起来到了陈县（治所在今河南淮阳），为里监门以自食。"里吏尝有过笞陈余，陈余欲起，张耳蹑之，使受笞。吏去，张耳乃引陈余之桑下而数之曰：'始吾与公言何如？今见小辱而欲死一吏乎？陈余然之。"〔8〕王凤阳先生指出："在'黥'、'劓'、'膑'、'宫'之类肉

---

〔6〕　胡留元、冯卓慧：《西周法制史》，西安：陕西人民出版社，1988年12月第1版，第96页。

〔7〕　《史记》卷九《吕太后本纪》，第410页。

〔8〕　《史记》卷八十九《张耳陈余列传》，第2572页。

刑盛行的时代，'鞭'、'扑'是表示惩戒的'轻刑'，是对犯有小过错者或学习工作不努力者所施的惩罚。"[9]他同时又指出，"以'鞭'、'箠'打人还有一个专用的词就是'笞'"[10]，可见"笞"是一种惩戒性的轻刑。

笞既是一种惩戒性的轻刑，那么受笞罚也就是一种小辱。受笞罚虽为一种小辱，可陈余在里吏笞其过程中，把自己与张耳变名姓的隐情抛之脑后，竟然想要起来反抗，只是在张耳"蹑之"的暗示下，才受笞完毕。这一方面反映了陈余年轻气盛、冲动易怒的性格，另一方面，也反映了张耳的老成持重。

四　揭示主人公的某项才能

武帝时，身为杜陵人的张汤，其父官至长安丞。张汤之父出外办事，让其儿张汤守护家园，但等张汤之父办完事回家后，发现肉被老鼠盗走了，张汤之父一怒之下便"笞汤"，张汤情急之下"掘窟得盗鼠及余肉，劾鼠掠治，传爰书，讯鞫论报，并取鼠与肉，具狱磔（zhé）堂下。"张汤之父"见之，视其文辞如老狱吏，大惊，遂使书狱。"[11]张汤守护家园时而让老鼠盗走了肉，其父笞罚他是应该的，而张汤情急之下的表现，则是司马迁对张汤治狱之才的有意揭示。

五　或为主人公雪耻复仇作伏笔，或作为主人公雪耻复仇的工具

（一）为主人公雪耻复仇作伏笔

卫献公十三年，献公令师曹教宫姜鼓琴，因宫姜表现不好，师

〔9〕　王凤阳：《古辞辨》，长春：吉林文史出版社，1993 年 6 月版第 1，第 640 页。

〔10〕　王凤阳：《古辞辨》，第 640 页。

〔11〕　《史记》卷一百二十二《酷吏列传》，第 3137 页。

曹笞罚了她。宫妾凭着自己的宠幸向献公说师曹的坏话，这样，献公也笞师曹三百〔12〕。前已述及，学生表现不佳，老师是有权力笞罚的。而献公听信宫妾谗言，冤枉师曹并笞罚他，为师曹的雪耻复仇埋下了伏笔。正是由于师曹的参与，才导致卫献公被逐出国。

张仪是魏国人，起初与苏秦俱拜鬼谷先生学术。学成后，张仪游说诸侯。他尝从楚相饮，已而楚相亡璧，门下人意张仪，曰"仪贫无行，必此盗相君之璧。"共执张仪，掠笞数百，不服，醳之。其妻曰："嘻！子毋读书游说，安得此辱乎？"张仪谓其妻曰："视吾舌尚在不？"其妻笑曰："舌在也。"仪曰："足矣。"这是《史记》卷七十《张仪列传》的开场白。凡事有因才有果。司马迁之所以在《张仪列传》的开场白要描述张仪受掠笞之辱，目的是为张仪的日后复仇作伏笔。事实也正是如此。张仪既相秦，为文檄告楚相曰："始吾从若饮，我不盗而璧，若笞我。若善守汝国，我顾且盗而城。"〔13〕张仪言出必行，他报复楚相的办法是：施展纵衡家之才能，游说楚怀王，以利相诱，使楚怀王断绝了与齐的联盟；当楚怀王发觉上当受骗后，怒而发师攻秦，但因齐楚断交，楚军因得不到齐的声援而被秦军打得大败，不仅丢城失地，而且元气大伤。

范雎，亦魏国人。他游说诸侯，欲事魏王，但家贫无以自资，因而先事魏中大夫须贾。须贾奉魏昭王之命出使齐国，范雎随从。他们在齐逗留了数月，未得回报。齐襄王听说范雎有辩才，便派人赐范雎金十斤及牛酒，范雎辞谢不敢受。须贾知道这件事后，勃然大怒，认为范雎把魏国的机密泄露给了齐国，所以才得到了这样的馈赠，便令范雎接受牛酒而退还赐金。回国后，须贾余怒未消，把这件事告诉了魏相。魏相是魏之诸公子，名魏齐，他听后大怒，"使舍人笞击雎，折胁摺齿"〔14〕。范雎假装死了，便用席子卷起来，扔

〔12〕《史记》卷三十七《卫康叔世家》，第 1596 页。
〔13〕《史记》卷七十《张仪列传》，第 2281 页。
〔14〕《史记》卷七十九《范雎蔡泽列传》，第 2401 页。

238

进了厕所；宾客喝醉酒的，就尿在了范雎的身上。身为魏相的魏齐，之所以要这样做，目的是"僇辱以惩后，令无妄言者"。范雎从被卷的席中对守者说："公能出我，我必厚谢公。"在守者的帮助下，范雎逃离了魏相府；而在魏人郑安平的帮助下，又逃离了魏国，更姓名曰张禄。

　　司马迁之所以不惜笔墨而详细地描绘范雎受辱的经过，目的是为范雎日后的复仇埋下伏笔。秦昭王四十一年，秦封范雎以应，号为应侯。范雎既相秦，秦号曰张禄，而魏不知，以为范雎已死久矣。魏国听说秦国将要东伐韩、魏，便派须贾出使秦国。范雎听说后，便穿着敝衣，微行到官邸去见须贾；须贾听范雎说自己为人庸赁，便哀怜起范雎来，并赐范雎一缇袍。后来他们一起到秦相府办事，须贾久候范雎而不出。当须贾得知张禄竟是范雎时，大惊失色，自知见卖，乃"肉袒膝行，因门下人谢罪"[15]。那么，须贾究竟有哪些罪呢？范雎列了三条：一是猜疑范雎把魏国的机密泄露给了齐国，在魏相面前说雎的坏话；二是魏相魏齐使舍人掠笞范雎，且打断了肋骨和牙齿，而这件事须贾自始至终也没有禁止；三是须贾竟忍心让喝醉酒的宾客用尿来淋范雎。须贾的罪虽有三条，但最主要的却是后两条，尤其是第二条，使范雎"毁肌肤断支体受辱"[16]，而这正是司马迁所说的一个正常人本不该受的羞辱，难怪须贾说自己有死罪或汤镬之罪。须贾虽有死罪，但鉴于他有赐袍之情谊，范雎也就赦免了他的死罪。须贾虽免于死，但却不免于范雎之羞辱。当须贾向范雎辞行时，范雎大摆酒宴，尽请诸侯使。他让诸侯使坐堂上，好酒好菜宽待他们，而使须贾坐堂下，把莝豆放在其前，"令两黥徒夹而马食之"[17]，并斥责说："为我告魏王，急持魏齐头来！不然者，我且屠大梁。"[18]不

〔15〕《史记》卷七十九《范雎蔡泽列传》，第 2414 页。

〔16〕《汉书》卷六十二《司马迁传》，第 2732 页。

〔17〕《史记》卷七十九《范雎蔡泽列传》，第 2414 页。

〔18〕《史记》卷七十九《范雎蔡泽列传》，第 2414 页。

仅须贾受辱，得到了应有的惩罚，而且其主人魏齐在范雎的恐吓下，也逃到了赵国，藏匿于平原君所。这样说来，范雎可谓是达到了自己复仇的目的。

（二）作为主人公雪耻复仇的工具

孟子说："贫贱不能移，富贵不能淫，威武不能屈。此之谓大丈夫。"他的话，正好应在了伍子胥的身上。

伍子胥是春秋时楚国人，名员；其父曰伍奢，兄长曰伍尚。楚平王有太子名曰建，使伍奢为太傅，费无忌为少傅。平王使费无忌到秦国为太子娶妇，因秦女绝美，费无忌劝平王自纳，而另为太子取妇。费无忌以秦女向平王献媚后，害怕将来太子即位后会杀掉自己，因而不断在平王面前说太子的坏话，终于使平王下了杀太子的决心，并把伍奢囚禁起来。幸有人事先告知，太子建逃离了楚国。费无忌又建议平王杀掉伍奢，但又害怕伍奢的两个儿子报复，因而要伍奢招其二子到京城。伍尚来到京城，与其父一起被害。伍子胥贯弓执矢，一路冲杀，才逃出了楚国。

伍子胥逃出楚国后，历尽坎坷，终于在吴王阖庐立为王的第九年，带领吴军攻入楚国都城——郢。因楚平王已经死了，伍子胥乃搜求他的儿子——昭王。可昭王就是找不到，伍子胥遂"掘楚平王墓，出其尸，鞭之三百，然后已。"[19]在这里，鞭成为伍子胥为其父兄雪耻复仇的有力工具。

司马迁说："向令伍子胥从奢俱死，何异蝼蚁。弃小义，雪大耻，名垂于后世，悲夫！方子胥窘于江上，道乞食，志岂尝须臾忘郢邪？故隐忍就功名，非烈丈夫孰能致此哉？"[20]正是由于伍子胥历经千辛万苦后终于如愿以偿地报了父兄的深仇大恨，所以司马迁才佩服他，赞赏他，给他以"烈丈夫"的称号。

---

〔19〕《史记》卷六十六《伍子胥列传》，第2176页。
〔20〕《史记》卷六十六《伍子胥列传》，第2183页。

六　阐明家长管教子女的权力

家庭是社会的细胞，家庭的稳定与社会的安定密切相关。为了家庭能够稳定，家长被赋予了可以笞罚有过错的家庭成员的权力。如《方言》引《传》曰："慈母之怒子也，虽折葼笞之，其惠存焉。"[21]这里的"葼"（zōng），指的是树木的细枝。《礼记·内则》也载："父母怒，不说，而挞之流血，不敢疾怨，起敬起孝。"

惠帝时，曹参之子曹窋为中大夫。惠帝对于相国曹参不理国事感到奇怪，便对其子曹窋说："若归，试私从容问而父曰：'高帝新弃群臣，帝富于春秋，君为相，日饮，无所请事，何以忧天下乎？'然无言吾告若也。"曹窋回家后，即按惠帝的话去说，其父曹参闻之，勃然大怒，以家长身份"笞窋二百"[22]，并训斥说："趣入侍，天下事非若所当言也。"等到上朝时，曹参听说其子曹窋对自己所说的话是惠帝所教时，赶快免冠向惠帝请罪。

武帝时，衡山王刘赐的厥姬和王后徐来俱被衡山王宠幸，两人便互相嫉妒。厥姬乃向太子恶言中伤徐来曰："徐来使婢蛊道杀太子母。"太子由此从心里怨恨徐来，适逢徐来兄至衡山，太子便借饮酒之机以刃击伤之，徐来因为这件事恨上了太子，并多次向衡山王告太子的黑状，衡山王"以故数系笞太子"[23]。元朔四年（前125年），"人有贼伤王后假母者，王疑太子使人伤之，笞太子"[24]。诸侯王对其太子的行为有所怀疑，就可以进行笞罚，由此可见家长权力之大。

家长不仅可以笞罚有过错的子女，而对于奴婢的笞罚更是家常

〔21〕（清）钱绎：《方言笺疏》，北京：中华书局，1991年11月第1版。

〔22〕《史记》卷五十四《曹相国世家》，第2030页。

〔23〕《史记》卷一百一十八《淮南衡山列传》，第3096页。

〔24〕《史记》卷一百一十八《淮南衡山列传》，第3096页。

便饭，"人奴之生，得无笞骂即足矣"[25]正是武帝时人奴无奈的呼喊。

七　揭露封建国家的狱吏之酷和刑罚之滥

治狱之吏使用"笞"罚时有两个专用名词，"搒"（péng）和"掠"。《广雅·释诂》曰："搒，击也。"《广韵》载："搒，笞打也。"又《广韵》曰："掠，笞也，治也。"《集韵》也载："掠，搒也。"搒是进行刑讯，"'掠'也是为逼供而笞挞，但在程度上它要狠得多，这与'掠'的夺取义有关……用刑强制犯人使之招供也称'掠'……因为'掠'是必欲强取口供，所以'毒掠'、'楚掠'等常连用，'笞掠'、'搒掠'也常连用。'掠'用现代话说就是严刑逼供。"[26]

秦二世时，赵高案丞相狱，治罪，指责李斯与其子李由谋反，收捕其宗族宾客。赵高治（李）斯，"搒掠千余，不胜痛，自诬服"[27]。虽然李斯已被屈打成招，但赵高又担心李斯会翻供，因而使他的门客十余人诈为御史、谒者、侍中，再去提审李斯。李斯"更以其实对，辄使人复搒之"[28]。后来二世派人来查验，李斯还以为和从前一样，最终不敢更改自己所说的话，低头认罪了。身为丞相的李斯，竟然被屈打成招，秦法之酷，于此可见一斑。

汉武帝时，作为衡山王刘赐手下的谒者卫庆，自恃有方术，欲上书事天子，引起衡山王大怒，"故劾庆死罪，强搒服之"[29]。

杜周为武帝廷尉时，诏狱越发多起来："二千石系者新故相因，

---

〔25〕《史记》卷一百一十一《卫将军骠骑列传》，第 2922 页。

〔26〕王凤阳：《古辞辨》，长春：吉林文史出版社，1993 年 6 月第 1 版，第 641 页。

〔27〕《史记》卷八十七《李斯列传》，第 2561 页。

〔28〕《史记》卷八十七《李斯列传》，第 2561 页。

〔29〕《史记》卷一百一十八《淮南衡山列传》，第 3095 页。

不减百余人。郡吏大府举之廷尉，一岁至千余章。章大者连逮证案数百，小者数十人；远者数千，近者数百里。"在会审时，吏因责如章告劾（师古曰："皆令服罪如所告劾之本章。"），对于不服罪的，"以掠笞定之"[30]，于是"闻有逮皆亡匿"，狱吏使用"笞"罚之酷和封建国家刑罚之滥于此可见一斑。

　　综上所述，《史记》是西汉史学家司马迁的传世之作，书中涉及鞭笞之罚的记载有十几处，但其目的却不同，或肯定主人公的知错能改，或谴责某人罪有应得，或揭示人物的性格，或揭示主人公的某项才能，或为主人公雪耻复仇作伏笔，或作为主人公雪耻复仇的工具，或阐明家长管教子女的权力，或揭露封建国家的狱吏之酷和刑罚之滥，不一而足，说明司马迁妙笔生花，《史记》不愧为"史家之绝唱，无韵之离骚"。

　　（原文载《河南科技大学学报》社会科学版 2005 年第 2 期，收录时有增补）

---

[30]　《史记》卷一百二十二《酷吏列传》，第 3153 页。

《淮南子》养生思想析论

　　生命对于每个人来说都是宝贵的，期望健康长寿是人们的共同愿望。为了达到这一目的，人们对长寿的方法不断地进行探索和实践，这就是养生。由西汉淮南王刘安编撰的《淮南子》一书，是汉代"新道家"的代表作[1]，书中蕴含着丰富的养生思想，本文试图对此作一全面系统的探讨，不足之处，请方家正之。

一　养生的目的

　　先秦时期，人们养生的目的既有却病强身、延年益寿的一面，也有不老不死乃至成仙的一面。《素问·上古天真论》认为，擅长养生的人能"形与神俱，而尽终其天年"，这里的所谓"天年"，乃指人的自然寿命，亦称"天寿"或"天数"。《内经》"天年"的提出，从根本上动摇了当时流行的"长生不老"之说。作为秦汉之际新道家的代表作，《淮南子》的养生目的，是在继承先秦时期人们养生目的的基础上有所创新而形成的。《淮南子》抛弃了先秦时期流行的人可以"长生不老"的神秘面纱，继承和肯定了思想家、医学家的可以通过养生达到却病强身、延年益寿的养生目的，并进一步提出"养生以经世"[2]

---

　　[1]　熊铁基：《秦汉新道家略论稿》，上海：上海人民出版社，1984年3月第1版，第2页。
　　[2]　（汉）刘安：《淮南子》卷二《俶真训》，（汉）高诱注，上海：上海书店，1986年7月第1版，第31页。

的进步观点，这是《淮南子》对养生目的的发挥和创造，体现着一种积极进取的人生观，对几千年来人们的养生目的产生着深远的影响，至今对我们仍有借鉴价值。《淮南子》的养生目的之所以不局限于却病强身、延年益寿，而是为了更好地经世致用，这与它的著书目的分不开。《淮南子·要略》说："故著书二十篇，则天地之理究矣，人间之事接矣，帝王之道备矣。"由于《淮南子》著书的最终目的是为统治者提供一套治国安邦的理论依据，即所谓"帝王之道备矣"，因而也就决定了其养生的最终目的必然是经世致用。

二 养生的基本原则

我国现存最早的医学经典著作《黄帝内经》（简称《内经》），以协调阴阳为其养生的基本原则。该书《素问·上古天真论》载："法于阴阳，和于术数，食饮有节，起居有常，不妄作劳"、"把握阴阳，呼吸精气，独立守神，肌肉若一"，这里所说的"法于阴阳"、"把握阴阳"就是指协调阴阳，是养生的基本原则。《素问·阴阳应象大论》认为："阴阳者，天地之道也……治病必求其本。"无论是治病还是养生，力求阴阳的相对平衡和协调，乃是最根本的目标。人体赖以健康立命的正气有阴精和阳气两个方面，这两者不仅应充盛不衰，而且还必须相互协调，一旦偏胜而失去平衡，就会危害健康。阴精与阳气，内供生命活动之需，外则抵御病邪，最易耗损，因此必须时时摄护。《淮南子》对于《内经》以协调阴阳为养生的基本原则作了肯定，并进一步作了论述，正如《氾论训》所载："天地之气，莫大于和，和者阴阳调，日夜分而生物，春分而生，秋分而成。生之与成，必得和之精。……阴阳相接，乃能成和。"这里强调，不管是世界上的任何事物，它们的出生与成长，都必须取得和（阴阳调）的精髓，只有这样，才不会有疾病、灾难、异常等。反之，后果不堪设想。所以《说山训》指出："天二气则成虹，地二气则泄藏。"高诱注曰："阴阳相干，二气也。""天二气则成虹，地二气则泄藏"的主要原因就是如高诱所说的"阴阳相干",即阴阳不协调所致。人之健康与否,道理亦同,正如《说山训》所载:"人二气则成病。"高诱注曰:"邪气干正气,故成病。"由于邪气侵犯正气,打破了人体的阴阳平衡和协调,因而人生病也就在所难免了。要使人恢复健康,就必须协调阴阳,扶正祛邪。

三　养生的内容

基于以协调阴阳为养生的基本原则,《淮南子》提出了自己养生的内容。《诠言训》载:"凡治身养性,节寝处,适饮食,和喜怒,便动静,使在己者得,而邪气因而不生。"在这段话中,《淮南子》提醒人们从"节寝处"、"适饮食"、"和喜怒"、"便动静"4个方面注意养生。

1. 节寝处

是指人们在日常生活中,对于夫妻的性生活应有所节制,而不可随欲放纵它。《内经》在谈到人能否长寿时,从正反两个方面论述了节制性生活与否在养生中所起的不同作用,正如《素问·上古天真论》所载:"上古之人,其知道者,法于阴阳,和于术数,食饮有节,起居有常,不妄作劳,故能形与神俱,而尽终其天年,度百岁乃去。今时之人不然也,以酒为浆,以妄为常,醉以入房,以欲竭其精,以耗散其真,不知持满,不时御神,务快其心,逆于生乐,起居无节,故半百而衰也。"可见,"以酒为浆,以妄为常,醉以入房,以欲竭其精,以耗散其真",即所谓随心所欲的性生活,是人衰老致夭的主要原因之一。《淮南子》肯定了《内经》的这一认识,并进一步作了阐述。《诠言训》认为,"淫于声色"与"重于滋味"、"发于喜怒"一样,是一种邪气的表现,并且"邪与正相伤,欲与性相害,不可两立,一置一废"[3],因而"精神劳则越,耳目淫则

---

〔3〕《淮南子》卷十四《诠言训》,第242页。

竭"[4]。关于"耳目淫则竭"的机制，《淮南子》从五藏、血气、精神、祸福的变化和传递作了说明。《精神训》载："耳目淫于声色之乐，则五藏摇动而不定矣；五藏摇动而不定，则血气滔荡而不休矣；血气滔荡而不休，则精神驰骋于外而不守矣；精神驰骋于外而不守，则祸福之至，虽如邱山，无由识之矣。"可见，"耳目淫于声色之乐"不仅对人们的健康有害，而且在"虽如邱山"的祸福降临时，不能分辨。

2. 适饮食

是指人们在日常生活中要饮食适当，既不可过饥或过饱，也不可过食生冷，或对酸、甜、苦、辣、咸五味有所偏嗜，否则会损害健康，不利于长寿。众所周知，食物是每个人生存所必需的物质。《素问·平人气象论》载："人以水谷为本，故人绝水谷则死。"这里所谓的"水谷"，即指饮食物而言。饮食物从口摄入，经过食管，通过贲门而由胃受纳，又经过胃气的作用，初步消化形成食糜，然后进入小肠进一步消化吸收。食物经过胃肠的作用后，由脾再转化成为精微物质，此即中医所谓"水谷精气"。水谷精气不但是人体赖以生存的主要营养物质，也是形成血液的主要原料。水谷精气之所以能输送到人的五脏六腑和四肢百骸，主要依赖于脾的运化。《素问·奇病论》载："夫五味入口，藏于胃，脾为之行其精气。"脾胃在人的生命活动中如此重要，难怪中医称其为生化之源、"后天之本"。我们弄清楚了作为"后天之本"和生化之源的脾胃在吸收和消化食物的机制后，自然也就明白了饮食不当会给脾胃带来怎样的损害，所以《素问·上古天真论》在饮食方面要求"饮食有节"，而《淮南子》则提出"适饮食"。不仅如此，《淮南子》对于饮食在养生上的重要性又有了进一步的认识。《诠言训》认为，"重于滋味"与"淫于声色"、"发于喜怒"一样，是邪气的表现。《泰族训》更明确指出："肥肌肤，充肠腹，供嗜欲，养生之末也。"

---

[4]《淮南子》卷九《主术训》，第144页。

3. 和喜怒

喜与怒是人们最常见的两种情志活动，人们常用"喜怒无常"来形容一个人情绪的不稳定，因而"和喜怒"之"喜怒"不局限于两种情志活动，而是指一个人的所有情志活动，此即祖国医学所谓喜、怒、忧、思、悲、恐、惊之七情。常言道："人非草木，孰能无情？"因此每个人都会有七情六欲。《本经训》载："人之情，思虑聪明喜怒也。"《齐俗训》载："喜怒哀乐，有感而自然者也。"如果一个人碰上快乐的事，他会情不自禁地放声歌唱；反之，如果碰上悲哀的事，他也会伤心地哭泣[5]。这是人之常情，正所谓"愤于中则应于外，故在所以感。"[6]"故哭之发于口，涕之出于目（鼻），此皆愤于中而形于外者也。"[7]值得注意的是，如果一个人的心里确实很悲哀，那么他即使放喉歌唱，歌调也不会有欢乐的气氛；同样，如果这个人心里很快乐，那么他即使哭泣，其哭声也不会有哀痛的歌调："故心哀而歌不乐，心乐而哭不哀。"[8]《本经训》载："人之性，有侵犯则怒，怒则血充，血充则气激，气激则发怒，发怒则有所释憾矣。"高诱注曰："释，解也；憾，恨也。"此即怒这一种情志活动的例子，并阐述了它在外界影响下而发生的机制。人的情志活动也不都是单一地在起作用，有时也可以传递性地转化。《本经训》又载："人之性，心有忧丧则悲，悲则哀，哀斯愤，愤斯怒，怒斯动，动则手足不静。"这是一种情志活动可以传递性转化为其他情志活动的例子，具体地说，忧可转化为悲，悲可转化为哀，哀可转化为愤，愤可转化为怒。七情是人们对于客观事物的主观感受及其情态的自然反映，在一般情况下并不会使人生病，只是突发而又强烈，或持续时间过长的情志刺激，超越了人体本身的自我调整能力，而引起气机逆乱及脏腑气血阴阳偏倾时，才会导致疾病的发生。《诠

---

〔5〕《淮南子》卷十九《修务训》，第335页。

〔6〕《淮南子》卷十九《修务训》，第335页。

〔7〕《淮南子》卷十一《齐俗训》，第174页。

〔8〕《淮南子》卷十《缪称训》，第159页。

言训》指出，情志活动不节即"发于喜怒"，与"重于滋味"、"淫于声色"一样，是邪气的表现。而邪气与正气不两立，邪气胜则正气衰，这样人就要生病了。《精神训》载："人大怒破阴，大喜坠阳，大忧内崩，大怖生狂。"这是各种情志活动不节给人带来的危害。要使人的情志活动有所节制，最关键的是养心。中医所谓的"心"，一是指"君主之官也"，"神明出焉"〔9〕，即现代医学中的大脑；另一是指"主身之血脉"〔10〕，即现代医学中的心脏。我们所说的养心之心，当然是指前者。《淮南子》肯定了《内经》关于"心为君主之官"的认识，并作了进一步的阐述。《精神训》载："心者，形之主也。"《泰族训》载："心者，身之本也。"《缪称训》："心治则百节皆安，心扰则百节皆乱。故其心治者，支体相遗也。"怎样才能使心不乱，而达到心治呢？《道应训》引老子曰："不见可欲，使心不乱。"但人生活在现实生活中，有各种各样的需求和欲望，不可能"不见可欲"，更何况人心最易受外界的干扰和诱惑："夫声色五味，远国珍怪，环异奇物，足以变心易志，摇荡精神，感动血气者，不可胜计也。"〔11〕《精神训》也载："趣舍滑心，使行飞扬。"所以要使人们达到"心治"并不是一件易事，但办法总是有的。《诠言训》载："凡人之性，乐恬而憎悯，乐佚而憎劳。心常无欲，可谓恬矣；形常无事，可谓佚矣。游心于恬，舍形于佚，以俟天命。自乐于内，无急于外，虽天下之大，不足以易其一瞬。"高诱注曰："悯，忧有所在也。"又说："中心常恬漠，累积其德，狗吠而不惊，自信其情。"看来，只有"心常无欲"、"中心常恬漠"，也就是"自乐于内"，情志活动才不会太过或不及。如果再进一步做到"形常无事"，也就是"无急于外"，就可"以俟天命"了。

---

〔9〕《素问·灵兰秘典论》，郭霭春主编：《黄帝内经素问校注》，北京：人民卫生出版社，1992年9月第1版，第128页。

〔10〕《素问·痿论》，第569页。

〔11〕《淮南子》卷八《本经训》，第123页。

4. 便动静

"便动静"这一概念，有两层意思：一是"出入有时"〔12〕。《本经训》在谈到帝之所以为帝、王之所以为王、霸之所以为霸、君之所以为君时说："帝者体太一，王者法阴阳，霸者则四时，君者用六律。"看来，霸者之所以为霸，是由于他以四时为法则的缘故。那么，什么是四时呢？该篇进一步解释说："四时者，春生夏长，秋收冬藏，取予有节，出入有时，开阖张歙，不失其叙，喜怒刚柔，不离其理。"四时的规律是："春生夏长，秋收冬藏"。按照这个规律的要求，霸者不仅对老百姓要"取予有节"，而且自身应"出入有时"，此即《素问·上古天真论》所说的"起居有常"。因为"肺主目，肾主鼻，胆主口，肝主耳，外为表而内为里，开闭张歙，各有经纪"〔13〕。所以人的各窍应"开阖张歙，不失其叙"；在情志活动方面，也应该"喜怒刚柔，不离其理"。"出入有时"虽是对霸者的要求，但一切养生者都是应该遵守的，因为皮肤能感知四时的寒暑和疾病的痛苦，这是人之常情〔14〕，况且人的形体最易受四时寒暑及燥湿的伤害："是故形伤于寒暑燥湿之虐者，形苑而神壮。"高诱注曰："苑，枯病也。"因而要避免"形苑"，必须顺四时而适寒暑。至于具体如何去做？《时则训》有明确的阐述，该篇把四季的春季分为孟春之月、仲春之月、季春之月，把夏季分为孟夏之月、仲夏之月、季夏之月，把秋季分为孟秋之月、仲秋之月、季秋之月，把冬季分为孟冬之月、仲冬之月、季冬之月，并且孟春之月与孟秋之月相合，仲春之月与仲秋之月相合，季春之月与季秋之月相合，孟夏之月与孟冬之月相合，仲夏之月与仲冬之月相合，季夏之月与季冬之月相合。在"燥湿寒暑以节至，甘雨膏露以时降"〔15〕的情况下，因春季是"生气方盛，

---

〔12〕《淮南子》卷八《本经训》，第 119 页。

〔13〕《淮南子》卷七《精神训》，第 100 页。

〔14〕《淮南子》卷十九《修务训》，第 341 页。

〔15〕《淮南子》卷五《时则训》，第 87 页。

阳气发泄"[16]之时，我们须顺应人体的生发之气，如果两性进行交合，必须注意天气的变化："雷且发声，有不戒其容止者，生子不备，必有凶灾。"高诱注曰："以雷电合房室者，生子必有瘖聋通精痴狂之疾，故曰不备，必有凶灾也。"这是说，在春季的仲春之月，如果行房时不注意天气异常，如在有雷电时进行，即使不像高诱说的生子一定会有瘖聋通精痴狂之疾，但也难保不会有疾病的发生，所以说"必有凶灾"，这是在提醒人们应引起注意。在夏季，尤其是仲夏之月，因为此时"日长至，阴阳争，死生分"[17]，所以"君子斋戒，慎身无躁，节声色，薄滋味。百官静事无径，以定晏阴之所成"[18]。高诱注曰："事无径，当先请，详而后行也；晏阴，微阴也。"在秋季之孟秋之月，"天地始肃"[19]，高诱注曰："肃，杀也，杀气始行也。"仲秋之月，"杀气侵盛，阳气日衰"[20]；季秋之月，"是月也，霜始降，百工休。乃命有司曰：寒气总至，民力不堪，其皆入室"[21]。在冬季，尤其是仲冬之月，因为"日短至，阴阳争"[22]，所以"君子斋戒，处必掩身欲静，去声色，禁嗜欲"[23]，高诱注曰："声，丝竹金石之声也；色，美色也；有贪欲滥求者，禁之。"同时还要："宁身体，安形性"[24]。高诱注曰："闭情欲也。"对于天气反常的情况，如"春肃秋荣，冬雷夏霜"[25]，因为这是"皆贼气之所生"[26]，所以养生者也应做相应的

---

〔16〕《淮南子》卷五《时则训》，第72页。

〔17〕《淮南子》卷五《时则训》，第74页。

〔18〕《淮南子》卷五《时则训》，第74~75页。

〔19〕《淮南子》卷五《时则训》，第77页。

〔20〕《淮南子》卷五《时则训》，第78页。

〔21〕《淮南子》卷五《时则训》，第79页。

〔22〕《淮南子》卷五《时则训》，第82页。

〔23〕《淮南子》卷五《时则训》，第82页。

〔24〕《淮南子》卷五《时则训》，第82页。

〔25〕《淮南子》卷八《本经训》，第115页。

〔26〕《淮南子》卷八《本经训》，第115页。

变化，不可拘泥于正常的天气，直到天气变为正常为止。

　　"便动静"这一概念的另一层意思是：一个人在该静的情况下就要静，而在该动的情况下也要动，但不论是静还是动，于理都要允当。《本经训》载："故至人之治也，心与神处，形与性调，静而体德，动而理通……"这是要求人们在静的情况下应该做到"体德"，而在动的情况下应该做到"理通"。何谓德呢？《齐俗训》载："率性而行谓之道，得其天性谓之德。"先秦思想家认为人之性有善恶之分：孟子主性善说，荀子则反其道而行之。《淮南子》继承了孟子的性善说，认为人性无邪，并进而提出人性主静之说："清净恬愉，人之性也。"[27]《原道训》也载："人生而静，天之性也；感而后动，性之害也。"《齐俗训》载："人性欲平，嗜欲害之。"又载："人之性无邪，久湛于俗则易，易而忘本。"人之性本来是无邪而善良的，即清净恬愉，但如长时间地与世俗社会接触，就会受到各种嗜欲的诱惑而改变，此即所谓"感而后动"，是"性之害也"。人们要得其天性，最主要的是节制嗜欲，在这点上，《淮南子》对"德"又作了具体的阐释："闭九窍，藏心志，弃聪明，反无识，芒然仿佯于尘埃之外，而消摇于无事之业，含阴吐阳，而万物和同者，德也。"[28]这段话的中心思想不外乎两点：一是精神活动要排除各种杂念，节制各种嗜欲，不受世俗社会名利的干扰；一是形体"消摇于无事之业"，顺应四时寒暑的变化。这就是德。

　　"便动静"这一概念，重点在动上，即人们在参与社会活动时，应"动而理通"。怎样才能"动而理通"呢？首先是要"动静循理"[29]，而要"动静循理"，则必须做到"不惑祸福"，因为动静是利害的枢机[30]，所以人们只有不迷惑于利害祸福，才会"动静循

---

〔27〕《淮南子》卷十八《人间训》，第305页。

〔28〕（汉）刘安：《淮南子》卷二《俶真训》，（汉）高诱注，上海：上海书店，1986年7月第1版，第26页。

〔29〕《淮南子》卷十四《诠言训》："不惑祸福，则动静循理。"第236页。

〔30〕《淮南子》卷十八《人间训》："动静者，利害之枢机也。"第306页。

理"。人们怎样才能不迷惑于利害祸福呢？《淮南子》认为，只有搞清利害祸福的产生及其关系，才能办到。《人间训》载："夫积爱成福，积怨成祸。"这是谈祸与福的产生。《人间训》又载："祸与福同门，利与害为邻。"《诠言训》也载："利则为害始，副则为祸先。"这是谈利与害、福与祸的关系。不论是利与害还是福与祸，都是由每个人自己招来的，此即《人间训》所谓"夫祸之来也，人自生之；福之来也，人自成之。"亦即《齐俗训》所谓"福由己发，祸由己生。"而利与害的关系是利中有害、害中有利，祸与福的关系是福中有祸、祸中有福，它们在一定条件下可以互相转化，此即《人间训》所谓"事或欲以利之，适足以害之；或欲害之，乃反以利之。利害之反，祸福之门户也，不可不察也。"况且利、福的标准是"福莫大无祸，利莫美不丧。"[31]，所以一个人要达到无祸、不丧，只有不求利、不求福，正如《诠言训》所载："唯不求利者为无害，唯不求福者为无祸。"要使人们不求利、不求福，最主要的是摒弃智虑，因为智虑是祸福的门户[32]，人们竭智尽虑地追求利与福，反而却招来了害与祸，这是各种嗜欲通过智虑在起作用。《诠言训》载："苦心愁虑，以行曲故。福至则喜，祸至则怖。神劳于谋，智遽于事，祸福萌生，终身不悔。己之所生，乃反愁人。不喜则忧，中未尝平，持无所监，谓之狂生。"这种"中未尝平"之人，即多欲之人，"苦心愁虑"地追求福与利，虽"神劳于谋，智遽于事"，亦心甘情愿，但由于利与害、福与祸是两对孪生兄弟，这种"中未尝平"之人并不能时时如愿，而是"祸福萌生"。不论是福是祸，都是自己招致的，而这种人却"乃反愁人"且"终身不悔"，《淮南子》把这种人称为"狂生"。对于在参与社会活动时不能"动静循理"的人来说，如果任其发展下去，就会"理塞"，而这正是一个家庭所以败亡的原因[33]，因而一个人

---

〔31〕《淮南子》卷十四《诠言训》，第238页。

〔32〕《淮南子》卷十八《人间训》："是故知虑者，祸福之门户也。"第306页。

〔33〕《淮南子》卷十三《氾论训》："家之所以亡者，理塞也。"第219～220页。

能否"动静循理",不仅关系到个人的利害祸福,亦涉及家庭的兴亡。所以《氾论训》又载:"是故圣人审动静之变,……夫动静得则患弗过也。"要做到"动而理通",人们还必须遵守儒家制定的一套行为准则和规范——礼仪。《主术训》载:"凡人之论,心欲小而志欲大,智欲员而行欲方,能欲多而事欲鲜。……能欲多者,文武备具,动静中仪,举动废置,曲得其宜,无所击戾,无不毕宜也。"对于文武兼备的多才之人,在参与社会活动时也要"动静中仪",即遵守儒家制定的一套行为准则和规范,这样才能举措得当,"无不毕宜也"。

四 养生的方法

对于养生的方法,《淮南子》共分为两种:

1. 呼吸吐纳

即现代气功之滥觞。《泰族训》指出:"王乔、赤松,去尘埃之间,离群慝之纷,吸阴阳之和,食天地之精,呼而出故,吸而入新,踈虚轻举,乘云游雾,可谓养性矣,而未可谓孝子矣。"高诱注曰:"慝,恶也。"在这里,《淮南子》虽批评了王乔、赤松两人算不上孝子,但却称赞他们是善于养性的人,而其养性的方法就是脱离于世俗社会的纷纷扰扰,走向美好的大自然,通过"吸而入新"纳入了天地的清新之气,此即所谓"吸阴阳之和,食天地之精",同时又通过"呼而出故"的办法排除人体的污浊之气,这样就使人体的血液循环加快,呼吸顺畅,元气充盈,因而也就利于人体的健康,并有延缓衰老的作用。

2. 呼吸吐纳与运动锻炼相结合

《精神训》指出:"是故真人之所游,若吹呴呼吸,吐故内新,熊经鸟伸,凫浴蝯躩,鸱视虎顾,是养形之人也。"此段话是《淮南子》对《庄子·刻意篇》的一段话进行损益而形成的,《庄子·刻意篇》原话为:"吹呴呼吸,吐故纳新,熊经鸟申,为寿而已矣。此导引之士,养形之人,彭祖寿考者之所好也。"通过比较可知,《庄子》中的"导引之士"，到了《淮南子》已被统统概括为"真人"，同时增加了"凫浴蝯躩"、"鸱（chī）视虎顾"等运动锻炼法。看来，真人锻炼的方法是以模仿几种动物的动作为主，同时辅以协调的呼吸，而东汉名医华佗根据虎、鹿、熊、猿（蝯）、鸟五种禽兽的动作特点所创制的"五禽戏"导引法，亦得益于此。

五　养生的境界

《泰族训》指出："治身，太上养神，其次养形。"从养神、养形的角度出发，《淮南子》把养生的境界分为三种，即分别为真人、至人、圣人的境界。

1. 真人的境界

前文在谈养生的方法时指出，《庄子》中的"导引之士"，即养形之人，到了《淮南子》已被统统概括为"真人"。真人是通过呼吸吐纳与运动锻炼相结合的方法进行养生而达到长寿的，同时，他们也是"性合于道"[34]的人，这样的人（据汉高诱的注释）有传说中的伏羲、黄帝和春秋时的老聃。

2. 至人的境界

所谓"至人"，用汉高诱的话说就是"至道之人"，因而"至人不容"[35]的意思就是"至道之人，不饰容也。"

由于饰容是外表的追求，是末，所以至人舍弃它而去追求本："故至人之治也，心与神处，形与性调。静而体德，动而理通。随自然之性，而缘不得已之化。洞然无为而天下自和，恬然无欲而民自朴。无機祥而民不夭，不忿争而养足，兼包海内，泽及后世。不知为之者谁何？"[36]这里的"心与神处，形与性调"，是指修身养性而

---

〔34〕《淮南子》卷七《精神训》，第103页。

〔35〕《淮南子》卷十《缪称训》，第157页。

〔36〕《淮南子》卷八《本经训》，第117页。

言，而"静而体德，动而理通"也就是我们前文说的"便动静"。至人不但善于修身养性，而且治理国家时"动而理通"，所以老百姓"不忿争而养足"，天下太平，人民安居乐业。

　　3. 圣人的境界

　　《淮南子》对于"圣人"的论述，比"真人"、"至人"的论述要多得多。《淮南子》所谓的圣人，是"内修其本，而不外饰其末"[37] 的人，这里的"内修其本"，指的就是修身，正如《精神训》所载："故心者形之主也，而神者心之宝也，形劳而不休则蹶，精用而不已则竭。是故圣人贵而尊之，不敢越也。"正是因为心（大脑）为形之主、神为心之宝，所以圣人修身时不仅要养形，更要养神，而且要诚心养神[38]，这样，就可达到世之圣人"不以欲伤生，不以利累形"[39] 的要求。

　　圣人修身的目的是经世致用，也就是建功立业。他虽有建功立业的志向，若生不逢时，就会"深居以避辱，静安以待时"[40]；一旦时机来临，他就会毫不犹豫地"随时而举事，因资而立功"[41]。由于圣人的处事方式是"因循应变，常后而不先"[42]，也就是"不得已而动"[43]，故"无累"。

　　在建功立业的过程中，虽然昏庸的君主难于分辨清乱臣、小人与君子，但圣人却能"见微以知其明"[44]，这是因为圣人懂得选贤的道理，即听其言而观其行，"见其一行而贤不肖分矣"[45]。在用人方面，对于有能力的人，圣人是兼而用之，"毋小大修短，各得其

---

　　〔37〕《淮南子》卷一《原道训》，第 8 页。
　　〔38〕《淮南子》卷二十《泰族训》，第 349 页。
　　〔39〕《淮南子》卷十八《人间训》，第 321 页。
　　〔40〕《淮南子》卷十八《人间训》，第 320 页。
　　〔41〕《淮南子》卷十七《说林训》，第 303 页。
　　〔42〕《淮南子》卷一《原道训》，第 10 页。
　　〔43〕《淮南子》卷十六《说山训》，第 275 页
　　〔44〕《淮南子》卷十三《氾论训》，第 227 页。
　　〔45〕《淮南子》卷十三《氾论训》，第 228 页。

宜"〔46〕，故无"弃才"。圣人在用人方面不仅要做到无"弃才"，更要达到"使人各处其位，守其职，不得相干也"〔47〕的境界，这种高境界靠什么保证呢？这就是礼和法。

法是要大家遵守的，其作用非同寻常："夫圣人作法，而万物制焉。"〔48〕高诱注曰："制，犹从也。"可见，法是要制约万事万物的。由于"世异则事变，时移则俗易"，所以圣人"论世而立法"〔49〕，即"法与时变，礼与俗化"〔50〕，也就是说，法要适应时代的变化，礼要因风俗变化而调整，这样，制定的礼法才能发挥它应有的作用。

在建功立业的过程中，圣人的忧患意识非常强，他"常治无患之患"〔51〕，故"无患"。圣人是怎样"常治无患之患"呢？这就是胸怀仁爱之心而做善事。正因为有仁爱之心的驱使，圣人对于善，不因为它小就不做；对于过错，不因为它微小就不改正〔52〕。在赏罚上，圣人"因民之所喜而劝善，因民之所恶而禁奸"，因而"孔子诛少正卯，而鲁国之邪塞。子产诛邓析，而郑国之奸禁。"可见，"赏一人而天下誉之，罚一人而天下畏之"〔53〕，这是圣人仁爱之心在赏罚上的体现。圣人的用兵，就像梳头发和锄田一样，"所去者少，而所利者多"〔54〕，这是圣人仁爱之心在用兵方面的体现。

在建功立业的过程中，圣人真切体会到："杀无罪之民，而养无义之君，害莫大焉；殚天下之财，而澹一人之欲，祸莫深焉。"〔55〕所

---

〔46〕《淮南子》卷九《主术训》，第 135 页。

〔47〕《淮南子》卷一《原道训》，第 17 页。

〔48〕《淮南子》卷十三《氾论训》，第 216 页。

〔49〕《淮南子》卷十一《齐俗训》，第 178 页。

〔50〕《淮南子》卷十三《氾论训》，第 213 页。

〔51〕《淮南子》卷十六《说山训》，第 274 页。

〔52〕《淮南子》卷九《主术训》，第 149 页。

〔53〕《淮南子》卷十三《氾论训》，第 229 页。

〔54〕《淮南子》卷十五《兵略训》，第 251～252 页。

〔55〕《淮南子》卷十五《兵略训》，第 252 页。

以，圣人的仁爱之心，主要放在老百姓的身上。圣人不以自己的身份低贱而感到耻辱，而以道之不行而感到愧疚；不以生命的短暂而担忧，而以百姓的贫穷而忧思[56]。所以，圣人不辞千辛万苦"蒙耻辱以干世主"，并不是贪恋俸禄和渴慕权位，而是为了除万民之害，救民于水火，使老百姓过上太平而富足的生活。《淮南子》所说的圣人，大致有传说中的神农、尧、舜、禹，以及商王朝的开创者汤和春秋时期的思想家、教育家孔子等。

综上所述，作为秦汉之际新道家代表作的《淮南子》，其养生的目的不局限于却病强身、延年益寿，而是为了更好地经世致用。《淮南子》以协调阴阳为其养生的基本原则，运用呼吸吐纳和呼吸吐纳与运动锻炼相结合的两种方法，从节寝处、适饮食、和喜怒、便动静四个方面进行养生，以期达到真人、至人、圣人的境界。

（原文载徐卫民、刘景纯主编：《秦汉史论——何清谷教授八十华诞庆祝文集》，西安：陕西出版集团、三秦出版社，2009 年11 月版）

---

[56]《淮南子》卷十九《修务训》，第332 页。

第四篇　文物研究与鉴赏

两件唐代跪拜俑拜仪考*

　　陕西历史博物馆是中国第一座拥有现代化设备的大型博物馆，馆藏文物十分丰富，其中以青铜器、金银器、玉器、陶俑、壁画、铜镜、陶瓷器、砖瓦建材与货币等最为典型。在陶俑文物中，有两件唐代跪拜俑分外引人注目，它们不仅是研究唐代服饰的珍贵形象资料，而且对于研究中国古代跪拜礼中某些拜礼的拜仪以及个别动作，尤其具有不可忽视的参考价值。

　　彩版五，是一女跪拜俑形象。长 26.5 厘米，西安市郊区唐代墓葬出土。头梳高髻前倾，鬓发作尖状。右眼微眯，大耳有轮。上身着长窄袖衫，袖着地，两手均隐袖内。下着长裙曳地，裙腰（女俑背部双平行弧线）高束。低头，双膝、双手均着地，头与腰基本在一水平线上，作跪拜状。现藏陕西历史博物馆。

　　我馆所藏的这件女跪拜俑，其发髻式样在考古资料中还有发现。如山西长治县宋家庄发现的唐代范澄夫妇墓，曾出土有陶俑，其中有两件女仆俑：一件高 14 厘米，原置于陶灶旁。头梳高髻前倾，身穿翻领短袖上衣，腰束长裙曳地，右腿盘曲，左腿支起，双臂搭于膝上，似在烧饭（原文图版柒：右 1）。另一件高 27 厘米，原置于陶磨旁。头梳高髻前倾，穿窄袖上衣，腰束长裙曳地，手执簸箕作簸米状[1]（图

---

　　*　　本文与梁彦民合作。

　〔1〕　图见《长治县宋家庄唐代范澄夫妇墓》发掘报告中的图一一，《文物》1989 年第 6 期。

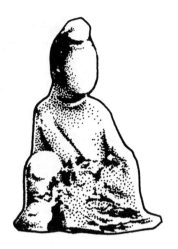

一）。两相比较可以看出，我馆所藏女跪拜俑的发髻式样与范澄夫妇墓两件女仆俑的发髻式样是相同的，皆为高髻前倾。不仅如此，我馆女跪拜俑与范澄夫妇墓置于陶磨旁的女仆俑的服饰也大致一样：上均着长窄袖衫，下均长裙曳地。戴争在其编著之《中国古代服饰简史》一书中指出："窄袖衫襦、长裙，主要流行于隋至初唐。"又范澄夫妇墓曾出土有墓志，据墓志可知，墓主为唐代范澄及其夫人韩氏。范澄卒于唐太宗贞观十年

图一 唐范澄夫妇墓女仆俑

（636 年），韩氏卒于唐高宗显庆五年（660 年），两人合葬于显庆五年。既然范澄夫妇墓置于陶磨旁的女仆俑穿的是主要流行于隋至初唐的窄袖衫襦、长裙，而我馆女跪拜俑不仅服饰与其大致一样，发髻式样也相同，由此我们认为，我馆女跪拜俑亦应为初唐至盛唐时期的人物形象，而且其身份不会太高，大概不外乎女仆之类的人物。

搞清了我馆所藏女跪拜俑的身份和时代以后，我们还有必要来谈一谈其所行跪拜礼的名称。据段玉裁《说文解字》"擅"下注知，妇人之拜约有三种，即肃拜、手拜、稽颡，而其正拜，却是肃拜。郑玄注《礼记·少仪》曰："妇人以肃拜为正。"《周礼·春官大祝》："九曰肃拜。"贾公彦疏："妇人亦以肃拜为正。"段玉裁于《说文解字注》中说："肃拜者，妇人之拜。"关于肃拜的拜仪，古今学者众说纷纭，莫衷一是。东汉郑玄于《周礼·春官大祝》注云："肃拜，但俯下手，今时擅是也。"宋朱熹《朱子语类·礼》有载："问：'古者妇人以肃拜为正，何谓肃拜？'曰：'两膝跪地，手至地而头不下曰肃拜。'"宋人岳珂在其所撰《愧郯录》卷八《礼殿坐像》中指出："其为肃拜，则又拱两手而下之至地也。"清人惠士奇曰："《容经》曰：端股整足曰经立，微磬曰共立，磬折曰肃立，垂

佩曰卑立；平衡曰经坐，微俯曰共坐，俯首曰肃坐，废首低肘曰卑坐。观肃立、肃坐，则肃拜可知。肃者，磬折之象，下于拱，上于卑，但俯首，不废首。"赵翼于《陔余丛考》卷三十一《妇人拜》中说："按推手曰揖，引手曰撎。肃拜如撎，正今俗妇人拢两手向下之礼也。"近人尚秉和在其所著《历代社会风俗事物考》卷二十四"肃拜（即撎）之真象"中指出："由是论之，古之揖与今异。今揖上手至额（自下而上），古揖则下手至地（自上而下），古之揖今戏剧所行者是也。"许嘉璐主编之《中国古代礼俗辞典》（中国友谊出版公司1991年6月版）"肃拜"条云："古代跪拜礼中最轻的一种。拜时只俯身拱手至地。"以上诸家所论，以朱熹的立论较为接近原始肃拜之真象，我们之所以称原始肃拜，这主要是指人们席地而坐时肃拜之情形。与朱熹立论相近的还有岳珂、惠士奇、许嘉璐等。我们之所以认为朱熹的立论较为接近原始肃拜之真象，这主要是因为他的"头不下"一词用语欠妥，当以惠士奇的"俯首"用语为妥。又郑玄、赵翼、尚秉和等人的论点较为接近，他们都认为肃拜如撎。尚秉和认为："古揖则下手至地（自上而下）"，而郑玄所谓的"今时揖"，自非古揖莫属，当然是要"下手至地"了，而赵翼立论的"肃拜如撎，正今俗妇人拢两手向下之礼也"则指坐用床榻后肃拜之情形。他于《陔余丛考》卷三十一《妇人拜》中指出："古人席地而坐，引身即为跪，则妇人拜亦未有不跪者。古诗'伸腰跪拜'，正是事实。引身长跪、拢手向下，即是伸腰拜跪也。虽长跪，而其拜则仅肃拜，不作男子俯伏之状。《朱子语类》所谓'直身长跪，拜时亦只俯首如揖'，便是肃拜。妇人首饰甚多，自难俯伏地上也，此席地而坐时，妇人有跪拜之礼也。迨后坐用床榻，则妇人之跪不便，故无复引身长跪之仪，而仅存拢手肃拜之礼，此所以有拜而无跪也。"由此看来，赵翼等人的论点与朱熹等人的论点在描述肃拜拜仪上是一致的，他们虽然描述的角度不同，但却都反映了原始肃拜的真象。与原始肃拜相对的是非原始肃拜，亦即后世肃拜，它是指人们坐用床榻以后肃拜之情形而言的。赵翼在《陔余丛考》卷三十一

262

《妇人拜》中又说："总之，席地而坐时，妇人拜必兼跪；坐用床榻后，妇人有拜无跪……后世妇人肃拜行礼时稍作鞠躬虚坐之状，此亦有所本。"必须明确指出，赵翼总结的坐用床榻后"妇人有拜无跪"的结论值得商榷，此结论只适用于一般场合，而不适用于少数特殊的场合。

我馆所藏的女跪拜俑，其仪容与朱熹、赵翼等人所说的肃拜礼的拜仪是一致的，它是古人席地而坐时所行肃拜礼在唐代的反映，只不过这种肃拜礼在唐代并不是常见的，它只适用于"妇初见舅姑"、"宫人于君后"〔2〕等少数特殊场合，而在大多数场合，则是应用如赵翼所说的"稍作鞠躬虚坐之状"的肃拜礼。

我馆所藏的女跪拜俑，不仅是古人席地而坐时所行肃拜礼在唐代的反映，而且也是我国跪拜礼的雏形。姚荣涛在《"跪拜礼"的起源和消亡》〔3〕一文中指出："人类刚刚能直立行走时，他们的行走姿势，大约跟现在动物园中的猩猩单用后肢行走时的姿势差不多，弯腰曲背、身体前倾、步履蹒跚，前肢下垂、离地面很近。以这种姿势行走的人们，当他们站定表示友好或敬意时，前肢着地，后肢弯曲就是很自然的了……已经能直立行走的人类，做出的后肢弯曲，前肢着地的姿势，就是跪拜礼的雏形。"顾炎武在《日知录·拜稽首》中说："古人席地而坐，引身而起，则为长跪……手至地，则为拜。"钱杭在《我国古代跪拜礼的情况如何?》〔4〕一文中指出："跪为两膝着地，腰杆伸直；跪而以手碰地即为拜。"近人尚秉和先生在"古拜，屈膝头与腰平"〔5〕之考证中指出："拜与揖异，揖可立为，

---

〔2〕（清）赵翼：《陔余丛考》卷三十一《妇人拜》，北京：中华书局，1963 年 4 月第 1 版，第 660 页。

〔3〕文史知识编辑部：《古代礼制风俗漫谈》（一集），北京：中华书局，1983 年 6 月第 1 版，第 111 页。

〔4〕本社编：《中国文化史三百题》，上海：上海古籍出版社，1987 年，第 370 页。

〔5〕尚秉和：《历代社会风俗事物考》卷二十四，见《民国丛书》第一编第 17 册，上海：上海书店，1989 年 10 月，第 293 页。

拜必屈膝。《世说》陶公既救出梅赜，赜见陶公，拜，陶公止之。赜曰：'梅仲直膝，明日岂可复屈耶?'是拜必屈膝之证也。然虽跪地而首不至地。《荀子》'平衡曰拜'，注：'平衡谓磬折，头与腰如衡之平。'是跪地后，身磬折，使头与腰相平如衡，即古拜式也。"尚先生所谓的"古拜式"，除没有明言手之动作外，其所谓古拜式与我馆女跪拜俑的拜仪以及姚荣涛所谓跪拜礼的雏形是一致的，因此，尚先生所谓的"古拜式"，实应加入顾炎武所谓"双手至地"或钱杭所谓"以手碰地"的内容。

彩版六，为一男跪拜俑形象。长 69、宽 46.5、高 29.3 厘米，1952 年咸阳底张湾唐墓出土。俑浓眉大眼，眼珠略突，眼睑下垂，鼻子大而直，嘴巴适中。左耳大而有轮，左脸庞突起，耳上一片头发生动逼真。头戴高冠，冠上有贯笄之穴。身着交衽阔袖袍衫，腰系大带（俑背部平行双弧线），袍下摆有缘饰。俑作跪拜状，两膝着地，两肘亦着地，两手（左手压右手）拱至地，头略低。俑原来本有绘彩，但经过千余年的漫长岁月，绘彩大多已经剥落，唯有冠及袍袖上依然保留有小片深绿色痕迹。现藏陕西历史博物馆。

图二　咸阳底张湾唐墓高冠男俑

无独有偶，在咸阳底张湾以前出土的陶俑中，亦发现一戴高冠的陶俑（图二）[6]。据周锡保先生研究，"这件陶俑着朝服，亦

〔6〕　图见周锡保著《中国古代服饰史》第 184 页，北京：中国戏剧出版社，1984 年。

名具服，黑介帻，裙襦或衫，但与制不甚符合，因陶俑不可能那样具备，是较为简略，只能举其大体而言。观其有一孔，当是贯笄之穴，所以应作为冠。"[7]通过比较可以看出，我馆所藏的男跪拜俑所戴的高冠与周先生书中所载陶俑的高冠是相同的。又周先生认为其书所载陶俑为文官俑，因而，我馆收藏的这件男跪拜俑，亦当为男文官跪拜俑。

明确了我馆所藏的男跪拜俑的身份以后，我们再来谈一谈其所行跪拜礼的名称。清人段玉裁在《说文解字》手部"拜"下注云："凡拜必兼用首、手、足三者，而造字者重手，故从手。"按照段玉裁的说法，行跪拜礼时，首、手、足三者必须兼用，而手的动作还有专门的称呼，叫拱或拱手。关于拱手的动作，说法不一。张标在《古代的拱揖跪拜》[8]一文中归纳为四种观点，他说："东汉赵岐认为是'合两手'，即两手于胸前平伸相合；给《尚书大传》作注的郑玄则认为是'两手搤之'，即两手于胸前交互持握；南朝梁皇侃认为是'沓合'，即左右手一内一外地在胸前叠合；南唐徐锴认为是'两手大指头相拄'，大概是两手虚握成拳，平行交并，则两拇指自然相依拄。"从我馆所藏的男跪拜俑的手部动作来看，南唐徐锴的立论与唐代的事实相符。

古人将中国古代的跪拜礼总结为"九拜"。《周礼·春官·大祝》曰："辨九拜：一曰稽首，二曰顿首，三曰空首，四曰振动，五曰吉拜，六曰凶拜，七曰奇拜，八曰褒拜，九曰肃拜。"我馆收藏的这件男跪拜俑，其拜礼的名称出不了"九拜"的范围，它应是将要完成的空首拜形象。关于空首拜，学者们似乎意见分歧并不太大。《周礼·春官·大祝》"辨九拜"，郑玄注曰："空首，拜头至手，所谓拜手也。"贾公彦疏曰："空首者，先以两手拱至地，乃头至手，是谓空首也。以其头不至地，故名空首。"清人黄汝成在《日知录集

---

〔7〕 此段文字系周锡宝先生《中国古代服饰史》所收陶俑线图之图下说明。
〔8〕《文史知识》1984年第8期。

释》卷二十八"稽首顿首"下注引凤氏曰:"男拜尚左手,先以右掌据地,乃以左掌交其上而俯伏焉。故《郊特牲》曰:拜,服也,加敬焉,则俯首至手,《周官·大祝》曰空首者也。"许嘉璐主编之《中国古代礼俗辞典》释"空首"曰:"古代跪拜礼之一。又称拜、拜手。行礼时,屈膝跪地,稽手于胸前,与心相平,然后手至地,接着俯头至手,所谓'空',指头不著地,是男子常拜之礼。"

以上各家所论,贾公彦、凤氏、许嘉璐等人的观点是一致的,也是正确的,应为空首拜之真象。而许嘉璐把空首的拜仪分为三个步骤,不仅条理清楚,使人一目了然,而且这三个步骤在文物中也可找到形象资料加以印证。许嘉璐关于空首拜的三个步骤为:第一步,"屈膝跪地,稽手于胸前,与心相平";第二步,"然后手至地";第三步,"接着俯头至手"。山西省博物馆曾收藏一戴幞头之男官吏行跪拜礼的陶俑(图三),这个行跪拜礼的陶俑,其形象正好就

1   2

图三　山西省博物馆藏跪拜男吏俑

1. 正视图　2. 侧视图

是许嘉璐描述的行空首拜的第一步。而我馆收藏的男跪拜俑,其形象正是许嘉璐描述的行空首拜的第二步,是即将完成的空首拜形象。在河北献县一唐墓中,曾出土一件陶俑[9](图四),长20厘米,戴幞头,身穿宽袖长袍,双手拱于前,跪伏于地,考古工作者把这件

---

[9]　图见王敏之、高良谟、张长虹:《河北献县唐墓清理简报》之图一〇,《文物》1990年第5期。

陶俑命名为陶跪伏俑。其
实，这件陶俑应命名为陶
跪拜俑，它与我馆所藏的
男文官跪拜俑相似，是即
将完成的空首拜形象。
1986 年 7 月，长治市博物
馆在山西长治县宋家庄砖

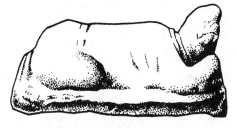

图四　河北献县唐墓跪拜俑

场取土前进行了钻探，发现了几座唐墓，并清理了其中的范澄夫妇墓，
在墓中出土的文物中，有一陶俑（图五，1）身长 22 厘米，头戴乌色
幞头，身穿长袍，腰束带，四肢着地，跪伏于地，考古工作者把这件
陶俑命名为陶跪伏俑。同年 10 月，位于山西长治市西郊瓦窑沟的建华
菜场在建房时发现了一座唐墓，长治市博物馆闻讯后即派工作人员到
现场进行清理。在出土文物中，有一陶俑[10]（图五，2），长 19.5、高
5 厘米，双手前伸，双腿弯曲，跪伏于地，考古工作者亦把这件陶俑
命名为陶跪伏俑。其实，它们都应命名为陶跪拜俑，它就是许嘉璐描
述的行空首拜的第三步，是已经完成了的空首拜形象。

1　　　　　　　　　　2

图五　山西省长治出土跪拜俑

1. 唐范澄夫妇墓跪拜俑　2. 长治市瓦窑沟唐墓跪拜俑

　　在秦汉以前，空首拜本是位尊者对于位卑者所行稽首拜的答拜
礼，即《周礼》贾公彦疏所谓"空首拜者，君答臣下拜"也。"秦
汉以后，'空首拜'与'顿首拜'往往混同而不再细分。"[11]因而，

---

〔10〕　图见《山西长治市唐代冯廓墓》发掘报告之图六，《文物》1989 年第 6 期。

〔11〕　本社编：《中国文化史三百题》，上海：上海古籍出版社，1987 年，第 371
　　　　页。

在唐代社会生活中，便出现了如图五所展现的空首拜的生动形象。关于唐代官吏行跪拜礼的等级规定，唐代的典章制度文献有着全面的记载。由唐玄宗李隆基撰、李林甫注的《大唐六典》（三秦出版社1991年6月版）卷四记载："凡百官拜礼各有差：文武官三品以下，拜正一品，中书门下则不拜；东宫官拜三师（《新唐书》卷四十六《志第三十六·百官一》：'太师、太傅、太保，各一人，是为三师。'），四品已下拜三少（《旧唐书》卷四十四《志第二十四·职官三》：'太子少师、少傅、少保各一员。三师三少之职，掌教谕太子。'），自余属官于本司隔品者皆拜焉，其准品应致敬而非相统摄则不拜；谓尚书都事于诸司郎中，殿中主事于主局直长之类，其品虽卑则亦不拜，若流外官拜本司品官。凡致敬之式，若非连属应敬之官相见，或自有亲戚者，各从其私礼。诸官人在路相遇者，四品已下遇正一品，东宫四品已下遇三师，诸司郎中遇丞相，皆下马。凡行路之间，贱避贵，少避老，轻避重，去避来。"由此可见，唐政府不仅对百官的跪拜礼规定得详细而具体，而且对私礼也进行了规定，就是在日常生活的行路中，几品官该向几品官下马，何人该向何人让路，也有明确的规定。但总的趋向是品级低的官吏向品级高的官吏行跪拜礼，在行路间下马以及让路也是如此。封建等级之森严，于此可见一斑。

在唐代，不仅百官行拜礼，"朋友仍见面则拜"、"虽男女相乱，初见亦拜"[12]，跪拜礼之深入人们日常生活，于此亦可见一斑。

如果我们把我馆的女跪拜俑（肃拜俑）与山西出土的男空首拜俑加以对照，我们会有一惊奇的发现，虽然两者都是"头与腰如衡之平"，但两者的"头与腰如衡之平"与地面的距离却是不同的，即前者距地面高，后者距地面低，这应是《周礼》九拜列肃拜于末位的主要原因。《荀子·大略》曰："平衡曰拜，下衡曰稽首，至地曰

---

[12] 尚秉和：《历代社会风俗事物考》卷二十四，见《民国丛书》第一编第17册，上海：上海书店，1989年10月，第297~298页。

稽颡。"荀子把中国古代的跪拜礼分为平衡（即上衡）、下衡、至地三个层次，基本上反映了中国古代跪拜礼之间的轻重差别。我馆所藏的女肃拜俑，当属于荀子"平衡"的层次，而山西出土的陶空首拜俑以及我馆所藏即将完成的空首拜俑，均属于荀子"下衡"的层次。为什么"头与腰如衡之平"距地面的高低不同，所行跪拜礼的轻重不同呢？我们认为，这与古人的阴阳观念密切相关。在古人看来，日为阳，月为阴；天为阳，地为阴；男为阳，女为阴。具体到人体而言，则是头为阳，脚为阴。不论是天高地卑，还是男尊女卑，都是阴阳观念的直接产物，因而"头与腰如衡之平"距地面高的肃拜，自然较"头与腰如衡之平"距地面低的空首拜，礼节为轻；又头为"众阳之会"，自然头至地的稽颡（凶礼），较空首拜礼节为重。

综上所述，我馆所藏的女跪拜俑不仅是九拜礼中最轻的肃拜礼形象，而且也是跪拜礼的雏形，它是古人席地而坐时所行肃拜礼在唐代的反映，只不过这种样式的肃拜礼在唐代只适用于"妇初见舅姑"、"宫人于君后"等少数特殊场合，而在大多数场合，则是施行坐用床榻后"稍作鞠躬虚坐之状"的肃拜礼。又由于我馆所藏的女跪拜俑为仆人之类的人物，因而其所行的跪式肃拜礼当是其"初见舅姑"时所行的肃拜礼。而我馆所藏的男跪拜俑，其身份为文官，其拜礼是他正行空首拜即将完成的形象。

（原文载《考古与文物》1999 年第 1 期，香港 *China Archaeology and Art Digest* 2000 年第 1 期论点摘编）

阎敬铭与丰图义仓

　　丰图义仓是位于陕西省大荔县朝邑镇仰圣堡（俗称南寨子）的一座民办粮仓（图一）。它的修建，与阎敬铭有不解之缘。

　　阎敬铭，字丹初，号约盦，道光乙巳进士。他在宦途上较为顺达，由翰林一直到户部尚书、东阁大学士。他"性廉介不谐俗，尚孝友亲睦"（《朝邑乡土志》）虽然昆弟分家已经很久，但后来他要去京城做官，便毫不犹豫地把家财全部分给了他的侄子们。他对户族子女的学习也非常关心。即使在户族渐渐疏远的情况下，也要拿出费用请先生为户族子女教授功课。他曾经设置义田来赡养族人，

图一　丰图义仓

規定凡有疾病的老年人，无论男女，只要稍微贫穷，都按年发给生活费用，以免其陷于贫穷交加的窘境。如果遇到年荒，他一定亲自筹集数千金来赈恤这些人，不让一人去吃政府的救济。若遇到有关家乡人民疾苦与生计的棘手事，他都要想尽办法给予解决。他在临终前，一再嘱咐其子女，死后丧祭一定要从简办理，不用音乐酒肉，不用浮屠，不收赙仪。阎敬铭身上具有的这种品质，使他不仅成为一个清官，而且成为一个给家乡父老办实事、好事并受人尊敬的人。

清光绪三年（1877 年），关中地区大旱，饿死不少人，朝邑尤为严重。当时身为清户部尚书、以善理财政著称的朝邑人阎敬铭深深感到，要使这种悲惨景况不再重演，发展农业生产固然重要，但修建粮仓，以数乡之众济一乡之众，以数岁之储救一岁之荒，以本地之粮防本地之饥，不失为一种好的策略。在这种思想支配下，他力倡修建义仓，以防不测。修建工程从光绪八年（1882 年）开始，至光绪十一年（1885 年）结束，历时四年，动用白银三万两。粮仓建成后，立即绘制详细图样报知清廷，慈禧太后朱批为"天下第一仓"。后来，它与苏州的丰备义仓一同驰名全国。

义仓建成后的光绪二十六年（1900 年），朝邑地区又发生了严重灾荒，丰图义仓开仓赈济饥民，解了燃眉之急。朝邑人民为了纪念倡议修建义仓的阎敬铭，就在仓西修建了一座"阎公祠"。阎敬铭死后，清廷谥号"文介"，并高度赞扬了他倡议修建义仓的功绩："尝以烦疴给假，闲居养白傅之年，乃逢旱魃为灾，当路设黔敖之食。"

丰图义仓在今大荔县城东 16.2 公里处。该仓坐北向南，高约 8 米，东西长 133 米，南北宽 83 米，总面积 11039 平方米（约 20 亩）。"砖彻周垣，垣内周列仓厫五十八洞，倘储粮而满之，市斗可三万余石。"（见《丰图义仓记》）义仓院落宽敞，行车方便，存取粮食，互不扰累。南壁洞开东、西二门，名东仓门和西仓门，二门之间的中部照壁上嵌着楷书"丰图义仓"四个石刻大字。院西南角有一狭长坡形通道，内有台阶，可以上到仓顶。仓顶面系砖铺，微带坡度，排水流畅，晒粮方便。北仓顶上有仓楼。仓上四周筑有栏墙，墙上又有垛口，若遇敌人及土匪来抢粮食，便可以进行有效的抵御。仓外又筑城掘壕，加强防御设施，外城门洞（图一，左边第一洞）上有"以资捍卫"四个大字。

该仓不仅地势高燥，适于储藏粮食，而且规模宏伟，城中有城，固若金汤。登廒顶俯瞰河岳，如诗如画般的景色尽收眼底，使人顿有心旷神怡之感。对于研究经济、军事以及建筑艺术等，无不具有参考价值。现为省级重点文物保护单位。

（原文载《文博》1998 年第 3 期）

"特勒骠"系"特勤骠"之讹辨析

——兼论"特勤骠"的由来

武德二年（619 年），即李唐王朝建国的第二年，被突厥封为"定杨可汗"的刘武周，乘着唐军与薛仁杲作战之机，派大将宋金刚率大军南侵。刘（武周）、宋（金刚）大军兵锋甚锐，连陷数城，直逼太原。当时守卫太原的并州都督是李渊的第四子李元吉，他被刘、宋大军的兵锋一下子震慑住了，不仅不敢正面迎敌，反而带着妻儿老小逃回了长安。于是，刘、宋大军轻而易举地占领了军事要地太原，并且长驱直入，相继占领了唐在山西的大片土地。更为严重的是，刘、宋大军的前锋沿汾水河谷直插山西南部，严重威胁着京都长安，新生的唐王朝面临着严峻的考验。唐高祖李渊深感形势严重，相议放弃黄河以东地区，收缩兵力死守关中。但其第二子李世民却坚决反对，他认为河东是李唐王朝的发祥地，丢掉河东，关中亦孤立难守，因而主张和侵犯之敌正面对抗，并且击败其主力，只有这样才能扭转被动的局面。在这紧急关头，他挺身而出，主动领兵挂帅，阻击敌军。唐军出龙门，渡黄河，连挫刘、宋大军前锋，并且在柏壁（今山西新绛县西南）结集而与宋金刚对垒。李世民采取"坚壁挫锐"的战略战术，即先挫其锋，磨其锐，然后再分兵扰其后，切断敌军后方补给钱，迫使宋金刚节节后退。同时，李世民乘胜利之势，对于刘、宋大军穷追猛打，他策马扬鞭，身先士卒，追敌直至雀鼠谷（今山西介休县西南），一日八战，斩俘敌军数万人，而唐将秦叔宝与刘武周大将尉迟敬德大战美良川的故事就发生在这次战役之中。这次追击冲杀宋金刚，不仅唐军收复了太原及山西的大片土地，取得了完全胜利，而且由于李世民的坐骑冲锋陷阵，终于使他化险为夷。为了纪念其坐骑的赫赫战功，李世民诏令把它列入昭陵六骏，并亲自为此马题赞诗曰："应策腾空，承声牛汉；入险摧敌，乘危济难。"

然而，就是这匹著名的昭陵六骏的一骏，人们却对它的名称存在着分歧：一种观点认为，此骏叫做"特勤骠"[1]，其语曰："突厥人称其最高首领'可汗'的子弟为'特勤'（te qin）。特勤骠即为突厥某特勤所赠太宗之骠（黄白色）马。"[2]另一种观点却认为，此骏叫做"特勒骠"[3]，其语曰："'特勒'是突厥语，意为可汗之

---

〔1〕 a. 王崇人：《古都西安》，西安：陕西人民美术出版社，1981 年版；b. 李红：《秦汉唐代的战马及其雕塑》，《西安美院学报》1984 年第 1 期；c. 中国大百科全书总编辑委员会《考古学》编辑委员会、中国大百科全书出版社编辑部编：《中国大百科全书·考古学》第 519 页"唐昭陵"，北京：中国大百科全书出版社，1986 年 8 月第 1 版；d. 中国文物报社编：《中华文物古迹要览》第 200 页"昭陵"，北京：文物出版社，1989 年 10 月版；e. 陕西省博物馆编：《陕西省博物馆》，北京：文物出版社，1990 年 5 月；f.《陕西省博物馆藏宝录》（中国珍宝鉴赏丛书）之"中国浮雕精品——唐昭陵六骏之一的特勤骠"，上海文艺出版社、三联书店（香港）有限公司，1995 年 2 月版。

〔2〕 李红：《秦汉唐代的战马及其雕塑》，《西安美院学报》1984 年第 1 期。

〔3〕 a. 范文澜：《中国通史简编》（修订本）第三编第二册，北京：人民出版社，1965 年 11 月第 1 版；b.《陕西风物志》，西安：陕西人民出版社，1985 年版；c. 雷行、余鼎章主编：《西安》（中国历史文化名城丛书）之"唐太宗昭陵"，北京：中国建筑工业出版社，1986 年 12 月版；d. 陕西省文物管理委员会编：《陕西名胜古迹》（陕西历史文物丛书）之"昭陵"，西安：陕西人民出版社，1986 年 12 月版；e. 纪福永、陈克振著：《西安名胜风物趣话》之"精美的石雕艺术——'昭陵六骏'"一文，西安：陕西旅游出版社，1988 年版；f. 梁白泉主编：《国宝大观》（五角丛书豪华本）之"特勒骠"，上海：上海文化出版社，1990 年 8 月第 1 版；g. 袁明仁、李登弟、山岗、张若晞、陈景甫主编：《三秦历史文化辞典》第 665 页"昭陵六骏石刻"，西安：陕西人民教育出版社，1992 年 10 月版；h. 李域铮编著：《陕西古代石刻艺术》之"昭陵六骏"，西安：三秦出版社，1995 年 12 月版。i.［日］足立喜六著，杨鍊译：《长安事迹考》，北京：商务印书馆。

弟，又是突厥族的官名。这里很可能是突厥某'特勒'所贡，所以叫它'特勒骠'。"〔4〕而第三种观点，则是对前两种观点加以折中，认为此骏叫做"特勒（勤）骠"〔5〕。

此上三种观点，第三种观点系由前两种观点而来，所以我们只来讨论前两种观点。不论是第一种观点，还是第二种观点，他们都有自己的论据。第一种观点的论据本之于《旧唐书》卷一百九十四上《列传第一百四十四上·突厥上》：

> ……可汗者，犹古之单于，妻号可贺敦，犹古之阏氏也。其子弟谓之特勤（着重号系笔者所加，下同）……
>
> 高祖起义太原，遣大将军府司马刘文静聘于始毕，引以为援。始毕遣其特勤康稍利等献马千匹，会于绛郡，又遣二千骑助军，从平京城。……武德元年，始毕使骨咄禄特勤来朝，宴于太极殿，奏《九部乐》……
>
> ……其叔侄内离，颉利欲战不可，因遣突利及夹毕特勤阿史那思摩奉见请和，许之。
>
> （开元）二十年，阙特勤死，诏金吾将军张去逸、都官郎中吕向赍玺书入蕃吊祭，并为立碑，上自为碑文，仍立祠庙，刻石为像，四壁画其战阵之状。

《旧唐书》卷一百九十四下《列传第一百四十四下·突厥下》也载：

> ……其官有叶护，有特勤，常以可汗子弟及宗族为之。

第二种观点的论据本之于《新唐书》卷二百一十五上《列传第

---

〔4〕 梁白泉主编：《国宝大观》（五角丛书豪华本）之"特勒骠"，上海：上海文化出版社，1990 年 8 月第 1 版，第 747 页。

〔5〕 王子云编：《陕西古代石雕刻Ⅰ》，西安：陕西人民美术出版社，1985 年 5 月版，第 47 页。

一百四十上·突厥上》:

> 突厥阿史那氏,盖古匈奴北部也。居金山之阳,臣于蠕蠕,
> 种裔繁衍。至吐门,遂强大,更号可汗,犹单于也,妻日可
> 敦……其别部典兵者曰设,子弟曰特勒……
>
> 高祖起太原,遣府司马刘文静往聘,与连和,始毕使特勒
> 康稍利献马二千、兵五百来会……武德元年,骨咄禄特勒来朝,
> 帝宴太极殿,为奏九部乐,引升御座。
>
> ……秦王纵反间,突利乃归心,不欲战,颉利亦无以强之,
> 乃遣突利及夹毕特勒思摩请和,帝许之。

《新唐书》卷二百一十五下《列传第一百四十下·突厥下》
也载:

> (开元)十九年,阙特勒死,使金吾将军张去逸、都官郎中
> 吕向奉玺诏吊祭,帝为刻辞于碑,仍立庙像,四垣图战阵状。

通过比较可以看出,同样都是称呼突厥的官名或可汗的子弟,
《旧唐书·突厥传》作"特勤",而《新唐书·突厥传》则作"特
勒",究竟哪一种史籍记载正确呢?我们认为,《旧唐书·突厥传》
的记载是正确的。这不仅是因为《旧唐书》的作者刘昫为五代晋人,
比起《新唐书》的作者欧阳修、宋祁等人为宋代人来,离唐代更近
些,因而其记载也更准确些,同时,还因为在唐人温大雅的《大唐
创业起居注》一书中,对突厥官名或可汗子弟的称呼也为"特勤"。
该书卷一载:

> 六月己卯……始毕依旨,即遣其柱国康稍利、级失、热寒、
> 特勤、达官等,送马千匹来太原交市,仍许遣兵送帝往西京,
> 多少惟帝。

该书卷二又载:

丙寅，突厥始毕使达官、级失、特勤等先报，已遣兵马上
道，计日当至。

在唐代和尚慧立撰的《大唐大慈恩寺三藏法师传》中，对于突
厥可汗的子弟的称呼亦作"特勤"。该书卷二记载说，统叶护可汗长
子呾度设死后，"前儿特勤篡立为设，仍妻后母"[6]。

更令人欣喜的是，在考古资料中发现了《阙特勤碑》。元代学者
耶律铸在其《双溪醉隐集》卷二《取和林》一诗自注中说：

和林城，苾伽可汗之故地也……城西北七十里有苾伽可汗
宫城遗址。城东北七十里有唐明皇开元壬申御制书《阙特勤
碑》。按唐史《突厥传》：阙特勤，骨咄禄可汗之子，苾伽可汗
之弟也，名阙；可汗之子弟谓之"特勤"。……其碑额及碑文
"特勤"皆是殷勤之"勤"字。唐新、旧史凡书"特勤"皆作
衔勒之"勒"字，误也。……"勤"……字当以碑文为正。[7]

对于《阙特勤碑》，清朝在宣统年间派驻库伦（今乌兰巴托）
的官员三多（六桥）曾拓印了二百份赠予友好，并写了一篇《阙特
勤碑跋》，发表于当时出版的《文艺杂志》第八期上。遗憾的是，三
多没有把阙特勤的涵义弄清楚，他不仅误认为"阙"乃"贰"之
意，从而把"阙特勤"误解为"贰特勤"，而且还误认为"特勒为
特勤本音"。1929年10月，为了介绍李文田《和林金石录》所收
《阙特勤碑》汉文部分的内容，黄仲琴撰《阙特勤碑》一文，发表
于《中山大学语言历史学研究所周刊》百期纪念号上。该文在对
《阙特勤碑》略加考证的同时，指出三多以"阙"为"贰"之误，
并订正"特勒"乃"特勤"之讹、阙乃特勤之名。

在耶律铸所处的元代，唐新、旧史凡书"特勤"是否皆作衔勒

---

〔6〕 转引自林幹：《突厥史》第170页，呼和浩特：内蒙古人民出版社，1988
年5月版。

〔7〕 转引自林幹：《突厥史》第165页。

之"勒"字，我们难以知晓，但在今天，作为中华书局标点本的新、旧《唐书》，只有《新唐书》书"特勤"时才全作衔勒之"勒"字。由此可见，《新唐书·突厥传》称呼突厥官名或可汗的子弟为"特勒"中的"勒"字，显系"勤"字之讹。

既然《新唐书·突厥传》的记载有讹误，而第二种观点又以《新唐书·突厥传》的有关记载为论据，那么得出的结论能否站得住脚就可想而知了，所以我们认为第一种观点是正确的。

既然第一种观点是正确的，那就是说，李世民在唐朝初年与刘武周大将宋金刚的大战中，所乘坐骑应叫"特勤骠"。作为昭陵六骏之一，此马不仅筋健骠肥，硕壮有力，而且马头前望，双目有神，四腿做冲锋奔驰状，给人一种坚定、沉着、自信的感觉，难怪李世民乘坐它在战场上能够化险为夷。关于此马的由来，除可能"即为突厥某特勤所赠太宗之骠（黄白色）马"外，至少还有两种可能：一种可能是李渊从战斗中俘获特勤所乘骏马赠予李世民。据史载，突厥围马邑（今山西朔县境），李渊与马邑郡守王仁恭领兵五千去解围，因为兵少，王仁恭心里很害怕，于是李渊让王仁恭"乃简使能骑射者二千余人，饮食居止，一同突厥"〔8〕，这样一来，"突厥每见帝（李渊）兵，或谓以（似）其所为，疑其部落。有司帝而战者，常不敢当，辟易而去。如此再三，众心乃安，咸思奋击。"〔9〕于是"帝（李渊）知众欲决战，突厥畏威，后与相逢，纵兵击而大破之，获其特勤所乘骏马，斩首数百千级"〔10〕。由于"特勤"一官是"常以可汗子弟及宗族为之"的，其所乘骏马为宝马良驹自不待言，又因李世民为李渊爱子，且文武双全，因而李渊把所获特勤的骏马

〔8〕（唐）温大雅：《大唐创业起居注》卷一，李季平、李锡厚点校，上海：上海古籍出版社，1983年10月第1版，第2页。

〔9〕（唐）温大雅：《大唐创业起居注》卷一，李季平、李锡厚点校，上海：上海古籍出版社，1983年10月第1版，第2页。

〔10〕（唐）温大雅：《大唐创业起居注》卷一，李季平、李锡厚点校，上海：上海古籍出版社，1983年10月第1版，第2页。

赠予李世民，不是没有可能。二是从前引史料来看，李渊起兵太原前夕，曾派大将军府司马刘文静聘于始毕，以为外援。后来李渊起义兵进至龙门县时，"刘文静、康鞘利等来自北蕃。突厥五百人，马二千疋，从鞘利等至。帝（李渊）喜其兵少而来迟，借之以关陇，谓刘文静曰：'吾已及河，突厥始至。马多人少，甚惬本怀。'"[11] 由于当时马匹比较缺乏，宝马良驹尤其少，因而李世民从特勤康稍利等所献的两千匹马中挑选出一匹好马作为坐骑，这种可能性是不能排除的。

综上所述，唐朝初年李世民大战宋金刚时所乘的坐骑应叫"特勤骠"，至于有人又称其为"特勒骠"，应是"特勤骠"之讹。作为昭陵六骏之一，"特勤骠"的由来有三种可能：一是"突厥某特勤所赠太宗之骠（黄白色）马"；一是李渊从战斗中俘获特勤所乘骏马赠予李世民；一是李世民从特勤康稍利所献的两千匹马中挑选出一匹良马作为坐骑。

（原文载《碑林集刊》五，西安：陕西人民美术出版社，1999 年 8 月版）

---

〔11〕《大唐创业起居注》卷二，第 30 页。

西安碑林藏《治家格言》碑文校注

在西安碑林博物馆，收藏刻有《治家格言》的石碑（彩版七），兹录其碑文并标点如下：

黎明即起，洒扫庭除[1]，要内外整洁。既昏便息，关锁门户，必亲自检点。一粥一饭，当思来处不易；半丝半粒[2]，恒念物力维艰[3]。宜未雨而绸缪，毋临渴而掘井[4]。自奉[5]必须俭约，宴客切勿流连[6]。器具质而洁[7]，瓦缶[8]胜金玉。饮食约[9]而精，园蔬愈珍馐[10]。勿营华屋，勿谋良田。三姑六婆[11]，

---

[1] 庭除：庭，院子；除，台阶；庭除，指庭院内外之意。

[2] 粒，东听雨堂刊本、林书、黄书均作"缕"。

[3] 物力维艰：物产资财来之艰难不易。维，助词无意。

[4] 宜未雨而绸缪（móu）：在天未下雨以前，应先修补好房屋门窗，喻凡事要预先做好准备工作。绸缪，缠缚、缠裹，这里有修补之意。毋，东听雨堂刊本作"勿"。

[5] 自奉：自己的日常生活用品。

[6] 流，林书作"留"。成语"流连忘返"之"流"亦作"留"。

[7] 器具质而洁：谓器具质朴实用而又洁净。

[8] 瓦缶：圆腹小口有盖，用以汲水或盛酒等。《左传·襄公九年》："具绠缶，备水器。"李商隐《行次西郊作》诗云："浊酒盈瓦缶"。

[9] 约：简单。

[10] 愈珍馐：愈，别本作"逾"，胜过之意；珍，东听雨堂刊本、林书、黄书均作"珍"；珍，《玉篇》：俗珍字。珍馐，珍贵的佳肴。

[11] 三姑六婆：三姑，指尼姑、道姑、卦姑；六婆，指牙婆、媒婆、师婆、虔婆、药婆、稳婆。这里泛指社会上不正派的女人。

实淫盗之媒；婢美妾娇，非闺房之福。奴[12]仆勿用俊美，妻妾[13]切忌艳妆。祖宗虽远，祭祀不可或疎[14]；子孙虽愚，经书不可不读。居身务其质朴[15]，训子要有义方[16]。莫[17]贪意外之财，莫[18]饮过量之酒。与肩挑贸易，勿占便易[19]；见贫苦亲邻，须多温恤[20]。刻薄成家[21]，理无久享；伦常乖舛[22]，立见消亡。兄弟叔侄，须分多润寡[23]；长幼内外，宜法肃词严。听妇言，乖骨肉[24]，岂是丈夫？重资财，薄父母，不成人子。嫁女择佳婿，毋索重聘[25]；取媳求淑女，勿计厚奁[26]。见富贵

---

[12]　奴，东听雨堂刊本、林书、黄书均作"童"。

[13]　妾，林书作"女"。

[14]　或疎，东听雨堂刊本、林书、黄书均作"不诚"。

[15]　居身：做人。务其：其，东听雨堂刊本、林书、黄书均作"期"；务期，务必之意。

[16]　训，东听雨堂刊本、林书、黄书均作"教"。义方：做人应遵循的规矩、法度。《左传》石碏曰："爱子，教以义方，弗纳于邪。"宋王应麟《三字经》曰："窦燕山，有义方；教五子，名俱扬。"清王相注曰："为父之教，本于严以正，而训教之不可忽也。近代之严父能教诸子皆成令名者，惟窦氏为最。窦禹钧，幽州人，以地属燕，因号燕山。其为训也，家庭之礼，肃于朝廷；内外之防，严于宫禁；父子之训，懔于官师。……如燕山之教，可谓义方也已。"

[17]　莫，东听雨堂刊本、黄书均作"勿"。

[18]　莫，东听雨堂刊本、林书、黄书均作"勿"。

[19]　肩挑：指走街串巷的小商小贩。贸易：做买卖。勿，东听雨堂刊本、林书、黄书均作"毋"。

[20]　须，林书作"常"。多，东听雨堂刊本、林书均作"加"。温恤：关心体恤。

[21]　刻薄成家：以刻薄剥削的手段成家。

[22]　乖舛（chuǎn）：违背、错乱。

[23]　分多润寡：润，本意为滋养、滋润，这里引申为接济、资助；分多润寡，财物多的要均出来而接济财物少的。

[24]　乖骨肉：使亲人不和。

[25]　婿，东听雨堂刊本作"壻"；壻，同"婿"，唐陆德明《释文》："壻音细，俗作婿。"毋，林书、黄书均作"无"。聘：聘礼。

[26]　奁（lián）：嫁妆。

而生謟容〔27〕者，最可耻；见贫贱〔28〕而作骄态者，贱莫甚。居家戒争讼〔29〕，讼则终凶；处世莫〔30〕多言，言多必失。毋恃势力而凌逼孤寡〔31〕，毋贪口腹而恣〔32〕杀牲禽。乖僻自是，悔悔〔33〕必多；颓惰自甘，家园终替〔34〕。狎〔35〕嬻恶少，久必受其累；屈志老成〔36〕，急则可相依。轻听发言，安知非人之谮愬〔37〕，当忍耐三思；因事相争，安知非我之不是〔38〕，须平心暗想。施惠无念，受恩莫忘。凡事当留余地，得意不可〔39〕再往。人有喜庆，不可生妒嫉心；人有祸患，不可生欣〔40〕幸心。善欲人见，不是真善；恶恐人知，便是大恶。见色而起淫念〔41〕，报在妻女；匿怨而施暗箭〔42〕，祸延子孙。家门和顺，虽饔飧〔43〕不

---

〔27〕 謟（tāo）容：謟，东听雨堂刊本作"谄"，当以"谄"为是，因为謟之意为疑惑，《左传·昭公二十六年》："天道不謟，不贰其命。"毛氏曰："从言从舀，与谄谀字不同。"谄容，巴结奉承的神态。

〔28〕 见，东听雨堂刊本、林书、黄书均作"遇"；贱，东听雨堂刊本、林书、黄书均作"穷"。

〔29〕 争讼：打官司。

〔30〕 莫，东听雨堂刊本、林书、黄书均作"戒"。

〔31〕 毋，东听雨堂刊本作"勿"。凌逼，黄书作"逼凌"；凌逼，欺负之意。

〔32〕 恣：放纵。

〔33〕 悔悔，林书作"悔悔"，东听雨堂刊本作"悔误"。

〔34〕 颓惰自甘：自己甘心于颓废懒惰。家园终替，东听雨堂刊本、林书、黄书均作"家道难成"。

〔35〕 狎（xiá）嬻：狎，亲近而不庄重，《左传·襄公六年》："宋华弱与乐辔少相狎"；嬻，东听雨堂刊本、林书、黄书均作"昵"；嬻，同"昵"；狎嬻，鬼混。

〔36〕 屈志老成：虚心与那些阅历广而处事稳重的人交往。

〔37〕 谮（zèn）愬：愬，东听雨堂刊本、林书、黄书均作"诉"；愬，《说文》"诉"的或体；谮愬，诬蔑人的坏话。

〔38〕 安，东听雨堂刊本、林书、黄书均作"焉"；我，黄书作"己"。

〔39〕 可，东听雨堂刊本、林书、黄书均作"宜"。

〔40〕 欣，黄书作"喜"。

〔41〕 念，东听雨堂刊本、林书、黄书均作"心"。

〔42〕 匿怨：对人怀恨在心而表面上却不表现出来。施，东听雨堂刊本、林书、黄书均作"用"。

〔43〕 饔（yōng）飧（sūn）：饔，早饭；飧，晚饭。

继，亦有余欢；国课早完，即囊橐无余，可称至乐〔44〕。读书志在圣贤，为官心存君国。守分安命，顺时听天。为人若此，庶乎近焉〔45〕。

雍正六年岁次戊申小阳之吉
关中后学孙能宽癡菴氏沐手敬书

《治家格言》的作者为明清之际的学者朱伯庐。朱伯庐（1617～1688年），名用纯，字致一，自号伯庐。江苏昆山人。明生员。清初居乡教授生徒，治学以程、朱为主，提倡知、行并进。康熙时坚辞不应博学鸿儒科。所著《治家格言》，世称《朱子家训》，流传很广，除关中后学孙能宽于雍正六年（1728年）书写外，稍后的林则徐、黄自元也分别楷书过（详见《林则徐黄自元书治家格言》，上海书店1985年10月第1版），其中黄自元书《治家格言》，还被善化张云宾刻石，星沙五积古斋藏拓。另外，《治家格言》还有"东听雨堂刊本"，朱利注释的《治家格言》（上海古籍出版社1991年5月第1版）即用此刊本。今以东听雨堂刊本《治家格言》、林则徐书《治家格言》（简称林书）、黄自元书《治家格言》（简称黄书）与孙能宽书《治家格言》并加校勘及注释。

（原文载《碑林集刊》九，西安：陕西人民美术出版社，2003年12月版）

---

〔44〕　国课：国家的赋税。囊橐（tuó）：口袋，袋子。可称，东听雨堂刊本、林书、黄书均作"自得"。
〔45〕　庶乎近焉：差不多达到做君子的标准了吧。庶乎，差不多。

北首岭遗址之船形壶所反映的历史事实

在宝鸡市东北部金陵河右岸台地上发现一处仰韶文化村落遗址，历史学家称为北首岭遗址，其中的 98 号墓出土 X 式陶壶 2 件，直口，短颈，器身横置，两头尖，颇像一只菱角，颈旁有两耳；标本 M98∶（3）高 15.6、口径 4.5 厘米，宽 24.9 厘米，腹侧用黑彩绘画着一张渔网的图案（彩版八）。[1]对于标本 M98∶（3）的陶壶，《文物志》的作者进而认为其造型为船形，他说："壶为船形，由底平缓向上，腹部扁平，中间略鼓。两面突出，前部略尖起。肩部平整，向左右伸出，附有半圆形双耳。颈部内缩，口部直而稍内敛。腹部用黑彩绘网状纹饰。制作精细，造型奇特。现藏中国历史博物馆。"[2]

陶壶是新石器时代先民常用的盛水器皿之一。但陶壶为什么要做成船形呢？而其上网状纹饰又有什么特别含义吗？对此，学者们有两种不同的观点：

以《文物志》的作者为代表的传统观点认为，陶壶之所以要做成船形，是因为当时先民已经发明了船，而其上的网状纹饰则是对渔网的模拟。

对于传统观点，赵国华先生不仅大胆怀疑，而且提出了新的见

---

〔1〕 中国社会科学院考古研究所编著：《宝鸡北首岭》，北京：文物出版社，1983 年 12 月，第 103 ~ 104 页。

〔2〕 陕西省地方志编纂委员会编：《陕西省志》第 66 卷《文物志》，西安：三秦出版社，1995 年 8 月第 1 版，第 344 ~ 345 页。

解，他说："陕西宝鸡'陶船'器表所绘纹样，两侧各为'六'个三角形，为半坡型抽象鱼纹，中间部分则是抽象鱼鳞纹。半坡先民的以'六'为'二'，使我们知道这整个纹样实际是一种变异的'双鱼纹'，乃女阴的典型象征。这与'陶船'象征女阴的涵义是一致的。"[3]

对于标本 M98∶(3)的陶壶，赵国华先生并不否认其造型为船形，只是不同意船形壶上的网状纹饰为鱼网纹的观点。究竟船形壶上的网状纹饰是鱼网纹还是抽象鱼鳞纹，尚需分析。

第一，原始人的形象思维，显然要比其抽象思维发达得多，因而不论何种纹饰，一看便应该一目了然。北首岭遗址之船形壶上的网状纹饰明明是方格状的，而鱼鳞纹应是椭圆形的，它再抽象，也不会成为方格状，故而船形壶上的网状纹饰为鱼网纹无疑。

第二，北首岭遗址的原始先民，把自己常用的陶壶做成船形，并在其上绘鱼网纹，这不是偶然的巧合，而是表明他们改造自然能力的提高。

我们知道，北首岭遗址位于宝鸡市的东北部，南距渭河约 2 公里，坐落在渭河北岸的第二阶梯上；遗址西靠陵塬，东临南流入渭的金陵河，隔河与贾村塬对峙；遗址高出金陵河河床约 30 米，南北长约 300 米，东西宽约 200 米，面积约达 6 万平方米[4]。那么，北首岭遗址的原始先民，为什么要把居址选在金陵河的旁边呢？据著名历史地理学家史念海先生的研究，原始人大多把其居址选在河流或湖泊的近旁，这样做有四大好处：一是便于人和牲畜的饮水；二是便于发展原始的农业；三是便于发展原始的渔猎经济；四是便于人们的交通往来[5]。在这里，我们主要把最后两大好处谈一下。史

---

〔3〕　赵国华：《生殖崇拜文化论》，北京：中国社会科学出版社，1990 年 8 月第
　　　1 版，第 250 页。

〔4〕　中国社会科学院考古研究所编著：《宝鸡北首岭》，北京：文物出版社，
　　　1983 年 12 月，第 1 页。

〔5〕　史念海：《河山集》，北京：生活·读书·新知三联书店，1963 年 9 月第 1 版。

念海先生指出："实际上当时人们居住于河流的近旁，应当和交通问题有关。一苇之航原比翻山越岭为容易，就是不便于通行舟楫的河流，循河谷上下的来往，途径也是较为平坦的，古代的人们不仅注意到要在河流旁边选择住地，而且还特意选择到两河交汇的地方，正是这样的意思。"〔6〕居住于金陵河旁的北首岭原始先民，过着以农业为主的定居生活，渔猎在经济生活中仍占一定比重，只是捕鱼业没有狩猎业发达，但渔猎工具也有骨鱼叉、石网坠等，其中石网坠就出土了6件〔7〕，而石网坠是与渔网配合使用的，这就印证了船形壶上的网状纹饰为渔网纹的观点是正确的。如此说来，北首岭原始先民不仅可以循河谷上下来往，而且可以驾一叶扁舟循金陵河上下来往，甚至还可以顺金陵河南下而进入渭河以网捕鱼，反映了北首岭原始先民改造自然能力的提高。

无独有偶，商州杨浴河公社也出土了一件新石器时代的船形壶，高7、长19、口径5.4厘米，红陶质。壶身为两端尖、中间粗的船形。颈部内束，上张为杯形口，两端的肩部附半环形立耳。通体光素，造型奇特（彩版九）。1991年入藏陕西历史博物馆。陶壶之所以要做成船形，说明生活在商州丹江流域的原始先民，确已发明了船。

另外，在新疆巴里坤的新石器文化遗存中，也出土了一件黑色船形壶（因未见实物，形制不明），现藏新疆博物馆〔8〕。

商州杨浴河公社出土的船形壶与宝鸡北首岭遗址出土的彩陶船形壶有两个共同点：其一，船形的两端都是尖的；把船形的两端做成尖的，是为了减少船在行驶过程中的阻力，充分反映了原始先民

〔6〕 史念海：《河山集》，北京：生活·读书·新知三联书店，1963年9月第1版，第12页。

〔7〕 中国社会科学院考古研究所编著：《宝鸡北首岭》，北京：文物出版社，1983年12月，第130页。

〔8〕 赵国华：《生殖崇拜文化论》，北京：中国社会科学出版社，1990年8月第1版，第250页。

的聪明才智。其二，船形两端都有半环形双耳（半圆形双耳），这未尝不可以看做是船在靠岸时用来固定船只的。两者不同的是，前者船形中部鼓起，后者船形中部扁平，说明前者的时代似应比后者早，因为前者的形状应是原始先民日常生活中所用独木舟的雏形。

不论是商州丹江流域的原始先民，还是宝鸡北首岭遗址的原始先民，从他们都使用船形壶这一点来说，他们无疑是生活在水边的。

艺术的产生，是人们长期生产和生活实践的结晶。北首岭遗址出土的船形壶上刻有网状纹饰，并不是偶然的，这应是对渔网的模拟，说明北首岭原始先民，不仅可以驾一叶扁舟循河上下来往，而且除用鱼钩、鱼镖等进行捕鱼外还可以到较深的水域用网捕鱼。而丹江流域的原始先民，同样也可以驾一叶扁舟循河上下来往，至于是否用网捕鱼，因其使用的船形壶上并无网纹，所以还不好确定。

（原文载《文博》2004 年第 6 期）

唐《李少赞墓志》考释[*]

　　唐《李少赞墓志》（彩版一〇），近年于西安发现，具体出土时地未详，今由刘双庆先生收藏。笔者缘工作关系得睹拓片，因撰文披介并略事考释。墓志志石并志盖均高52、宽54、厚15厘米，志文30行，满行29字，楷书，赵弘嗣撰，李文简书。志盖呈覆斗形，盝顶题"唐故潮州刺史李府君墓志铭"12字，3行，行4字，楷书。盝顶四边饰牡丹花朵和如意云朵相间的图案，四刹面依"左青龙，右白虎，前朱雀，后玄武"为序刻饰四神间牡丹花和如意云朵图案。墓志全文如下：

　　　　唐故潮州刺史上柱国李府君夫人会稽县君康夫人合祔墓志铭并序

　　　　故吏前潮州军事衙推宣德郎前棣州渤海县丞知县事赵弘嗣撰

　　　　公讳少赞，字元佐，陇西人也。曾祖尚古，皇尚衣奉御；祖頠（wěi），皇彭州刺史；父士则，皇太仆卿。

　　　　公派接天潢，荣联帝系。年未及冠，授虢州朱阳尉。政佐一同，才推不器。铓刃所及，事无滞留。历霍丘、广济、唐年县宰，皆绩著殊异，道无淄磷。或立捍寇之功，或昭惠物之政。二邑之民，于今赖之。宝历元年，左仆射康公承恩出镇，慎择

---

　　*　本文与耿晨合作。

宾佐，以公才堪经务，筹可参戎，奏请公充两番判官，恭守斯
职。炎凉再移，远夷感抚修之恩，逾海修朝献之礼，舟航继至，
曾不阙时，从前已来，未有斯比。俄历监察里行、殿中侍御
史，改授观察支使。公以岁久参戎，不乐外府，频□诚恳，请
归阙庭，元戎虽即眷能，其如公器难滞，荐归朝廷，恩拜潮州
刺史。公仁以布政，威以除奸，不害物以沽名，不厚身而薄
下。理家以约，临□以丰，教不立而民和，令不施而化洽。加
以降情接士，馨礼待宾，谈谐有古人之风，举措见端雅之度，
求之近代，未有比伦。洎□代之后，开筵命客，洽饮至霄。尝
言："当衰迈之辰，授分符之任，首末三载，遵守诏条，幸存
残年，却归京华，得备位阙下。平生志愿，于斯为足。"岂期
言犹在耳，灾已及躬，二竖不离于膏肓，浃辰奄至于伦逝，以
开成元年七月廿四日终于潮州之官舍，享年七十五。而三邑之
人，千里之内，悲号相属，若丧父母。即古之贤良二千石，未
有臻斯者焉。

　　夫人曾祖植，皇左武卫大将军；祖孝义，赠工部尚书；
父日知，烈考，检校尚书右仆射，晋、慈、习等州节度使，
赠太子太师。夫人生自德门，所禀独异。诗礼之学，无不穷
微；闺阃之仪，动而成范。故六姻仰慕焉。不幸在途遘疾，
以来年七月七日终于端州端康县之旅次，享年五十九，以开
成三年五月廿八日合祔于京兆府咸阳县五云乡咸阳原，祔大
茔，礼也。

　　有男四人：长文质，前任淄州司法；次文冽，前鄜县主簿；
次文简，前沂州参军；最幼文贞，器觯朋晤，才质侃然，染疾
未旬，次公而殁。有女七人，皆淑德愍行，可为女师。适者衣
冠上族，处者淑愍有闻，皆衔茶茹，号慕无时；今依檏言旋，
归于京国，扶护万里，江山几重，号慕充穷，殆不任矣。弘嗣
忝迹门馆，受恩已深，衔悲叙陈，词芜浅，铭曰：

　　庆延自远，才唯间生。佐戎立绩，临郡有声。契同圭璧，

量比沧溟。位寿未极，俄归佳城。千秋已矣，空留德馨。

开成三年五月廿八日次子文简书

对于墓志铭文，笔者拟从以下六个方面加以考释：

一　关于撰者

撰者赵弘嗣，官职为前潮州军事衙推、宣德郎、前棣州渤海县丞知县事。因为志主李少赞为潮州刺史，则赵弘嗣乃以"前潮州军事衙推"的身份自称"故吏"并为原长官撰写了墓志铭。

宣德朗，正七品下阶，文散官。

棣州，《旧唐书》卷三十八《志第十八·地理一·河南道》："棣州上：后汉乐安郡。隋渤海郡之厌次县。武德四年，置棣州，领阳信、乐陵、滴河、厌次四县，治阳信。……天宝元年，改为乐安郡。上元元年，复为棣州。领县五……渤海：垂拱四年，析蒲台、厌次置。"渤海县置于垂拱四年（688 年），治所在今山东滨县东；天宝五年（746 年），移治今滨县。据《通典》卷十四《职官二十二·秩品五》载，开元二十五年制定的大唐官品规定：诸州上县丞，从八品上；诸州中县丞，从八品下；诸州中下县丞，正九品上；诸州下县丞，正九品下。身为渤海县丞的赵弘嗣，其权力虽然没有县令大，但因赵弘嗣知县事，所以其权力和县令相差无几。

二　李少赞的郡望及其先世

志文载："公讳少赞，字元佐，陇西人也。"陇西，因在陇山之西而得名。《旧唐书》卷四十《志第二十·地理三·陇右道》："渭州下：隋陇西郡。武德元年，置渭州。天宝元年，改为陇西郡。乾元元年，复为渭州。四月，鄯州都督郭英乂，奏请以渭州、洮州为都督府，后废。旧领县四……陇西：汉獂音桓道地，属天水郡。"志文说李少赞是陇西人，意谓他为陇西郡人，而非陇西县人。陇西郡，其治所在襄武（今甘肃陇西东南）。

志文又载："曾祖尚古，皇尚衣奉御。"这里的尚衣，是尚衣局之省；尚衣局设奉御二人，皆为从五品上。作为尚衣局的奉御，李尚古的职责是"掌衣服，详其制度，辨其名数"[1]、"掌供冕服、几案。祭祀，则奉镇圭于监，而进于天子；大朝会，设案。"[2]

志文又载："祖颎，皇彭州刺史。"彭州（今属四川省），大周武后垂拱二年（686年）分益州四县于彭县地置。

志文又载："父士则，皇太仆卿。"这里的太仆，是太仆寺之省。太仆寺只设卿一员，从三品，其职责是："掌邦国厩牧、车舆之政令，总乘黄、典厩、典牧、车府四署及诸监牧之官属。……凡国有大礼及大驾行幸，则供其五辂属车之属。凡监牧羊马所通籍帐，每岁则受而会之，以上尚书驾部，以议其官吏之考课。凡四仲之月，祭马祖、马步、先牧、马社"[3]；"掌厩牧、辇舆之政，总乘黄、典厩、典牧、车府四署及诸监牧。行幸，供五路属车。凡监牧籍帐，岁受而会之，上驾部以议考课"[4]。

李少赞家世系出宗室，检《新唐书》卷七十上《宗室世系表上》蔡王房，知李尚古的父亲是谯国公李崇义，祖父是河间元王李孝恭，曾祖是西平怀王李安，高祖是蔡王李冈（蔚）。《表》载李尚古为李崇义第五子，未记官职，子"濛阳太守颎"，子"将作监士则"。濛阳即彭州，天宝元年改濛阳，乾元元年复为彭州，是史、志所记相合。士则任太仆卿，为史所缺，《表》载"将作监"而不言所仁官职是从三品之大匠，还是从四品下之少匠？疑其供职将作监

〔1〕（后晋）刘昫等：《旧唐书》卷四十四《志第二十四·职官三》，北京：中华书局，1975年，第1864页。

〔2〕（宋）欧阳修、宋祁：《新唐书》卷四十七《志第三十七·百官二》，北京：中华书局，1975年，第1219页。

〔3〕《旧唐书》卷四十四《志第二十四·职官三》，第1881页。

〔4〕《新唐书》卷四十八《志第三十八·百官三》，第1253页。

在任太仆卿之前，而太仆卿为士则终官。李尚古之官职亦可据墓志补"尚衣奉御"。又由墓志可补备士则以下《表》所失载之李少赞及其四子姓名官职。

三 李少赞的仕宦生涯

志文称李少赞"年未及冠，授虢州朱阳尉。"《旧唐书》卷三十八《志第十八·地理一·河南道》："虢州望：汉弘农郡。隋废郡为弘农县，属陕州。隋末复置郡。义宁元年，改为凤林郡，仍于卢氏置虢郡。武德元年，改为虢州，改凤林为鼎州。贞观八年，废鼎州，移虢州于今治，属河南道。开元初，以巡按所便，属河东道。天宝元年，改为弘农郡。乾元元年，复为虢州，以弘农为紧县，卢氏、朱阳、玉城为望县。"朱阳县今属河南省，治所在灵宝县西南。"朱阳尉"是"朱阳县尉"之省。据《通典》卷十四《职官二十二·秩品五》载，开元二十五年制定的大唐官品规定：京县尉，从八品下；诸州上县中县尉，从九品上；诸州中下县尉，从九品下。由于朱阳县为望县，所以朱阳尉应为从九品上。县尉的主要执掌是缉捕盗贼，维持一县治安。在朱阳尉任上，李少赞凭着自己的"不器"之才，初试锋芒，即取得了"事无滞留"的功效。接着，他又"历霍邱、广济、唐年县宰"。霍邱，即霍邱县之省，隋开皇十九年（599年）置，治所即今安徽霍邱县，唐神功元年（697年）改为武昌县，景云元年（710年）复为霍邱县；广济，即广济县之省，天宝元年（742年）以永宁县改置，治所即今湖北广济县东北梅川镇；唐年，即唐年县之省，天宝二年（743年）置，治所在今湖北崇阳县西南。在霍邱、广济、唐年县宰任上，李少赞于治安方面是"立捍寇之功"，文治方面是"昭惠物之政"，因而取得了"二邑之民，于今赖之"的政绩。这里的"二邑之民，于今赖之"中的"二"，应为"三"之误，原因有二：一是李少赞当县宰确是在霍邱、广济、唐年三县；二是因李少赞当霍邱、广济、唐年县宰时取得了"二（三）

292

邑之民，于今赖之"的政绩，所以他死后才有"三邑之人，千里之内，悲号相属"的送葬场面。

唐敬宗宝历元年（825年），在左仆射康公（即康日知）的推荐下，朝廷任命李少赞为两番判官。由于他"才堪经务，筹可参戎"，第二年即取得了"远夷感抚修之恩，逾海修朝献之礼，舟航继至，曾不阙时，从前已来，未有斯比"的绩效。不久，他又"历监察里行、殿中侍御史，改授观察支使。"监察为"监察御史"之省，旧从八品上，《垂拱令》改为正第八品上阶；殿中侍御史，《武德》至《乾封令》，并正八品上，垂拱年改为从第七品上阶。"观察"与"观察使"皆为"观察处置使"之省，在军事地区以节度使兼观察使；在非军事的重要地区，未设节度使的就以观察使为行政长官而兼管军事。支使，为节度使和观察使的属官。

由于在外任官年深月久，李少赞频频诚恳请归，朝廷以元老故，恩拜李少赞为潮州刺史。潮州，治所在海阳（今潮安）。在潮州刺史任上，他"仁以布政，威以除奸，不害物以沽名，不厚身而薄下"，加之"降情接士，馨礼待宾"，因而取得了"教不立而民和，令不施而化洽"的政绩。

李少赞所封之上柱国乃勋官十二等中之最高等，正二品。

四　李少赞妻康夫人的先世

志文载："夫人曾祖植，皇左武卫大将军。"康植身为正三品的左武卫大将军，"其职掌如左右卫。大朝会，被白铠甲，执器楯及旗等，辂称长唱，警持钺队，应辂为左右厢仪仗。在正殿前，则以诸队次立于骁卫之下"[5]；"掌同左右卫。凡翊府之翊卫、外府熊渠番上者，分配之"[6]。

---

〔5〕《旧唐书》卷四十四《志第二十四·职官三》，第1900页。

〔6〕《新唐书》卷四十九上《志第三十九上·百官四上》，第1283页。

那么，康夫人曾祖植的左武卫大将军是如何来的呢？《新唐书》卷一百四十八《康日知传》载："康日知，灵州人。祖植，当开元时，缚康待宾，平六胡州，玄宗召见，擢左武卫大将军，封天山县男。"作为康日知的祖父，康植的左武卫大将军，是凭着自己"缚康待宾，平六胡州"的军功得来的。

志文又载："祖孝义，赠工部尚书。"李孝义为正史及《康日知传》所失载，据墓志可补康日知父名及其赠官。

志文又载："父日知，烈考，检校尚书右仆射，晋、慈、习等州节度使，赠太子太师。"这里的"检校尚书右仆射"，《新唐书》卷一百四十八《康日知传》作"检校尚书左仆射"，究竟志文有误呢？还是《康日知传》有误呢？前文据墓志曾谈道，李少赞之所以被朝廷任命为两番判官，完全是因为左仆射康公（即康日知）竭力推荐的缘故，由此可见，墓志的"检校尚书右仆射"之"右"应是"左"之误。作为从二品的尚书左仆射，康日知的职责是："掌统理六官，纲纪庶务，以贰令之职。自不置令，仆射总判省事。御史纠劾不当，兼得弹之"[7]；"掌统理六官，为令之贰，令阙则总省事，劾御史纠不当者"[8]。

晋州，《旧唐书》卷三十九《志第十九·地理二·河东道》："晋州：隋临汾郡。义旗初，改为平阳郡，领临汾、襄陵、岳阳、冀氏、杨五县。其年，改杨县为洪洞。武德元年，改为晋州，分襄陵置浮山县，分洪洞置西河县。三年，置总管府，管晋、绛、沁、吕四州。移治白马城。改浮山为神山县。贞观六年，废都督。十二年，移治所于平阳古城。十七年，省西河县，以废吕州之霍邑、赵城、汾西三县来属。天宝元年，改州为平阳郡。乾元元年，复为晋州。元和十四年，割襄陵属绛州。大和元年，改属河中府。"治所在白马城（今山西临汾）。

---

〔7〕《旧唐书》卷四十三《志第二十三·职官二》，第1816页。

〔8〕《新唐书》卷四十六《志第三十六·百官一》，第1185页。

慈州，《旧唐书》卷三十九《志第十九·地理二·河东道》："慈州下：元魏曰南汾州，隋改为耿州，又为文成郡。武德元年，改为汾州。五年，改为南汾州。八年，改为慈州，以郡近慈乌戍故也。"慈州治所在吉昌县（今山西省吉县）。

习州，新、旧《唐书·地理志》均不载，但却载有隰（xí）州。因"习"与"隰"音同，故"习州"疑是"隰州"之俗写。《旧唐书》卷三十九《志第十九·地理二·河东道》："隰州下：隋龙泉郡。武德元年，改为隰州，领隰川、温泉、大宁、石楼四县。……天宝元年，改为大宁郡。乾元元年，复为隰州。"隰州治所在隰川（今山西隰县）。

节度使是地方的最高军事长官，其职责是"掌总军旅，颛诛杀"，"岁以八月考其治否，销兵为上考，足食为中考，边功为下考"〔9〕。在其回朝未见天子前，不能擅自进入私第。由于晋州、慈州、习（隰）州均在今山西省，而山西省当年是唐王朝的发祥地，朝廷让康日知历任晋、慈、习（隰）三州节度使，说明朝廷对他的信任。

《新唐书》卷一百四十八《康日知传》载："兴元元年，以深赵益成德，徙日知奉诚军节度使，又徙晋绛，加累检校尚书左仆射，封会稽郡王。"任晋州节度使一事，《康日知传》与墓志吻合。任慈、习（隰）等州节度使一事，《康日知传》不见于记载，墓志正可补文献之阙。

五 康夫人的生平及其子女

志文称康夫人"诗礼之学，无不穷微；闺阃之仪，动而成范"，可谓是大家闺秀，但不幸在途遭疾，以开成二年（837 年）七月七日终于端州端康县之旅次，享年 59 岁。端州，《旧唐书》卷四十一《志第二十一·地理四·岭南道》："端州：隋信安郡。武德元年，置

〔9〕《新唐书》卷四十九下《志第三十九下·百官四下》，第 1310 页。

端州，领高要、乐城、铜陵、平兴、博林五县。其年，以乐城属康州，铜陵属春州。七年，置清泰县。贞观十三年，省博林、清泰二县。天宝元年，为高要郡。乾元元年，复为端州。"端州以境内端溪得名，治所在高要（今广东肇庆市）。旧领县二：一是高要，一是平兴，并无端康县；而端州是隋信安郡，康州是隋信安郡之端溪县，康州旧领县四，其中的两个县是端溪县和晋康县，端康县是否为端溪县和晋康县之合称，需要进一步研究。志文称"合祔于京兆府咸阳县五云乡咸阳原祔大茔"，据此可知墓志出土地乃在今咸阳市北原一带。

康夫人被封为会稽县君，应是因为其父康日知被封为会稽郡王的缘故。

李少赞与会稽县君康夫人，共育有四男七女。七个女儿皆有妇德，嫁的丈夫都是衣冠上族；对于父母之亡，她们内心悲伤，皆衔茶茹，不时号啕大哭，表达了对双亲的无限哀思。

四男分别是："长文质，前任淄州司法；次文洌，前**酂**县主簿；次文简，前沂州参军；最幼文贞，器骼朋晤，才质侃然，染疾未旬，次公而殁。"

淄州，《旧唐书》卷三十八《志第十八·地理一·河南道》："淄州上：隋齐郡之淄川县。武德元年，置淄州，领淄川、长白、莱芜三县。六年，废长白、莱芜二县。八年，又以废邹州之长山、高苑、蒲台三县来属。天宝元年，复为淄川郡。乾元元年，复为淄州。"淄州治所在今山东省淄川。唐代于上州、中州置六司（司功、司仓、司户、司兵、司法、司士），淄州司法则属于上州六司之一。

酂（cuó）县，汉萧何封邑，属沛郡。《汉书·地理志》上"沛郡酇"注："此县本为**酂**。……中古以来，借酇字为之耳。"故地在今河南永城县西。县主簿，初为县门下吏名，后为官名。汉始置，总领县廷文书，为门下亲近吏之长。据《通典》卷十四《职官二十二·秩品五》载，开元二十五年制定的大唐官品规定：京县主簿，从八品上；诸州上县主簿，正九品下；诸州中下县主簿，从九品上。

与县尉均为初试官必试之职，通称簿尉，至宋代仍沿其制。

沂州，《旧唐书》卷三十八《志第十八·地理一·河南道》："沂州中：汉东海郡之琅邪县。武德四年，平徐元朗，置沂州，领费、临沂、颛臾三县。又置兰山、临沭、昌乐三县。六年，省兰山、临沭、昌乐三县入临沂。贞观元年，省颛臾入费县。其年，省鄫州，以承县来属。八年，又省莒州，以新泰、沂水二县来属。天宝元年，改为琅邪郡。乾元元年，复为沂州。"沂州治所在即丘（今山东临沂东南），隋移治临沂（今县）。唐时，参军成为初任官或贬职官的虚衔。据《通典》卷十四《职官二十二·秩品五》载，开元二十五年制定的大唐官品规定：上州参军，从八品下；中州参军，正九品下；下州参军，从九品下。因沂州属中州的规模，所以李文简所任之沂州参军为正九品下阶。州参军掌随长官出巡，赞导礼仪及考核属吏的勤惰。

六　避讳字

在中国封建社会中，皇帝是国家的最高统治者，其权力至高无上，不容侵犯。自然，皇帝的名讳，不仅不能直呼，而且不能随意出现在书牍中，这就是避讳。据陈垣先生研究，避讳常用之法有三：曰改字，曰空字，曰缺笔[10]。在本墓志中，所要避讳的对象是唐代的第二个皇帝——唐太宗李世民，具体地说，该墓志中的"二邑之民"的"民"字，以及"教不立而民和"的"民"字，皆缺末笔，这是避讳最常用的方法之一。墓志撰在唐文宗开成三年（838 年）犹避二百年前太宗讳，是知唐代避前三代特别是太宗皇帝名讳之严格而久远。

（原文载《碑林集刊》十一，西安：陕西人民美术出版社，2005 年 12 月版）

---

〔10〕 陈垣：《史讳举例》，上海：上海书店出版社，1997 年 6 月第 1 版，第 1 页。

唐《于知微妻卢氏墓志》考释[*]

唐《于知微妻卢氏墓志》（彩版一一），1999 年三原县陵前乡长坳村于氏家族墓地出土，志石今藏庆雅堂。

志盖盝顶方形，志石并盖尺寸均为 51 厘米×51 厘米。盖篆书阳文"大唐秘书郎东海子于君妻卢氏墓志铭"16 字，4 行，行 4 字，盖破损为三块。

志方形，共 28 行，满行 28 字，楷书，无撰书人姓名。兹录志文如下：

> 大唐秘书郎魏州贵乡县令东海县开国子于君妻卢氏墓志铭并序
>
> 夫人讳舍卫，字净观，范阳涿人也。昔太师翼周，盛德光乎四履；尚书佐汉，隆恩洽于九江。其后散叶分根，纡青拖紫，详诸史册，可略言焉。曾祖海相，宣州泾县令；祖彦恭，洛州尹阙县令。并握瑜怀瑾，绾墨绶以居荣；佩蕙纫兰，执铜章而莅职。父昭度，监察御史。风神迥拔，雅量端凝。举罪无避于豪强，弹邪不惮于权要。道存运往，身谢名扬。但班族羽仪，贤姝是育；陈门礼教，令女攸生。夫人兰室腾芬，芝田发秀。余大父，太师、燕定公，道高稷卨，绩茂萧曹，不以余不才，特垂钟念，托彼嘉偶，结兹好逑。礼具外成，爰修内则，缘合

---

* 本文与李铭、耿晨合作。

二姓，恩降两宫。及尔来仪，年才十七。雅怀虚淡，虽雉服而弗荣；素志谦冲，纵荆钗而攸重；自移天作俪，容德更修。太夫人崔氏，恩礼曲沾，情均子女，故能外昭淑问，内湛柔仪。何正流誉闺闱，足是传芳姻娅。岂谓丹称九转，施密术而罕征；煎号百花，拯秀龄而莫验。以调露二年五月十八日终于京师常乐里第，春秋卅二。即以永隆二年岁次辛巳五月己巳朔五日癸酉，迁窆于雍州三原县万寿乡长坳之原，礼也。惟尔阴仪早茂，韶龄凤彰；蕴六行以立身，苞四德而摽美。唱和之节，夷险不渝；辅佐之方，始终无替。安贫守俭，情意坦然。每罄葳规，异申裨润。见余为善，则锐意赞成；少有乖宜，必专心劝正。靡谈彼之得失，罔说人之是非。可谓妇则母仪，有德兼行者也。大家既逝，哀极于曹门；高行云亡，痛深于梁室。百龄俄谢，万事皆空。怆尔孤魂，望泉扃而结唏；嗟余只翼，步庭宇以含凄。故抽拙思而寄心，讬短才而写恨。息朝散郎、东海嫡子克勤等，孝思罔极，抚奁镜以缠哀；慕切风枝，对杯圈以增恸。恐沧波或徙，令范无闻；桑田倘移，徽音罕嗣。贻诸不朽，故勒铭云。乃为铭曰：

赫矣遥源，悠然远系。苴茅胙土，析珪疏茅。硕学宏才，师王友帝。貂珰累龙，簪缨靡替。其一伟哉执法，猗欤太师。百揆弘道，四履开基。庭□钟磬，门列幡旗。权衡是握，机轴攸持。其二显允祖考，福善贻庆。凤昭阴德，爰诞韶令。兰芝齐芬，松萝比盛。举案申礼，如宾展敬。其三方隆茂祉，永作人英。遽辞兰室，将瘗松城。青鸟演兆，玄燕依茔。黄泉已网，白日徒明。其四庶享遐龄，翻悲夭寿。飘飘素蘽，俳佪昼柳。木拱年深，坟荒岁久。玉质虽谢，金声不朽。其五

一　志文的用典及某些重要词释读

"纡青拖紫"，谓身上佩带青、紫色的印绶。西汉扬雄《解嘲》：

"纡青拖紫，朱丹其毂。"《南史·卞彬传》："《虾蟆赋》云：'纡青拖紫，名为蛤鱼。'世谓比令仆也。"引申为一切高官显宦的服饰。

"握瑜怀瑾"，亦作"怀瑾握瑜"，旧时比喻人具有纯洁优美的品德，《楚辞·九章·怀沙》："怀瑾握瑜兮，穷不知所示。"

"班族羽仪，贤姝是育"：羽仪，这里作"表率"解。这句话是说，班（固）族为人表率，才诞育出（像班昭这样）贤淑的女才子。

"陈门礼教，令女攸生"之"陈门"，待考。

"余大父，太师、燕定公，道高稷卨，绩茂萧曹"：余，指于知微，字辩机；大父，即祖父，《韩非子·五蠹》"大父未死而有二十五孙，是以人民众而货财寡"可证；于知微的大父（祖父）为于志宁，唐初曾先后为太子少师和太子太师，可见"太师"为"太子太师"之省；于志宁的爵位为燕国公，死后谥曰"定"，因而其孙媳之志文称"燕定公"。稷，指周人的男性始祖后稷；卨，指商人的男性始祖契。萧指萧何，曹指曹参，他们虽都是沛县小吏，但因与刘邦是同乡，且在汉王朝的建立过程当中有汗马功劳，因而先后为汉丞相。把于志宁的功绩与汉初萧何、曹参的功绩相提并论，可谓名副其实。

"托彼嘉偶，结兹好逑"：好逑，语出《诗·周南·关雎》："关关雎鸠，在河之洲，窈窕淑女，君子好逑。"

"及尔来仪，年才十七"：来仪，语出《书·益稷》："夔曰：……鸟兽跄跄，箫韶九成，凤皇来仪。"

"雅怀灵淡，虽雉服而弗荣"：雉（zhì），一种鸟，也叫野鸡，《庄子·养生主》："泽雉十步一啄，百步一饮。"雉服，是指有野鸡毛作为装饰的华丽衣服。

"素志谦冲，纵荆钗而攸重"：荆钗，指用荆枝作的钗，形容女子妆饰的朴素。《太平御览》卷七百一十八引《列女传》："梁鸿妻孟光，荆钗布裙。"唐李商隐《李义山文集》五《重祭外舅司徒文》："纟宁衣缟带，雅觊或比于侨吴；荆钗布裙，高义每符于梁孟。"

"蕴六行以立身，苞四德而摽美"：六行，西周大司徒教民的六项行为标准，即孝、友、睦、姻、任、恤，见《周礼·地官·司徒》；四德，封建礼教认定妇女应当具有的四种德行，正如《周礼·天官·九嫔》所载："掌妇学之法，以教九御妇德、妇言、妇容、妇功。"郑玄注："妇德谓贞顺，妇言谓辞令，妇容谓婉娩，妇功谓丝枲。"《后汉书》卷十上《皇后纪第十上》："九嫔掌教四德。"李贤注："四德谓妇德、妇言、妇容、妇功也。"摽美，即"摽梅"，袁梅先生在《诗·周南·摽有梅》篇注中说："古代民间，在仲春时节有会男女之俗，而抛梅即为求婚的一种方式。《卫风·木瓜》中之投木瓜、投木桃、投木李，与本篇之摽梅，实出一俗。"明程登吉《幼学琼林》卷二《婚姻》载："桃夭谓婚姻之及时，摽梅谓婚期之已过。"

"大家既逝，哀极于曹门"：这是指东汉和帝时才女班昭之事。班昭，字惠班，一名姬。班彪女，班固、班超之妹。嫁曹世叔，早寡。其兄班固著《汉书》，八表及《天文志》未成而卒，和帝命昭就东观藏书阁续成之。屡受召入宫，为皇后及诸贵人当教师，号曰大家。大家，同"大姑"；家，读作姑。这句话是说，班昭去世后，其夫曹世叔一家极度悲哀。

"高行云亡，痛深于梁室"：这里说的是汉代梁鸿、孟光夫妻感情至深的故事。"高行"，代指"孟光"。这句话是说，品行高远的孟光去世后，梁鸿家陷于一片悲痛之中。

"苴茅胙土，析珪疏弟"：苴茅，以白茅包土。古代帝王分封诸侯的仪式。《文选》南朝宋范晔《宦者传论》："苴茅分虎，南面臣民者，盖以十数。"胙土，是指帝王以土地赐封功臣，酬其勋绩。《左传》隐八年："胙之土而命之氏。"北周庾信《庾子山集》一《哀江南赋》："分南阳而赐田，列东岳而胙土。"

"貂珰累龙，簪缨靡替"：貂珰，汉代中常侍冠上的两种饰物。《后汉书》卷四十三《朱穆传》上疏："案汉故事，中常侍参选士人。建武以后，乃悉用宦者。自延平以来，浸益贵盛，假貂珰之饰，处常伯之任。"《注》:"珰以金为之,当冠前,附以金蝉也。《汉官仪》曰:'中常侍,秦官也。汉兴,或用士人,银珰左貂。光武已后,专任宦者,右貂金珰。'常伯,侍中。"后用作宦官的别称。唐韩偓《玉山樵人集·感旧诗》:"省趋弘阁侍貂珰,指座恩深刻寸肠。"簪缨,古代官吏的冠饰,因以喻显贵。南朝梁萧统《昭明太子集》三《锦带书十二月启姑洗三月》:"龙门退水,望冠冕以何年?鹓路颓风,想簪缨于几载?"唐张说《张说之集》八《湘湖山寺》诗之一:"若使巢由同此意,不将萝薜易簪缨。"

"凤昭阴德,爰诞韶令":韶令,美善。《宋书·谢庄传》:"年七岁,能属文,通《论语》。及长,韶令美容仪。"

"兰芷齐芬,松萝比盛":兰芷,指兰草和白芷,都是香草。《楚辞》屈原《离骚》:"兰芷变而不芳兮,荃蕙化而为茅!"又作"兰茝"。《九章·悲回风》:"故荼荠不同亩兮,兰茝幽而独芳。"松萝,地衣类植物。常寄生于松树上,丝状,蔓延下垂。《诗·小雅·頍弁》"茑与女萝",汉毛亨《传》:"女萝,菟丝、松萝也。"《释文》:"女萝,力多反,在田曰菟丝,在水[木]曰松萝。"唐卢照邻《幽忧子集》二《怀仙引》诗:"石濑潺湲横石径,松萝幂羃掩松门。"

"举案申礼,如宾展敬":举案申礼,亦作"举案齐眉",指汉代梁鸿和孟光相敬如宾的故事。《后汉书·梁鸿传》:"鸿为人赁舂。每归,妻为具食,不敢于鸿前仰视,举案齐眉。"引文中的"案",是指带脚的托盘,用以盛放食物。

"遽辞兰室,将瘗(yì)松城":兰室,芳香高雅的居室。《文选》晋张华《情诗》之一:"佳人处遐远,兰室无容光。"《注》引古诗:"卢家兰室桂为梁。"《文苑英华》七一八唐王勃《送李十五序》:"山房袭吹,疑居兰室之中;水树含香,宛似枫江之上。"又《骆宾王集》八《饯李八骑曹诗序》亦有此二语,文字小异。因坟地多植松树,故"松城"成为"坟地"的代名词。

"青鸟演兆,玄燕依茎":青鸟,神话中有三足的黑色鸟,相传为西王母的使者。《艺文类聚》卷九十一引《汉武故事》:"七月七

302

日，上于承华殿斋，正中，忽有一青鸟从西方来，集殿前。上问东方朔，朔曰：'此西王母欲来也。'有顷，王母至。有二青鸟如乌，侠侍王母旁。"后遂称传信的使者为"青鸟"。唐李商隐《无题》诗："蓬山此去无多路，青鸟殷勤为探看。"

二 于知微的仕宦生涯

从志文上下文意看，此墓志系于知微为其妻卢舍卫所撰。于知微之父为于立政，祖为于志宁。于志宁为唐初名臣，《旧唐书》卷七十八、《新唐书》卷一百四分别有传；志宁之曾祖为于谨（有子九人），其传附于《北史》卷二十三《于栗磾传》后，又附于《周书》卷十五《于栗磾传》后。志宁之祖为于义，《隋书》卷三十八有传。志宁之曾孙为于休烈，《旧唐书》卷一百四十九、《新唐书》卷一百四分别有传；于休烈之子为于益，《新唐书》卷一百四有传。另外，《新唐书》卷七十二下《宰相世系表》亦有于氏世系。

《金石萃编》卷五十六有《于志宁碑》，卷七十一有《于知微碑》（又称《兖州都督于知微碑》）。于知微之弟为于大猷，《金石萃编》卷六十三有《于大猷碑》（又称《唐明堂令于大猷碑》）。于休烈之父为于默成，《金石录》卷八有《唐沛县令于默成碑》。

据《卢舍卫墓志》载，于知微历官大唐秘书郎、魏州贵乡县令、东海县开国子。大唐秘书郎、魏州贵乡县令，与《于知微碑》相合。据《旧唐书》卷四十二《志第二十二·职官一》载，秘书郎，从第六品上阶，《武德令》为正七品上阶。魏州，唐龙朔二年（662年）改冀州置，治所在信都县（今河北冀县）。贵乡县，东魏天平二年（535年）析馆陶县西界置，治越城（今河北大名县西北），属昌乐郡。因前燕曾置贵乡郡于此，故名。北周建德七年（578年），以赵城卑湿，徙县东南孔恩集寺（今大名县东北）。大象二年（580年）为魏州治。隋大业初为武阳郡治。唐治所屡迁，后迁至今大名县东，为魏州治。于知微任贵乡县令时，县境连年大旱，可于知微治理有方，天降甘霖，"枯稼蔚为嘉苗，赤地变为沃野，百姓鼓舞而相贺，五谷滋蕃而遂登"（见《于知微碑》），因而没过多久，就被巡察使升进。

于知微的爵位，文献与碑志有分歧：《新唐书》卷七十二下《宰相世系表》作"东海郡公"；《卢舍卫墓志》作"东海县开国子"，而《于知微碑》则作："乃除太子左庶子，又迁太仆少卿，并累封东海郡侯……景云二年，封东海郡公"。从以上引文来看，"东海郡公"是于知微的最终爵位，而"东海县开国子"是卢舍卫卒时于知微的爵位。据《旧唐书》卷四十二《志第二十二·职官一》载，开国子，正第五品上阶。

三　志主的先世及曾祖、祖、父辈

"昔太师翼周，盛德光乎四履"之"太师"，与"尚书佐汉，隆恩洽于九江"之"尚书"，其名均待考。

志文载："曾祖海相，宣州泾县令。"《旧唐书》卷四十《志第二十·地理三·江南西道》："宣州：隋宣城郡。武德三年，杜伏威归化，置宣州总管府，分宣城置怀安、宁国二县。六年，陷辅公祏。七年贼平，改置宣州都督，督宣、潜、猷、池四州，废桃州，以绥安来属，省怀安、宁国二县。宣州领宣城、绥安二县。八年，废南豫州，以当涂来属，废猷州，以泾县来属。九年，移扬州于江都，以溧阳、溧水、丹阳来属。贞观元年，置都督府。废池州，以秋浦、南陵二县来属。省丹阳入当涂县。开元中，析置青阳、太平、宁国三县。天宝元年，改为宣城郡。至德二年，又析置至德县。乾元元年，复为宣州。永泰元年，割秋浦、青阳、至德三县置池州。旧领县八……天宝领县九……今县十……泾：汉泾县，属丹阳郡。武德三年，置猷州，领泾、南阳、安吴三县。八年，废猷州及南阳、安吴二县。属宣州。县界有陵阳山。"西汉时泾县治所在今安徽泾县西，唐武德三年移治今泾县西南，八年还治旧址。

志文载："祖彦恭，洛州尹阙县令。"《旧唐书》卷三十八《志第十八·地理一·河南道》："河南府：隋河南郡。武德四年，讨平王世充，置洛州总管府，领洛、郑、熊、谷、嵩、管、伊、汝、鲁九州。洛州领河南、洛阳、偃师、巩、阳城、缑氏、嵩阳、陆浑、伊阙等九县。其年十一月，罢总管府，置陕东道大行台。九年，罢行台，置洛州都督府，领洛、怀、郑、汝等四州，权于府置尚书省。……先天元年，置伊阙县。开元元年，改洛州为河南府。……天宝，领县二十六……伊阙：隋县。"尹阙县治今河南省伊川县西南，以伊阙山为名。

志文载："父昭度，监察御史。"《旧唐书》卷四十二《志第二十二·职官一》：正第八品上阶"监察御史旧从八品上，《垂拱令》改。"志主卢舍卫的曾祖和祖父，官职均为七品县令；而其父官职虽更低（八品），但因其在监察御史任上"举罪无避于豪强，弹邪不惮于权要"，所以去世后人们并没有忘记他。

四　志主的郡望、婚姻及子女情况

志文载："夫人讳舍卫，字净观，范阳涿人也。"《旧唐书》卷三十九《志第十九·地理二·河北道》："涿州：本幽州之范阳县。大历四年，幽州节度使朱希彩，奏请于范阳县置涿州，仍割幽州之范阳、归义、固安三县以隶涿，属幽州都督。州新置，未计户口帐籍。……范阳：汉涿郡之涿县也，郡所治。曹魏文帝改为范阳郡。晋为范阳国，后魏为范阳郡，隋为涿县。武德七年，改为范阳县。大历四年，复于县置涿州。"志文称卢舍卫为"范阳涿人"，即今河北省涿州市人。

志文载：卢舍卫"以调露二年（680 年）五月十八日终于京师常乐里第，春秋卅二。"以此推算，卢舍卫生于贞观十二年（638年）。《于知微碑》载："以开元二年六月廿五日薨于长安常乐之里第，春秋七十九。"以此推算，于知微生于贞观十年（636 年）。由此可见，于知微比其妻卢舍卫要大两岁。于知微与卢舍卫能结秦晋之好，穿针引线者为于知微之祖于志宁。卢舍卫出嫁时 17 岁，又知于知微比卢舍卫大两岁，则于知微迎娶时应为 19 岁。在唐代，女子14 岁即行笄礼（成年礼），此后若有男方下聘，双方满意，即可成婚。卢舍卫出嫁时已 17 岁，比平常女子要晚 3 年，婚期已过，因而志文才有"摽美"（即"摽梅"）之语。

志文用典较多，一是述志主卢舍卫出身于官宦世家，二是盛赞志主卢舍卫的德行，为志主卢舍卫与于知微的联姻做好了铺垫。卢舍卫嫁给于知微后，成为于知微的贤内助，夫唱妇随。她看见于知微做好事，则"锐意赞成"；看见于知微"少有乖宜"，必"专心劝正"。而她本人"靡谈彼之得失，罔说人之是非"，德行俱备，不失为贤妻良母。

关于卢舍卫与于知微的子女，志文只提到长子克勤，官拜朝散郎。其实，卢舍卫与于知微共育有三子，正如《新唐书》卷七十二下《宰相世系表》所载："克勤，密州别驾、东海郡公；克构，左监门率府长史、武阳县男；克懋，华州司户参军。"《于知微碑》也载："嗣子朝议大夫行密州别驾、上柱国、东海郡开国男克勤，次子朝议郎行左监门率府长史、上柱国、武阳县开国男克构，朝议郎行华州司户参军、上柱国、黎阳县开国男克懋。"

据志文载，卢舍卫是在调露二年（680 年）五月十八日终于京师常乐里第；又据《于知微碑》载，于知微是在开元二年（714 年）六月廿五日薨于长安常乐里第；再据《于大猷碑》载，于大猷是在圣历三年（700 年）七月十日终于万年县常乐里之私第。可见，志文提到的京师是指长安，而于氏家族的私第则在万年县管辖的常乐里。

志文载："永隆二年（681 年）五月五日，迁窆（biǎn）于雍州三原县万寿乡长坳之原，礼也。"《于知微碑》载："以开元二年十一月十八日迁祔于京兆府三原县万寿乡长坳原旧茔，礼也。"据《于大猷碑》载，他与其妻"合葬于雍州三原县万寿乡□坳□先茔，礼也。"从上引资料可知，雍州三原县万寿乡长坳之原是于氏家族的旧茔，作为于知微的妻子，卢舍卫迁葬于此是完全合乎礼仪的。

［1］（唐）令狐德棻：《周书》，北京：中华书局，1971 年 11 月第 1 版。

［2］（唐）李延寿：《北史》，北京：中华书局，1974 年 10 月第 1 版。

［3］（唐）魏征等：《隋书》，北京：中华书局，1973 年 8 月第 1 版。

［4］（后晋）刘昫等：《旧唐书》，北京：中华书局，1975 年 5 月第 1 版。

［5］（宋）欧阳修、宋祁：《新唐书》，北京：中华书局，1975 年 5 月第 1 版。

［6］（清）王昶：《金石萃编》，西安：陕西人民美术出版社，1990 年 12 月第 1 版。

［7］李惠主编：《陕西石刻文献目录集存》，西安：三秦出版社，1990 年 4 月第 1 版。

［8］刘万国、侯文富主编：《中华成语辞海》（修订版），长春：吉林大学出版社，1996 年 6 月第 1 版。

［9］袁梅：《诗经译注》，济南：齐鲁书社，1985 年 1 月第 1 版。

［10］复旦大学历史地理研究所《中国历史地名词典》编委会：《中国历史地名词典》，南昌：江西教育出版社，1986 年 8 月。

［11］魏嵩山主编：《中国历史地名大辞典》，广州：广东教育出版社，1995 年 5 月。

［12］戴均良等主编：《中国古今地名大辞典》，上海：上海辞书出版社，2005 年 7 月第 1 版。

（原文载《碑林集刊》十二，西安：陕西人民美术出版社，2006 年 12 月版）

晚唐诗人白居易笔下的青铜镜[*]

——读《白居易全集》有感

在中国古代社会中，青铜镜是人们日常生活中必不可少的梳妆用具。中国古代青铜镜的发展，可分为六期：新石器、夏、商为滥觞期，春秋、战国、秦为发展期，西汉、新莽、东汉为繁荣期，三国、西晋、东晋、南北朝为中衰期，隋、唐为鼎盛期，五代十国、北宋、南宋、辽、金、元、明、清为衰落期。

作为妇孺皆知的大诗人白居易（772～846），字乐天，生活于中国古代青铜镜发展的鼎盛期——唐朝。作为晚唐诗人，白居易先是与元稹齐名，后又与刘禹锡并驾齐驱。

白居易一生经历了唐代宗、德宗、顺宗、宪宗、穆宗、敬宗、文宗、武宗八个朝代，这是一个朝政昏暗、藩镇割据混战、宦官专权、民不聊生的年代〔1〕，诗人足迹涉及大江南北，曾在长安、洛阳、盩厔、江州（今江西九江市）、忠州（治所在今四川忠县）、杭州、苏州等地为官，丰富的阅历，成为他创作的源泉。

白居易是一位多产的作家，他一生作诗75卷，共计3840首，其中50余首作品涉及了铜镜，这为我们研究唐代铜镜的造型、装饰题材、使用情况、储存情况、文化内涵等提供了珍贵的资料，下面分

＊　　本文与成荣强合作。

〔1〕　白居易：《白居易全集》前言，上海：上海古籍出版社，1999年5月第1版，第4页。

别加以阐述：

一　青铜镜的造型

《湖上招客送春泛舟》一诗载："欲送残春招酒伴，客中谁最有风情？两瓶箬下新求得，一曲《霓裳》初教成。排比管弦行翠袖，指麾船舫点红旌。慢牵好向湖心去，恰似菱花镜上行。"[2]这里的菱花镜之"菱花"，是指青铜镜的造型。

在唐代，青铜镜的造型有圆形、方形、六角形、八角形、亚字形、葵花形、菱花形等，其中菱花形、葵花形、六角形、八角形、亚字形都是首创，花形镜更成为后代效仿并改进的蓝本。

图一　唐花鸟纹菱花境　　　　　图二　唐双狮双凤纹菱花境
（选自《洛阳出土铜镜》）　　　　（陕西历史博物馆藏）

作为唐代首创的造型镜之一的菱花镜，其上的装饰题材有花鸟纹（图一）、鸟兽纹（图二）、飞仙纹（图三）、狩猎纹（图四）、打马球纹（图五）等，可谓题材丰富。

二　青铜镜的装饰题材

在唐代社会中，铜镜的装饰题材是多种多样的，而诗人作品中

---

〔2〕《白居易全集》卷二十，第306页。

涉及了两种：

图三　唐仙人骑龙骑狮纹菱花境
（陕西历史博物馆藏）

图四　唐狩猎纹菱花境（选自
赵力光等编著《中国古代铜镜》）

图五　唐打马球纹菱花境
（选自管维良著《中国铜镜史》）

图六　唐双鸾衔绶纹菱花境
（选自管维良著《中国铜镜史》）

一为龙纹镜，正如《百炼镜》所载："百炼镜，熔范非常规，日辰出所灵且祇。江心波上舟中铸，五月五日日午时。琼粉金膏磨莹已，化为一片秋潭水。镜成将献蓬莱宫，扬州长史手自封。人间臣妾不合照，背有九五飞天龙。"[3]这里的"百炼镜"，亦称"水心镜"、"江心镜"、"千秋龙纹镜"（彩版一二），产自扬州，其造型主要为葵花形，主题纹饰为飞天龙。

上诗中的"人间臣妾不合照，背有九五飞天龙"一句，并不准确。因为诗人的另一首《感镜》诗载："美人与我别，留镜在匣中。自从花颜去，秋水无芙蓉。经年不开匣，红埃覆青铜。今朝一拂拭，自照憔悴容。照罢重惆怅，背有双盘龙。"[4]从这首诗可知，龙纹镜

---

〔3〕《白居易全集》卷四，第46页。
〔4〕《白居易全集》卷十，第127页。

的使用并不局限于皇宫，民间也在使用。

另一种为鸾纹镜（图六），正如《古意》所载："脉脉复脉脉，美人千里隔。不见来几时，瑶草三四碧。玉琴声悄悄，鸾镜尘羃羃。昔为连理枝，今作分飞翮。寄书多不达，加饭终无益。心肠不自宽，衣带何由窄！"[5]这里的"鸾镜"，亦称对鸟镜，李贺《美人梳头歌》"双鸾开镜秋水光，解鬟临镜立象床"、戴数伦《宫词》"春风鸾镜愁中影，明月羊车梦里声"、李群玉《伤折枝妓》"曾见双鸾舞镜中，联飞接影对春风"等诗可证。从上述诗歌中可知，鸾镜主要流行于盛唐和中唐时期，考古资料也证明了这一点。

三　青铜镜的储藏

《五月斋戒罢宴彻乐闻韦宾客皇甫郎中饮会亦稀又知欲携酒馔出斋先以长句呈谢》一诗载："妓房匣镜满红埃，酒库封瓶生绿苔。"[6]从这首诗可知，铜镜一般藏在匣中。那么，储藏铜镜的匣是何质地呢？《新秋早起有怀元少尹》一诗载："秋来转觉此身衰，晨起临阶盥漱时。漆匣镜明头尽白，铜瓶水冷齿先知。"[7]可见，铜镜一般藏在漆匣中。储藏铜镜的匣在古代一般称作奁。奁除了漆器外，还有竹编和藤编的。

四　铜镜因不时的打磨而发出皎皎的光芒

《白居易全集》卷八《泛春池》一诗载："蛇皮细有纹，镜面清无垢。"卷九《照镜》一诗也载："皎皎青铜镜，斑斑白丝鬓。岂复更藏年，实年君不信。"铜镜之所以"清无垢"并发出"皎皎"的

---

〔5〕《白居易全集》卷二十九，第449页。

〔6〕《白居易全集》卷三十二，第496页。

〔7〕《白居易全集》卷十九，第278页。

光芒，这与不时的打磨铜镜不无关系，正如《新磨镜》一诗所载："衰容常晚栉，秋镜偶新磨。一与清光对，方知白发多。"〔8〕这里的"栉"（zhì），是梳子、篦子的通称。《悲歌》一诗载："白头新洗镜新磨，老逼身来不奈何。"〔9〕《咏老赠梦得》一诗也载："懒照新磨镜，休看小字书。"〔10〕可见，青铜镜是要不时打磨的。

《眼暗》一诗载："早年勤倦看书苦，晚岁悲伤出泪多。眼损不知都自取，病成方悟欲如何？夜昏乍似灯将灭，朝暗长疑镜未磨。千药万方治不得，唯应闭目学头陀。"〔11〕这里的"朝暗长疑镜未磨"一句，意为"早晨天色阴暗而长时间怀疑镜子没有磨"，而其实镜子是新磨的。

五　人们习惯于清晨梳头照镜

1. 女子照镜

爱美是女子的天性。在诗人的作品中，不时有对女子照镜梳妆的吟咏，如《简简吟》载："苏家小女名简简，芙蓉花腮柳叶眼。十一把镜学点妆，十二抽针能绣裳。十三行坐事调品，不肯迷头白地藏。玲珑云髻生菜样，飘飘风袖蔷薇香。殊姿异态不可状，忽忽转动如有光。二月繁霜杀桃李，明年欲嫁今年死。丈人阿母勿悲啼，此女不是凡夫妻。恐是天仙谪人世，只合人间十三岁。大都好物不坚牢，彩云易散琉璃脆。"〔12〕又如《把酒思闲事二首》二："把酒思闲事，春娇何处多？试鞍新白马，弄镜小青娥。"〔13〕

不论是 11 岁苏家小女简简的"把镜学点妆"，还是小青娥的弄

---

〔8〕《白居易全集》卷十四，第 185 页。

〔9〕《白居易全集》卷二十，第 302 页。

〔10〕《白居易全集》卷三十二，第 499 页。

〔11〕《白居易全集》卷十四，第 192 页。

〔12〕《白居易全集》卷十二，第 162 页。

〔13〕《白居易全集》卷三十一，第 476 页。

镜，均为我们再现了唐代女子梳妆打扮的动人场面。考古发掘亦不乏这方面的形象资料。1955年，西安市东郊王家坟90号唐墓出土了一件三彩梳妆女坐俑（彩版一三），高47厘米，现藏陕西历史博物馆。女俑坐在下大上小的束腰型座墩上，身穿酱色袒胸窄袖短襦，外套乳白色绿色宝相花纹的半臂，下着柿蒂纹绿色百褶裙，裙下微露红色云头履。头梳单刀半翻髻，左手紧握铜镜（已残），右手似正往额上贴饰"花黄"。短小襦衣与曳地长裙相搭配，使丰腴的体态显得修长而容雍华贵，反映了唐人的审美观念。1948年，陕西省长安县嘉里村裴氏小娘子墓出土了一件彩绘持镜女立俑（彩版一四），高30厘米，现藏陕西历史博物馆。女俑头梳乌蛮髻，身着绿色长袖衫，下穿红色高腰曳地长裙，右手持一面带柄铜镜，侧头正在照面；这种带柄铜镜，与金银平脱镜、螺钿镜等特种工艺镜同属珍贵品种，只有达官显贵及其家眷才能享用。

2. 男子照镜

爱美虽是女子的天性，但爱美之心人皆有之，男子当然也不例外。在诗人作品中，有多首是吟咏自己清晨梳头照镜的，如《叹老三首》载：

> 晨兴照清镜，形影两寂寞。少年辞我去，白发随梳落。万化成于渐，渐衰看不觉。但恐镜中颜，今朝老于昨。人年少满百，不得长欢乐。谁会天地心，千龄与龟鹤。吾闻善医者，今古称扁鹊。万病皆可治，唯无治老药。

> 我有一握发，梳理何稠直。昔似玄云光，如今素丝色。匣中有旧镜，欲照先叹息。自从头白来，不欲明磨拭。鸭头与鹤颈，至老长如墨。独有人鬓毛，不得终身黑。[14]

又《早梳头》一诗载："夜沐早梳头，窗明秋镜晓。飒然握中发，一沐知一少。年事渐蹉跎，世缘方缴绕。不学空门法，老病何

---

〔14〕《白居易全集》卷十，第123页。

由了？未得无生心，白头亦为夭。"〔15〕再如《对镜吟》一诗载："闲看明镜坐清晨，多病姿容半老身。谁论情性乖时事，自想形骸非贵人。三殿失恩宜放弃，九宫推论合漂沦。如今所得须甘分，腰佩银龟朱两轮。"〔16〕诗人通过对自己清晨梳头照镜的吟咏，感叹时光易失人渐老，因而要知足常乐。

六　诗人的咏镜诗中充满着伤感的情怀

在诗人不同年龄段的咏镜诗中，多抒发了伤感的情怀，下面分别加以阐述：

1. "而立"之年后的伤感

古人云："三十而立。"是知"而立"之年为 30 岁。

《赠言》一诗载："况君春风面，柔促如芳草。二十方长成，三十向衰老。镜中桃李色，不得十年好。"〔17〕又《感时》一诗载："朝见日上天，暮见日入地。不觉明镜中，忽年三十四。勿言身未老，冉冉行将至。白发虽未生，朱颜已先悴。人生讵几何？在世犹如寄。虽有七十期，十人无一二。今我犹未悟，往往不适意。胡为方寸间，不贮浩然气？贫贱非不恶，道在何足避。富贵非不爱，时来当自致。所以达人心，外物不能累。唯当饮美酒，终日陶陶醉。斯言胜金玉，佩服无失坠。"〔18〕人刚到"而立"之年（30 岁）却要"向衰老"了，何况"镜中桃李色，不得十年好"、"虽有七十期，十人无一二"，因而对于"白发虽未生，朱颜已先悴"的 34 岁诗人来说，他向往"唯当饮美酒，终日陶陶醉"的生活也就不足为奇了。

《权摄昭应早秋书事寄元拾遗兼呈李司录》一诗载："夏闰秋候早，七月风骚骚。渭川烟景晚，骊山宫殿高。单殿子司谏，赤县我

---

〔15〕《白居易全集》卷九，第 112 页。
〔16〕《白居易全集》卷十七，第 253 页。
〔17〕《白居易全集》卷八，第 108 页。
〔18〕《白居易全集》卷五，第 58 页。

徒劳。相去半日程，不得同游遨。到官来十日，览镜生二毛。可怜趋走吏，尘土满青袍。邮传拥两驿，簿书堆六曹。为问纲纪掾，何必使铅刀？"[19] 又《新秋》一诗载："二毛生镜日，一叶落庭时。老去争由我？愁来欲泥谁？空销闲岁月，不见旧亲知。唯弄扶床女，时时强展眉。"[20] "可怜趋走吏，尘土满青袍"一句，与诗人元和元年（806 年）任盩厔县尉的情景是一致的，这一年诗人 35 岁；可见，"览镜生二毛"、"二毛生镜日"是诗人 35 岁时的写照。

《醉后走笔酬刘五主簿长句之赠兼简张大贾二十四先辈昆季》一诗载："刘兄文高行孤立，十五年前名翕习。是时相遇在符离，我年二十君三十。……我年渐长忽自惊，镜中冉冉髭须生。心畏后时同励志，身牵前事各求名。问我栖栖何所适？乡人荐为鹿鸣客。……出门可怜唯一身，弊裘瘦马入咸秦。鼕鼕街鼓红尘暗，晚到长安无主人。……元和运启千年圣，同遇明时余最幸。始辞秘阁吏王畿，遽列谏垣升禁闱。蹇步何堪鸣佩玉？衰容不称著朝衣。……身贱每惊随内宴，才微常愧草天书。晚松寒竹新昌第，职居密近门多闭。……岐阳旅宦少欢娱，江左羁游费时日。……岁月徒催白发貌，泥涂不屈青云心。……月惭谏纸二百张，岁愧俸钱三十万。"[21] 从这首诗可知，诗人 36 岁（元和二年）时于长安发出了"我年渐长忽自惊，镜中冉冉髭须生"的感慨是不足为奇的，因为去年诗人已"览镜生二毛"了。

2. "不惑"之年后而头半白的伤感

《闻哭者》一诗载："昨日南邻哭，哭声一何苦！云是妻哭夫，夫年二十五。今朝北里哭，哭声又何切！云是母哭儿，儿年十七八。四邻尚如此，天下多夭折。乃知浮世人，少得垂白发。余今过四十，念彼聊自悦。从此明镜中，不嫌头似雪。"[22] 从这首诗可以看出，晚

---

〔19〕《白居易全集》卷九，第 109 页。

〔20〕《白居易全集》卷十八，第 258 页。

〔21〕《白居易全集》卷十二，第 152～153 页。

〔22〕《白居易全集》卷六，第 75 页。

唐是"天下多夭折"的时期，对于已过"不惑"之年（40岁）的诗人来说，"从此明镜中，不嫌头似雪"也就可以理解了。

宪宗元和十年（815年）七月，白居易贬江州（今江西九江市）司马，时年44岁。由于"遇境多怆辛"，诗人情绪低落，不免发出了"白发逐梳落，朱颜辞镜去"〔23〕、"病肺忏杯满，衰颜忌镜明"〔24〕的感慨。在江州司马任上，诗人时常被衰苦困扰着，头发"渐少不满把，渐短不盈尺。况兹短少中，日夜落复白。"因而便向"能度衰苦厄"的寺院寻求慰藉，"掩镜望东寺，降心谢禅客"〔25〕正是诗人行动的反映。为了排遣"衰苦厄"，诗人有时与妓人互歌自娱，可即使在这样的情景下，诗人仍然掩饰不住自己对于衰老的哀叹，"腰间红绶系未稳，镜里朱颜看已失"〔26〕正是诗人当时心情的反映。

《花下对酒二首》又："引手攀红樱，红樱落似霰。仰首看白日，白日走如箭。年芳与时景，顷刻犹衰变。况是血肉身，安能长强健？人心苦迷执，慕贵忧贫贱。愁色常在眉，欢容不上面。况吾头半白，把镜非不见。何必花下杯，更待他人劝？"〔27〕，这首诗是宪宗元和十三年（818年）诗人47岁任忠州（治所在今四川忠县）刺史时创作的，此时诗人"鬓发苍浪牙齿疏，不觉身年四十七"，不仅"朱颜日渐不如故"，而且是"头半白"了，距"知天命"之年（50岁）没有几年了，叹惜"青史功名在何处？"因而"把镜照面心茫然"〔28〕也就合情合理了。

《新秋早起有怀元少尹》一诗载："秋来转觉此身衰，晨起临阶盥漱时。漆匣镜明头尽白，铜瓶水冷齿先知。光阴纵惜留难住，官

---

〔23〕《白居易全集》卷十《渐老》，第132页。

〔24〕《白居易全集》卷十七《浔阳岁晚寄元八郎中痩三十二员外》，第238页。

〔25〕《白居易全集》卷十《因沐感发寄朗上人二首》又，第135页。

〔26〕《白居易全集》卷十二《醉歌示妓人商玲珑》，第162页。

〔27〕《白居易全集》卷十一，第142页。

〔28〕《白居易全集》卷十二《浩歌行》，第150页。

职虽荣得已迟。老去相逢无别计，强开笑口展愁眉。"[29]这首诗与
《初著绯戏赠元九》一首诗均创作于元和十五年（820 年）；这一年，
诗人 49 岁，"转主客郎中、知制诰，加朝散大夫，始著绯"[30]。诗
人虽做了四五品的高官，但此时"漆匣镜明头尽白"，所以发出"官
职虽荣得已迟"的感慨是与其景况一致的，"那知垂白日，始是著绯
年"[31]一句可证。

　　3. "知天命"之年后而头全白的伤感

　　穆宗长庆元年（821 年），诗人到了"知天命"之年（50 岁）；
十月，转中书舍人[32]。虽然身为高官，过着衣食无忧的生活，但却
情不自禁地发出了"病对词头惭彩笔，老看镜面愧华簪"[33]的
感慨。

　　《苏州李中丞以元日郡斋感怀诗寄微之及予辄依来篇七言八韵
走笔奉答兼呈微之》一诗载："白首余杭白太守，落拓抛名来已
久。一辞渭北故园春，再把江南新岁酒。杯前笑歌徒勉强，镜里
形容渐衰朽。"[34]又《秋寄微之十二韵》载："娃馆松江北，稽城
浙水东。屈君为长吏，伴我作衰翁。……览镜头虽白，听歌耳未
聋。老愁从此遣，醉笑与谁同？清旦方堆案，黄昏始退公。可怜
朝暮景，销在两衙中。"[35]"白首余杭白太守"一句，与诗人长庆二
年（822 年）七月任杭州刺史一事是相符的，这一年诗人 51 岁[36]，
刚过"知天命"之年。诗人为杭州刺史时声称"白首余杭白太守"、
"览镜头虽白，听歌耳未聋"，当是诗人的真实写照。诗人不仅头发

　　〔29〕《白居易全集》卷十九，第 278 页。

　　〔30〕（后晋）刘昫等：《旧唐书》卷一百六十六《白居易传》，北京：中华书局，
　　　　　1975 年 5 月第 1 版，第 4353 页。

　　〔31〕《白居易全集》卷十九《初著绯戏赠元九》，第 277 页。

　　〔32〕《旧唐书》卷一百六十六《白居易传》，第 4353 页。

　　〔33〕《白居易全集》卷十九《中书寓直》，第 280 页。

　　〔34〕《白居易全集》卷二十三，第 342 页。

　　〔35〕《白居易全集》卷二十四，第 361 页。

　　〔36〕《曲江感秋》："元和二年秋，我年三十七。长庆二年秋，我年五十一。"

白了，胡须也变白了，"夜镜藏须白，秋泉漱齿寒"[37]即可证之。

文宗宝历元年（825 年）三月，诗人复出为苏州刺史，时年 54 岁。《对镜吟》一诗载："白头老人照镜时，掩镜沉吟吟旧诗。二十年前一茎白，如今变作满头丝。余二十年前尝有诗云：'白发生一茎，朝来明镜里。勿言一茎少，满头从此始。'今则满头矣。吟罢回头索杯酒，醉来屈指数亲知。老于我者多穷贱，设使身存寒且饥。少于我者半为土，墓树已抽三五枝。我今幸得见白头，俸禄不薄官不卑。眼前有酒心无苦，只合欢娱不合悲。"[38]苏州刺史是地方最高的行政官员，衣食自然无忧，所以"我今幸得见白头，俸禄不薄官不卑"一句无疑是诗人自我满足的流露。

文宗大和三年（829 年），诗人 57 岁，"称病东归，求为分司官，寻除太子宾客"[39]。《对镜》一诗载："三分鬓发二分丝，晓镜秋容相对时。去作忙官应太老，退为闲叟未全迟。静中得味何须道，稳处安身更莫疑。若使至今黄绮在，闻吾此语亦分司。"[40]57 岁的诗人"三分鬓发二分丝"，且有病在身，而身为太子宾客又不太忙，所以"去作忙官应太老，退为闲叟未全迟"的感慨是与其身份相符的。

《夭老》一诗载："早世身如风里烛，暮年发似镜中丝。谁人断得人间事，少夭堪伤老又悲。"[41]又《晚起》一诗载："烂熳朝眠后，频伸晚起时。暖炉生火早，寒镜裹头迟。融雪煎香茗，调苏煮乳麋。慵馋还自哂，快活亦谁知？酒性温无毒，琴声淡不悲。荣公三乐外，仍弄小男儿。"[42]这两首诗，均创作于文宗大和四年（830 年），诗人时年 58 岁；"暮年发似镜中丝"的诗人，深深体会到"少

---

〔37〕《白居易全集》卷二十三《祭社宵兴灯前偶作》，第 343 页。

〔38〕《白居易全集》卷二十一，第 319～320 页。

〔39〕《旧唐书》卷一百六十六《白居易传》，第 4353 页。

〔40〕《白居易全集》卷二十七，第 417 页。

〔41〕《白居易全集》卷二十八，第 433 页。

〔42〕《白居易全集》卷二十八，第 435 页。

夭堪伤老又悲"，因而朝眠晚起，听琴饮酒，品茗弄儿，过着安逸而自得其乐的生活，令人羡慕。

4. "耳顺"之年后"须鬓尽成丝"的伤感

文宗大和五年（831 年），为诗人"耳顺"之年（60 岁），拜河南尹，因病不就；大和六年，刚过"耳顺"之年（60 岁）的诗人便发出了"容衰见镜同惆怅"[43]的感慨。大和七年（833 年），62 岁的诗人又发出了"拂镜梳白发，可怜冰照霜"[44]的感叹。

《览镜喜老》一诗载："今朝览明镜，须鬓尽成丝。行年六十四，安得不衰羸？亲属惜我老，相顾兴叹咨。而我独微笑，此意何人知。笑罢仍命酒，掩镜捋白髭。尔辈且安坐，从容听我词。生若不足恋，老亦何足悲？生若苟可恋，老即生多时。不老即须夭，不夭即须衰。晚衰胜早夭，此理决不疑。古人亦有言，浮生七十稀。我今欠六岁，多幸或庶几。倘得及此限，何羡荣启期？当喜不当叹，更倾酒一卮。"[45]这首诗创作于大和九年（835 年），诗人时年 64 岁；诗人深信"不老即须夭，不夭即须衰"、"晚衰胜早夭"的道理，对于自己"须鬓尽成丝"并不感到可叹，因为自己离"古稀"之年（70 岁）只差六年了，如果幸运能够活到此限，那是再好不过的了。"眼昏久被书料理，肺渴多因酒损伤"的诗人，同年又发出了"闲来对镜自思量，年貌衰残分所当"[46]的感慨，这与诗人自身的景况是相符的。

开成二年（837 年），66 岁的诗人"瘠黑衰白，老状具矣。而双齿又堕，慨然感叹者久之！因为《齿落辞》以自广"[47]。

开成三年，67 岁的诗人不仅牙齿双缺，而且须尽白、发半秃，但"觞咏之兴犹未衰"[48]。

---

〔43〕《白居易全集》卷三十三《答梦得秋庭独坐见赠》，第 509 页。

〔44〕《白居易全集》卷二十九《新秋晚兴》，第 447 页。

〔45〕《白居易全集》卷三十，第 459 ~ 460 页。

〔46〕《白居易全集》卷三十五《对镜偶吟赠张道士抱元》，第 539 页。

〔47〕《白居易全集》卷七十，第 977 页。

〔48〕《白居易全集》卷七十，第 979 页。

开成四年，68 岁的诗人不幸患上了风痹之疾，"风痹宜和暖……发少嫌巾重，颜衰讶镜明"[49]就是诗人的真实写照。

七　青铜镜可以与别人交换其他物品

《镜换杯》一诗载："欲将珠匣青铜镜，换取金樽白玉卮。镜里老来无避处，樽前愁至有销时。茶能散闷为功浅，萱纵忘忧得力迟。不似杜康神用速，十分一盏便开眉。"[50]又刘禹锡《和乐天以镜换酒》一诗也载："把取菱花百炼镜，换他竹叶十旬杯。"一看到青铜镜，就使人想到了衰老，这使诗人有说不出的烦恼，为了消除烦恼，诗人就用惹人烦的铜镜，换取酒杯和酒，借酒消愁。

八　青铜镜可以当做礼物送给别人

《以镜赠别》一诗载："人言似明月，我道胜明月。明月非不明，一年十二缺。岂如玉匣里，如水长澄澈？月破天暗时，圆明独不歇。我渐貌丑老，绕鬓斑斑雪。不如赠少年，回照青丝发。因君千里去，持此将为别。"[51]又《春早秋初因时即事兼寄浙东李侍郎》一诗也载："四时新镜何人别？遥忆多情李侍郎。"[52]

王利华先生指出："中古时期，特别是在唐代，文人士大夫之间互相寄赠物品的风气甚浓，但凡日常所需……大抵均可互相寄赠。"[53]正是受这种风气的影响，诗人曾给朋友寄赠过衣物、铜镜等，而亲戚、朋友也给诗人寄赠来紫霞绮、茶等，在互相的寄赠之

---

〔49〕《白居易全集》卷三十五《春暖》，第 541 页。

〔50〕《白居易全集》卷二十六，第 396 页。

〔51〕《白居易全集》卷十，第 125 页。

〔52〕《白居易全集》卷三十二，第 488 页。

〔53〕王利华：《中古华北饮食文化的变迁》，北京：中国社会科学出版社，2000
年 11 月第 1 版，第 306 页。

间，诗人与亲戚、朋友加深了感情，增进了友谊。

九　青铜镜的文化内涵

青铜镜的文化内涵，主要有两点：

1. 它见证了人们从年青到衰老的整个过程。

爱美是人的天性，男女老幼无一例外。前文述及的 11 岁苏家小女简简的"把镜学点妆"，以及小青娥的弄镜，为我们展示了唐代年轻女子为追求美而梳妆打扮的动人场面。

生老病死是自然规律，任何人也不能违背。年轻人喜欢照镜来显示自己的美，而老年人面对自己的衰容，就未必喜欢照镜子了，诗人作品中的"衰颜忌镜明"、"容衰见镜同惆怅"、"老看镜面愧华簪"等句子，以及在发掘诗人的故居[54]时没有发现青铜镜，就充分说明了这个问题。

2. 天子的镜不只是铜镜，更重要的是"以人为镜"和"以史为镜"。

《百炼镜》一诗载："百炼镜……人人呼为天子镜，我有一言闻太宗。太宗常以人为镜，鉴古鉴今不鉴容。四海安危居掌内，百王治乱悬心中。乃知天子别有镜，不是扬州百炼铜。"[55]此篇"我有一言闻太宗"以下至篇末一节，据《贞观政要》第叁《任贤篇·魏征条》（《旧唐书》柒壹、《新唐书》玖柒《魏征传》同）云："太宗后尝谓侍臣曰，夫以铜为镜，可以正衣冠。以古为镜，可以知兴替。以人为镜，可以明得失。朕常保此三镜，以防己过。今魏征殂逝，遂亡一镜矣。因泣下久之。"陈寅恪先生指出："此篇疑亦是乐天翻检贞观政要及太宗实录以作七德舞时，采摭其余

---

〔54〕　中国社会科学院考古研究所洛阳唐城队：《洛阳唐东都履道坊白居易故居发掘简报》，《考古》1994 年第 8 期。

〔55〕　《白居易全集》卷四，第 46 页。

义而成者也。"[56]诗人对唐太宗非常敬佩，主要是因为他开创了中国历史上的"贞观之治"。唐太宗之所以能"四海安危居掌内，百王治乱悬心中"，成为一代明君，这与他既以古为镜又以人为镜是分不开的，可见天子不只拥有照容的青铜镜，而且还别有历史的镜子（以古为镜）和现实的镜子（以人为镜），而后两者更为重要。

[1]（宋）欧阳修、宋祁：《新唐书》卷一百一十九《白居易传》，北京：中华书局，1975年2月第1版。

[2]《唐诗集解》上中下，许文雨集注，台北：正中书局，1977年12月。

[3] 王仲镛：《唐诗纪事校笺》上，成都：巴蜀书社，1989年。

[4] 孔祥星、刘一曼：《中国古代铜镜》，北京：文物出版社，1984年12月第1版。

[5] 周世荣编绘：《中国铜镜图案集》，上海：上海书店，1995年3月。

[6] 管维良：《中国铜镜史》，重庆：重庆出版社，2006年2月。

[7] 赵力光、李文英编著：《中国古代铜镜》，西安：陕西人民出版社，1997年1月。

[8] 冀东山主编：《神韵与辉煌——陕西历史博物馆国宝鉴赏·陶俑卷》，西安：三秦出版社，2006年6月。

[9] 洛阳博物馆：《洛阳出土铜镜》，北京：文物出版社，1988年8月第1版。

（原文载《陕西历史博物馆馆刊》第15辑，西安：三秦出版社，2008年11月版）

---

[56] 陈寅恪：《元白诗笺证稿》，北京：中华书局，1959年11月新一版，第220页。

唐《万年宫碑》碑阴三品以上从官题名考

　　唐《万年宫碑》碑阴（彩版一五），刊于永徽五年，清王昶《金石萃编》卷五十收录。

　　　奉敕中书门下及见从文武三品以上并学士并听自书官名于碑阴：
　　太尉扬州都督监修国史上柱国赵国公臣无忌

　　长孙无忌，《旧唐书》卷六十五、《新唐书》卷一百五有传。
　　《旧唐书》卷六十五《列传第十五·长孙无忌》："长孙无忌字辅机，河南洛阳人。……无忌贵戚好学，该博文史，性通悟，有筹略。文德皇后即其妹也。少与太宗友善，义军渡河，无忌至长春宫谒见，授渭北道行军典签。常从太宗征讨，累除比部郎中，封上党县公。……太宗昇春宫，授太子左庶子。及即位，迁左武候大将军。贞观元年，转吏部尚书，以功第一，进封齐国公，实封千三百户。……其年，拜尚书右仆射。……七年十月，册拜司空，无忌固辞，不许。……十一年，令与诸功臣世袭刺史……无忌可赵州刺史，改封赵国公。……二十一年，遥领扬州都督。二十三年，太宗疾笃，引无忌及中书令褚遂良二人受遗令辅政。……高宗即位，进拜太尉，兼扬州都督，知尚书及门下二省事并如故。无忌固辞知尚书省事，许之，仍令以太尉同中书门下三品。永徽二年，监修国史。"
　　碑铭所载长孙无忌官职、爵位，惟"上柱国"为本传所无，可补史传之阙。

司空上柱国英国公臣勣

李勣，《旧唐书》卷六十七、《新唐书》卷九十三有传。清王昶《金石萃编》卷五十九收有《李勣碑》（仪凤二年十月），《全唐文补遗》第一辑（三秦出版社 1994 年 5 月）录有《大唐故司空太师赠太尉扬州大都督上柱国英国公（李）勣墓志铭并序》。

《旧唐书》卷六十七《列传第十七·李勣》："李勣，曹州离狐人也。隋末，徙居滑州之卫南。本姓徐氏，名世勣，永徽中，以犯太宗讳，单名勣焉。……武德二年，密为王世充所破，拥众归朝。……诏授黎阳总管、上柱国、莱国公。寻加右武候大将军，改封曹国公，赐姓李氏，赐良田五十顷，甲第一区。……太宗即位，拜并州都督，赐实封九百户。……时高宗为晋王，遥领并州大都督，授勣光禄大夫，行并州大都督府长史。父忧解，寻起复旧职。十一年，改封英国公，代袭蕲州刺史，时并不就国，复以本官遥领太子左卫率。勣在并州凡十六年，令行禁止，号为称职。……十七年，高宗为皇太子，转勣太子詹事兼左卫率，加位特进，同中书门下三品。……二十二年，转太常卿，仍同中书门下三品……高宗即位，其月，召拜洛州刺史，寻加开府仪同三司，令同中书门下，参掌机密。是岁，策拜尚书左仆射。永徽元年，抗表求解仆射，仍令以开府仪同三司依旧知政事。四年，册拜司空。"

碑铭所载李勣官职、爵位，与其本传相合。

使持节遂州诸军事遂州刺史上柱国韩王臣元嘉

李元嘉，《旧唐书》卷六十四、《新唐书》卷七十九有传。高祖二十二子之一。

《旧唐书》卷六十四《列传第十四·高祖二十二子》："韩王元嘉，高祖第十一子也。母宇文昭仪，隋左武卫大将军述之女也。早有宠于高祖，高祖初即位，便欲立为皇后，固辞不受。元嘉少以母宠，特为高祖所爱，自登极晚生皇子无及之者。武德四年，封宋王，徙封徐王。贞观六年，赐实封七百户，授潞州刺史，时年十五。……九年，授右领军大将军。十年，改封韩王，授潞州都督。二十三年，加实封满千户。……高宗末，元嘉转泽州刺史。"《册府元龟》卷五百八十六《掌礼部（二十四）·奏议第十四》："（仪凤）三年七月，帝在九成宫，于咸亨殿宴集，有韩王元嘉、霍王元轨及南北军将军等。"

从文献记载来看，作为高宗的叔父，韩王元嘉不仅于永徽五年（654 年）随高宗去万年宫避暑，而且仪凤三年（678 年）又去了一次，不失为高宗的宠臣。

使持节寿州诸军事寿州刺史上柱国邓王臣元裕

李元裕，《旧唐书》卷六十四、《新唐书》卷七十九有传。高祖二十二子之一。

《旧唐书》卷六十四《列传第十四·高祖二十二子》："邓王元裕，高祖第十七子也。贞观五年，封郐王。十一年，改封邓王，赐实封八百户，历邓、梁、黄三州刺史。元裕好学，善谈名理，与典签卢照邻为布衣之交。二十三年，加实封通前一千五百户。高宗时，又历寿、襄二州刺史、兖州都督。"

碑铭所载李元裕官职、爵位，只有"寿州刺史"、"邓王"与其本传相合。

右卫大将军使持节鄜州诸军事鄜州刺史上柱国赵王臣福

李福，《旧唐书》卷七十六有传。太宗诸子之一。《全唐文补遗》第二辑（三秦出版社 1995 年 5 月）录有《大唐故赠司空荆州大都督上柱国赵王（李福）墓志铭》。

《旧唐书》卷七十六《列传第二十六·太宗诸子》："赵王福，太宗第十三子也。贞观十三年受封，出后隐太子建成。十八年，授秦州都督，赐实封八百户。二十三年，加右卫大将军，累授梁州都督。咸亨元年薨，赠司空、并州都督，陪葬昭陵。"

碑铭所载李福官职、爵位，只有"右卫大将军"、"赵王"与其本传相合。

曹王臣明

李明，《旧唐书》卷七十六、《新唐书》卷八十有传。太宗诸子之一。

《旧唐书》卷七十六《列传第二十六·太宗诸子》："曹王明，太宗第十四子。贞观二十一年受封。二十三年，赐实封八百户，寻加满千户。显庆中，授梁州都督，后历虢、蔡、苏三州刺史。诏令继巢刺王元吉后。"

碑铭所载李明官职，与其本传相合。

开府仪同三司上柱国鄂国公臣敬德

尉迟敬德，《旧唐书》卷六十八、《新唐书》卷八十九有传。清王昶《金石萃编》卷五十一收有《尉迟恭碑》（显庆四年四月刻），《全唐文补遗》第二辑（三秦出版社 1995 年 5 月）录有《大唐故开府仪同三司鄂国公尉迟君（敬德）墓志并序》。

《旧唐书》卷六十八《列传第十八·尉迟敬德》："尉迟敬德，朔州善阳人。……贞观元年，拜右武候大将军，赐爵吴国公，与长孙无忌、房玄龄、杜如晦四人并食实封千三百户。……三年，出为襄州都督。八年，累迁同州刺史。……十一年，封建功臣为代袭刺史，册拜敬德宣州刺史，改封鄂国公，后历鄜、夏二州都督。十七年，抗表乞骸骨，授开府仪同三司，令朝朔望。寻与长孙无忌等二十四人图形于凌烟阁。……显庆三年，高宗以敬德功，追赠其父为幽州都督。其年薨，年七十四。"

碑铭所载尉迟敬德官职、爵位，惟"上柱国"为本传所无，可补史传之阙。

尚书右仆射监修国史上柱国河南郡开国公臣遂良

褚遂良，《旧唐书》卷八十、《新唐书》卷一百五有传。

《旧唐书》卷八十《列传第三十·褚遂良》："褚遂良，散骑常侍亮之子也。……贞观十年，自秘书郎迁起居郎。遂良博涉文史，尤工隶书，父友欧阳询甚重之。……其年（贞观十五年），迁谏议大夫，兼知起居事。……十八年，拜黄门侍郎，参综朝政。……遂良前后谏奏及陈便宜书数十上，多见采纳。其年，加银青光禄大夫。二十一年，以本官检校大理卿，寻丁父忧解。明年，起复旧职，俄拜中书令。……高宗即位，赐爵河南县公。永徽元年，进封郡公。寻坐事出为同州刺史。三年，征拜吏部尚书、同中书门下三品，监修国史，加光禄大夫。其月，又兼太子宾客。四年，代张行成为尚书右仆射，依旧知政事。"

碑铭所载褚遂良官职、爵位，惟"上柱国"为本传所无，可补史传之阙。

光禄大夫上柱国莒国公臣唐俭

唐俭，《旧唐书》卷五十八、《新唐书》卷八十九有传。《全唐文补遗》第一辑（三秦出版社 1994 年 5 月）录有《大唐故开府仪同三司特进户部尚书上柱国莒国公唐君（俭）墓志铭并序》。

《旧唐书》卷五十八《列传第八·唐俭》："唐俭字茂约，并州晋阳人，北齐尚书左仆射邕之孙也。父鉴，隋戎州刺史。俭落拓不拘规检，然事亲颇以孝闻。初，俭与高祖有旧，同领禁卫。高祖在太原留守，俭与太宗周密，俭从容说太宗以隋室昏乱，天下可图。太宗白高祖，乃召入，密访时事……及开大将军府，授俭记室参军。太宗为渭北道行军元帅，以俭为司马。平京城，加光禄大夫、相国府记室，封晋昌郡公。武德元年，除内史舍人，寻迁中书侍郎，特加授散骑常侍。……高祖嘉俭身没虏庭，心存朝阙，复旧官，仍为并州道安抚大使，以便宜从事，并赐独孤怀恩田宅赀财等。使还，拜礼部尚书，授天册府长史，兼检校黄门侍郎，封莒国公，与功臣等元勋恕一死，仍除遂州都督，食绵州实封六百户，图形凌烟阁。

贞观初，使于突厥，说诱之，因以隋萧后及杨正道以归。……岁余，授民部尚书。后从幸洛阳苑射猛兽……寻加光禄大夫，又特令其子善识尚豫章公主。俭在官每盛修肴馔，与亲宾纵酒为乐，未尝以职务留意。又尝托盐州刺史张臣合收其私羊，为御史所劾，以旧恩免罪，贬授光禄大夫。永徽初，致仕于家，加特进。"

碑铭所载唐俭官职、爵位，惟"上柱国"为本传所无，可补史传之阙。

侍中柱国固安县开国公臣崔敦礼

崔敦礼，《旧唐书》卷八十一、《新唐书》卷一百六有传。

《旧唐书》卷八十一《列传第三十一·崔敦礼》："崔敦礼，雍州咸阳人，隋礼部尚书仲方孙也。其先本居博陵，世为山东著姓，魏末徙关中。敦礼本名元礼，高祖改名焉。……贞观元年，擢拜中书舍人，迁兵部侍郎，频使突厥。累转灵州都督。二十年，征为兵部尚书。……敦礼深识蕃情，凡所奏请，事多允会。永徽四年，代高季辅为侍中，累封固安县公，仍修国史。"

碑铭所载崔敦礼官职、爵位，惟"柱国"为本传所无，可补史传之阙。

中书令监修国史上骑都尉臣柳奭

柳奭，其事附于《柳亨传》中。

《旧唐书》卷七十七《列传第二十七·柳亨》："亨兄子奭。奭父则，隋左卫骑曹，因使卒于高丽。奭入蕃迎丧柩，哀号逾礼，深为夷人所慕。贞观中，累迁中书舍人。后以外甥女为皇太子妃，擢拜兵部侍郎。妃为皇后，奭又迁中书侍郎。永徽三年，代褚遂良为中书令，仍监修国史。"《新唐书》卷一百一十二《柳亨传》所载柳奭事，与《旧唐书》卷七十七《柳亨传》所载基本相同。

碑铭所载柳奭官职，惟"上骑都尉"为本传所无，可补史传之阙。

银青光禄大夫行黄门侍郎护军颍川县开国公臣韩瑗

韩瑗,《旧唐书》卷八十、《新唐书》卷一百五有传。

《旧唐书》卷八十《列传第三十·韩瑗》:"韩瑗,雍州三原人。祖绍,隋太仆少卿。父仲良,武德初为大理少卿,受诏与郎楚之等掌定律令。……于是采定《开皇律》行之,时以为便。贞观中,位至刑部尚书、秦州都督府长史、颍川县公。瑗少有节操,博学有吏才。贞观中,累至兵部侍郎,袭父颍川公。永徽三年,拜黄门侍郎。四年,与中书侍郎来济皆同中书门下三品,监修国史。五年,加银青光禄大夫。六年,迁侍中,其年兼太子宾客。"

碑铭所载韩瑗官职、爵位,惟"护军"为本传所无,可补史传之阙。

银青光禄大夫中书侍郎监修国史学士臣来济

来济,《旧唐书》卷八十、《新唐书》卷一百五有传。

《旧唐书》卷八十《列传第三十·来济》:"来济,扬州江都人,隋左翊卫大将军荣国公护子也。宇文化及之难,阖门遇害。济幼逢家难,流离艰险,而笃志好学,有文词,善谈论,尤晓时务。举进士。贞观中累转通事舍人。……俄除考功员外郎。十八年,初置太子司仪郎,妙选人望,遂以济为之,仍兼崇贤馆直学士。寻迁中书舍人,与令狐德棻等撰《晋书》。永徽三年,拜中书侍郎,兼弘文馆学士,监修国史。四年,同中书门下三品。五年,加银青光禄大夫,以修国史功封南阳县男,赐物七百段。六年,迁中书令、检校吏部尚书。"

碑铭所载来济官职,与其本传相合。

左骁卫大将军上柱国陇西郡王臣□□

陇西郡王"□□",应从李唐国姓中寻找,疑为博乂(yì)。

《旧唐书》卷六十《列传第十·宗室》:"陇西王博乂,高祖兄子也。……武德元年受封。高祖时，历宗正卿、礼部尚书，加特进。博乂有妓妾数百人，皆衣罗绮，食必粱肉，朝夕絃歌自娱，骄侈无比。与其弟渤海王奉慈俱为高祖所鄙，帝谓曰：'我怨仇有善，犹擢以不次，况于亲戚而不委任？闻汝等唯昵近小人，好为不轨，先王坟典，不闻习学。今赐绢二百匹，可各买经史习读，务为善事。'咸亨二年薨。"《册府元龟》卷一百六十一《帝王部（一百六十一）·命使》："显庆元年正月，令宗正卿陇西郡王博文（乂）、刑部尚书长孙祥、大理卿段宝玄于畿内诸州巡视百姓，给贷乏绝。"

从文献记载来看，博乂于武德元年被唐高祖封为陇西（郡）王，虽然昵近小人，好为不轨，但还是受重用，历宗正卿、礼部尚书，加特进；又于永徽五年被唐高宗带到万年宫避暑，可谓恩宠有加；显庆元年（656年），唐高宗又重用其堂兄（弟）博乂，派他到畿内诸州巡视百姓。

右骁卫大将军上柱国张掖郡开国公臣契苾何力

契苾何力，《旧唐书》卷一百九、《新唐书》卷一百一十有传。

《旧唐书》卷一百九《列传第五十九·契苾何力》："契苾何力，其先铁勒别部之酋长也。……何力至京，授左领军将军。……太宗乃止。寻令北门宿卫，检校屯营事，敕尚临洮县主。……遂遣兵部侍郎崔敦礼持节入延陀，许降公主，求何力。由是还，拜右骁卫大将军。……显庆二年，迁左骁卫大将军，累封郕国公，兼检校鸿胪卿。"《新唐书》卷一百一十《列传第三十五·契苾何力》："契苾何力……九岁而孤，号大俟利发。贞观六年，与母率众千余诣沙州内属，太宗处其部于甘、凉二州，擢何力左领军将军。……有诏宿卫北门，检校屯营事，尚临洮县主。十四年，为葱山道副大总管，与讨高昌，平之。……即诏兵部侍郎崔敦礼持节许延陀尚主，因求何力，乃得还。授右骁卫大将军。……永徽中……迁左骁卫大将军，封郕国公。"

碑铭所载契苾何力官职、爵位，只有"右骁卫大将军"与其本传相合。

左武卫大将军检校右屯营上柱国薛国公臣阿史那忠

阿史那忠，《旧唐书》卷一百九、《新唐书》卷一百一十有传。清王昶《金石萃编》卷五十八亦收有《阿史那忠碑》（上元二年十月）。

《新唐书》卷一百一十《列传第三十五·阿史那忠》："阿史那忠者，字义节，苏尼失子也。资清谨。以功擢左屯卫将军，尚宗室女定襄县主。始诏姓独著史。居父丧，哀慕过人。会立阿史那思摩为突厥可汗，以忠为左贤王。及出塞，不乐，见使者必泣，请入侍，许焉。封薛国公，擢右骁卫大将军。宿卫四十八年，无纤隙，人比之金日磾。卒，赠镇军大将军，谥曰贞，陪葬昭陵。"

碑铭所载阿史那忠官职、爵位，只有"薛国公"与其本传相合。

左武候大将军检校右屯营上柱国雁门郡开国公臣□达□

"□达□"，待考。

太常卿兼摄岐州刺史上柱国寿陵县开国男臣柳亨

柳亨，《旧唐书》卷七十七、《新唐书》卷一百一十二有传。

《旧唐书》卷七十七《列传第二十七·柳亨》："柳亨，蒲州解人……亨容貌魁伟，高祖甚爱重之，特以殿中监窦诞之女妻焉，即帝之外孙也。三迁左卫中郎将，封寿陵县男。……亨性好射猎，有饕湎之名，此后颇自勖励，杜绝宾客，约身节俭，勤于职事，太宗亦以此称之。二十三年，以修太庙功，加金紫光禄大夫。久之，拜太常卿，从幸万年宫，检校岐州刺史。"

碑铭所载柳亨官职、爵位，惟"上柱国"为本传所无，可补史传之阙。

金紫光禄大夫行卫尉卿上柱国高阳县开国男臣许敬宗

许敬宗，《旧唐书》卷八十二、《新唐书》卷二百二十三有传。

《旧唐书》卷八十二《列传第三十二·许敬宗》："许敬宗，杭州新城人，隋礼部侍郎善心子也。……太宗闻其名，召补秦府学士。贞观八年，累除著作郎，兼修国史，迁中书舍人。十年，文德皇后崩，百官缞绖。率更令欧阳询状貌丑异，众或指之，敬宗见而大笑，为御史所劾，左授洪州都督府司马。累迁给事中，兼修国史。十七年，以修《武德》、《贞观实录》成，封高阳县男，赐物八百段，权检校黄门侍郎。高宗在春宫，迁太子右庶子。……二十一年，加银青光禄大夫。高宗嗣位，代于志宁为礼部尚书。……永徽三年，入为卫尉卿，加弘文馆学士，兼修国史。"

碑铭所载许敬宗官职、爵位，只有"高阳县开国男"、"卫尉卿"与其本传相合。

金紫光禄大夫行宗正卿上护军高都县开国男臣李纬

李纬，《旧唐书》、《新唐书》俱无传。

《资治通鉴》卷一百九十八《唐纪十四·太宗贞观二十一年（647年）》："（六月）癸未，以司农卿李纬为户部尚书。时房玄龄留守京师，有自京师来者，上问：'玄龄何言？'对曰：'玄龄闻李纬拜尚书，但云李纬美髭鬓。'帝遽改除纬洛州刺史。"

唐太宗本欲授司农卿李纬为户部尚书，只是听了房玄龄的话后才改授李纬为洛州刺史，这说明司农卿李纬在唐太宗的心中是有一定地位的。即位不久的高宗，带着其父的重臣李纬到万年宫避暑，是再自然不过的事了。

金紫光禄大夫行殿中监上柱国武强县开国男臣赵元楷

赵元楷，《旧唐书》、《新唐书》俱无传。

《资治通鉴》卷一百八十五《唐纪一·高祖武德元年（618年）》："隋炀帝至江都，荒淫益甚，宫中为百余房，各盛供张，实以美人，日令一房为主人。江都郡丞赵元楷掌供酒馔，帝与萧后及幸姬历就宴饮，酒卮不离口，从姬千余人亦常醉。"《册府元龟》卷六百九十七《牧守部（二十七）·邪佞》："赵元楷性机辩，明于簿领，隋末任上郡东曹掾，以干理见称。炀帝闻其名，遥署历阳郡丞。"

《册府元龟》卷二百六十《储宫部（五）·礼士》："唐隐太子建成在东宫，李纲为太子詹事，礼遇深厚。建成尝往温汤，纲时以疾不从，有进生鱼于建成者，将召饔人作脍，时唐俭、赵元楷在座，各自赞能为脍，建成从之。既而谓曰：'飞刀鲙鲤，调和鼎食，公实有之。至于审谕弼谐，固属于李纲矣。'于是遣使送绢二百疋以遗之。"《册府元龟》卷九百三十八《总录部（一百八十八）·奸佞第二》："赵元楷，武德中为交河道行军大总管。时侯君集为元帅，马病虫颡，元楷以指需其脓而嗅之，以谀君集。为御史所劾，左迁括州刺史。"

《资治通鉴》卷一百九十三《唐纪九·太宗贞观二年（628年）》："壬申，以前司农卿窦静为夏州都督。静在司农，少卿赵元楷善聚敛，静鄙之，对官属大言曰：'隋炀帝奢侈重敛，司农非公不可；今天子节俭爱民，公何所用哉！'元楷大惭。"《册府元龟》卷六百九十七《牧守部（二十七）·邪佞》："唐赵元楷，太宗时为蒲州刺史。贞观十二年，驾幸其境，元楷课父老服黄纱单衣，迎谒路左。盛饰廨宇，修营楼雉，欲以求媚。又潜饲羊百口、鱼数千头，将馈贵戚。帝知而数之曰：'朕巡省河洛，经历数州，凡有所须，皆资官物。卿饲羊养鱼，雕饰院宇，此乃亡隋弊俗，不可复行。当识朕心，改卿旧态。'"

从文献记载来看，赵元楷在隋末曾做过江都郡丞、上郡东曹掾，有奸佞之目；高祖武德年间，除在建成的东宫任职外，还做过交河道行军大总管、括州刺史；太宗贞观年间，曾做过司农少卿、蒲州刺史，以善聚敛和钻营求媚为能事，受到太宗皇帝的批评。赵元楷的钻营求媚在太宗那里虽受到了批评，但高宗皇帝却不介意，因而到万年宫避暑时带上赵元楷，也就不难理解了，至于碑铭中赵元楷的官职不见于文献记载，可能是高宗于永徽年间新授的。

銀青光禄大夫守兵部尚書上輕車都尉臣唐臨

唐臨，《舊唐書》卷八十五、《新唐書》卷一百一十三有傳。

《舊唐書》卷八十五《列傳第三十五·唐臨》："唐臨，京兆長安人，周內史瑾孫也。……臨少與兄皎俱有令名。武德初，隱太子總兵東征，臨詣軍獻平王世充之策，太子引直典書坊，尋授右衛率府鎧曹參軍。宮殿廢，出為萬泉丞。……再遷侍御史，奉使嶺外，按交州刺史李道彥等申叩冤系三千餘人。累轉黃門侍郎，加銀青光禄大夫。……高宗即位，檢校禮部侍郎。其年，遷大理卿。……永徽元年，為御史大夫。明年……尋遷刑部尚書，加金紫光禄大夫，復歷兵部、度支、禮部三尚書。顯慶四年，坐事貶為潮州刺史，卒官，年六十。"

碑銘所載唐臨官職，惟"上輕車都尉"為本傳所無，可補史傳之闕。

秘書監駙馬都尉柱國臣長孫沖

長孫沖，長孫無忌之子，尚太宗女長樂公主。

《舊唐書》卷六十五《列傳第十五·長孫無忌》："帝竟不親問無忌謀反所由，惟聽敬宗誣構之說，遂去其官爵，流黔州，仍遣使發次州府兵援送至流所。其子秘書監、駙馬都尉沖等並除名，流於嶺外。"《新唐書》卷八十三《列傳第八·諸帝公主·太宗二十一女》："長樂公主，下嫁長孫沖。"

碑銘所載長孫沖官職，惟"柱國"為本傳所無，可補史傳之闕。

金紫光禄大夫行司農卿宋城縣開國伯臣蕭欽

蕭欽，《舊唐書》、《新唐書》俱無傳，待考。

太仆卿上柱國平武縣開國男臣張大師

張大師，其事附於其弟《張儉傳》中。

334

《资治通鉴》卷一百九十六《唐纪十二·太宗贞观十五年（641年）》："西突厥沙钵罗叶护可汗数遣使入贡。秋，七月，甲戌，命左领军将军张大师持节即其所号立为可汗，赐以鼓纛。"《册府元龟》卷九百六十四《外臣部（九）·封册第二》："（贞观十五年）七月，命左领军将军张大师持节立西突厥弩失毕贺咄叶护为乙毗沙钵罗叶护可汗，赐以鼓、纛。"

《旧唐书》卷八十三《列传第三十三·张俭》："张俭，雍州新丰人……俭兄大师，累以军功仕至太仆卿、华州刺史、武功县男。"《新唐书》卷一百一十一《张俭传》所载与《旧唐书》卷八十三《张俭传》所载基本相同。

碑铭所载张大师官职、爵位，只有"太仆卿"与其本传相合。

左卫将军兼太子左卫率上柱国鹊国公臣郭广敬

郭广敬，《旧唐书》、《新唐书》俱无传。

《册府元龟》卷九百三十三《总录部（一百八十三）·诬构第二》："许敬宗永徽中为礼部尚书，上官仪为西台侍郎，同东西二台三品。……简州刺史薛元超及姑河东夫人坐与仪交通，元超长流巂（xī）州，薛氏削邑号，幽于静安宫。右相刘祥道为司礼太常伯，鹊国公郭广敬为隰州刺史，详刑正卿尔朱仪深为沁州刺史，司宰正卿窦斌解职事，授银青光禄大夫，以散官依前陇右检校并坐，与仪交游故也。"

从文献记载来看，鹊国公郭广敬之所以被贬为隰州刺史，是因为与上官仪交游的缘故。碑铭所载郭广敬官职、爵位，只有"鹊国公"与相关文献相合。

右卫将军检校右屯营上柱国蠡吾县开国公臣豆卢承基

豆卢承基，《旧唐书》、《新唐书》俱无传，待考。

左武卫将军兼太子右卫率上柱国永富县开国公臣窦智纯

窦智纯，《旧唐书》、《新唐书》俱无传，待考。

左武卫将军上护军臣史元施

史元施，《旧唐书》、《新唐书》俱无传，待考。

御史大夫柱国清丘县开国公臣崔义玄

崔义玄，《旧唐书》卷七十七、《新唐书》卷一百九有传。

《旧唐书》卷七十七《列传第二十七·崔义玄》："崔义玄，贝州武城人也。大业末，往依李密，初不见用。……君汉然之，即与义玄归国。拜怀州总管府司马。世充遣将高毗侵掠河内，义玄击败之，多下城堡。君汉将分子女金帛与之，义玄皆拒而不受，以功封清丘县公。后从太宗讨王世充，屡献筹策，太宗颇纳用之。东都平，转隰州都督府长史。贞观初，历左司郎中，兼韩王府长史，行州府事。……永徽初，累迁婺州刺史。属睦州女子陈硕真举兵反，遣其党童文宝领徒四千人掩袭婺州，义玄将督军拒战。……进兵至睦州界，归降万计。及硕真平，义玄以功拜御史大夫。"

碑铭所载崔义玄官职、爵位，惟"柱国"为本传所无，可补史传之阙。

右武卫将军行寰州刺史上柱国□□郡开国公臣冯□翙

冯□翙（huì），应为冯士翙，《旧唐书》、《新唐书》俱无传。

《册府元龟》卷三百九十七《将帅部（五十八）·怀抚》："刘感，为广州总管。武德六年，岗州刺史冯士翙以新会反，感讨降之，复其位。"《册府元龟》卷九百八十六《外臣部（三十一）·征讨第五》："（显庆）五年三月，以左武卫大将军苏定方为神丘道行军大总管，率左骁卫将军刘伯英、右武卫将军冯士翙、左骁卫将军庞孝泰等，并发新罗之众，以讨百济。百济恃高丽之援，屡侵新罗故也。"《资治通鉴》卷二百一《唐纪十七·高宗龙朔三年（663年）》："五月，壬午，柳州蛮酋吴君解反；遣冀州长史刘伯英、右武卫将军冯士翙发岭南兵讨之。"

武德年间任岗州刺史的冯士翙，最迟到永徽五年（654年）已被授右武卫将军，因而于显庆五年（660年）讨百济，于龙朔三年（663年）讨柳州蛮，也就是顺理成章的事了。碑铭所载冯士翙官职、爵位，只有"右武卫将军"与相关文献相合。

左领军将军上柱国汶川县开国男臣赵孝祖

赵孝祖，《旧唐书》、《新唐书》俱无传。

《资治通鉴》卷一百九十九《唐纪十五·高宗永徽二年（651年）》："（八月）己卯，郎州白水蛮反，寇麻州，遣左领军将军赵孝祖等发兵讨之。"《新唐书》卷三《本纪第三·高宗》："（永徽二年八月）己卯，白水蛮寇边，左领军将军赵孝祖为郎州道行军总管以伐之。……十一月……赵孝祖及白水蛮战于罗仵候山，败之。……（永徽三年）四月庚寅，赵孝祖及白水蛮战，败之。"《旧唐书》卷四《本纪第四·高宗上》："（永徽二年十一月）白水蛮寇麻州，命左领军将军赵孝祖讨平之。……（三年）夏四月庚寅，左领军将军赵孝祖大破白水蛮大勃律。"

《资治通鉴》卷一百九十九《唐纪十五·高宗永徽二年（651年）》："冬，十有一月……郎州道总管赵孝祖讨白水蛮，蛮酋秃磨蒲及俭弥于帅众据险拒战，孝祖皆击斩之。会大雪，蛮饥冻，死亡略尽。孝祖奏言：'贞观中讨昆州乌蛮，始开青蛉、弄栋为州县。弄栋之西有小勃弄、大勃弄二川，恒扇诱弄栋，欲使之反。其勃弄以西与黄瓜、叶榆、西洱河相接，人众殷实，多于蜀川，无大酋长，好结雠怨，今因破白水之兵，请随便西讨，抚而安之。'敕许之。"《资治通鉴》卷一百九十九《唐纪十五·高宗永徽三年（652年）》："夏，四月，赵孝祖大破西南蛮，斩小勃弄酋长殁盛，擒大勃弄酋长杨承颠。自余皆屯聚保险，大者有众数万，小者数千人，孝祖皆破降之，西南蛮遂定。"

《册府元龟》卷九百八十六《外臣部（三十一）·征讨第五》：

"（永徽）二年八月，郎州白水蛮反叛，寇麻州之界江镇，遣左领军赵孝祖为朗州道总管，与朗州都督任怀玉率兵讨之。十一月，赵孝祖讨白水蛮，至罗仵候山。蛮帅秃磨蒲、大鬼主都干等率诸部万余人守菁口以拒官军。孝祖与战，大破之，追至周进水。贼帅俭弥干及鬼主董朴等，精兵六千据水为寨，依山结阵，遣轻骑数百来逆官军。孝祖率兵击之。俭弥干苦战，自辰至酉，贼众大败。临阵斩弥干、秃磨蒲及大鬼之首领十余人。贼又阻大雪，饥冻死者略尽。孝祖又奏言：'贞观中讨昆州乌蛮，始开青蛉、弄栋为州县。弄栋之西有小勃弄。二州常扇动弄栋，欲令反叛。其勃弄以西，与黄瓜、叶榆、西洱河相接，人众殷实，多于蜀川，无大酋长，好结雠怨。今因破白水之兵，请随便西讨，抚而安之。'诏许之。……（永徽三年）四月，朗州道行军总管赵孝祖大破白水蛮大勃律，西南夷遂定。"《册府元龟》卷三百五十八《将帅部（十九）·立功第十一》："赵孝祖为朗州道总管。高宗永徽三年，大破白水蛮。其地与青蛉弄栋相接，酋长杨承颠私自署，侵陵邻境。朗州都督任怀玉屡招怀之，承颠不从，攻劫尤数。及孝祖军至，夷人多弃城投险，惟小勃弄酋长师盛守白旗城，率步骑一万逆战，孝祖破之，斩师盛首。进至大勃弄。承颠婴城自固，孝祖遣人招之，承颠大骂，无礼。孝祖进军攻之，临阵获承颠。余众走险，往往屯聚，大者数万，小者数千人，孝祖与战，皆破降之，西南夷遂定。"

碑铭中的左领军将军赵孝祖，就是文献中平定白水蛮、西南蛮的左领军将军赵孝祖，而赵孝祖的"汶川县开国男"，也应是因平定白水蛮、西南蛮的战功受封的。

右领军将军柱国臣李义辩

李义辩，《旧唐书》、《新唐书》俱无传，待考。

左领军将军臣□仁□

这里的"□仁□"，有人疑为"薛仁贵"。《旧唐书》卷八十三

《列传第三十三·薛仁贵》："薛仁贵，绛州龙门人。贞观末，太宗亲征辽东，仁贵谒将军张士贵应募，请从行。……太宗遥望见之，遣驰问先锋白衣者为谁，特引见，赐马两匹、绢四十匹，擢授游击将军、云泉府果毅，仍令北门长上，并赐生口十人。……寻迁右领军郎将，依旧北门长上。永徽五年，高宗幸万年宫，甲夜，山水猥至，冲突玄武门，宿卫者散走。仁贵曰：'安有天子有急，辄敢惧死？'遂登门桄叫呼以惊宫内。高宗遽出乘高，俄而水入寝殿，上使谓仁贵曰：'赖得卿呼，方免沦溺，始知有忠臣也。'于是赐御马一匹。"事过25年，即开耀元年（681年），唐高宗对于薛仁贵在万年宫的救命之恩犹念念不忘："往九成宫遭水，无卿已为鱼矣。"

从文献记载来看，薛仁贵于永徽五年确实到过万年宫，并救过高宗的命，但这里的"□仁□"，不应是薛仁贵，因为碑铭中作为姓的第一字"□"，经辨别为"金"字，这有两种可能：一种可能本身就是"金"字，另一种可能为繁体"劉"字。如果"□仁□"作为姓的第一字"□"为繁体"劉"字，则"□仁□"可能为刘仁轨或刘仁愿，但查阅史籍，刘仁轨、刘仁愿二人均未做过左领军将军。经仔细辨别碑文，"□仁□"作为姓的第一字"□"不仅能确定为"金"字，而且与"仁"字大小一样，这样，"□仁□"中作为姓的第一字"□"便是"金"字无疑了。

《金石萃编》卷五十三《大唐平百济国碑铭》中有"副大总管左领军将军金□□"，拜根兴教授在"《大唐平百济国碑铭》关联问题考释"一文中认为"金□□"就是"金仁问"，他说："行军大总管由唐军将领担任，下设三名副行军大总管，其中之一则由熟悉百济情形的新罗武烈王金春秋派遣在唐的质子金仁问（王子）充当，以便协调唐与新罗对百济的战时关系。"金仁问，《三国史记》卷四十四有传。拜根兴教授在其专著《七世纪中叶唐与新罗关系研究》中指出："金仁问……二十余岁即官至三品'左领军卫将军'；《万年宫碑阴题名》中，金仁问是唯一以藩属国宿卫者身份获得题名的人。"由此可见，碑铭"左领军将军臣□仁□"中的"□仁□"，应为"金仁问"无疑。

左武候将军检校左屯营上柱国神泉县开国男臣权善才

权善才，《旧唐书》、《新唐书》俱无传。

《资治通鉴》卷二百二《唐纪十八·高宗仪凤元年（676 年）》："九月，壬申，大理奏左威卫大将军权善才、左监门中郎将范怀义误斫昭陵柏，罪当除名；上特命杀之。大理丞太原狄仁杰奏：'二人罪不当死。'上曰：'善才等斫陵柏，我不杀则为不孝。'仁杰固执不已，上作色，令出，仁杰曰：'犯颜直谏，自古以为难。臣以为遇桀、纣则难，遇尧、舜则易。今法不至死而陛下特杀之，是法不信于人也，人何所措其手足！……今以一株柏杀二将军，后代谓陛下为何如矣！臣不敢奉诏者，恐陷陛下于不道，且羞见释之于地下故也。'上怒稍解，二人除名，流岭南。后数日，擢仁杰为侍御史。"《册府元龟》卷二百六十一《储宫部（六）·忠谏》："上元三年，左威卫大将军权善才、右监门卫中郎将范怀义并为斫昭陵柏木，高宗将杀之，太子抗疏：'善才等尝预蕃寮，先经驱策，期于矜贷。'帝从之。善才仅免死除名，怀义配流桂州，昭陵令孔祯以不能简察免官。"高宗仪凤元年与上元三年为同一年，即公元 676 年。

《册府元龟》卷六百九十二《牧守部（二十二）·招辑》："崔知温，高宗时为兰州刺史。会有党项三万余帐来寇州城，城内胜兵既少，众大惧，不知所为。知温使开城门延贼，贼恐有伏，不敢进。俄会将军权善才率兵来救，大破党项之众，余首领乞降。欲尽坑之，以绝后患，知温力语其下曰：'古之善战，诛无噍类，祸及后世。且山谷峥嵘，草木幽蔚，万一变生，悔之何及！'善才然其计，又欲分降者五百人以与知温。知温曰：'向论安危之策，乃公事也，岂图私利哉？'固辞不受。党项余众，由是悉皆降附。"

从文献记载来看，高宗时曾击败党项而解兰州围的左威卫大将军权善才，因误斫昭陵柏将被高宗重罚处死，在太子及狄仁杰等大臣的劝解下，才幸免一死。碑铭中的左武候将军权善才，应该就是文献中的左威卫大将军权善才。

　　　　左武候将军上柱国臣赵道兴

　　赵道兴，《旧唐书》卷八十三有传。

　　《旧唐书》卷八十三《列传第三十三·赵道兴》："赵道兴者，甘州酒泉人，隋右武候大将军才之子也。道兴，贞观初历迁左武候中郎将，明闲宿卫，号为称职。太宗尝谓之曰：'卿父为隋武候将军，甚有当官之誉。卿今克传弓冶，可谓不堕家声。'因授右武候将军，赐爵天水县子。"

　　碑铭所载赵道兴官职，"上柱国"为本传所无，可补史传之阙；至于碑铭所载"左武候将军"，显然是高宗在右武候将军的基础上新授的。

　　　　右监门将军上柱国汶山郡公臣仇怀吉

　　仇怀吉，《旧唐书》、《新唐书》俱无传，待考。

　　　　右武候将军上柱国晋阳县开国侯臣王文度

　　王文度，《旧唐书》、《新唐书》俱无传。

　　《册府元龟》卷一百一十七《帝王部（一百一十七）·亲征第二》："（贞观十九年）五月乙巳，张亮亚将程名振拔卑沙城。其城四面悬绝，唯西门有攻之势。名振督军夜袭之，副总管王文度先登，士卒继进，城中溃散，虏其男女八千口，分遣总管丘孝忠、古神感耀兵于鸭渌水。"《册府元龟》卷三百九十六《将帅部（五十七）·勇敢第三》、卷四百二十《将帅部（八十一）·掩袭》，亦有相关记载。

　　《册府元龟》卷九百八十六《外臣部（三十一）·征讨第五》："（永徽六年五月）是月，遣左屯卫大将军程知节为葱山道行军大总管，率左武卫将军舍利叱利、右武卫将军王文度、伊州都督苏海政等，讨西突厥阿史那贺鲁。"《旧唐书》卷八十三《列传第三十三·

苏定方》："苏定方，冀州武邑人也。……永徽中，转左卫勋一府中郎将，从左卫大将军程知节征贺鲁，为前军总管。……副大总管王文度害其功，谓知节曰：'虽云破贼，官军亦有死伤，盖决成败法耳，何为此事？自今正可结为方阵，辎重并纳腹中，四面布队，人马被甲，贼来即战，自保万全。无为轻脱，致有伤损。'又矫称别奉圣旨，以知节恃勇轻敌，使文度为其节制，遂收军不许深入。终日跨马，被甲结阵，由是马多瘦死，士卒疲劳，无有战志。定方谓知节曰：'本来讨贼，今乃自守，马饿兵疲，逢贼即败，怯懦如此，何功可立！又公为大将，阃外之事不许自专，别遣军副专其号令，理必不然。须因絷文度，飞表奏之。'知节不从。至恒笃城，有胡降附，文度又曰：'比我兵回，彼还作贼，不如尽杀，取其资财。'定方曰：'如此自作贼耳，何成伐叛？'文度不从。及分财，唯定方一无所取。师还，文度坐处死，后得除名。"对于王文度嫉贤妒能而压制苏定方并贻误战机的事，《册府元龟》卷四百五十六《将帅部（一百十七）·不和》亦有着类似的记载。

《旧唐书》卷八十四《列传第三十四·刘仁轨》："（显庆）五年，高宗征辽，令仁轨监统水军，以后期坐免，特令以白衣随军自效。时苏定方既平百济，留郎将刘仁愿于百济府城镇守，又以左卫中郎将王文度为熊津都督，安抚其余众。文度济海病卒。"

从文献记载来看，征辽副总管王文度于贞观年间随太宗征高丽时就以勇猛著称；高宗永徽六年（655 年），以右武卫将军兼副总管的王文度随程知节征讨西突厥阿史那贺鲁时，却因压制贤能、贻误战机而被除名；高宗显庆年间，高宗征辽，王文度又以左卫中郎将为熊津都督。碑铭中的右武候将军王文度，应该就是文献中的右武卫将军王文度。

前汾州刺史柱国蕲春县开国伯臣元武荣

元武荣，《旧唐书》、《新唐书》俱无传，待考。

云麾将军上柱国丹阳郡开国公臣李客师

李客师，其事附于其兄《李靖传》中。《金石萃编》卷五十一收有《李靖碑》（显庆三年刻）。

《资治通鉴》卷一百九十一《唐纪七·高祖武德九年（626年）》："癸巳……又以前天策府兵曹参军杜淹为御史大夫……左卫副率侯君集为左卫将军，左虞候段志玄为骁卫将军，副护军薛万彻为右领军将军，右内副率张公谨为右武候将军，右监门率长孙安业为右监门将军，右内副率李客师为领左右军将军。"从上下文来看，右内副率李客师的"领左右军将军"，应是"右领军将军"或"左领军将军"之误。

《旧唐书》卷六十七《列传第十七·李靖》："靖弟客师，贞观中，官至右武卫将军，以战功累封丹阳郡公。永徽初，以年老致仕。性好驰猎……总章中卒，年九十余。"《新唐书》卷九十三《李靖传》所载李客师事，与《旧唐书》卷六十七《李靖传》所载基本相同。

《册府元龟》卷八百五十五《总录部（一百五）·纵逸》："李客师，特进卫国公靖季弟也。少任侠，善骑射，常以驰射为事，不事大业，末为涿郡仓曹书佐。太守崔弘度甚爱狎之，每与之为弋猎丝竹之宾。贞观初，拜右武卫将军，累封丹阳郡公。寻以年老致仕，退居昆明之别业，然而驰射不衰，四时纵禽，无暂休息，京城并南山四至沣水鸟兽皆识之。每出，则鸟鹊之类千万为群，虽逐噪之。时临昆明池，凫雁亦皆散去。郊野号为'鸟贼'。卒时年九十余，赠幽州都督，陪葬昭陵。"

碑铭所载李客师官职、爵位，只有"丹阳郡开国公"与其本传相合。

云麾将军上柱国阳平县开国子臣侯贵昌

侯贵昌，《旧唐书》、《新唐书》俱无传，待考。

兼左卫将军驸马都尉上柱国检校右卫将军通化县开国男臣
贺兰僧伽

贺兰僧伽，《旧唐书》、《新唐书》俱无传。

《新唐书》卷八十三《列传第八·诸帝公主·高祖十九女》：
"房陵公主，始封永嘉。下嫁窦奉节，又嫁贺兰僧伽。"《资治通鉴》
卷一百九十四《唐纪十·太宗贞观六年（632年）》："长乐公主将出
降，上以公主，皇后所生，特爱之，敕有司资送倍于永嘉长公主。"
胡三省注曰："永嘉长公主，高祖女，下嫁窦奉节，又嫁贺兰僧伽。
唐制：皇姑为大长公主，正一品；姐为长公主，女为公主，皆视一
品。"《册府元龟》卷三百《外戚部（一）·选尚》："窦奉节，轨之
子，尚高祖女房陵公主（后降贺兰僧伽，又封房陵）。"

碑铭中载贺兰僧伽为驸马都尉，这与文献中高祖女房陵公主
"又嫁贺兰僧伽"是一致的。

前同州刺史上护军平恩郡开国公臣刘善因

刘善因，《旧唐书》、《新唐书》俱无传，待考。

左监门将军上柱国魏县开国公臣常基

常基，《旧唐书》、《新唐书》俱无传。

《册府元龟》卷八十《帝王部（八十）·庆赐第二》："（永徽）
六年正月壬申，亲谒昭陵，还行宫。诏左监门员外、将军常基在此
宿卫，进爵一等；陵令、陵丞加各一阶，并节级赐物。"

《册府元龟》卷八十四《帝王部（八十四）·赦宥第三》："（永
徽）六年正月壬辰，亲谒昭陵。还行宫，诏曰：'朕躬膺大宝……右
监门员外将军常基在此宿卫，进爵一等；陵令、陵丞各加一阶，并
节级赐物。"

碑铭所载常基官职、爵位，只有"左监门将军"与相关文献
相合。

兼右武候将军柱国长山县开国男臣辛文陵

辛文陵，《旧唐书》、《新唐书》俱无传。

《册府元龟》卷三百九十三《将帅部（五十五）·威名第二》："薛仁贵，高宗显庆中与辛文陵破契丹于黑山。"《资治通鉴》卷二百一《唐纪十七·高宗龙朔三年（663 年）》："上以凉州都督郑仁泰为青海道行军大总管，帅右武卫将军独孤卿云、辛文陵等分屯凉、鄯二州，以备吐蕃。"

《册府元龟》卷四百三十一《将帅部（九十二）·不伐》："唐韦待价为卢龙府果毅将军。时辛文陵率兵招慰高丽。行到突护真水，高丽掩其不备，袭击，败之。待价与中郎将薛仁贵受诏经略东蕃，因率所部救之。文陵苦战，贼渐退，军始获全。待价被重创，流矢中其左足，竟不言其功。"据《旧唐书》卷七十七《列传第二十七·韦挺》、《新唐书》卷九十八《列传第二十八·韦挺》所载韦待价事迹，知上引"卢龙府果毅将军"之"将军"为衍文，其位置应在"辛文陵"之前。

碑铭载辛文陵"兼右武候将军"，授予时间不会晚于永徽五年（654 年）。高宗显庆（656～661 年）中，辛文陵因破契丹威名远播；龙朔三年（663 年），以右武卫将军随青海道行军大总管郑仁泰防御吐蕃；率兵招抚高丽时遭偷袭而被中郎将薛仁贵、卢龙府果毅韦待价所救，苦战军始获全。

中书舍人监修国史弘文馆学士臣李义府

李义府，《旧唐书》卷八十二、《新唐书》卷二百二十三有传。

《旧唐书》卷八十二《列传第三十二·李义府》："李义府，瀛州饶阳人也。……贞观八年，剑南道巡察大使李大亮以义府善属文，表荐之。对策擢第，补门下省典仪。黄门侍郎刘洎、持书御史马周皆称荐之，寻除监察御史。又敕义府以本官兼侍晋王。及昇春秋，除太子舍人，加崇贤馆直学士，与太子司议郎来济俱以文翰见知，时称来、李。……高宗嗣位，迁中书舍人。永徽二年，兼修国史，加弘文馆学士。高宗将立武昭仪为皇后，义府尝密申协赞，寻擢拜中书侍郎、同中书门下三品，监修国史，赐爵广平县男。"

碑铭所载李义府官职，与其本传相合。

朝议大夫守中书舍人汾阴县开国男弘文馆学士兼修国史臣薛元超

薛元超，其事附于其父《薛收传》中。清王昶《金石萃编》卷五十一收有《薛收碑》（永徽六年），《全唐文补遗》第一辑（三秦出版社1994年5月）录有《大唐故中书令兼检校太子左庶子户部尚书汾阴男赠光禄大夫使持节都督秦成武渭四州诸军事秦州刺史薛公（元超）墓志铭并序》。

《旧唐书》卷七十三《列传第二十三·薛收》："收子元超。元超早孤，九岁袭爵汾阴男。及长，好学善属文。太宗甚重之，令尚巢剌王女和静县主，累授太子舍人，预撰《晋书》。高宗即位，擢拜给事中，时年二十六。……俄转中书舍人，加弘文馆学士，兼修国事。"《新唐书》卷九十八《薛收传》所载薛元超事，与《旧唐书》卷七十三《薛收传》所载基本相同。

碑铭所载薛元超官职、爵位，惟"朝议大夫"为本传所无，可补史传之阙。

太子洗马学士臣上官仪

上官仪，《旧唐书》卷八十、《新唐书》卷一百五有传。

《旧唐书》卷八十《列传第三十·上官仪》："上官仪，本陕州陕人也。父弘，隋江都宫副监，因家于江都。大业末，弘为将军陈棱所杀，仪时幼，藏匿获免。因私度为沙门，游情释典，尤精《三论》，兼涉猎经史，善属文。贞观初，杨仁恭为都督，深礼待之。举进士。太宗闻其名，召授弘文馆直学士，累迁秘书郎。时太宗雅好

346

属文，每遣仪视草，又多令继和，凡有宴集，仪尝预焉。俄又预撰《晋书》成，转起居郎，加级赐帛。高宗嗣位，迁秘书少监。龙朔三年，加银青光禄大夫、西台侍郎、同东西台三品，兼弘文馆学士如故。"

　　碑铭所载上官仪官职，与其本传不同。

［1］（清）王昶：《金石萃编》，西安：陕西人民美术出版社，1990 年 12 月第 1 版。

［2］（后晋）刘昫等：《旧唐书》，北京：中华书局，1975 年 5 月第 1 版。

［3］（宋）欧阳修、宋祁：《新唐书》，北京：中华书局，1975 年 2 月第 1 版。

［4］（宋）司马光编著：《资治通鉴》，北京：中华书局，1956 年 6 月第 1 版。

［5］（宋）王钦若等编纂：《册府元龟》，周勋初等校订，南京：凤凰出版传媒集团、凤凰出版社，2006 年 12 月第 1 版。

［6］拜根兴：《大唐平百济国碑铭》关联问题考释，杜文玉主编：《唐史论丛》第八辑，西安：三秦出版社，2006 年 1 月第 1 版，第 133～150 页。

［7］拜根兴：《七世纪中叶唐与新罗关系研究》，北京：中国社会科学出版社，2003 年 5 月第 1 版，第 190 页。

　　（原文载《陕西历史博物馆馆刊》第 18 辑，西安：陕西出版集团、三秦出版社，2011 年 11 月版）

第五篇　中国古代史研究

周代的诸侯国史官与国史

一　周代诸侯国史官的名目、职责及地位

早在夏商时代，我国已经设置有史官。夏朝有太史令终古，商朝有内史向挚[1]，并且甲骨文中既有"史"字，作"**𝓈**"，又有以"史"字为官名者，如大史（《甲》3536）、小史（《南明》2718）、西史（《合集》5637正）、东史（《合集》5635甲、乙）[2]等。说明我国史官的设置，最早可以上溯到夏朝，最晚不会迟于商代。古代史官的职责，不外乎两个方面，一是起文书草，一是专掌管文书[3]。

到了周代，史官的分工日益精细。周王室史官有大史、小史、内史、外史、御史以及左史、右史等名，前五者的职责是"大史掌建邦之六典……小史掌邦国之志，奠系世，辨昭穆……内史掌王之八枋之法，以诏王治……外史掌书外令，掌四方之志，掌三皇五帝之书……御史掌邦国都鄙及万民之治令，以赞冢宰。"[4]后二者的职责是"动则左史书之，言则右史书之"[5]。而金毓黻先生认为：

---

[1]　《吕氏春秋·先识览》。

[2]　孙淼：《夏商史稿》，北京：文物出版社，1987年12月第1版，第560页。

[3]　金毓黻：《中国史学史》，《民国丛书》第一编第72册，上海：上海书店，1989年10月，第3页。

[4]　《周礼·春官》。

[5]　《礼记·玉藻》。

"周代之左史右史，即为周礼之内史大史"〔6〕。此外，周王室还有守藏史、史等史官。前者的职责是主柱下方书，道家的老聃，就曾担任过这种职务；后者是一个笼统的称呼，具体说，或为外史，或外小史，或外御史，只是因为官秩卑微，才不分别〔7〕。这样一来，周王室的史官可以概括为大史、内史、左史、右史、史（包括小史、外史、御史）、守藏史等。

不仅周王室设置有史官，其诸侯国也不例外，并且称呼基本上不超越王室史官的巢窠。各诸侯国设置的史官，大致有大史、内史、外史、左史、御史、史、董史、传史、侍史等。这些史官的职责，前六者与王室史官基本相同，现只说说后三者。《左传·昭公十五年》载周襄王询问籍谈的话说："且昔而高祖孙伯黡，司晋之典籍，以为大政，故曰籍氏。及辛有之二子董之，晋于是乎有董史，女司典之后也，何故忘之？"从这里可以看出，董史与守藏史一样，皆由于董守典籍而得名。金毓黻先生说："而传史侍史则下比于周官之诸史，更不得与外史小史御史比伦矣。"〔8〕说明传史侍史的官职，比外史小史御史还要低微，其职责也就可想而知了。王国维先生说："史为掌书之官，自古为要职。殷商以前，其官之尊卑虽不可知，然大小官名及职事之名，多由史出，则史之位尊地要可知矣。"〔9〕

周代史官的地位较高，这与其职业有着密不可分的关系。《礼记·王制》载："凡执技以事上者，祝、史、射、御、医、卜及百工。凡执技以事上者，不贰事，不移官，出乡不与士齿。"史与祝、射、御、医、卜及百工都是"执技以事上者"，他不仅做"君举必

---

〔6〕　金毓黻：《中国史学史》，《民国丛书》第一编第 72 册，上海：上海书店，1989 年 10 月，第 19 页。

〔7〕　金毓黻：《中国史学史》，《民国丛书》第一编第 72 册，上海：上海书店，1989 年 10 月，第 15 页。

〔8〕　金毓黻：《中国史学史》，《民国丛书》第一编第 72 册，上海：上海书店，1989 年 10 月，第 15 页。

〔9〕　王国维：《观堂集林》卷六"释史"，北京：中华书局：1959 年 6 月第 1 版，第 269 页。

书"[10] 的工作，而且也"掌官书以赞治"[11]，充当周天子、诸侯以及卿大夫的高等顾问，且职业为世袭，因而出得乡去，也不与比庶民地位高的士人为伍，尽管士人的地位与他们中的一些相仿佛。这一方面是他们的主人为防止泄漏机密而人为的限制，另一方面也反映了他们地位的不一般。

二　周代诸侯国国史的撰写

周代，学统于王官。各诸侯国之史，完全由其史官撰写，且有一定成法，正如金毓黻先生所说："杜预所称大事书于策，小事简牍而已，亦诸侯修史之成法也。"[12] 他又说："大抵列国之制。大史之官，在所必设，……"[13] 黄云眉先生也说："《周礼》五史，可信者惟大史内史；《礼记》二史，可信者惟左史。天子有大史内史左史等，诸侯皆有大史而不皆有内史左史。"[14] 既然周代各诸侯国皆有大史，而国史的撰写又是由大史来担任的，那么周代有多少个诸侯国，则此时至少有多少种国史。梁启超先生说："吾曾欲研究春秋以前部落分立之情状，乃从《左传》、《国语》中取其所述已亡之国汇而录之，得六十余；又从《逸周书》搜录，得三十余；又从《汉书·地理志》、《水经注》搜录，得七十余；又从金文款识中搜录，得九十余；其他散见各书者尚三、四十。除去重复，其夏商周古国名之可考者，犹将三百国；而大河以南，江淮以北，殆居三之二。"[15] 依据

---

[10]　《左传·庄公二十三年》。

[11]　《周礼·天官冢宰·宰夫》。

[12]　金毓黻：《中国史学史》，《民国丛书》第一编第 72 册，上海：上海书店，1989 年 10 月，第 33 页。

[13]　金毓黻：《中国史学史》，《民国丛书》第一编第 72 册，上海：上海书店，1989 年 10 月，第 15 页。

[14]　黄云眉：《史学杂稿订存》，济南：齐鲁书社，1980 年 4 月新 1 版，第 287 页。

[15]　梁启超：《中国历史研究法》，上海：上海古籍出版社，1987 年 9 月第 1 版，第 69 页。

梁先生的统计，我们知道夏商周三代见于史籍的约有三百个诸侯国，其中大多数分布在文化相对发达的中原地区。这就是说，夏商周三代至少有三百种国史，以一种国史一篇计，犹有三百篇之多。这些诸侯国的国史，其体裁一为编年体，多称为"春秋"。孟子说："晋之《乘》，楚之《梼杌》，鲁之《春秋》，一也。"[16]换句话说，晋国的《乘》与楚国的《梼杌》和鲁国的《春秋》一样，都是诸侯国国史的名称，且体裁皆为编年体，虽然它们的名称各异。墨子说："著在周之《春秋》……著在燕之《春秋》……著在宋之《春秋》……著在齐之《春秋》。"[17]又说："吾见百国《春秋》"[18]，而孔子修《春秋》时，曾使子夏等十四人求周史记，得百二十国宝书[19]。这百二十国宝书，大概就是墨子所见到的百国《春秋》。另一种体裁名"书"。姚名达先生说："惟大史所书者为国家之大事，故其书则以'书'为名而冠以国号。"[20]如《虞书》、《夏书》、《商书》、《殷书》、《周书》、《郑书》、《楚书》等[21]即是。周朝之史有《春秋》、《周书》，楚国之史有《楚书》、《梼杌》，由此推断，三代各诸侯国之史的体裁，绝不仅仅限于一种。如果按一个诸侯国有两种体裁的国史计，三代保存至战国时期的国史，犹有六百种六百篇之多。

三　周代各诸侯国国史的收藏与保管

周王朝时，典籍的保管不仅设有专人，而且其职业是世袭的。

---

[16]　《孟子·离娄下》。

[17]　《墨子·明鬼》。

[18]　（唐）魏征等：《隋书》卷四十三《李德林传》引，北京：中华书局，1973年8月第1版，第1197页。

[19]　公羊隐元年疏引戴宏春秋解疑论，程千帆：《史通笺记·内篇·六家第一》，北京：中华书局，1980年11月第1版，第12页。

[20]　姚名达：《中国目录学史》，上海：上海书店，1984年6月第1版，第29页。

[21]　姚名达：《中国目录学史》，上海：上海书店，1984年6月第1版，第30页。

《史记·太史公自序》说："司马氏世典周史，惠襄之间，司马氏去周适晋。"不仅文献典籍中有史官世袭的例子，铜器铭文中也有。1976 年 12 月扶风县庄白村发现了一处青铜器窖藏，在众多的器物中，最引人注目的是一件铜盘。因作器者是一个名叫"墙"的史官，所以人们称它为史墙盘。史墙盘的铭文有"霎（越）武王即戈（斩）殷，微史刺祖乃来见武王"。说明史墙的列祖为"微史"，是商朝遗民，他在周武王灭商以后，派其子来见周武王，表示愿意归顺投降。作为微氏家族的成员，史墙的史官职务，无疑是从其先祖那儿继承下来的。可见微氏家族世代为周王室史官。周王室的史官为世袭，其诸侯国的也不例外。《春秋传》载：齐崔杼弑庄公，太史书曰："崔杼弑其君。"崔子杀之，其弟嗣书，死者二人，其弟又书，乃舍之。南史闻大史尽死，执简以往，闻既书矣，乃还。李宗侗先生概括得好，他说："古代王国典册皆掌于王官；列国者掌于列国之官吏；下至大夫，其家族的典册亦为其族所私有。"[22]诸侯国的国史，作为典籍的一种，当然掌于诸侯国的史官，但是，周王室的史官也同样有。金毓黻先生说："夷考春秋以往，诸侯皆有国史，外史所掌四方之志，即为列国之史。"[23]不仅如此，国史既有正本，又有副本，且都有专有名词来称呼。金毓黻先生又说："周制以档案正本之中，藏之天府，而大史内史司会及六官诸司受其贰而分藏之，此即保存档案之法也。愚谓中之得名，盖对贰而言也。登于天府，等于中秘，外人无故不得而窥，故以中名之，此档案之正本也。副本对中而言，对曰贰，凡中与贰，皆为档案之专名……"[24]

典籍不仅设专人来保管，而且其收藏也有固定的场所。笼统地

---

〔22〕 李宗侗：《中国史学史》，北京：中国友谊出版公司，1984 年 10 月第 1 版，第 5 页。

〔23〕 金毓黻：《中国史学史》，《民国丛书》第一编第 72 册，上海：上海书店，1989 年 10 月，第 33 页。

〔24〕 金毓黻：《中国史学史》，《民国丛书》第一编第 72 册，上海：上海书店，1989 年 10 月，第 7 页。

说，称为府；具体地说，则称为盟府、周府、公府、故府等。《左传·僖公五年》载："虢仲、虢叔……为文王卿士，勋在王室，藏于盟府。"《左传·定公四年》载：蔡卫争先，卫子鱼说："晋文公为践土之盟，卫……犹先蔡，其载书云：'王若曰晋重、鲁申、卫武、蔡甲午、郑捷、齐潘、宋王臣、莒期，'藏在周府，可覆视也。"《左传·定公元年》载晋士弥牟不能解薛宋之纷，因"薛征于人，宋征于鬼，"便不得不征诸典籍，说："晋之从政者新，子姑受功归，吾视诸故府。"《左传·昭公四年》载杜洩反对不用卿礼葬叔孙的话云："书在公府而弗以，是废三官也。"从这些例子可以看出，盟府、周府是周王室的藏书之所，而故府、公府是诸侯的藏书之所。

尽管典籍的收藏保管既有固定的场所，又有专门的官员，但诸如火灾、水灾、虫灾、霉灾等自然灾害仍是在所难免的。这里仅举火灾一例说明之。鲁哀公三年"夏五月辛卯，司铎火，火逾公宫，桓僖灾，救火者皆曰：'顾府。'南宫敬叔至，命周人出御书。……子服景伯至，命宰人出礼书。……季桓子至，……命藏象魏，曰：'旧章不可亡也。'"[25]救火的人都喊"顾府"，说明当时对典籍是何等的重视，但同时也道出了典籍过于集中，一旦遇上了灾害，则其损失也是很大的。金毓黻先生引章太炎的话说："……百国春秋之志，后散乱不循凡例，又亦藏之政府，不下庶人，国亡则人与事偕绝。"[26]

自然灾害固然是典籍的不幸，而统治阶级人为的毁灭，则是典籍的大不幸！自春秋战国以来，各诸侯国人为毁灭典籍的现象时有发生，而且愈演愈烈。《孟子·万章下》载："北宫锜问曰：'周室班爵禄也，如之何？'孟子曰：'其详不可得而闻也，诸侯恶其害己也，而皆去其籍。'"司马彪《续汉书·舆服志序》也载："降及战

〔25〕《左传·哀公三年》。

〔26〕金毓黻：《中国史学史》，《民国丛书》第一编第72册，上海：上海书店，1989年10月，第26页。

国，奢僭益炽，削灭礼籍，盖恶有害己之语。"分析诸侯人为毁灭典籍的原因，主要是他们想僭越，而典籍中的条条框框又束缚了他们的手脚，他们也就不得不人为毁灭典籍了。所以自春秋时期起，文献典籍就比较缺乏，正如《论语·八佾》篇所载："子曰：夏礼，吾能言之，杞不足征也；殷礼，吾能言之，宋不足征也。文献不足故也。足，则吾能征之矣。"

秦始皇统一天下后，为了统一思想，采取了大规模的人为毁灭典籍的措施，而且比起前代来，有过之而无不及。《史记》卷六《秦始皇本纪》载："史官非秦记皆烧之。非博士官所职，天下敢有藏《诗》、《书》、百家语者，悉诣守、尉杂烧之……所不去者，医药卜筮种树之书。若欲有学法令，以吏为师。"这次焚毁典籍，主要包括《诗》、《书》、百家语和《秦记》以外的诸侯史记，而尤以史记所受损失最大。诸侯国的国史，当然也在劫难逃。正如《史记》卷十五《六国年表》所载："秦既得意，烧天下《诗》《书》，诸侯史记尤甚，为其有所刺讥也。《诗》《书》所以复见者，多藏人家。而史记独藏周室，以故灭。"这里需要指出，史记"以故灭"的原因并不只是"史记独藏周室"，还因为秦灭了六国以后，把六国的史记以及被六国所灭之国的史记都聚集到了秦都咸阳，这样才有了随心所欲焚灭史记的条件。经此大难后，虽经西汉高祖、武帝、成帝对图书的三次大规模搜集与整理，典籍终未能恢复到秦火以前的原貌，史籍当然也不例外，而诸侯国的国史，从此更是销声匿迹了。

（原文载陕西历史博物馆编：《西周史论文集》下，西安：陕西人民教育出版社，1993 年 6 月第 1 版）

略论金世宗对于官吏贪赃枉法的预防
与惩罚*

金世宗完颜雍（1123～1189），女真名乌禄，为金朝五世皇帝，在位 29 年，年号大定（1161～1189 年）。他是金太祖完颜阿骨打的孙子，三太子完颜宗辅的儿子。在金朝的 9 位皇帝中，他是有作为的一位皇帝。他执政期间，治国有方，生活节俭，勤于政事，体恤民情，因而大定一朝的吏治较为清明，出现了盛世景象[1]，史家称赞他是"躬节俭，崇孝弟，信赏罚，重农桑，慎守令之选，严廉察之责"[2]，号称"小尧舜"。

金世宗在位期间，为了防止官吏贪赃枉法，采取了预防与惩罚相结合的治理措施。下文就从这两个方面加以阐述：

一　预防官吏贪赃枉法的措施

1. 崇俭倡廉，皇帝以身作则

金世宗在位期间，崇尚节俭，以身作则，表现在膳食、御服、帐幕装饰等方面。大定十三年（1173 年）三月，太子詹事刘仲诲请求增加东宫牧人及张设，世宗却说："东宫诸司局人自有常数，张设

---

　*　本文与周五龙合作。
〔1〕刘肃勇：《金世宗传》前言，西安：三秦出版社，1987 年 2 月第 1 版。
〔2〕《金史》卷八《本纪第八·世宗下》赞曰，第 203 页。

已具，尚何增益。太子生于富贵，易入于侈，惟当导以淳俭。朕自即位以来，服御器物，往往仍旧，卿以此意谕之。"[3]大定十四年（1174 年）十一月戊戌，世宗召尚食局使，谕之曰："太官之食，皆民脂膏。日用品味太多，不可遍举，徒为虚费。自今止进可口者数品而已。"[4]大定十六年（1176 年）三月戊午，世宗御广仁殿，皇太子、亲王皆侍膳，他又从容训之曰："大凡资用当务节省，如其有余，可周亲戚，勿妄费也。"因举所御服曰："此服已三年未尝更换，尚尔完好，汝等宜识之。"[5]大定二十年（1180 年）四月乙巳，世宗对宰臣说："女直官多谓朕食用太俭，朕谓不然。夫一食多费，岂为美事。况朕年高，不欲屠宰物命。贵为天子，能自节约，亦不恶也。朕服御或旧，常使浣濯，至于破碎，方始更易。向时帐幕常用涂金为饰，今则不尔，但令足用，何必事纷华也。"[6]这里的"女直"本为女真，因其曾属于辽而避辽主耶律宗真讳，改为"女直"。大定二十五年（1185 年）四月庚辰，宗室戚属奉辞，世宗说："太平岁久，国无征徭，汝等皆奢纵，往往贫乏，朕甚怜之。当务俭约，无忘祖先艰难。"[7]大定二十六年十二月丁亥，世宗对宰臣说："朕年来惟以省约为务，常膳止四五味，已厌饫之，比初即位十减其八。"宰臣回答说："天子自有制，不同余人。"世宗说："天子亦人耳，枉费安用。"[8]大定二十七年三月，世宗对大臣说："国初风俗淳俭，居家惟衣布衣，非大会宾客，未尝辄烹羊豕。朕尝念当时节俭之风，不欲妄费，凡宫中之官与赐之食者，皆有常数。"[9]以上记载充分说明，金世宗不仅要求皇太子、宗室戚属生活节俭，而且自

---

[3]《金史》卷七《本纪第七·世宗中》，第 159 页。

[4]《金史》卷七《本纪第七·世宗中》，第 162 页。

[5]《金史》卷七《本纪第七·世宗中》，第 164 页。

[6]《金史》卷七《本纪第七·世宗中》，第 175 页。

[7]《金史》卷八《本纪第八·世宗下》，第 189 页。

[8]《金史》卷八《本纪第八·世宗下》，第 196 页。

[9]《金史》卷八《本纪第八·世宗下》，第 198 页。

己自始至终以身作则，起到了模范带头的作用。

金世宗之所以崇尚节俭，是因为皇帝、王公贵族和各级官吏所用的一切东西都是老百姓用血汗换来的，因而崇尚节俭也就是体恤民力，而体恤民力，国家才能长治久安，正如金世宗本人所说："朕常日御膳亦从减省，尝有一公主至，至无余膳可与，当直官皆目睹之。若欲丰腆，虽日用五十羊亦不难矣，然皆民之脂膏，不忍为也。监临官惟知利己，不知其利自何而来。朕尝历外任，稔知民间之事，想前代之君，虽享富贵，不知稼穑艰难者甚多，其失天下，皆由此也。"[10]

既然崇尚节俭也就是体恤民力，而体恤民力国家才能长治久安，那么，任用什么样的官吏能够达到这种目的呢？答案只有一个，那就是任用廉吏，提倡官吏廉洁奉公。为此，金世宗整顿吏治，大胆任用廉吏。如大定八年（1168 年）七月戊辰，世宗对平章政事完颜思敬等人说："朕思得贤士，寤寐不忘。自今朝臣出外，即令体访外任职官廉能者，及草莱之士可以助治者，具姓名以闻。"[11]大定二十年（1180 年）十一月乙亥，世宗谕宰臣曰："郡守选人，资考虽未及，廉能者则升用之，以励其余。"[12]大定二十七年（1187 年）二月，世宗对宰执说："朕闻宝坻尉蒙括特末也清廉，其为政何如？"左丞翰特剌回答说："其部民亦称誉之，然不知所称何事。"世宗说："凡为官但得清廉亦可矣，安得全才之人。可进官一阶，升为令。"[13]金世宗之所以把宝坻尉蒙括特末也擢升为县令，正是由于他为官清廉的缘故！金世宗大胆地任用廉吏，必然要对官吏的贪赃枉法进行预防和惩罚。

2. 在告诫官吏勿贪的基础上，制定"职官犯赃同职相纠察法"

大定八年（1168 年）十月己丑朔，世宗"以戒谕官吏贪墨，诏

---

〔10〕《金史》卷八《本纪第八·世宗下》，第 192 页。

〔11〕《金史》卷六《本纪第六·世宗上》，第 142 页。

〔12〕《金史》卷七《本纪第七·世宗中》，第 176 页。

〔13〕《金史》卷八《本纪第八·世宗下》，第 197 页。

中外"〔14〕。在告诫官吏勿贪的基础上，世宗又于大定二十六年（1186 年）十月戊寅制定了"职官犯赃同职相纠察法"〔15〕。该法规定：如果某官吏贪赃枉法，而他的同僚明明知道却不举报，那么这个同僚也同样有罪；所以这个同僚从自己的仕宦前途考虑，必然不会对某官吏的贪赃枉法行为漠然视之。因此，"职官犯赃同职相纠察法"的颁布，对于欲贪赃枉法之吏无疑起到了震慑作用，在预防上具有积极的意义。

二　对于官吏贪赃枉法的惩罚

金朝的官吏如果贪赃枉法，就犯了"赃罪"。金世宗对于犯有"赃罪"之吏的惩罚是不遗余力的。具体地说，其惩罚措施有以下几种：

1. "杖"罚

这是对贪赃枉法之吏最轻的一种惩罚，其目的是让他们明廉耻，并希望能从思想深处根除贪念。大定八年（1168 年），世宗"制品官犯赌博法，赃不满五十贯者其法杖，听赎。再犯者杖之。"并指出杖罚的目的是"杖者所以罚小人也。既为职官，当先廉耻，既无廉耻，故以小人之罚罚之"〔16〕。早在春秋时期，齐国的大政治家管仲就提出了"国有四维……一曰礼，二曰义，三曰廉，四曰耻"、"四维不张，国乃灭亡"〔17〕的主张。今人来新夏先生也指出："贪风日炽，贪者日众，反贪防贪，首在明耻。"〔18〕看来，作为国之"四维"的廉与耻，与国之存亡密切相关。鉴于"终金之代，忍耻以就功名，虽一时名士有所不免。至于避辱远引，罕闻其人"〔19〕，所以金世宗

---

〔14〕《金史》卷六《本纪第六·世宗上》，第 143 页。

〔15〕《金史》卷八《本纪第八·世宗下》，第 194 页。

〔16〕《金史》卷四十五《志第二十六·刑》，第 1016 页。

〔17〕《管子》第一卷《牧民》。房玄龄注：《管子》（诸子百家丛书），上海：上海古籍出版社，1989 年 9 月第 1 版，第 10 页。

〔18〕来新夏：《邃谷谈往》，天津：百花文艺出版社，1999 年 3 月第 1 版，第 92 页。

〔19〕《金史》卷四十五《志第二十六·刑》，第 1014 页。

用处罚小人的杖刑来惩罚贪赃枉法之吏，目的是让他们明廉耻，其用心可谓良苦。大定十一年（1171 年）四月，"大理卿李昌图以廉问真定尹徒单贞 、咸平尹石抹阿没剌受赃不法，既得罪状，不即黜罢，杖之四十"[20]。由于李昌图对徒单贞、石抹阿没剌的贪赃枉法处罚较轻，所以他也被金世宗降罪处罚，由此可知金世宗对于犯"赃罪"官吏的惩罚是不遗余力的。

2. "除名"之罚

所谓"除名"，也就是剥夺官吏当官的资格。这是对贪赃枉法官吏最常见的惩罚，具体又分为两种情况：

（1）"除名"之罚

大定七年（1167 年）九月己巳，"右三部检法官韩赞以捕蝗受赂，除名"[21]。封建国家最重农事，而韩赞在处理朝廷拨付给地方的捕蝗款时竟敢受贿，当然要受到除名之罚了。大定十二年（1172 年）三月乙亥，世宗诏尚书省曰："赃污之官，已被廉问，若仍旧职，必复害民。其遣使诸道，即日罢之。"[22]大定十八年（1178 年）七月丙子，世宗对宰臣说："职官始犯赃罪，容有过误，至于再犯，是无改过之心。自今再犯不以赃数多寡，并除名。"[23]大定二十六年（1186 年）四月，尚书省奏"北京转运使以赃除名"[24]。有时，官吏犯有"赃罪"，也要累及子孙被除名。如故咸平尹石抹阿没剌由于犯了赃罪而死于狱中，世宗却说："不尸诸市已为厚幸。贫穷而为盗贼，盖不得已。三品职官以赃至死，愚已甚矣，其诸子可皆除名。"[25]清代学者顾炎武由此评论道："夫以赃吏而锢及其子，似非恶恶止其身之义，然贪人败类，其子必无廉清，则世宗之诏亦

---

[20] 《金史》卷六《本纪第六·世宗上》，第 148 页。

[21] 《金史》卷六《本纪第六·世宗上》，第 139 页。

[22] 《金史》卷七《本纪第七·世宗中》，第 156 页。

[23] 《金史》卷七《本纪第七·世宗中》，第 170 页。

[24] 《金史》卷八《本纪第八·世宗下》，第 192 页。

[25] 《金史》卷四十五《志第二十六·刑》，第 1015 页。

未为过。"[26]顾炎武的评论，确为允当。

（2）"杖"后"除名"之罚

在对贪赃枉法之吏除名前，为什么要先行杖罚呢？前已述及，杖罚是对贪赃枉法之吏较轻的一种惩罚，但因其具有教育功能，即让官吏明廉耻，并希望能从思想深处根除贪念，因而"杖"后"除名"之罚实际上是一种罚中带教的举措。

大定十四年（1174年）二月壬戌，"以大兴尹璋使宋有罪，杖百五十，除名，仍以所受礼物入官"[27]。如此惩罚，主要是由于他出使宋朝时私自收取他人的礼物而犯了"赃罪"的缘故。大定二十一年（1181年）五月戊子，"西北路招讨使完颜守能以赃罪，杖二百，除名"[28]。他所犯的"赃罪"是大定十九年（1179年）为西北路招讨使时，皇帝诏徙窝斡余党于临潢、泰州；由于押剌民列曾经跟随过窝斡，所以其弟"闸弟也"应当迁徙，但劫伪称身亡，并以马匹贿赂完颜守能，这才得以藏匿不徙；当完颜守能再次受赇而给"闸弟也"补"赛也"蕃部通事时，却不料东窗事发。世宗气愤地斥责完颜守能的兄长完颜守道说："守能自刺史躐迁招讨，外官之尊，无以逾此。前招讨哲典以贪墨伏诛，守能岂不知，乃敢如此，其意安在。尔之亲弟，何不先训戒之也。"由于完颜守能两赃俱不至五十贯，所以世宗才"特诏守能杖二百，除名"[29]。对于犯"赃罪"而被"除名"的官吏，金世宗并不是不再给予他们机会了，但若重新任用，则很慎重。大定三年（1163年）四月丁丑，"诏吏犯赃罪，虽会赦不叙"[30]。这是说，对于犯有"赃罪"的官吏，虽遇

---

〔26〕 《日知录集释》卷十三《除贪》，（清）顾炎武著，（清）黄汝成集释，栾保群、吕宗力校点，石家庄：花山文艺出版社，1990年8月第1版，第613页。

〔27〕 《金史》卷七《本纪第七·世宗中》，第160页。

〔28〕 《金史》卷八《本纪第八·世宗下》，第181页。

〔29〕 《金史》卷七十三《列传第十一·完颜守能》，第1692页。

〔30〕 《金史》卷六《本纪第六·世宗上》，第131页。

大赦亦不议及复官之事。大定七年（1167年）九月己巳，在右三部检法官韩赞以捕蝗受赂而被"除名"后，世宗"诏吏人但犯赃罪，虽会赦，非特旨不叙"[31]。这是指犯有"赃罪"的官吏，虽遇大赦，但没有皇帝的特殊旨意，仍不议及复官之事。大定十二年（1172年），尚书省奏："内丘令蒲察台补自科部内钱立德政碑，复有其余钱二百余贯，罪当除名。今遇赦当叙，仍免征赃。"而世宗因为蒲察台补贪伪的缘故，不仅不议及复官之事，而且主张征赃。世宗说："乞取之赃，若以赦原，予者何辜。自今可并追还其主，惟应入官者免征。"[32]大定二十六年（1186年），世宗说："比有上书言，职官犯除名不可复用，朕谓此言极当。如军期急速，权可使用。今天下无事，复用此辈，何以戒将来。"[33]可见，世宗对于贪赃枉法之吏的重新任用是很慎重的。

3. "诛"罚

"诛"罚就是杀头，是对犯"赃罪"官吏最重的惩罚。大定六年（1166年）九月，"泽州刺史刘德裕等以盗用官钱伏诛"[34]。刘德裕等"盗用官钱"属侵吞国家财物即贪污盗窃行为，具体地说应是监守自盗仓库钱粮[35]，当然要受到"诛"罚了。大定十年（1170年）二月甲午，"安化军节度使徒单子温、副使老君奴以赃罪，伏诛"[36]。大定十五年（1175年），世宗诏有司曰："朕惟人命至重，而在制窃盗赃至五十贯者处死，自今可令至八十贯者处死。"[37]大定十六年七月壬子，"夏津县令移剌山住坐赃，伏诛"[38]。大定十

[31]　《金史》卷六《本纪第六·世宗上》，第139页。

[32]　《金史》卷四十五《志第二十六·刑》，第1016页。

[33]　《金史》卷八《本纪第八·世宗下》，第192页。

[34]　《金史》卷六《本纪第六·世宗上》，第138页。

[35]　方宝璋：《略论中国古代治贪立法》，《光明日报》2003年1月21日B3版《理论周刊·历史》。

[36]　《金史》卷六《本纪第六·世宗上》，第146页。

[37]　《金史》卷四十五《志第二十六·刑》，第1017页。

[38]　《金史》卷七《本纪第七·世宗中》，第164页。

九年（1179 年）十月辛卯，"西南路招讨使哲典以赃罪，伏诛"〔39〕。对于哲典的犯罪经过，世宗有着精辟的分析，他于大定二十年（1180 年）十月戊戌说："凡人在下位，欲冀升迁，免为公廉，贤不肖何以知之。及其通显，观其施为，方见本心。如招讨哲典，初任定州同知，继为都司，未尝少有私徇，所至皆有清名。"由此金世宗慨叹："人心险于山川，诚难知也。"〔40〕大定二十二年（1182 年）九月乙未，"寿州刺史讹里也、同知查刺、军事判官孙绍先、榷场副使韩仲英等以受商赂纵禁物出界，皆处死"〔41〕。同年十一月，"玉田县令移剌查坐赃，伏诛"〔42〕。以上事实充分说明，金世宗对于贪赃数额巨大的官吏，不惜以杀头来惩罚，其惩治贪赃枉法之吏的决心于此可见一斑。

4. 皇亲国戚或子弟、亲兵等犯有"赃罪"者，同样严惩不贷

对于皇亲国戚或子弟、亲兵等，如果犯了"赃罪"，金世宗并不姑息养奸，而是大义灭亲，同样严惩不贷。如明德皇后的兄长乌林荅晖即金世宗的内兄，在金世宗即位时，除中都兵马都指挥使。金世宗至中都，将要遣人出使宋朝，本想以乌林荅晖为使，只是由于"晖尝私用官钱五百贯"〔43〕，乃数其罪而罢之，改派高忠建前往，并借此事对宰臣说："朕于赏罚，豪发无所假借。果公廉办治，虽素所不喜必加升擢，若抵冒公法，虽至亲不少恕。"〔44〕反映了金世宗在赏罚上的公正性。大定十二年（1172 年）四月乙丑，"大名尹荆王文以赃罪夺王爵，降授德州防御使"〔45〕。大定二十六年（1186 年）八月丁丑，金世宗对宰臣说："亲军虽不识字，亦令依

---

〔39〕《金史》卷七《本纪第七·世宗中》，第 174 页。
〔40〕《金史》卷七《本纪第七·世宗中》，第 175 页。
〔41〕《金史》卷八《本纪第八·世宗下》，第 182 页。
〔42〕《金史》卷八《本纪第八·世宗下》，第 183 页。
〔43〕《金史》卷一百二十《列传第五十八·世戚》，第 2620 页。
〔44〕《金史》卷一百二十《列传第五十八·世戚》，第 2620 页。
〔45〕《金史》卷七《本纪第七·世宗中》，第 156 页。

例出职，若涉赃贿，必痛绳之。"太尉左丞相克宁回答说："依法则可。"金世宗说："朕于女直人未尝不知优恤。然涉于赃罪，虽朕子弟亦不能恕。"[46]以上事实表明，不论是皇帝的子弟犯了"赃罪"，还是他的亲军犯了"赃罪"，同样严惩不贷，充分反映了金世宗惩治贪赃枉法之吏的决心和信心。与皇室联姻的徒单贞，在做咸平尹时"贪污不法，累赃巨万"[47]，直到徙真定尹时才东窗事发。金世宗遂于大定十一年四月派大理卿李昌图鞠之，徒单贞随即引伏，李昌图回奏。世宗问李昌图道："贞停职否？"回答说："未也。"世宗怒，不仅降罪于李昌图，同时再派刑部尚书移剌道往真定审问徒单贞，并征其赃还主。由于有司不能按时征还赃物，世宗下诏："先以官钱还其主，而令贞纳官。凡还主赃，皆准此例。"世宗虽然降削了徒单贞夫妇的爵号，即"降贞为博州防御使，降贞妻为清平县主"，但从国家长治久安的角度考虑，"终不以私恩曲庇，久之，诏诛贞及其妻与二子慎思、十六，而宥其诸孙"[48]。从惩罚贪赃枉法之吏的角度出发，金世宗诛杀与皇室联姻的徒单贞夫妇及其二子的行为，可谓大义灭亲，执法严明。

综上所述，金世宗在位期间，为防官吏贪赃枉法，采取了预防与惩罚相结合的得力措施，使大定一朝的吏治较为清明，因而获得了"小尧舜"的美誉。以史为鉴，金世宗对于官吏贪赃枉法的预防与惩罚，对于当今我国政府的反腐倡廉，无疑具有借鉴意义：第一，防贪反贪，先要使各级官员明廉耻，即充分认识到贪赃枉法是一种可耻行为，这是从思想深处根除贪念的良药。第二，在政府各级官员间要大力倡导廉洁奉公，使各级行政官员洁身自律，以身作则。第三，为了遏制政府官员的贪欲，鼓励各级官员互相监督，并把廉政作为政府官员政绩的考核内容之一。第四，对于官员的贪赃枉法

---

〔46〕《金史》卷八《本纪第八·世宗下》，第 194 页。

〔47〕《金史》卷一百三十二《列传第七十·逆臣》，第 2827 页。

〔48〕《金史》卷一百三十二《列传第七十·逆臣》，第 2828 页。

行为，政府要加强打击力度，做到有法必依，有贪必惩，决不姑息养奸；封建皇帝金世宗尚能执法必严，"大义灭亲"，"全心全意为人民服务"的中国共产党人岂能落于其后乎！

（原文载《陕西教育学院学报》2004 年第 1 期）

从古文献看古人对茶的养生保健功能的认识[*]

茶是中华民族对人类饮食文化的重大贡献之一。作为世界三大饮料之一的茶，越来越受到人们的关注和青睐，这一方面固然与茶文化的普及和推广有关，但另一方面也与茶的养生保健功能是分不开的。古人对茶的养生保健功能的认识，经历了一个从肤浅到深入的过程。综合古代医学家、思想家、文学家和诗人以及佛教徒、道教徒的有关论述，古人对茶的养生保健功能大致有以下几点认识：

一 对饮茶可以解毒疗疾的认识

《淮南子》卷十九《修务训》载："古者民茹草饮水，采树木之实，食蠃蚌之肉，时多疾病毒伤之害。于是神农乃始教民播种五谷，相土地，宜燥湿肥垅（qiāo）高下，尝百草之滋味、水泉之甘苦，令民知所辟就。当此之时，一日而遇七十毒。"《神农本草经》也载："神农尝百草，日遇七十二毒，得荼而解之。"这里的"荼"，就是今天的茶，这可由《尔雅·释木》注所谓"今呼早采者为荼，晚取者为茗"加以证明。在远古时代，由于生产力水平低下，食物有限，因而"时多疾病毒伤之害"；为了拯救人民的疾苦，"令民知所辟就"，具有伟大人格和大公无私之心的神农，乃冒险"尝百草之滋

---

* 本文与张铭洽合作。

味、水泉之甘苦",虽"一日而遇七十毒",但由于有神奇的"茶"来解毒,他也就有惊无险地转危为安了。可见,早在远古时代,我们的祖先就已认识到茶的解毒疗疾功能而加以利用了。

到了西汉,人们对茶的解毒疗疾功能有了更进一步的认识。作为西汉有名的文学家——司马相如,在其《凡将篇》中列有药物名20种,"荈诧"(也就是今天的茶)即为其中之一。《神农本草经》卷上也载:"苦菜,一名荼草,一名选。味苦寒。生川谷。治五脏邪气,厌谷胃痹。久服安心益气,聪察少卧,轻身耐老。"三国魏张揖《广雅》说:"其饮醒酒,令人不眠。"既然"其饮醒酒",说明饮茶可以解酒精之毒。

白居易《萧员外寄新蜀茶》中的"满瓯似乳堪持玩,况是春深酒渴人"以及《早服云母散》中的"药销日晏三匙饭,酒渴春深一碗茶",李群玉《答友人寄新茗》中的"愧君千里分滋味,寄与春风酒渴人",李清照《鹧鸪天》中的"酒阑更喜团茶苦,梦断偏宜瑞脑香",都是诗人或词人以自己的亲身体会对茶之醒酒解渴功能的颂扬。皮日休《茶中杂吟并序》(《全唐诗》卷六百十一)载:"俾饮之者除痟而去疠,虽疾医之不若也。"这里的"痟"是指糖尿病,而"疠"则是指疫或癞;现代科学研究也证明,饮茶对糖尿病有显著疗效。茶圣陆羽在《茶经·一之源》中指出:"茶之为用,味至寒,为饮最宜。精行俭德之人,若热渴、凝闷、脑疼、目涩、四肢烦、百节不舒,聊四五啜,与醍醐甘露抗衡也。"对于任何人来说,茶都有解毒疗疾之功能。陆羽把茶能治病的对象局限于"精行俭德之人",显然有失偏颇。陆羽之所以把茶能治病的对象局限于"精行俭德之人",主要是因为他不仅把饮茶作为养生之术,更重要的是他已把饮茶作为修身之道了。

明代大药物学家李时珍在《本草纲目》卷三十二《果部·茗(茶)》中指出:"茶苦而寒,阴中之阴,沉也降也,最能降火。火为百病,火降则上清矣。然火有五,火有虚实。若少壮胃健之人,心肺脾胃之火多盛,故与茶相宜。温饮则火因寒气而下降,热饮则茶借火气而升散，又兼解酒食之毒，使人神思阆爽，不昏不睡，此茶之功也。"由于"火"为百病之源，而茶因苦寒"最能降火"，所以茶才有了治百病的美誉。清人汪汲庵《本草备安》载，茶能"解酒食、油腻、烧灸之毒，利大小便，多饮消脂。"清人黄宫绣《本草求真》也载："茶禀天地至清之气，得春露以培，生意充足，纤芥滓秽不受，味甘气寒，故能入肺清痰利水，入心清热解毒，是以垢腻能降，灸灼能解，凡一切食积不化，头目不清，痰涎不消，二便不利，消渴不止及一切吐血、便血等服之皆能有效。"

二 对饮茶可以除肉食之腻而消食的认识

除肉食之腻而消食，是茶的重要功能之一。唐人孟诜《食疗本草·木部》载："茗，主下气，除好睡，消宿食。"陈藏器《本草拾遗·木部》也载："久食令人瘦，去人脂，使不睡。"毋炅《代茶饮序》说："释滞消壅，一日之利暂佳。"顾况《茶赋》也说："滋饭蔬之精素，攻肉食之膻腻。"

到了宋代，茶已成为人们日常生活必不可少的消费品。北宋时的李觏就曾感慨地说："茶非古也，源于江左，流于天下，浸淫于近代，君子小人靡不嗜也，富贵贫贱靡不用也。"大诗人梅尧臣《南有嘉茗赋》也载："南有山原兮，不凿不营，乃产嘉茗兮，嚣此众氓。……华夷蛮貊，固日饮而无厌；富贵贫贱，不时啜而不宁。"宋神宗时政治改革家王安石在《议茶法》中指出："茶之为民用，等于米盐，不可一日以无。"南宋人吴自牧撰《梦粱录》，专记都城临安（今浙江杭州）的风俗掌故，其中写道："人家每日不可缺者，柴、米、油、盐、酒、酱、醋、茶。"可见，茶的确已成为人们日常生活必不可少的消费品。

在宋代，茶之所以成为寻常百姓日常生活必不可少的消费品，这与茶之除肉食之腻而消食的功能被人们深刻地认识不无关系，正如大诗人梅尧臣所说："近世之人，体情不勤，饱食粱肉，坐以生疾，借以灵荈而消腑胃之宿陈。"这里的"近代"，应是晚唐至宋代。苏轼《问大冶长老乞桃花栽东坡》也载："周时记荼苦，茗饮出近世。初缘厌粱肉，借此雪昏滞。"

对于游牧民族来说，由于牛羊肉是他们的主要食物，因而茶更是每日必不可少的饮品。北宋官吏程之郡说："食肉饮酪，故贵茶而病难得。"《滴露漫录》有"以其腥肉之食，非茶不消；青稞之热，非茶不解"之语，而《明史·食货志》也有"番人嗜乳酪，不得茶则因而病"之语。在清人编的《续文献通考》一书中，也有"乳肉滞隔，而茶性通利，故荡涤之"的记载。在少数民族地区，流传着"宁可三日不吃粮，不可一日不喝茶"的谚语。据《中国食品》一书记载，"酥油茶，顾名思义，少不了酥油、茶叶，还有盐巴。酥油是从羊奶中提出来的精品，听藏胞讲，五六斤羊奶才能提炼出一斤酥油。奶、肉虽然好吃，但不易消化，所以茶便成了他们必不可少的食品。"对于巴基斯坦来说，"因为是伊斯兰教国家，居民多食用牛羊肉"，所以"往往喜欢喝茶解腻，一些大型企业，往往专门有烧茶工人，上班前就把一杯红茶端到工作人员办公桌前。"由此可见，茶之除肉食之腻而消食的主要功能，至今还对人们的日常生活产生着很大的影响。

三　对饮茶可以止渴解乏而恢复体力的认识

止渴解乏而恢复体力，是茶最基本的功能。晋杜育《荈赋》说："调神和内，倦解慵除。"（《渊鉴类函》卷三百九十引）这是对茶之解乏功能的颂扬。茶圣陆羽《茶经·一之源》载："茶之为用，味至寒，为饮最宜。"茶之所以"为饮最宜"，其止渴之最基本功能是不容忽视的，正如陈藏器《本草拾遗·木部》所载："皋芦叶，味苦，平。作饮止渴。"这里的"皋芦"，就是茗的别名。白居易《晚春闲居杨工部寄诗杨常州寄茶同到因以长句答之》中的"闷吟工部新来句，渴饮毗陵远到茶"、《春尽日》中的"醉对数丛红芍药，渴饮一碗绿昌明"（案：绿昌明指蜀茶之名），是诗人以自己的切身体会而对茶之止渴功能的赞扬；而玉川子卢仝《走笔谢孟谏议寄新茶》中的"一碗喉吻润"，则是道教徒以自己的亲身实践而对茶之止渴功能的褒扬和肯定。

宋人吴淑《茶赋》载："夫其涤烦疗渴，换骨轻身，茶荈之利，其功若神。"元人忽思慧，在其《饮膳正要》卷二中，除介绍了枸杞茶、玉磨茶、金字茶、范殿帅茶、紫笋雀舌茶、女须儿、西番茶、川茶、藤茶、夸茶、燕尾茶、孩儿茶、温桑茶的产地和工艺外，还指出它们的功能是："凡诸茶，味甘苦微寒，无毒。去痰热，止渴，利小便，消食下气，清神少睡。"可见，止渴是茶最基本的功能。

明人田艺蘅《留青日札·七件事》载："茶，木萌也，山中多产，采叶作饮。"顾元庆在《茶谱》中写道："人饮真茶能止渴、消食除痰、少睡、利尿、明目益思、除烦去腻，人固不可一日无茶。"晚明文士文震亨《长物志》卷十也载："香茗之用，其利最薄。……醉筵醒客，夜雨蓬窗，长啸堂楼，冰弦嘎指，可以佐欢解渴。"

1908年，正值第一次世界大战之时，英、美军队的一些将领，在伦敦的杂志上发表文章，盛赞茶叶是军队增强及持续体力的最好饮料："在大战中，两军日夜前进，战斗不止，仅有小时之睡眠及少许粮食，彼等虽苦，但不气馁，饮茶一杯，复又前进……，在炎热中能解渴者莫如一杯茶。抑止雷鸣之空腹，温暖冷僵之身体，亦莫如一杯茶。在马上三十六小时无食物进口，恢复身体之平衡，亦莫如一杯茶。入营时，首先注意之食具箱，使充满茶叶。当军队在长期行军而极度之苦时，一杯红茶能使士兵体力增强及持久。"在这里，茶之止渴解乏而恢复体力的功能，被描写得淋漓尽致，而且是被实践证明了的。

四　对饮茶可以破睡提神而使人善思的认识

破睡提神而使人善思，这也是茶的重要功能之一。《神农本草经》载："茶味苦，饮之令人益思、少卧、轻身、明目。"东汉末神医华佗在《食论》中也云："苦茶久食，益意思。"这里的"益意思"，即为活跃思维之意。晋张华《博物志》卷四载："饮羹茶，令人少眠。"三国魏张揖《广雅》载："其饮醒酒，令人不眠。"梁任昉在《述异记》卷上也说："巴东有真香茗……煎服，令人不眠，能咏无忘。"

唐人孟诜《食疗本草》卷上载："又，茶主下气，除好睡，消宿食。"陈藏器《本草拾遗·木部》也载："久食令人瘦，去人脂，使不睡。"唐人顾况《茶赋》说："发当暑之清吟，涤通宵之昏寐。"陆龟蒙《煮茶》一诗中的"倾余精爽健，忽似氛埃灭"，柳宗元的"海虑发真照，还源荡昏邪"，白居易《赠东邻王十三》中的"驱愁知酒力，破睡见茶功"、《食后》中的"食罢一觉睡，起来两瓯茶"、《何处堪避暑》中的"游罢睡一觉，觉来茶一瓯"、《府西池北新葺水斋即事招宾偶题十六韵》中的"午茶能散睡，卯酒善消愁"，是诗人或文学家对茶之破睡提神功能的赞扬。而司空图《即事二首》之一中的"茶爽添诗句，天清莹道心"，秦韬玉《采茶歌》中的"洗我胸中幽思清，鬼神应愁歌欲成"，曹邺《故人寄茶》中的"六腑睡神去，数朝诗思清"，僧齐己《尝茶》中的"味击诗魔乱，香搜睡思清"，则是诗人、文学家或佛教徒对茶之破睡提神而使人善思功能的歌颂。

茶之破睡提神而使人善思的功能，在宋元人的著述中也有反映。宋代吴淑在《茶赋》中说："效在不眠，功存悦志。……并明目而益思。"大诗人梅尧臣《李仲永寄建溪洪井茶七品，云愈少愈佳，未知尝何如。因条而答之》也云："忽有西山使，始遣七品茶。……一日尝一瓯，六腑无昏邪。夜枕不得眠，月树闻啼鸦。"元人贾铭《饮食须知》卷五《味类》说："久饮令人瘦，去人脂，令人不睡。"元人耶律楚材也说："啜罢江南一杯茶，枯肠历历走雷车。黄金小碾飞琼雪，碧玉深瓯点雪芽。笔阵陈兵诗思勇，睡魔卷甲梦魂赊。精神爽逸无余事，卧看残阳补断霞。"清人黄宫绣在《本草求真》中也说：

"但热服则宜，冷服聚痰，多服少睡，久服瘦人。"

五　对饮茶可以防病治病而延年益寿的认识

防病治病而延年益寿，是茶的主要功能之一。《神农本草经》载："苦菜，一名荼草……久服安心益气，聪察少卧，轻身耐老。"壶居士《食论》也载："苦荼久食羽化。"（《太平御览》卷八百六十七引）这里的"羽化"，有轻身延年之意，这是从道家修炼的角度而得出的观点。梁陶弘景也有类似的观点，认为茗茶"轻身换骨。"（《太平御览》卷八十六引陶弘景《新录》）

茶能防病治病而延年益寿，这在佛教徒的身上体现得最为明显。据钱易《南部新书》载，唐大中三年（849年），东都洛阳有一僧年120岁，宣宗问他长寿的秘诀是什么？他说："臣少也贱，素不知药性。本好茶，至处惟茶是求。或出，亦日过百余碗，如常日，亦不下四五十碗。"于是宣宗特意赐其茶五十斤，命居保寿寺，并将其饮茶之所命名为茶寮。由于饮茶可以防病治病而延年益寿，所以茶的养生保健功能深为僧众信服。有一个病了三年的僧人，仍然"茶烟熏杀竹"（姚合《病僧》），嗜茶不已。而兴国寺上座号宪超病危，虽已"绝粒罢餐"，但所求却是"惟茶与乳"（《金石萃编》卷一百七《兴国寺故大德上座号宪超塔铭并序》），其对茶的偏爱不难想见。由于茶"煮取汁，用煮粥良"（孟诜《食疗本草》），所以江山寺一僧，对茶粥情有独钟："九年吃茶粥，此事少人知"（贯休《送僧入五泄》）。

茶之所以能够防病治病而延年益寿，是由于它营养全面而富含多种微量元素所致。现代科学研究表明，茶叶的主要化学成分，目前已发现500多种，而构成这些化学物质的基本元素已发现28种：碳、氢、氧、氮、磷、钾、硫、钙、镁、铁、铜、铝、锰、硼、锌、钼、铅、氯、氟、硅、钠、钴、镉、铋、锡、钛、钒等，其中多数含量少，为微量元素。在化合物中，有机化合物已发现的有450多种，其中主要的有蛋白质、氨基酸、生物碱、酶、茶多酚、糖类、有机酸、脂肪、色素、芳香物质、维生素等；无机化合物总称灰分，其成分含量较多的是磷、钾，其次是钙、镁、铁、锰、铝、硫等，其他都是微量元素——锌、铜、锰、硼、钼、铅、铋、钛、钒等。

茶叶中除了含有蛋白质、氨基酸、糖类、类脂、矿物质、多种维生素等营养成分外，还含有茶素、茶单宁、维生素C等其他多种营养成分。

茶素又名咖啡碱，是茶叶生物碱的主要成分，它在茶叶中的含量在1%~5%，茶叶冲泡后，约有80%的茶素溶解于水中。茶素对人体的药理作用有四：一是提神兴奋而减轻疲劳。茶素号称温和无毒的标准兴奋剂，它不仅能兴奋中枢神经，而且对治疗高血压头痛和神经衰弱也有一定的镇静作用。二是能够醒酒。茶素能够提高肝脏对药物的代谢能力，促进血液循环，使人体血液中的酒精从小便中能够及时排出，从而减轻和消除由酒精带来的副作用。三是强心利尿。茶素的利尿作用，是从小便、皮肤毛细孔渗透中带走较多的盐分，这种功效对高血压患者、心脏病浮肿者均有利。四是帮助消化。茶能消食除腻的功能，前已述及，此不赘述。五是防治心血管病。茶有松弛冠状动脉、促进血液循环的作用，因而常饮茶对患有心脏病的人有好处，同时，茶也可以成为治疗心肌梗死的最好辅助剂。

茶单宁又名茶多酚，属于多酚类物质，在茶叶中的含量为8%~25%。茶单宁既能增强毛细血管的活性，又能降低毛细血管的渗透性，因而它对血管的破裂具有抵抗性，这就降低了动脉硬化的发病率。喝茶之所以能够抵抗动脉硬化，主要是因为茶叶中的茶单宁具有很强的分解脂肪的作用，从而降低了三酸甘油和胆固醇在人体中的含量的缘故。另外，茶单宁还有调节甲状腺的功能和提高维生素C的药效，以及消炎、止泻、杀菌、对放射性有保护等作用。

茶叶中富含多种维生素，主要有维生素A、B1、B2、B5、C、P、E、H、K等，都是对人体有益的成分。茶叶中的维生素C，不仅对病菌有抑制作用，可以解毒，而且对控制乙型肝炎的发病率和防止流感，治疗坏血病、由高血压引起的动脉硬化以及抗癌方面都有功效。茶叶中的维生素 E，是有效的抗氧剂。据国外研究，维生素 E 对预防脑疾患、心脏病、动脉硬化以及改善免疫力、防止细胞癌变都有一定的功效。维生素 E 可促进细胞分裂，延缓细胞衰老，因而多喝茶有利于延长生命。

饮茶既可以预防色盲，也可以预防虫牙。饮茶能增强眼睛辨别颜色的能力，对预防和治疗色盲症有一定的药理功效。茶叶中的氟化物有 40%～80%溶解于开水，这对牙齿有保健作用；日本提倡饭后饮一杯茶，就是防止虫牙的一项保健措施。

正是由于茶叶营养全面而富含多种微量元素，既可以预防疾病，又可以治疗疾病，所以人服用茶后才有延年益寿的效果。

有人认为茶对人体是有百利而无一害，其实这并不准确。事物都得一分为二地看，茶对人体同样是利害兼有，只不过是利大于害而已。从趋利避害的角度出发，饮茶时须注意以下几点：

第一，要选真茶而尽量避免假冒伪劣之杂茶。假冒伪劣之茶，自古有之。北宋朱彧《萍州可谈》载："江西瑞州府黄蘗茶，号绝品，士大夫颇以相饷。所产甚微。寺僧园户，竟取他山茶，冒其名以眩好事者。黄鲁直家正在双井，其自言如此。"唐人孟诜《食疗本草·木部》也载："市人有用槐、柳初生嫩芽叶杂之。"元人贾铭《饮食须知》卷五《味类》也说："况真茶既少，杂茶更多，民生日用，受其害者岂可胜言？妇妪蹈其弊者更甚。"可见，如果喝了混有槐、柳初生嫩芽叶的"杂茶"，即假冒伪劣之茶，对人体一定有害，所以我们一定要喝名副其实的真茶，才可达到养生保健的目的。

第二，切忌空腹饮茶。元人贾铭《饮食须知》卷五《味类》载："茶，味苦而甘，茗性大寒……空心切不可服。"古人还说："早起一杯茶，胜似强盗入穷家。"（一无所得）可见，空腹饮茶是弊大于利。

第三，睡前不宜饮茶。茶叶中的茶碱（咖啡因）等成分，具有兴奋大脑高级中枢神经、促进心脏机能亢进的作用，因而睡前若饮用大量的浓茶，会引起失眠乃至不眠，影响健康。

第四，忌用茶水服药。元人贾铭《饮食须知》卷五《味类》载："服葳灵仙、土茯苓者忌之。服史君子者忌饮热茶，犯之即泻。"

茶不能同小苏打、安眠药、奎宁、铁剂等药物同时服用，这是因为茶叶中大量的鞣酸（茶多酚类物质）会同药物中的蛋白质、生物碱及金属盐等发生化学作用而产生沉淀，降低药物疗效，甚至使药物失效。

第五，脾胃虚寒之人，宜少饮或不饮茶。李时珍《本草纲目》卷三十二《果部·茗（茶）》载："若虚寒及血弱之人，饮之既久，则脾胃恶寒，元气暗损，土不制水，精血潜虚；成痰饮，成痞胀，成痿痹，成黄瘦，成呕逆，成洞泻，成腹痛，成疝瘕，种种内伤，此茶之害也。……时珍早年气盛，每饮新茗必至数碗，轻汗发而饥骨清，颇觉痛快。中年胃气稍损，饮之即觉为害，不痞闷呕逆，即腹冷洞泻。"李时珍在描述了脾胃虚寒之人长期饮茶所带来的弊端后，又从自己的饮茶经历出发，描述了他早年的豪饮和中年的病痛，其经验值得重视。

综上所述，通过对古代医学家、思想家、文学家和诗人及佛教徒、道教徒的有关论述的分析，古人对茶的养生保健功能大致有以下几点认识：一、饮茶可以解毒疗疾；二、饮茶可以除肉食之腻而消食；三、饮茶可以止渴解乏而恢复体力；四、饮茶可以破睡提神而使人善思；五、饮茶可以防病治病而延年益寿。由于茶对人体是利害兼有，从趋利避害的角度出发，古人认为饮茶时须注意以下几点：第一，要选真茶而尽量避免假冒伪劣之杂茶；第二，切忌空腹饮茶；第三，睡前不宜饮茶；第四，忌用茶水服药；第五，脾胃虚寒之人，宜少饮或不饮茶。

［1］〔日〕森立之重辑：《神农本草经》，上海：上海科学技术出版社，1959 年 2 月新 1 版。

［2］（汉）刘安：《淮南子》，（汉）高诱注，上海：上海书店，1986 年 7 月版。

［3］（唐）孟诜：《食疗本草》，谢海洲、马继兴、翁维健、郑金生辑，北京：人民卫生出版社，1984 年 7 月版。

［4］唐嘉弘、冯国定：《养生妙方——食疗本草、本草拾遗》，成都：巴蜀书社，1993 年 6 月版。

［5］（唐）白居易：《白居易全集》，上海：上海古籍出版社，1999 年 5 月版。

［6］（元）忽思慧：《饮膳正要》，刘玉书点校，北京：人民卫生出版社，1986 年 6 月版。

［7］（元）贾铭：《饮食须知》，北京：中国商业出版社，1985 年 4 月版。

［8］（明）李时珍：《本草纲目》（校点本）第三册，北京：人民卫生出版社，1979 年 12 月版。

［9］徐永成、毛先旦编：《饮茶与健康》，兰州：甘肃人民出版社，1983 年 12 月版。

［10］梁子：《中国唐宋茶道》，西安：陕西人民出版社，1994 年 11 月版。

［11］黎虎主编：《汉唐饮食文化》，北京：北京师范大学出版社，1998 年 1 月版。

［12］蔡如桂：《茗饮之道》，西安：陕西科学技术出版社，1999 年 2 月版。

［13］余悦：《中国茶韵》，北京：中央民族大学出版社，2002 年 12 月版。

［14］龚建华：《中国茶典》，北京：中央民族大学出版社，2002 年 12 月版。

［15］臧荣：《八茶罐——东南亚的茶文化》，《文史知识》2002 年第 8 期。

［16］李斌城：《唐人与茶》，韩金科主编：《法门寺文化研究——历史卷》（《法门寺文化丛书》之四），1993 年。

（原文载《陕西师范大学继续教育学报》2005 年第 1 期）

西汉社会生活中的"笞"罚

一 "笞"的含义

许慎《说文解字》曰:"笞,击也。"这里的"击",也就是"打"的意思。打人的器械既有木制的,又有竹制的。不论是用木制的器械打人,还是用竹制的器械打人,都可以划入"笞"的范围。

《书·舜典》曰:"鞭作官刑,扑作教刑。"传曰:"鞭为治官事之刑;扑,榎楚也,不勤道业则挞之。"《国语·鲁语上》载:"薄刑用鞭扑,以威民也。"注曰:"鞭,官刑也。扑,教刑也。"鞭在上古是策马的竹条,它还有个名称叫"箠";"箠"亦作"捶",《说文解字》曰:"捶,以杖击也。"

王凤阳先生指出:"在'黥'、'劓'、'膑'、'宫'之类肉刑盛行的时代,'鞭'、'扑'是表示惩戒的'轻刑',是对犯有小过错者或学习工作不努力者所施的惩罚。"[1]他同时又指出,"以'鞭'、'箠'打人还有一个专用的词就是'笞'"[2],可见"笞"是一种惩戒性的轻刑。

---

〔1〕 王凤阳:《古辞辨》,长春:吉林文史出版社,1993 年 6 月第 1 版,第 640 页。

〔2〕 王凤阳:《古辞辨》,长春:吉林文史出版社,1993 年 6 月第 1 版,第 640 页。

二　西汉政治生活中的"笞"罚

1. 法律对于"笞"罚的规定

"笞"罚虽是一种惩戒性的轻刑，但对于谋逆而"当三族"的人来说，在对其施行五种肉刑以后，再把他们笞杀，就可以充分体现"笞"罚的惩戒性，正如《汉书》卷二十三《刑法志》所载："汉兴之初，虽有约法三章，网漏吞舟之鱼，然其大辟，尚有夷三族之令。令曰：'当三族者，皆先黥，劓，斩左右止，笞杀之，枭其首，菹其骨肉于市。其诽谤詈诅者，又先断舌。'故谓之具五刑。彭越、韩信之属皆受此诛。至高后元年，乃除三族罪。……其后新垣平谋为逆，复行三族之诛。"

对于不忠的臣子来说，皇帝果敢地使下吏笞杀之，目的是杀一儆百，以戒不忠者，正如陆贾《楚汉春秋》所载："上败彭城，薛人丁固追上，上被发而顾曰：'丁公，何相逼之甚？'乃回马而去。上即位，欲陈功。上曰：'使项氏失天下者是子也。为人臣用两心，非忠也。'使下吏笞杀之。"[3]在楚汉相争期间，作为项羽臣子的丁固，由于没有穷追刘邦而放走他，因而在刘邦即皇帝位后，便来邀功，出人意料的是，刘邦不仅不赏丁固，反而使下吏笞杀之，其深层原因是刘邦厌恶臣子的不忠。

刘邦死后，吕太后专权，大封吕氏，吕禄被封为赵王，吕产被封为梁王，吕通被封为燕王。由于刘邦在天下大定后曾与大臣有约："非刘氏王者，天下共击之。"所以在吕太后死后，周勃、陈平等忠于刘氏的大臣合谋"捕斩吕禄，笞杀吕嬃"[4]。这里的吕嬃，就是吕禄的姑姑。

---

〔3〕　王利器：《新语校注》附录二《楚汉春秋佚文》，北京：中华书局，1986年8月版，第186页。

〔4〕　（汉）司马迁：《史记》卷九《吕太后本纪》，北京：中华书局，1982年11月第2版，第410页。

汉初，肉刑与笞罚并存。文帝时，太仓令淳于意犯法当刑，其小女缇萦挺身而出，愿代其父受罚，其行为感动文帝，这才废除肉刑，正如《汉书》卷二十三《刑法志》所载：文帝十三年，"定律曰：……当劓者，笞三百；当斩左止者，笞五百；当斩右止，及杀人先自告，及吏坐受赇枉法，守县官财物而即盗之，已论命复有笞罪者，皆弃市。"以"笞"罚代替"劓"和"斩左止"，无疑扩大了"笞"罚的范围，但由于"斩左止者笞五百，当劓者笞三百，率多死"，因而免不了"外有轻刑之名，内实杀人"之讥，所以景帝元年又"下诏曰：'加笞与重罪无异，幸而不死，不可为人。其定律：笞五百曰三百，笞三百曰二百。'犹尚不全。至中六年，又下诏曰：'加笞者，或至死而笞未毕，朕甚怜之。其减笞三百曰二百，笞二百曰一百。'又曰：'笞者，所以教之也，其定箠令。'丞相刘舍、御史大夫卫绾请：'笞者，箠长五尺，其本大一寸，其竹也，末薄半寸，皆平其节。当笞者笞臀。毋得更人，毕一罪乃更人。'自是笞者得全，然酷吏犹以为威。"[5]邱氏浚曰："自废肉刑之后，易刀锯以竹箠，所以全人之身也。景帝定为令，凡笞所用之质，所制之度，所行之人，所施之处，皆详悉具著，以示天下后世，以此为防。"[6]废除肉刑的"劓"和"斩左止"而代以"笞"罚，无疑是一大进步，而"箠令"的颁布，使得"笞"罚进一步规范了。

对于太子来说，擅自调用皇帝的军队要处以"笞"罚，正如《汉书》卷九十四《匈奴传》所载："汉遣使者报送其使，单于使左右难汉使者，曰：'汉，礼仪国也。贰师道前太子发兵反，何也？'使者曰：'然。乃丞相私与太子争斗，太子发兵欲诛丞相，丞相诬之，故诛丞相。此子弄父兵，罪当笞，小过耳。孰与冒顿单于身杀其父代立，常妻后母，禽兽行也！'单于留使者，三岁乃得还。"这

---

〔5〕（汉）班固：《汉书》卷二十三《刑法志》，北京：中华书局，1962 年 6 月第 1 版，第 1100 页。

〔6〕（清）沈家本：《历代刑法考》（一），邓经元、骈宇骞点校，北京：中华书局，1985 年 12 月第 1 版，第 358 页。

里的关键句"子弄父兵，罪当笞"，在《汉书》卷六十六《车千秋传》中也有记载。

2. 治狱之吏对于"笞"罚的使用

治狱之吏使用"笞"罚时有两个专用名词，"搒"（péng）和"掠"。《广雅·释诂》曰："搒，击也。"《广韵》载："搒，笞打也。"又《广韵》曰："掠，笞也，治也。"《集韵》也载："掠，搒也。"搒是进行刑讯，"'掠'也是为逼供而笞挞，但在程度上它要狠得多，这与'掠'的夺取义有关……用刑强制犯人使之招供也称'掠'……因为'掠'是必欲强取口供，所以'毒掠'、'楚掠'等常连用，'笞掠'、'搒掠'也常连用。'掠'用现代话说就是严刑逼供。"[7]

路温舒说："臣闻秦有十失，其一尚存，治狱之吏是也。"[8]清人沈家本据此分析说："按：据温舒所言，考囚之酷，秦为最甚，夏侯婴以受伤人而笞掠至数百之多，其他之姿意笞掠更可知矣。"[9]沈家本所谓"考囚之酷，秦为最甚"的话并非虚言，如身为丞相的李斯，在被逮入狱后，"榜掠千余，不胜痛，自诬服"[10]就是证明。

汉承秦制，其治狱之吏的严酷，与秦比起来有过之而无不及，这从治狱之吏对于"笞"罚的使用上就可得到证明。汉初，身为赵王属下的贯高，为了向皇帝证明赵王没有谋反，与赵王一起到长安，并对狱吏说："独吾属为之，王不知也。"结果被"吏榜笞数千，刺爇，身无完者"[11]，但"终不复言"，反映了一个属下对其主人的忠贞不贰。

---

〔7〕 王凤阳：《古辞辨》，长春：吉林文史出版社，1993 年 6 月第 1 版，第 641页。

〔8〕 《汉书》卷五十一《路温舒传》，第 2369 页。

〔9〕 （清）沈家本：《历代刑法考》（一），邓经元、骈宇骞点校，北京：中华书局，1985 年 12 月第 1 版，第 502～503 页。

〔10〕 《史记》卷八十七《李斯列传》，第 2561 页。

〔11〕 《汉书》卷三十二《张耳陈余列传》，第 1840～1841 页。

汉景帝时，因诸侯王势力太强而发生了吴楚七国反叛中央王朝之事，被周亚夫平定。武帝即位后，纳主父偃之策，行推恩令，旨在削弱诸侯王的势力。而诸侯王"今或无罪，为臣下所侵辱，有司吹毛求疵，笞服其臣，使证其君，多自以侵冤"[12]。

汉武帝时，作为衡山王刘赐手下的谒者——卫庆，自恃有方术，欲上书事天子，引起衡山王大怒，"故劾庆死罪，强榜服之"[13]。师古曰："榜，击也。击笞之，令其自服死罪也。榜音彭。"杜周为武帝廷尉时，诏狱越发多起来："二千石系者新故相因，不减百余人。郡吏大府举之廷尉，一岁至千余章。章大者连逮证案数百，小者数十人；远者数千里，近者数百里。"在会审时，吏因责如章告劾（师古曰："皆令服罪如所告劾之本章。"），对于不服罪的，"以掠笞定之"[14]，于是"闻有逮证，皆亡匿"，狱吏使用"笞"罚之滥于此可见一斑。

昭宣之际的官吏韩延寿，在治理东郡时，采取刑德相辅的办法，即"上礼仪，好古教化，所至必聘其贤士，以礼待用，广谋议，纳谏争；举行丧让财，表孝弟有行；修治学官……习射御之事。治城郭，收赋租，先明布告其日，以期会为大事，吏民敬畏趋乡之。又置正、五长，相率以孝弟，不得舍奸人。"因而取得了"吏无追捕之苦，民无箠楚之忧"[15]的实效，吏民两便。后韩延寿代萧望之为左冯翊，而萧望之迁御史大夫。由于韩延寿在东郡时放散官钱千余万一事被人告发，萧望之就让到东郡办公事的御史顺便查问，韩延寿知道后，即"部吏案校望之在冯翊时廪牺官钱放散百余万"，因"廪牺吏掠治急，自引与望之为奸"[16]，但萧望之卒无事实，而恰恰是韩延寿有事实，这样，皇帝便不信任韩延寿而疏远他了。

---

〔12〕《汉书》卷五十三《景十三王传》，第2422页。

〔13〕《汉书》卷四十四《淮南衡山济北王传》，第2153页。

〔14〕《汉书》卷六十《杜周传》，第2660页。

〔15〕《汉书》卷七十六《韩延寿传》，第3211页。

〔16〕《汉书》卷七十六《韩延寿传》，第3214页。

宣帝时的廷尉使路温舒认为，作为秦的十失之一的治狱之吏，在汉代仍然存在。他说："夫人情安则乐生，痛则思死。棰楚之下，何求而不得？……故天下之患，莫深于狱；败法乱正，离亲塞道，莫甚乎治狱之吏。"[17]地节四年（前66年），诏曰："令甲，死者不可生，刑者不可息。……今系者或以掠辜若饥寒瘐死狱中，何用心逆人道也！朕甚痛之。其令郡国岁上系囚以掠笞若瘐死者所坐名、县、爵、里，丞相御史课殿最以闻。"[18]清人邓经元据此分析说："按：汉承秦敝，考囚之法盖亦甚酷，路温舒所谓其一尚存。观宣帝此诏，当日之以掠而死者众矣，以瘐死之多寡为狱吏之殿最，其法历代遵行，治标之道不得不尔。"[19]

元帝时的御史中丞陈咸（陈万年之子），因"漏泄省中语"而被其政敌石显告发，因而陈咸不仅"下狱掠治"[20]，而且"掠治困笃"[21]，幸得朱博的鼎力相救，才免于一死。元成之际的大臣谷永，对于成帝时掖庭狱的"笞"罚之酷进行了深刻揭露："又以掖庭狱大为乱阱，榜箠瘍（cǎn）于炮格，绝灭人命……建治正吏，多系无辜，掠立迫恐……生入死出者，不可胜数。"[22]就连成帝的宠臣淳于长，也落得了"榜死于狱"[23]的可悲下场。

哀帝时的谏大夫孙宝，为郑崇下狱受冤一事上书说："按尚书令昌奏仆射崇，下狱覆治，榜掠将死，卒无一辞，道路称冤。"[24]师古曰："榜掠，谓笞击而考问之也。榜音彭。"孙宝不但没有救出郑崇，反而被皇帝免为庶人。这一时期被封侯的息夫躬，在被系雒阳诏狱

---

〔17〕《汉书》卷五十一《路温舒传》，第2370页。

〔18〕《汉书》卷八《宣帝纪》，第252~253页。

〔19〕（清）沈家本：《历代刑法考》（一），邓经元、骈宇骞点校，北京：中华书局，1985年12月第1版，第503页。

〔20〕《汉书》卷六十六《陈万年传》，第2900页。

〔21〕《汉书》卷八十三《朱博传》，第3398页。

〔22〕《汉书》卷八十五《谷永传》，第3460页。

〔23〕《汉书》卷八十六《王嘉传》，第3494~3495页。

〔24〕《汉书》卷七十七《孙宝传》，第3262页。

后，一听说"欲掠问，躬仰天大呼，因僵仆。吏就问，云咽已绝，血从鼻耳出。食顷，死。党友谋议相连下狱百余人。"[25]一位侯爷听到"欲掠问"的话后竟然被吓死，狱吏"笞"罚之酷确实令人不寒而栗。

汉平帝时，宠臣董贤死后无人敢葬，而其所厚之吏——沛人朱诩，买棺衣收董贤尸葬之，外戚王莽闻之大怒，便"以它罪击杀诩"[26]。

对王公大臣该不该使用"笞"罚，在西汉社会中颇有争议。汉文帝时的大臣贾谊，坚决反对使用"笞"罚，他说："夫尝已在贵宠之位，天子改容而体貌之矣，吏民尝俯伏以敬畏之矣，今而有过，帝令废之可也，退之可也，赐之死可也，灭之可也；若夫束缚之，系绁之，输之司寇，编之徒官，司寇小吏詈骂而榜笞之，殆非所以令众庶见也。……夫天子之所尝敬，众庶之所尝宠，死耳死耳，贱人安宜得如此而顿辱之哉！……故古者礼不及庶人，刑不至大夫，所以厉宠臣之节也。"[27]从"厉宠臣之节"的角度出发，王公贵族被"司寇小吏詈骂而榜笞之"时，确实是不应该让众庶看见的。武帝时的太史令司马迁，把受"笞"罚作为十种耻辱[28]的第七辱，他的"士节不可不厉"的观点，与贾谊"所以厉宠臣之节"的观点是一脉相承的。

武帝时，贤良、文学在相互驳难时对"笞"罚也有所涉及，贤良讥笑文学是"东向伏几、振笔如文调者，不知求索之急、箠楚之痛者也"[29]，而文学则指责贤良是"以箠楚正乱，以刀笔正文，古

---

[25] 《汉书》卷四十五《息夫躬传》，第2187页。

[26] 《汉书》卷九十三《佞幸传》，第3741页。

[27] 《汉书》卷四十八《贾谊传》，第2256~2257页。

[28] 《汉书》卷六十二《司马迁传》："人固有一死，死有重于泰山，或轻于鸿毛，用之所趋异也。太上不辱先，其次不辱身，其次不辱理色，其次不辱辞令，其次诎（qū）体受辱，其次易服受辱，其次关木索被箠楚受辱，其次剃毛发婴金铁受辱，其次毁肌肤断支体受辱，最下腐矣，极矣。"

[29] 《盐铁论·取下第四十一》，马非百：《盐铁论简注》，北京：中华书局，1984年10月版，第303页。

之所谓贼，今之所谓贤也"[30]。成帝时，丞相王嘉犯罪应法，可永信少府猛等十人认为"大臣括发关械、裸躬就笞，非所以重国褒宗庙也"[31]，因而成帝有诏假谒者节，召丞相诣廷尉诏狱。受有识之士反对"笞"罚的呼声的影响，少时身为舒桐乡啬夫的朱邑，执政"廉平不苟，以爱利为行，未尝笞辱人，存问耆老孤寡，遇之有恩，所部吏民爱敬矣"，因而"迁补太守卒史，举贤良为大司农丞，迁北海太守，以治行第一入为大司马。为人淳厚，笃于故旧，然性公正，不可交于私。天子器之，朝廷敬焉"[32]。像朱邑那样"未尝笞辱人"就能达到"治行第一"的官吏，毕竟是少之又少，而多数官吏还是热衷于使用"笞"罚，这有着深刻的原因，正如《汉书》卷九十《酷吏传·尹赏》所载："疾病且死，戒其诸子曰：'丈夫为吏，正坐残贼免，追思其功效，则复进用矣。一坐软弱不胜任免，终身废弃无有赦时，其羞辱甚于贪汙坐臧。慎毋然！赏四子皆至郡守，长子立为京兆尹，皆尚威严，有治办名。"从尹赏临死前对其诸子的戒语可知，法律规定：官吏如果因"软弱不胜任"而被免官的话，终身再难有复官的机会；如果因"残贼"被免官，追思其功效，还有复官的机会。正是由于因"残贼"被免官尚有复官的机会，这才导致多数官吏热衷于"笞"罚而不惜背上"残贼"的恶名。

3. 犯人服刑期间表现不佳要遭"笞"罚

元帝时，作为东平思王刘宇之姬的朐（qú）腊，先前被亲幸，后又被疏远，因而多次叹息呼天，刘宇听说后，"斥朐腊为家人子，扫除永巷，数笞击之"[33]。朐腊因被多次笞击而怀怨，遂"疏宇过失，数令家告之"，刘宇知晓后，便用绳索勒死了朐腊。有司奏请逮捕刘宇，但皇帝却格外开恩，有诏削樊、亢父二县。

成帝时，陈咸（陈万年之子）为南阳太守，"所居以杀伐立威，

〔30〕《盐铁论·大论第五十九》，第419页。

〔31〕《汉书》卷八十六《王嘉传》，第3501页。

〔32〕《汉书》卷八十九《循吏传·朱邑》，第3635页。

〔33〕《汉书》卷八十《宣元六王传》，第3323页。

豪滑吏及大姓犯法，辄论输府，以律程作司空，为地臼木杵，舂不中程，或私解脱钳钛，衣服不如法，辄加罪笞。督作剧，不胜痛，自绞杀，岁数百千人，久者虫出腐烂，家不得收。其治放严延年，其廉不如"〔34〕。师古曰："作程剧苦，又被督察，笞罚既多，故不胜痛也。"

"以高第入守右扶风"的尹翁归，在治理扶风时，"缓于小弱，急于豪强。豪强有论罪，输掌畜官，使斫莝，责以员程，不得取代。不中程，辄笞督，极者至以锄自刭而死。京师畏其威严，扶风大治，盗贼课常为三辅最"〔35〕。

4. 两官吏在皇帝面前"射覆"打赌时，输者愿受"笞"罚

据《汉书》卷六十五《东方朔传》载，上（汉武帝）尝使诸数家射覆，置守宫盂下，射之，皆不能中。唯有东方朔中之，因施帛十匹。复使射他物，连中，辄施帛。时有幸倡郭舍人，滑稽不穷，尝侍左右，认为东方朔是侥幸射中，很不服，便对皇帝说："臣愿令朔复射，朔中之，臣榜百，不能中，臣施帛。"可出乎郭舍人意料的是，东方朔又射中了，因而"上令倡监榜舍人，舍人不胜痛"。郭舍人虽然受了"笞"罚，但还是不服，他说："臣愿复问朔隐语，不知，亦当榜。"郭舍人随即妄为隐语，但东方朔应声而对，莫能穷者，左右大惊。

三 西汉家庭生活中的"笞"罚

家庭是社会的细胞，家庭的稳定与社会的安定密切相关。为了家庭能够稳定，家长被赋予了可以笞罚有过错的家庭成员的权力。如《方言》引《传》曰："慈母之怒子也，虽折葼笞之，其惠存焉。"〔36〕这里的"葼"（zōng），指的是树木的细枝。《礼记·内则》

---

〔34〕《汉书》卷六十六《陈万年传》，第 2901 页。

〔35〕《汉书》卷七十六《尹翁归传》，第 3208 页。

〔36〕（清）钱绎：《方言笺疏》，北京：中华书局，1991 年 11 月第 1 版。

也载："父母怒，不说，而挞之流血，不敢疾怨，起敬起孝。"

1. 诸侯王之家对于"笞"罚的使用

景帝时，汝南王刘建处置宫人的办法是："宫人姬八子有过者，辄令裸立击鼓，或置树上，久者三十日乃得衣；或髡钳以鈆杵舂，不中程，辄笞。"[37]师古曰："程者，作之课也。掠，笞击也。"身为广川王的刘去，有爱姬王昭平和王地余，并许以为后。刘去曾经生病，姬阳城人昭信尽心尽力服侍，因而更爱昭信。刘去与地余戏，得袖中刀，遂"笞问状，服欲与昭平共杀昭信。笞问昭平，不服，以铁针针之，强服。乃会诸姬，去以剑自击地余，令昭信击昭平，皆死。昭信曰：'两姬婢且泄口。'复绞杀从婢三人"[38]。从上引事实可知，诸侯王不仅可以笞罚其爱姬，而且还可以找借口杀害她们。作为广川王刘去的宠姬荣爱，因与王多次饮酒，受到昭信的嫉妒，便向刘去进谗言说："荣姬视瞻，意态不善，疑有私。"刘去是一个不辨是非而昏庸的人，对昭信的话信以为真，当时荣爱正在为刘去刺方领绣，刘去便取来烧了，这样荣爱感到惶恐不安，投井求死，但打捞上来却没有死，遂"笞问爱"，荣爱不胜痛便"自诬与医奸"，刘去就把荣爱"缚系柱，烧刀灼溃两目，生割两股，销鈆灌其口中。爱死，支解以棘埋之"[39]。广川王刘去不仅把其宠姬荣爱屈打成招，而且又用几种酷刑把其折磨死，然后再肢解尸体，其残忍程度令人发指。当时的另一诸侯王——刘元，在流放汉中郡的房陵县期间，因"坐与妻若共乘朱轮车"，不仅"怒若"，而且对其"又笞击，令自髡"[40]。看来，诸侯王不仅可以笞击其妻，而且还可以对其施行髡刑。

诸侯王不仅可以笞罚其妻和姬，而且也可以笞罚其太子。武帝时，衡山王刘赐的厥姬和王后徐来俱被衡山王宠幸，两人便互相嫉

---

[37]《汉书》卷五十三《景十三王传》，第2416页。
[38]《汉书》卷五十三《景十三王传》，第2428页。
[39]《汉书》卷五十三《景十三王传》，第2430页。
[40]《汉书》卷五十三《景十三王传》，第2412页。

妒。厥姬乃向太子恶言中伤徐来曰："徐来使婢蛊杀太子母。"太子由此从心里怨恨徐来，适逢徐来兄至衡山，太子便借饮酒之机以刃击伤之，徐来因为这件事恨上了太子，并多次向衡山王告太子的黑状，衡山王"以故数系笞太子"。元朔四年（前125年），"人有贼伤后假母者，王疑太子使人伤之，笞太子"〔41〕。诸侯王对其太子的行为有所怀疑，就可以进行笞罚，由此可见家长权力之大。

对于宫婢来说，在照料皇家子孙时不尽心尽力，就要受到"笞"罚。宣帝时，掖庭宫婢"则"令民夫上书，自陈尝有阿保之功。章下掖庭令考问，"则"称说使者丙吉知道详情。掖庭令便带着"则"到御史府来见丙吉，丙吉说："汝尝坐养皇曾孙不谨督笞，汝安得有功？独渭城胡组、淮阳郭征卿有恩耳。"〔42〕诏免"则"为庶人。

诸侯王既然可以笞罚其妻、姬和太子，那么对于奴婢的笞罚更是家常便饭，"人奴之生，得无笞骂即足矣"〔43〕正是武帝时人奴无奈的呼喊。作为一般人家的奴婢，如不听从主人的训教，也要受到主人的笞罚，如"奴不听教，当笞一百"〔44〕正是宣帝神爵年间（公元前61～前58年）一般人家主人的口吻。

2. 大小官吏之家对于"笞"罚的使用

不论是大官之家还是小官之家，子女犯有过错，身兼官职的家长都是可以对其进行笞罚的。惠帝时，曹参之子曹窋为中大夫。惠帝对于相国曹参不理国事感到奇怪，便对其子曹窋说："女归，试私从容问乃父曰：'高帝新弃群臣，帝富于春秋，君为相国，日饮，无所请事，何以忧天下？'然无言吾告女也。"曹窋回家后，即按惠帝的话去说，其父曹参闻之勃然大怒，对曹窋"笞之二百"〔45〕，并训

---

〔41〕《汉书》卷四十四《淮南衡山济北王传》，第2154页。

〔42〕《汉书》卷七十四《魏相丙吉传》，第3144页。

〔43〕《汉书》卷五十五《卫青霍去病传》，第2471～2472页。

〔44〕严可均《全上古汉魏六朝文》辑王褒《僮约》，转引自谢国桢：《两汉社会生活概述》第157～158页，西安：陕西人民出版社，1985年6月版。

〔45〕《汉书》卷三十九《萧何曹参传》，第2020页。

斥说："趣入侍，天下事非乃所当言也。"等到上朝时，曹参听说其子曹窋对自己所说的话是惠帝所教时，赶快免冠向惠帝请罪。

武帝时，身为杜陵人的张汤，其父官至长安丞。张汤之父出外办事，让其儿张汤守护家园，但等张汤之父办完事回家后，发现肉被老鼠盗走了，张汤之父一怒之下便"笞汤"，张汤情急之下"掘熏得鼠及余肉，劾鼠掠治，传爰书，讯鞫论报，并取鼠与肉，具狱磔（zhé）堂下。"张汤之父"见之，视文辞如老狱吏，大惊，遂使书狱"[46]。张汤守护家园时而让老鼠盗走了肉，其父笞罚他是应该的，而张汤情急之下的表现，则是史家对张汤治狱之才的揭示。

元帝时，身为大官的陈万年，在其生病时召其子陈咸教戒于床下，谈话至夜半，陈咸因困倦而打瞌睡，头触到了屏风，陈万年见状大怒，想要杖罚陈咸，并说："乃公教戒汝，汝反睡，不听吾言，何也？"陈咸赶快叩头谢罪说："具晓所言，大要教咸谄也。"[47]陈万年乃不复言。陈万年带病教戒其子陈咸，可其子反而打瞌睡，这是对其父不尊重，因而陈万年要杖罚其子陈咸，这是合乎情理的，只是陈万年知道其子领会了自己的为官之道后，也就不再说什么了。

3. 不论是官吏还是百姓，敢有意笞父母或高年者要受"弃市"（死刑）的重罚

武帝时，甲有子乙以乞丙，乙后长大，而丙所成育。甲因酒色谓乙曰：汝是吾子，乙怒杖甲二十。甲以乙本是其子，不胜其忿，自告县官。仲舒断之曰：甲生乙，不能长育，以乞丙，于义已绝矣。虽杖甲，不应坐[48]。作为西汉大儒，董仲舒深明《春秋》大义，其断案主要依人之常情来判定，无可厚非。甲虽生乙，但出于无奈而由丙来养育，这样甲与乙"于义已绝矣"，所以董仲舒判乙"虽杖

---

〔46〕《汉书》卷五十九《张汤传》，第 2637 页。

〔47〕《汉书》卷六十六《陈万年传》，第 2900 页。

〔48〕《通典》卷六十九东晋成帝咸和五年散骑侍郎乔贺妻于氏上表引，转引自程树德著《九朝律考》卷一《汉律考》七《春秋决狱考》，北京：中华书局，1963 年 5 月版，第 164 页。

甲，不应坐"是合乎情理的。又甲父乙与丙争言相斗，丙以佩刀刺乙，甲即以杖击丙，误伤乙，甲当何论？或曰殴父也，当枭首。论曰：臣愚以父子至亲也，闻其斗，莫不有怵怅之心，扶杖而救之，非所以欲诟父也。《春秋》之义，许止父病，进药于其父而卒，君子原心，赦而不诛。甲非律所谓殴父，不当坐[49]。法律对殴父的判罪是"枭首"。在甲父乙与丙争言相斗时，甲以杖击丙而误伤其父乙并不是有意为之，因而不属于律所谓"殴父"的范畴，所以董仲舒判甲"不当坐"是合乎情理的。

元帝初元（前48～前44年）中，大臣王尊因敢于直言，迁虢令，转守槐里，兼行美阳令之事。春正月，美阳女子告假子不孝，说："儿常以我为妻，妒笞我。"王尊听说后，遣吏收捕验问，辞服。王尊不无遗憾地说："律无妻母之法，圣人所不忍书，此经所谓造狱者也。"于是，王尊"出坐廷上，取不孝子县磔著树，使骑吏五人张弓射杀之"[50]，吏民惊骇。假子（养子）之所以被射杀，其不孝的罪名有二：一是笞罚其养母；二是以其养母为妻。在假子不孝的两条罪名中，后一种罪名是导致其被射杀的主要原因。

西汉自开国以来，一直推行养老制度。不论是官吏还是百姓，敢对高年尤其是受王杖者之高年进行笞罚，政府要严惩不贷，这可由甘肃武威磨咀子18号汉墓出土的王杖10简[51]得到证明。王杖10简之第19简明确记载，对于持王杖者"有敢妄骂詈殴之者，比逆不道"。可颍部游缴吴赏，竟敢在平帝河平元年（前28年）使从者殴击汝南西陵县昌里的一个叫"先"的持王杖老人，郡太守将此案上报廷尉，由廷尉转奏皇帝批准。上报的判词是"罪名明白，赏当弃市"（王杖10简之第21、22、23简）。类似这样的诏令和案例，在

---

[49] 《太平御览》六百四十引，转引自程树德著《九朝律考》卷一《汉律考》七《春秋决狱考》，北京：中华书局，1963年5月版，第164页。

[50] 《汉书》卷七十六《王尊传》，第3227页。

[51] 李均明、何双全编：《散见简牍合辑》，北京：文物出版社，1990年7月第1版，第3页。

甘肃武威磨咀子18号汉墓第二次发现的《王杖诏书令》[52]册中还有反映。《王杖诏书令》之第十简（正面）载，对于持王杖的老人"吏民有敢骂詈殴辱者，逆不道"；又第廿一简（正面）至第廿二简（正面）也载："制诏御史：年七十以上杖王杖，比六百石，入官府不趋。吏民有敢殴辱者，逆不道，弃市"。虽然法律一再重申：对于持王杖的老人，"吏民有敢殴辱者"将处以"弃市"（死刑）的重罪，但违犯者还是间或有之。如《王杖诏书令》之第七简（正面）、第八简（正面）、第九简（正面）载："汝南太守谳廷尉：吏有殴辱受王杖主者，罪名明白。制曰：谳何，应论弃市。云阳白水亭长张熬，坐殴捵受王杖主，使治道，男子王汤告之，即弃市。"高成鸢先生据此分析说："按，这是两则案例记录，其中第一则与'王杖十简'中'先'的案例相同，都由汝南太守呈报廷尉。死刑的判决系由皇帝批示……第二例中的犯人为亭长，即乡基层官吏，'捵'即拽，强拖受害人修路，被平民王汤举报，处死。"[53]又《王杖诏书令》之第廿三简（正面）、第廿四简（正面）、第廿五简（正面）、第廿六简（正面）载："汝南郡男子王安世，坐桀黠击鸠杖主，折伤其杖，弃市。南郡亭长司马护，坐擅召鸠杖主，击留，弃市。长安东乡啬夫田宣，坐戳鸠杖主，男子金里告之，弃市。陇西男子张汤，坐桀黠殴击王杖主，折伤其杖，弃市。亭长二人，乡啬二人，白衣民三人，皆坐殴辱王杖功。"这段简文共涉及五个案例，前四个案例均为有姓名、有情节的个案，第五个案例则为7个案子的综合。对于违犯《王杖诏书令》的11名罪犯，一律判处"弃市"（死刑）。在一、四两案中，汝南郡男子王安世和陇西男子张汤，殴打老人并折断其王杖，这当然是大逆不道的事，理应"弃市。"在二、三两案中，司马护和田宣分别是亭长和啬夫，都是乡间官吏，虽然他们只

〔52〕 李均明、何双全编：《散见简牍合辑》，北京：文物出版社，1990年7月第1版，第15~18页。

〔53〕 高成鸢：《中华尊老文化探究》，北京：中国社会科学出版社，1999年8月第1版，第136页。

是擅自拘留（"击留"之"击"借为"系"）持王杖者而并没有严重到殴打的程度，但因他们是执法犯法，因而从严惩治。在第五个案例中，7名罪犯中乡间官吏就占了4名，居多数。这里值得注意的是，在第三个案例中，举报人金里是个平民男子；而在上文涉及的案例中，举报人王汤也是个平民男子。由此不难看出，受殴辱的持王杖老人不应是"退休官吏"，因为"退休官吏"是用不着平民百姓来举报的，从而也反映了西汉的养老制度是面向平民百姓的。

综上所述，西汉文帝时废除肉刑的"劓"和"斩左止"是一大进步，而景帝时"箠令"的颁布使得"笞"罚更规范了。在政治生活中，对于谋逆而"当三族"的人处以五种肉刑后，再把其笞杀，就能充分体现"笞"罚的惩戒性；与秦相比，西汉治狱之吏的严酷有过之而无不及，这是因为官吏以"软弱不胜任"而被免官的话，终身再难有复官的机会，若以"残贼"被免官，追思其功效，尚有复官的机会；犯人服刑期间表现不佳要遭笞罚；两官吏在皇帝面前"射覆"打赌时，输者愿受"笞"罚；对于太子来说，擅自调用皇帝的军队要受笞罚。在家庭生活中，诸侯王可以笞罚其妻、姬和太子，而对奴婢的"笞"罚更是家常便饭；不论是大官之家还是小官之家，对于犯过错的子女，身兼官职的家长都是可以笞罚的；不论是官吏还是百姓，敢有意笞击父母或高年尤其是持王杖者之高年要受"弃市"（死刑）的重罚，反映了西汉的养老制度是面向平民百姓的。

（原文载《咸阳师范学院学报》2005年第1期，收录时有增补）

秦末谋士范增劝项梁立楚后之评议[*]

宋代学者洪迈在其《范增非人杰》一文中指出:

> 世谓范增为人杰,予以为不然。夷考平生,盖出战国从横
> 之余,见利而不知义者也。始劝项氏立怀王,及羽夺王之地,
> 迁王于郴(chēn),已而弑之,增不能引君臣大谊,争之以死。
> 怀王与诸将约,先入关中者王之,沛公既先定关中,则当入约,
> 增乃劝羽杀之,又徙之蜀汉。羽之伐赵,杀上将宋义,增为末
> 将,坐而视之。坑秦降卒,杀秦降王,烧秦宫室,增皆亲见之,
> 未尝闻一言也。至于荥阳之役,身遭反间,然后发怒而去。鸣
> 乎,疏矣哉!东坡公论此事伟甚,犹未尽也。〔1〕

洪迈所谓"范增非人杰"的观点,显然是以成败论英雄,并
不足取;今以历史事实为根据,仅对范增劝项梁立楚后之事加以
评议。

秦二世元年(前209年)七月,陈胜、吴广率领戍卒九百人在
蕲县大泽乡举起了反秦大旗,由于天下苦秦久矣,各地纷纷响应,
至陈县,起义军已有兵车六七百乘、骑千余、卒数万人;攻下陈县
后,陈胜自立为王,号"张楚"。

---

* 本文与吴大康合作。

〔1〕 (宋)洪迈:《容斋随笔》卷九"范增非人杰"条,长春:吉林文史出版
社,1994年1月第1版,第94页。

秦二世二年（前 208 年）六月，身为张楚政权上柱国的项梁，为了改变陈胜死后起义军人心涣散的状况，增强起义军自身的内聚力，乃"召诸别将会薛计事"〔2〕，共谋反秦大略；沛公刘邦也专门从沛赶来参加了会议。在这次会议上，年已七十而"好奇计"的居鄛人范增说："陈胜败固当。夫秦灭六国，楚最无罪。自怀王入秦不反，楚人怜之至今，故楚南公曰：'楚虽三户，亡秦必楚'也。今陈胜首事，不立楚后而自立，其势不长。今君起江东，楚蜂午（起）之将皆争附君者，以君世世楚将，为能复立楚之后也。"〔3〕项梁认为范增的话很有道理，便派人找到已流落民间的牧羊人、楚怀王孙心，立以为楚怀王。

对于范增劝项梁立楚怀王孙心为楚王，古今学者多持否定态度。北宋神宗时的政治改革家王安石在其《范增》一诗中说："中原秦鹿待新羁，力战纷纷此一时。有道吊民天即助，不知何用牧羊儿？"显然，王安石对于范增劝项梁立楚怀王孙心为楚王的策略不以为然。现代的历史学家们在评价薛城之会时也说："主张'复立楚后'，固然是当时以项梁为代表的农民起义领袖们政治上的不成熟与失误；但作为封建社会早期的一次农民起义，在那戎马倥偬的动荡之中，能召集这样的会议，它本身就是农民起义军的自我组织能力与斗争水准进一步提高的重要表现。它增强了'亡秦必楚'的信念，协调了各路起义军的行动，提高了反秦战斗力，成为秦末农民战争开始走向第二阶段的标志。"〔4〕

对于现代历史学家们"主张'复立楚后'，固然是当时以项梁为代表的农民起义领袖们政治上的不成熟与失误"的观点，笔者以为值得商榷。让我们还是从范增对项梁的劝谏之语开始分析吧！

---

〔2〕 （汉）司马迁：《史记》卷七《项羽本纪》，北京：中华书局，1982 年 11 月第 2 版，第 300 页。

〔3〕 《史记》卷七《项羽本纪》，第 300 页。

〔4〕 白寿彝、高敏、安作璋主编：《中国通史》第四卷《中古时代·秦汉时期》（上册），上海：上海人民出版社，1995 年 11 月，第 261 页。

在上引文献中，楚南公所谓"楚虽三户，亡秦必楚"的预言是正确的。张建寅先生著《"楚虽三户，亡秦必楚"辨释》[5]一文，从政治、经济等方面对"亡秦必楚"进行了分析，他得出结论说："如果说楚国的丰富的物资是楚灭秦的直接的物资基础，而楚国的'不待贾而足'又'无饥馑之患'的自给自足的封建经济，则直接构成为'楚人怨秦'的政治思想基础。有了物资基础和政治思想，'亡秦必楚'才终于成为现实。"张先生的分析不无道理。而范增劝项梁立楚怀王孙心为楚王，正是受楚南公"楚虽三户，亡秦必楚"预言的启发而顺应当时"楚人怨秦"的心理提出来的，因而是正确的。事实也正是如此。当陈胜在蕲县大泽乡举起反秦旗帜后，"楚之地，方二千里莫不响应，家自为怒，人自为斗，各报其怨而攻其仇，县杀其令丞，郡杀其守尉"[6]。"当此时，楚兵数千人为聚者，不可胜数"[7]。"陵人秦嘉、铚人董緤、符离人朱鸡石、取虑人郑布、徐人丁疾等皆特起"[8]。还有项梁、项羽叔侄起兵于吴，沛公刘邦起兵于沛。整个楚国很快就形成了强大的反秦洪流。在楚国的反秦洪流中，项羽领导的军队最终消灭了秦军主力，而沛公刘邦领导的军队最终灭亡了残暴的秦王朝。历史证明，楚南公的预言是正确的。

在上引文献中，范增所谓"陈胜败固当……今陈胜首事，不立楚后而自立，其势不长"之语也是对的，这可由当时的英雄豪杰张耳、陈余之语加以说明。当陈胜攻下陈县后，张耳、陈余便来拜见，陈胜"素闻其贤，大喜"；当陈县豪杰父老请立陈胜为楚王时，陈胜征求张耳、陈余的意见，他们说："秦为无道，灭人社稷，暴虐百姓；将军出万死之计，为天下除残也。今始至陈而王之，示天下私。愿将军毋王，急引兵而西；遣人立六国后，自为树党，为秦益敌；

---

〔5〕 中国历史文献研究会编：《中国历史文献集刊》第五集，长沙：岳麓书社，1985 年 5 月，第 194～200 页。

〔6〕 《史记》卷八十九《张耳陈余列传》，第 2573 页。

〔7〕 《史记》卷四十八《陈涉世家》，第 1953 页。

〔8〕 《史记》卷四十八《陈涉世家》，第 1957 页。

敌多则力分，与众则兵强。如此，则野无交兵，县无守城，诛暴秦，据咸阳，以令诸侯；诸侯亡而得立，以德服之，则帝业成矣！今独王陈，恐天下懈也。"〔9〕在陈胜反秦旗帜的号召下，旧六国境内广泛地发生了两种反秦武装：一是类似陈胜领导的农民起义军，二是旧六国贵族领导的割据武装，这两种武装力量"对秦统治者来说，都同样是背叛和反抗。陈胜起义后，之所以能很快出现'山东尽叛'，使秦朝统治阶级陷入孤立的地位，和六国贵族纷纷起来进行复国活动也有密切的关系"〔10〕。由此可见，在反秦的武装力量中，六国贵族的武装力量是不容忽视的。从"自为树党"的角度出发，张耳、陈余劝陈胜"遣人立六国后"无疑是正确的，可惜陈胜听不进去，因而成为其失败的原因之一，正如范文澜先生所说："陈胜自首事到败死，只有六个月。兴起那样勃然，因为他的行动切合当时社会的需要；败死又那样骤然，因为他有不可避免的两个弱点和一个可避免而不避免的弱点。"陈胜不可避免的两个弱点之一就是"领主残余分子如武臣之类，借陈胜名义纷纷割据，不肯援助"〔11〕。武臣之类的领主残余分子，既是借陈胜的名义而割据，为什么不肯援助陈胜的农民起义军呢？当时辅佐武臣的张耳、陈余为我们提供了明确的答案。前已述及，张耳、陈余曾劝陈胜"遣人立六国后，自为树党"，陈胜不纳，但他称王后却纳张耳、陈余"请奇兵北略赵地"之策，以故所善陈人武臣为将军，邵骚为护军，以张耳、陈余为左、右校尉，予卒三千人，徇赵。张耳、陈余至邯郸，听说周章退却，又听说为陈胜徇地之诸将返还者多因谗毁得罪而被杀，便劝武臣自立为王；八月，武臣遂自立为赵王，以陈余为大将军，张耳为右丞相，邵骚为左丞相，使人报知陈胜。陈胜闻讯大怒，欲尽族武臣等

---

〔9〕（宋）司马光编著：《资治通鉴》卷七《秦纪二·二世皇帝元年（前209年）》，北京：中华书局，1956年6月第1版，第256页。

〔10〕李桂海：《论秦末六国贵族反秦斗争的性质》，《求是学刊》1985年第4期。

〔11〕范文澜：《中国通史》第二册，北京：人民出版社，1964年8月第4版，第28页。

家而发兵击赵。柱国房君谏阻说："秦未亡而诛武信君等家,此生一秦也;不如因而贺之,使急引兵西击秦。"陈胜以为然,从其计,徙系武臣等家于宫中,封张耳之子张敖为成都君,派使者前往赵国祝贺,并令赵急发兵西入关;可张耳、陈余却对赵王武臣说:"王王赵,非楚意,特以计贺王。楚已灭秦,必加兵于赵。愿王毋西兵,北徇燕、代,南收河内以自广。赵南据大河,北有燕、代,楚虽胜秦,必不敢制赵;不胜秦,必重赵。赵乘秦、楚之敝,可以得志于天下。"[12]赵王武臣认为张耳、陈余之计可行,遂不派兵西击秦,反而"使韩广略燕,李良略常山,张黡略上党",致使陈胜领导的农民起义军失去有力援助而失败。

武臣于秦二世元年(前209年)八月自立为赵王后,又有齐、魏、燕等国的贵族或自立为王,或被他人立为王。作为"故齐王族"的田儋,与"从弟荣,荣弟横,皆豪健,宗强,能得人",因而在陈胜的将军周市(fú)徇地至狄时,田儋击杀狄令,召豪吏子弟说:"诸侯皆反秦自立。齐,古之建国也;儋,田氏,当王!"[13]乃自立为齐王,并发兵而击周市,周市军退去。周市自狄还,至魏地,想要立故魏公子宁陵君魏咎为王,只因魏咎在陈,不得到魏,未果。魏地已定之后,诸侯皆欲立周市为魏王,周市推辞说:"天下昏乱,忠臣乃见。今天下共畔秦,其义必立魏王后乃可。"[14]诸侯固请立周市,周市终辞不受;迎魏咎于陈,五反,陈王乃遣之,立魏咎为魏王,周市为魏相。同年,奉赵王武臣之命而北徇燕地的韩广,到达燕地后,燕地豪杰欲共立韩广为燕王,韩广以"广母在赵"为由加以拒绝,可燕人说:"赵方西忧秦,南忧楚,其力不能禁我。且以楚之强,不敢害赵王将相之家,赵独安敢害将军家乎!"韩广乃自立为燕王。秦二世二年(前208年),秦将章邯连败楚军,周文战死,陈

---

[12]《资治通鉴》卷七《秦纪二·二世皇帝元年(前209年)》,第259页。

[13]《资治通鉴》卷七《秦纪二·二世皇帝元年(前209年)》,第262页。

[14]《资治通鉴》卷七《秦纪二·二世皇帝元年(前209年)》,第263页。

胜、吴广皆为部下所杀，在这种情况下，赵将李良杀武臣以降秦，而张耳、陈余收赵王武臣之散兵，得数万人，反击李良，李良战败而归章邯；客有说张耳、陈余曰："两君羁旅，而欲附赵，难可独立，立赵后，辅以谊，可就功。"〔15〕乃求得赵歇；春正月，张耳、陈余立赵歇为赵王，居信都。

从上引事实可以看出，范增于秦二世二年（前 208 年）六月在薛城之会上劝项梁立楚怀王孙心为楚王，只不过是借鉴了此前赵、齐、魏、燕等国贵族或自立为王或被他人立为王的经验而加以仿效罢了，并没有什么不妥。也就是在项梁纳范增之策而立楚怀王孙心为楚王后，张良又说项梁曰："君已立楚后，而韩诸公子横阳君成最贤，可立为王，益树党。"〔16〕项梁乃使张良求韩成，立以为韩王。不论是张耳、陈余，还是张良，都认识到立六国后是"树党"，正所谓英雄所见略同耳！项羽在灭秦后而分封天下时也说："天下初发难时，假立诸侯后以伐秦。"〔17〕这里的"诸侯后"，无疑指的就是六国贵族之后。由此可见，立六国后是当时英雄豪杰的共识，因而范增劝项梁立楚怀王孙心为楚王，只不过是对当时英雄豪杰达成的立六国后之共识的发扬和光大，其正确性是不容怀疑的。由于薛城之会的主要成果是项梁纳范增之策而立楚怀王孙心为楚王，所以上引历史学家们评价薛城之会所谓"它增强了'亡秦必楚'的信念，协调了各路起义军的行动，提高了反秦战斗力"的话，完全可以作为楚怀王孙心被立为楚王这件事的作用。事实也正是如此，在项梁因骄傲轻敌而被章邯击杀后，各路诸侯在楚怀王孙心的统一号令下，兵分两路而协调行动：由宋义、项羽、范增率领的楚军主力，在援赵而发起的钜鹿之战中全歼秦军主力；因秦军主力被歼，沛公刘邦率领的一路军队没遇多大抵抗就顺利突入关中而消灭了残暴的秦王朝。

---

〔15〕《资治通鉴》卷八《秦纪三·二世皇帝二年（前 208 年）》，第 270 页。

〔16〕《资治通鉴》卷八《秦纪三·二世皇帝二年（前 208 年）》，第 274 页。

〔17〕《史记》卷七《项羽本纪》，第 316 页。

　　清代学者王鸣盛说："项氏谬计凡四：方项梁起江东，渡江而西，并诸军连战胜，及陈涉死，召诸别将会薛计事，此时天下之望已系于项梁，若不立楚怀王孙心，即其后破死于章邯之手，而项羽收其余烬，大可以制天下，范增首唱议立怀王，其后步步为其掣肘，使沛公入关，羽得负约名，杀之江中，得弑主名。增计最拙，大误项氏，谬一。……六国亡久矣，起兵诛暴秦，不患无名，何必立楚后，制人者变为制于人。"〔18〕王鸣盛所谓"及陈涉死，召诸别将会薛计事，此时天下之望已系于项梁"确是实情，但同时又说"若不立楚怀王孙心，即其后破死于章邯之手，而项羽收其余烬，大可以制天下"则未必正确。在项梁因骄傲轻敌而被章邯击杀后，楚怀王与诸将约："先入定关中者王之。"怀王诸老将皆曰："项羽为人，慓悍猾贼，尝攻襄城，襄城无遗类，皆坑之；诸所过无不残灭。且楚数进取，前陈王、项梁皆败，不如更遣长者，扶义而西，告谕秦父兄。秦父兄苦其主久矣，今诚得长者往，无侵暴，宜可下。项羽不可遣，独沛公素宽大长者，可遣。"怀王乃不许项羽，而遣沛公西掠地，收陈王、项梁散卒以伐秦。正是由于楚怀王采纳了诸老将的正确建议，让"素宽大长者"的沛公刘邦西入关击秦，而让"慓悍猾贼"的项羽援赵，才使得反秦大业顺利进行并最终消灭了残暴的秦王朝；如果在薛城之会上项梁不纳范增之策而立楚怀王孙心为楚王，那么在项梁战死以后，撇开盟友赵国迫切盼望援助不谈，急于为叔父项梁报仇的项羽必然会与刘邦在由谁西入关问题上争执不下，尽管诸老将都反对项羽而支持刘邦，但"慓悍猾贼"的项羽未必肯听，这样不仅局面将陷入混乱，而且还有可能贻误战机使赵国灭亡，起义军前途难以预料。因此，我们认为，在薛城之会上项梁纳范增之策而立楚怀王孙心为楚王是正确的。

　　王鸣盛又说："郦生劝立六国后，张良借前箸筹不可，在刘如

_____

〔18〕（清）王鸣盛：《十七史商榷》卷二"项氏谬计四"，北京：中国书店，1987 年 8 月第 1 版。

此，在项何独不然！"[19]这需要具体分析。北宋学者司马光说："初张耳、陈余说陈涉以复六国，自为树党；郦生亦说汉王。所以说者同而得失异者，陈涉之起，天下皆欲亡秦；而楚、汉之分未有所定，今天下未必欲亡项也。故立六国，于陈涉，所谓多己之党而益秦之敌也；且陈涉未能专天下之地也，所谓取非其有以与于人，行虚惠而获实福也。立六国，于汉王，所谓割己之有而以资敌，设虚名而受实祸也。此同事而异形者也。"[20]司马光的分析表明，在秦王朝未灭亡以前，张耳、陈余从"树党"的角度劝陈胜立六国后，其好处是"行虚惠而获实福也"；同是立六国后，但在秦王朝灭亡后，郦生劝刘邦立六国后则是"设虚名而受实祸也"，故张良以为不可。范增劝项梁立楚怀王孙心为楚王，与张耳、陈余劝陈胜立六国后都在秦王朝未灭亡以前，都是从"自为树党，为秦益敌"的角度考虑的，因而都是正确的；况且在项梁纳范增之策而立楚怀王孙心为楚王后，张良又劝项梁立韩公子成为韩王，项梁也采纳了，这也可佐证范增劝项梁立楚怀王孙心为楚王是正确的。

综上所述，过去和现在的学者多认为，范增劝项梁立楚怀王孙心为楚王是一个失误和政治上的不成熟，此种观点值得商榷。范增此举，是在陈胜死后而赵、燕、魏、齐四国贵族之后都被立为王的情况下提出来的，是对当时英雄达成的立六国后之共识的发扬和光大，是出于团结一切可以抗秦力量的需要，是时势发展而要协调各路诸侯统一行动的需要，它坚定了"亡秦必楚"的信念，保证了反秦大业的顺利进行并取得了成功，其功不可没，所以范增不失为英雄豪杰。

（原文载《唐都学刊》2006 年第 2 期）

〔19〕（清）王鸣盛：《十七史商榷》卷二"项氏谬计四"，北京：中国书店，1987 年 8 月第 1 版。

〔20〕《资治通鉴》卷十《汉纪二·高帝三年（前 204 年）》，第 332 页。

关于姜太公的几个问题[*]

姜太公，又叫太公望、姜尚、姜子牙、吕尚，是妇孺皆知的历史人物。他之所以有名，是因为他在辅佐周文王、周武王父子灭商的过程中建立了不朽的功勋。在这里，我们主要讨论两个问题：一个是姜太公的出生地问题，一个是姜太公与周文王初始相见的地点问题。

一　关于姜太公的出生地

对于姜太公的出生地问题，学术界是有争议的，主要有以下几种观点：

1. "东夷之士"即"东海上人"说

《吕氏春秋·首时》："太公望，东夷之士也。"高诱注曰："太公望，河内人也。于周，丰、镐为东，故曰东夷之士。"高诱对于"东夷之士"的解释显然不妥，正确的解释应是陈奇猷先生的说法："奇猷案：河内非夷地，以河内在周之东而称东夷，未闻。东海在齐，即《有始》'齐之海隅'，古东夷之地，故曰东夷之士。"对于《吕氏春秋·首时》的说法，汉代大史学家司马迁给予了肯定，他在《史记·齐太公世家》中说："太公望吕尚者，东海上人。"刘永恩先生同意司马迁的说法，并认为"东海"是"指东方滨海之地，当

---

　*　本文与王锋合作。

今江苏、山东沿海一带"〔1〕。

2. "河内汲人"说

这种说法以汉代的高诱为代表,他在《吕氏春秋·当染》"武王染于太公望、周公旦"下注曰:"太公望,河内汲人也,佐武王伐纣,成王封之于齐。"晋代的会稽太守杜宣,同意高诱的说法,正如郦道元《水经注》卷九《清水》下"又东过汲县北"注:"县,故汲郡治,晋太康中立。城西北有石夹水,飞湍浚急,人亦谓之磻溪,言太公尝钓于此也。城东门北侧有太公庙,庙前有碑,碑云:太公望者,河内汲人也。县民故会稽太守杜宣白令崔瑗曰:太公本生于汲,旧居犹存。……晋太康中,范阳卢无忌为汲令,立碑于其上。"

3. "西方人"说

《礼记·檀弓上》:"太公封于营丘,比及五世,皆反葬于周。君子曰:乐,乐其所自生;礼,不忘其本。古之人有言曰:狐死正丘首,仁也。"吕思勉先生据此分析说:"此太公为西方人之诚证。"〔2〕。

4. 今宝鸡县磻溪人

吕思勉先生虽然认为太公为西方人,但并没有确指,而何光岳先生则明确指出,太公即今宝鸡县磻溪人〔3〕。

以上几种观点,仁者见仁,智者见智。不过,从大的方向来讲,吕思勉先生的观点无疑是正确的,但具体是西方哪儿人?尚需分析。

《左传》昭公二十年引齐大夫晏婴的话说:齐地"昔爽鸠氏始居此地……而后太公因之",近代学者据此便说太公是东夷人、殷族、东海之人等,其实都是误解。所谓"而后太公因之"之意是指周初

---

〔1〕 刘永恩:《论姜子牙在兴周灭商中的历史功绩》,陕西历史博物馆编:《西周史论文集》下,西安:陕西人民教育出版社,1993 年 6 月第 1 版,第926 页。

〔2〕 吕思勉:《太公为西方人》,刊《吕思勉读史札记》上,上海:上海古籍出版社,1982 年 8 月第 1 版,第 155 页。

〔3〕 何光岳:《炎黄源流史》,南昌:江西教育出版社,1992 年 4 月第 1 版,第418 页。

封太公于爽鸠氏、季萴氏的齐故地[4]。何光岳先生指出："吕尚因与周宗室鲁侯伯禽共同坐镇东方，所以他到过东吕乡，并留下一部分吕人驻镇于此，以致被后来一些史家误认他为东海之滨东吕乡人。"[5]据毕沅《关中胜迹图志》卷八"古迹"载："太公墓，在文王陵东，《史记·齐世家注》：'太公封于营丘，比及五世，皆反葬于周。'《太平寰宇记》：'太公冢在县北二十五里。'谨案：《皇览·冢墓记》云：'太公葬于临淄。在县城南十里。'《齐记补遗》则云：'太公葬于周，齐人葬衣冠于此。'"周人有不忘祖地的旧习，太公等五世君主都反葬于周，而山东临淄只是他的衣冠冢而已，"此太公为西方人之诚证。东海上人，盖因其封东方而附会"[6]。

汉代的高诱，在《吕氏春秋·首时》注下说姜太公是河内人，而在《吕氏春秋·当染》注下则具体指出是河内汲人。但汲地并非姜太公的出生地，而"只是他曾移居之地"[7]。

我们是赞同吕思勉先生"太公为西方人"的观点的，但要确定太公在西方的出生地，还须从他的先祖说起。《史记》卷三十二《齐太公世家》载："太公望吕尚者，东海上人。其先祖尝为四岳，佐禹平水土甚有功。虞夏之际封于吕，或封于申，姓姜氏。夏商之时，申、吕或封枝庶子孙，或为庶人，尚其后苗裔也。本姓姜氏，从其封姓，故曰吕尚。"这段话有下面几层意思：

第一，吕尚的先祖曾经以"四岳"的身份辅佐大禹平水土，很有功劳。那么，"四岳"到底是什么意思呢？宋翔凤《过庭录》卷四《尚书略说上·四岳》引《汉书·百官公卿表》云："四岳，谓

---

[4]　何光岳：《炎黄源流史》，南昌：江西教育出版社，1992年4月第1版，第418页。

[5]　何光岳：《炎黄源流史》，南昌：江西教育出版社，1992年4月第1版，第420页。

[6]　吕思勉：《太公为西方人》，刊《吕思勉读史札记》上，上海：上海古籍出版社，1982年8月第1版，第155页。

[7]　何光岳：《炎黄源流史》，南昌：江西教育出版社，1992年4月第1版，第417页。

四方诸侯，系于四方，谓之四岳，其号非一人也，其职非一定也，其人非一时也。"《周礼·疏序》引郑《尚书·注》云："四岳，四时之官，主四岳之事，始羲、和之时，主四岳者谓之四伯。至其死，分岳事置八伯，皆王官……盖四岳始有四伯，其后为八伯。因系于方岳之下，不主中岳，故变五称四，犹言四方诸侯，数系于岳……盖四岳之官，内为王朝之卿，外为诸侯之长，非有专职如羲、和及共、鲧等是也。故是时伯夷、弃、皋陶、垂亦为四岳，号八伯，非别有四岳之人。且经文尧巽（逊）位则咨四岳，舜求宅百揆、典三礼则咨四岳，事重，故广咨众人，不在命官之数，故曰其职非一定也。案：唐、虞四岳有三，其始为羲、和之四子为四伯，其后共、鲧等为八伯，其后伯夷诸人为之……案：班氏说《尚书》，知伯夷逮事尧，故居八伯之首，而称太岳……"《史记·齐太公世家》云："吕尚，其先祖尝为四岳，佐禹平水土甚有功。虞夏之际封于吕，或封于申，姓姜氏。"何光岳先生据此分析说："此云四岳皆指伯夷，盖伯夷称太岳，遂号为四岳。其实四岳非止伯夷一人，故曰其人非一时也。宋氏谓四岳非止一人，并以伯夷为太岳，亦指伯夷代表四岳，这无疑是对的。"[8]"四岳"本是"主四岳之事"的官职，吕尚的先祖曾经做过此官，而从何光岳先生的分析来看，作为吕尚的先祖而为"四岳"一官的应是伯夷。

第二，因辅佐大禹平水土有功，吕尚的先祖在虞夏之际被封于吕或申，赐姓姜氏。

第三，夏商之时，申、吕或封枝庶，子孙或为庶人，吕尚就是他们的苗裔。

第四，吕尚本姓姜，只是因为其先祖封在吕，从其封姓，所以才姓吕。

以上四点，最后一点至关重要，我们只要弄清楚了吕尚先祖的

---

[8] 何光岳：《炎黄源流史》，南昌：江西教育出版社，1992年4月第1版，第250页。

封地——吕国的所在，吕尚的出生地也就迎刃而解了。关于吕国的所在，学术界主要有两种观点：一种观点认为，齐、许、申、吕所谓四岳国，在今河南中部向西南境山中〔9〕，而另一种观点则认为，申、吕等国源于山西霍太山一带〔10〕。笔者认为，后一种观点比较妥当。

顾颉刚、童书业两位先生说："西方戎族中以姜戎一族为最盛。姜戎姓姜，他们自称是四岳之后；在他们之中，有已经华化的，有仍停留在原始状态中的。华化的姜戎，便是齐、许、申、吕等国，其中尤以吕国为姜姓的大宗。"〔11〕作为姜姓大宗的吕国，是由居于岳山（今陕西陇县西四十里）的四岳东迁后建立的。

王玉哲先生认为，四岳等姜姓的齐、许、申、吕等国既源于山西霍太山一带，但春秋以前，他们的主要族众都早已迁出山西。当然他们在迁徙时可能还有部分遗民仍留在山西境内。周人灭商，吕尚出力最大，于是乃从山西太岳山区的吕国，改封到山东的营丘。吕国的另一支族和申国则到周宣王时才从山西南迁到河南的南阳一带〔12〕。

孙诒让《尚书今古文注疏》载："知西周以华岳为中岳，不数嵩高也。《左氏》昭公四年，司马侯云：'四岳、三涂、阳城、太室'，名嵩高为太室，别于四岳之外。是周时不以嵩高为中岳，知虞、夏时亦然，故当以霍太山为太岳也。"何光岳先生据此分析说："太岳、中岳、四岳诸分支部落，曾由吴岳、岳山东迁至华山，因而号称中岳，再东迁霍山，故霍山又叫霍太山、太岳山、岳山、中岳山等。霍山，在今山西省中部汾河东岸……而尧舜都建都于山西南部，四岳在其北邻，才可能担任他们的四伯官职。尧舜才有可能就近祭祀

---

〔9〕　傅斯年：《姜原》，刊《国立中央研究院历史语言研究所集刊》第二本第一分册。

〔10〕　王玉哲：《先周族最早来源于山西》，《中华文史论丛》1982年第3辑。

〔11〕　顾颉刚、童书业：《鲧禹的传说》，载《古史辨》第七册《下编》。

〔12〕　王玉哲：《先周族最早来源于山西》，《中华文史论丛》1982年第3辑。

太岳。"〔13〕由于霍山就在霍县的东边，所以何光岳先生更为具体地指出，吕国的始居地则在今山西霍县，为吕尚的祖籍〔14〕。这就是说，吕尚的祖先在虞夏时分封于此，建立吕国，后遂以国为氏。既然今山西霍县是吕尚的祖籍，那么，吕尚的出生地在今山西霍县也就自然而然了。

二　关于姜太公与周文王初始相见的地点

关于姜太公与周文王初始相见的地点问题，主要有两种观点：

1. 商王别都朝歌相见说

屈原《天问》载："师望在肆，昌何识？鼓刀扬声，后何喜？"王逸注曰："言吕望鼓刀在列肆，文王亲往问之，吕望对曰：'下屠屠牛，上屠屠国。文王喜，载与俱归。"

2. 渭水之阳相见说

《史记》卷三十二《齐太公世家》载："吕尚盖尝穷困，年老矣，以渔钓奸周西伯。西伯将出猎，卜之，曰：'所获非龙非彲，非虎非罴；所获霸王之辅。'于是周西伯猎，果遇太公于渭之阳，与语大说，曰：自吾先君太公曰'当有圣人适周，周以兴'。子真是邪？吾太公望子久矣。故号之曰'太公望'，载与俱归，立为师。"

以上两种观点，渭水之阳为太公与周文王初始相见的地点应是正确的。

邓名世在《古今姓氏书辨正》卷二十三"吕"下说：吕尚"盖吕侯枝孙，起渔钓，佐周文王，为武王太师，定天下有大功，封为齐侯。"据此可知，吕尚原是吕侯枝孙，是旁系，不是嫡系，所以不能继承侯位。作为旁系而不能继承侯位的吕尚，为了振兴家道，于

---

〔13〕　何光岳：《炎黄源流史》，南昌：江西教育出版社，1992 年 4 月第 1 版，第 253 页。

〔14〕　何光岳：《炎黄源流史》，南昌：江西教育出版社，1992 年 4 月第 1 版，第 420 页。

商末从其出生地（今山西霍县）出发，向南进入商王朝统治的中心地（今河南省）去谋求官职。近乎"而立"之年〔15〕的吕尚是满怀希望来谋求发展的，但商王朝在纣王的统治下政治腐败，官场黑暗，为了谋生，吕尚不得不干屠牛、卖饮等粗活。《尉缭子·武议》云："太公望年七十，屠牛朝歌，卖食孟津。"《索隐》引谯周曰："吕望尝屠牛于朝歌，卖饮于孟津。"《韩诗外传》说，吕望"屠牛朝歌，天热肉败"。《战国策·秦策》说他是"朝歌之废屠"。

前引屈原《天问》载："师望在肆，昌何识？鼓刀扬声，后何喜？"陈子展先生的解释是："师太公望在店做屠夫，姬昌怎么认得他？听到动刀扬起的声音，文王怎么喜悦它？"〔16〕如此看来，屈原对于太公望与姬昌相识于列肆的说法是持怀疑态度的，而王逸的解释显然歪曲了屈原的意思，因而不足凭信。

《史记》卷三十二《齐太公世家》载："或曰，吕尚处士，隐海滨。周西伯拘羑里，散宜生、闳夭素知而招吕尚。吕尚亦曰'吾闻西伯贤，又善养老，盍往焉'。三人者为西伯求美女奇物，献之于纣，以赎西伯。西伯得以出，反国。"这里需要澄清两个问题：

一是"吕尚处士，隐海滨"之"海"，应是"河"之讹。郦道元《水经注》卷九《清水》下"又东过汲县北"注："县，故汲郡治，晋太康中立。城西北有石夹水，飞湍浚急，人亦谓之磻溪，言太公尝钓于此也。……太公避纣之乱，屠隐市朝，遁钓鱼水，何必渭滨，然后磻溪，苟惬神心，曲渚则可，磻溪之名，斯无嫌矣。"作为商纣王别都的朝歌，在汲县北之淇县东北，吕尚隐居于汲县北的磻溪，可以就近参与营救周文王的活动。

二是"周西伯拘羑里，散宜生、闳夭素知而招吕尚"一段话中

---

〔15〕 顾颉刚：《太公望年寿》载："兹假定当灭纣时渠年三十，则至康王六年为七十九，自为极可能之事也。"刊《史林杂识初编》，北京：中华书局，1963 年 2 月版，第 210 页。

〔16〕 陈子展：《楚辞直解》，南京：江苏古籍出版社，1988 年 2 月第 1 版，第 153 页。

漏掉了一个人，周拱辰《离骚草木史》："散宜生、南宫适、闳夭学于太公，太公奇三子之为人，遂酌酒切醢结契焉。"可证。既然是散宜生、南宫适、闳夭三人曾向吕尚学习，素知吕尚的才学，自然要吕尚为他们出谋划策，但具体"为西伯求美女奇物，献之于纣，以赎西伯"的三人是散宜生、南宫适、闳夭，而不包括吕尚。

周文王从羑里脱险后，返回了封地。虽然吕尚参与了营救周文王的活动，但他只是出谋划策，所以并不愿与他们一起返回，更何况他对周文王的贤能只是道听途说，所以还想进一步做"百闻不如一见"的考察。出于这种目的，吕尚只身前往周文王的封地，隐居于渭水流域，正如《水经注》卷十七《渭水》"又东过陈仓县西"注："渭水之右，磻溪水注之，水出南山兹谷，乘高激流，注于溪中，溪中有泉，谓之兹泉。泉水潭积，自成渊渚，即《吕氏春秋》所谓太公钓兹泉也。今人谓之丸谷，石壁深高，幽隍邃密，林障秀阻，人迹罕交。东南隅有一石室，盖太公所居也。水次平石钓处，即太公垂钓之所也。其投竿跽饵，两膝遗迹犹存，是有磻溪之称也。其水清冷神异，北流十二里注于渭。"磻溪的所在地，据《读史方舆纪要》卷五十五《陕西四·凤翔府·宝鸡县》所载："磻溪，在县东南八十里。有磻溪谷，岩谷深邃，磻溪石及石室在焉，太公垂钓处也。北流入岐山县南为璜河，入于渭水。"磻溪在今宝鸡市南，发源于终南山，北流经磻溪镇入渭水。太公之所以在渭水支流——磻溪闲情钓鱼，一方面这是其祖宗世代居住的地方，有思念先祖的情结，但更重要的是他"欲定一世而无其主，闻文王贤，故钓于渭以观之"[17]。

周文王返回封地后，也风闻吕尚到了自己的封地。于是，在其大臣的策划下，以狩猎为名，在渭水流域寻找吕尚的踪迹。苍天不负有心人，周文王君臣终于在渭水之阳找到了吕尚，不仅尊他为

---

〔17〕 陈奇猷：《吕氏春秋校释》卷十四《首时》，上海：学林出版社，1984 年 4 月初版，第 767 页。

"太公望"，而且立为国师，这件事详载于《史记》卷三十二《齐太公世家》。周文王遇吕尚于渭之阳，不仅文献有记载，考古资料也有反映。1976 年，岐山周原出土了一批西周早期的甲骨，其上的刻辞有云："王其□，兹用既吉，渭鱼。"王宇信先生据此分析说："《概论》释渭'即渭河'。鱼，'即渔也'。说'此卜辞当指周王于渭河捕鱼的事情'。此说可从。……但此片之'王'字据《综论》分析为一型，乃指文王。片上所记之'渭渔'，可证史载文王曾出猎渭滨可信，得姜尚于渭阳之事亦非子虚乌有。"[18]文献资料与考古资料的二重证据显示，渭水之阳（北）是姜尚与周文王的初始相见之地。

综上所述，姜太公又叫太公望、姜尚、姜子牙、吕尚，其出生地在今山西霍县。商末，近乎"而立"之年的吕尚，为了振兴家道，从其出生地（今山西霍县）出发，向南进入商王朝统治的中心地区（今河南省）谋求官职。但商王朝在纣王的统治下政治腐败，官场黑暗，为了谋生，吕尚不得不干屠牛、卖饮等粗活。吕尚虽在朝歌干过屠牛一类粗活，但那里并不是他与周文王的初始相见之地，而他们的初始相见之地无疑是在渭水之阳。

（原文载《炎帝与民族复兴》，西安：陕西人民出版社，2006
年 7 月版）

---

〔18〕 王宇信：《西周甲骨探论》，北京：中国社会科学出版社，1984 年 4 月第 1
版，第 208～209 页。

晚唐诗人白居易嗜茶之表现及原因试探

白居易（772~846），字乐天，是中国唐代继李白、杜甫之后又一位杰出的现实主义诗人。作为晚唐诗人，白居易先是与元稹齐名，后又与刘禹锡并驾齐驱。

白居易一生作诗 75 卷，共计 3840 首。在这些诗作中，有六十余首与茶事有关。

《白居易全集》卷二十七《萧庶子相过》一诗说："半日停车马，何人在白家？殷勤萧庶子，爱酒不嫌茶。"与萧庶子一样，白居易也是一个"爱酒不嫌茶"的人。其《自题新昌居止因招杨郎中小饮》曰："地偏坊远巷仍斜，最近东头是白家。宿雨长齐邻舍柳，晴光照出夹城花。春风小榼三升酒，寒食深炉一碗茶。"[1]可证。那么，白居易嗜茶之表现及原因如何呢？下面进行具体分析。

一　白居易嗜茶之具体表现

白居易早年家境贫寒[2]，谈不上对于饮食的讲究；但入仕以后，不仅爱酒，而且嗜茶，具体表现在以下方面：

---

〔1〕（唐）白居易：《白居易全集》卷二十六，上海：上海古籍出版社，1999 年 5 月第 1 版，第 399 页。

〔2〕《旧唐书》卷一百六十六《白居易传》，北京：中华书局，1975 年 5 月第 1 版；《新唐书》卷一百一十九《白居易传》，北京：中华书局，1975 年 2 月第 1 版。

第一，所饮之茶多为名茶。

《琵琶引并序》载："商人重利轻别离，前月浮梁买茶去。"[3]
这里所说的浮梁是县名，系唐天宝元年（742 年）改新昌县置，治
所即今江西景德镇市北浮梁镇。因溪水时常泛溢，居民伐木为梁，
浮水而运，故易名浮梁县。元和十一年（816 年）徙治西北高阜
（即今址）。诗人作品中既提到商人去浮梁贩茶，说明那里是茶叶的
有名产地，而诗人也有可能喝到商人贩来的茶。

《新昌新居书事四十韵因寄元郎中张博士》一诗载："蛮榼来方
泻，蒙茶到始煎。"[4]这里说的蒙茶，产自蒙山："琴里知闻唯渌
水，茶中故旧是蒙山。"[5]蒙山位于四川省名山县城西与雅安市交界
处，为邛崃山南段余脉。有五峰，主峰上清峰，海拔 1440 米。北陡
南缓，终年烟雨蒙蒙，冬无严寒，夏无酷暑，土壤含酸性，适宜
种茶。

《春尽日》一诗载："醉对数丛红芍药，渴尝一碗绿昌明。"[6]
这里的"昌明"，是蜀茶的名称。

《题周皓大夫新亭子二十二韵》一诗载："东道常为主，南亭别
待宾。规模何日创？景致一时新。广彻罗红药，疏窗荫绿筠。锁开
宾阁晓，梯上妓楼春。置醴宁三爵，加笾过八珍。茶香飘紫笋，脍
缕落红鳞。"[7]这里所说的"紫笋"（茶名），究竟是湖州顾渚之紫
笋，还是常州义兴之紫笋，还不好确定。《夜泛阳坞入明月湾即事寄
崔湖州》又载："为报茶山崔太守，与君各是一家游。"[8]注云：
"尝羡吴兴每春茶山之游，洎入太湖，羡意减矣，故云。"可见，这
里的茶山在吴兴。又《夜闻贾常州崔湖州茶山境会想羡欢宴因寄此

〔3〕《白居易全集》卷十二，第 16 页。

〔4〕《白居易全集》卷十九，第 281 页。

〔5〕《白居易全集》卷二十五《琴茶》，第 377 页。

〔6〕《白居易全集》卷三十六，第 569 页。

〔7〕《白居易全集》卷十五，第 204 页。

〔8〕《白居易全集》卷二十四，第 363 页。

诗》载："遥闻境会茶山夜，珠翠歌钟俱绕身。盘下中分两州界，灯前合作一家春。青娥递舞应争妙，紫笋齐尝各斗新。"〔9〕这首诗，是诗人羡慕常州、湖州官员在两州交界处举办的茶山宴会而撰写，并寄给他们欣赏，说明诗人不仅与当地官员有交往，而且极有可能得到当地官员所赠的紫笋茶。

诗人作品中提到的蒙茶、昌明、紫笋等，都是些什么品级的茶呢？据《唐国史补》〔10〕卷下载："风俗贵茶，茶之名品益众。剑南有蒙顶石花，或小方，或散芽，号为第一。湖州有顾渚之紫笋，东川有神泉、小团、昌明、兽目……常州有义兴之紫笋。"由此可见，诗人作品中提到的蒙茶、昌明、紫笋等，皆为当时名品，而且湖州顾渚之紫笋已列为贡品。

第二，对新茶要做进一步加工。

朋友送给诗人的新茶，诗人还要做进一步加工，其具体做法既有炙："小盏吹醅尝冷酒，深炉敲火炙新茶。"〔11〕，又有焙："宝香罗药气，笼暖焙茶烟。"〔12〕《题施山人野居》也载："春泥秧稻暖，夜火焙茶香。"〔13〕新茶加工好后，诗人把它储存在茶柜〔14〕中，以备不时之需。

第三，对煎茶所用之水有所选择。

煎出的茶是否醇香，不仅与茶是否为名品有关，更与煎茶所用之水的品质密切相关。一般来说，泉水最好，河水次之，雪水便为下了。《山泉煎茶有怀》一诗曰："坐酌泠泠水，看煎瑟瑟尘。无由

---

〔9〕《白居易全集》卷二十四，第 366 页。

〔10〕（唐）李肇：《唐国史补》，本社编：《唐五代笔记小说大观上》上，上海：上海古籍出版社，2000 年 3 月第 1 版，第 196 页。

〔11〕《白居易全集》卷十六《北亭招客》，第 222 页。

〔12〕《白居易全集》卷二十七《即事》，第 420 页。

〔13〕《白居易全集》卷十三，第 180 页。

〔14〕《白居易全集》卷二十五《宿杜曲花下》："斑竹盛茶柜，红泥冪饭炉。"第 389 页。

持一碗，寄与爱茶人。"〔15〕这是诗人谈用山泉煎茶的新得。《萧员外寄新蜀茶》又曰："蜀茶寄到但惊新，渭水煎来始觉珍。满瓯似乳堪持玩，况是春深酒渴人。"〔16〕这是诗人对煎茶所用河水（渭水）的珍视。闲暇的时候，诗人也要品尝用雪水所煎的茶："冷咏霜毛句，闲尝雪水茶。城中展眉处，只是有元家。"〔17〕《晚起》一诗也载："融雪煎香茗，调苏煮乳糜。"〔18〕

第四，对茶具的重视。

诗人对茶具的重视，在其诗作中有所反映，如《睡后茶兴忆杨同州》一诗云："昨晚饮太多，嵬峨连宵醉。今朝餐又饱，烂漫移时睡。睡足摩挲眼，眼前无一事。信脚绕池行，偶然得幽致。婆娑绿阴树，斑驳青苔地。此处置绳床，傍边洗茶器。白瓷瓯甚洁，红炉炭方炽。沫下曲麹香，花浮鱼眼沸。盛来有佳色，咽罢余芳气。不见杨慕巢，谁人知此味？"〔19〕诗人所说的白瓷瓯，属白瓷系列。而在诗人故居出土的瓷器中，亦有白瓷系列的瓷器。

位于洛阳唐东都外郭城东南部的白居易故居（洛水之南、伊水之北），出土瓷器800余件（其中可复原者达300多件），器类包括壶、罐、盆、澄滤器、碗、盘、盂、杯、茶托、茶碾、茶碾槽、盒、砚13种。其中茶托2件。口沿较宽，斜直，有托圈，圈足。T37③H1：96，葵口，通体施白釉，釉质细腻。口径15、高2.4厘米。茶碾2件。形制相同。呈圆饼状，中心有一穿孔，自穿孔向周边渐薄。T37③H1：59，直径12厘米；穿孔直径0.8～1、深2.2厘米〔20〕。王岩先生指出："白氏故居遗址中不仅出土有各类茶具，而且还有制茶

〔15〕《白居易全集》卷二十，第291页。

〔16〕《白居易全集》卷十四，第191页。

〔17〕《白居易全集》卷十九《吟元郎中白须诗兼饮雪水茶因题壁上》，第272页。

〔18〕《白居易全集》卷二十八，第435页。

〔19〕《白居易全集》卷三十，第463页。

〔20〕中国社会科学院考古研究所洛阳唐城队：《洛阳唐东都履道坊白居易故居发掘简报》，《考古》1994年第8期。

工具，出土的 2 件瓷茶碾和 1 件瓷碾槽，还保留有明显的磨损痕迹，足以证明为当时的实用器。茶具中既有各类壶、茶碗、盘等，还有白瓷茶托，由此透出的信息，展现出诗人生前制茶、饮茶的生活画面。"[21] 从诗人的诗作和考古资料来看，诗人生前对于茶具是比较讲究的。

第五，亲自煎茶。

在煎茶前，先要把茶灶泥好。泥茶灶的工作，诗人一般在阳光明媚的日子进行，正如《偶吟二首》二所载："晴教晒药泥茶灶，闲看科松洗竹林。"[22]《新亭病后独坐招李侍郎公垂》一诗也载："新亭未有客，竟日独何为？趁暖泥茶灶，防寒夹竹篱。"[23]

茶灶泥好后，就可以随时煎茶了。在少数情况下，诗人是亲自煎茶的，正如《春末夏初闲游江郭二首》一所载："嫩剥青菱角，浓煎白茗芽。"[24]《清明日送韦侍御贬虔州》也载："留饧和冷粥，出火煎新茶。"[25]

在多数情况下，诗人是让侍儿煎茶的，正如《池上逐凉二首》二所载："窗间睡足休高枕，水畔闲来上小船。棹遣秃头奴子拨，茶教纤手侍儿煎。"[26] 这里的"纤手侍儿"，其身份应为女童。

就像喝酒有倒酒之人一样，饮茶亦有倒茶之人，倒茶在诗人的作品里称作"行茶"，正如《春尽劝客酒》一诗所说："尝酒留闲客，行茶使小娃。"[27] 倒茶的"小娃"，其身份应为童男或童女。

第六，吃茶在时间、地点、人数上呈现多样化。

从时间上来说，诗人饮茶一般分为早、中、晚三次，其名称为

〔21〕 王岩：《有关白居易故居的几个问题》，《考古》2004 年第 9 期。

〔22〕《白居易全集》卷二十七，第 421 页。

〔23〕《白居易全集》卷三十三，第 501 页。

〔24〕《白居易全集》卷十六，第 224 页。

〔25〕《白居易全集》卷十七，第 238 页。

〔26〕《白居易全集》卷三十三，第 505 页。

〔27〕《白居易全集》卷二十四，第 368 页。

早茶、午茶、夜茶。

1. 早茶。《郡斋暇日辱常州陈郎中使君早春晚坐水西馆书事诗十六韵见寄亦以十六韵酬之》载："新年多暇日，晏起褰（qiān）帘坐。睡足心更慵，日高头未裹。徐顷下药酒，稍爇（ruò）煎茶火。"[28] 这首诗，说的是诗人正在准备早茶。又《不出》一诗说："檐前新叶覆残花，席上余杯对早茶。好是老身销日处，谁能骑马傍人家？"[29] 这首诗，说的是诗人准备饮早茶的情景。

2. 午茶。《府西池北新葺水斋即事招宾偶题十六韵》载："读罢书仍展，棋终局未收。午茶能散睡，卯酒善销愁。"[30] 这首诗，不仅说明诗人饮午茶，同时也表达了诗人"午茶能散睡"的感慨。

3. 夜茶。《立秋夕有怀梦得》云："夜茶一两杓，秋吟三数声。"[31] 这首诗描绘的是，在秋天的晚上，诗人边饮茶边吟诗的情景。《营闲事》一诗说："桃根知酒渴，晚送一瓯茶。"[32] 这首诗，不仅说明诗人饮夜茶，同时也表达了茶能醒酒的功能。

诗人饮茶的地点，有居室、官舍、侯府、寺院、花园、林泉、舟中等，呈现多样化。

1. 居室。《闲卧寄刘同州》载："软褥短屏风，昏昏醉卧翁。鼻香茶熟后，腰暖日阳中。伴老琴常在，迎春酒不空。可怜闲气味，唯欠与君同！"[33] 这首诗说的是在春光明媚的日子，诗人在家闲卧时边沐浴阳光边品茶的惬意心情。

2. 官舍。《官舍》一诗说："起尝一瓯茗，行读一卷书。"[34] 诗

---

[28] 《白居易全集》卷八，第 102 页。

[29] 《白居易全集》卷二十六，第 406 页。

[30] 《白居易全集》卷二十八，第 438 页。

[31] 《白居易全集》卷二十九，第 447 页。

[32] 《白居易全集》卷三十一，第 480 页。

[33] 《白居易全集》卷三十三，第 501 页。

[34] 《白居易全集》卷八，第 102 页。

人有睡后饮茶的习惯，即使在官舍，仍然如此。

3. 侯府。《送张山人归嵩阳》一诗载："暮宿五侯门，残茶冷酒愁杀人。"[35]用"残茶冷酒"来描述诗人在侯门被冷落的尴尬，恰当不过。

4. 寺院。《春游二林寺》一诗载："阳丛抽茗芽，阴窦泄泉脉。"[36]诗人在二林寺见到的"阳丛抽茗芽"的景致，为我们揭示了春季万物复苏的勃勃生机。在游历完寺院后，方丈一般都要以茶水招待诗人，正如《游宝称寺》一诗所载："酒懒倾金液，茶新碾玉尘。"[37]与俗人用井水或河水冲洗茶具不同的是，寺院用的竟是泉水[38]，比较奢侈。

5. 花园。《履道新居二十韵》载："履道坊西角，官河曲北头。林园四邻好，风景一家秋。……僧至多同宿，宾来辄少留。岂无诗引兴？兼有酒销忧。移榻临平岸，携茶上小舟。……老饥初爱粥，瘦冷早披裘。洛下招新隐，秦中忘旧游。"[39]这首诗，反映的是诗人于东都履道坊新居后花园湖中舟上饮茶的情景。

6. 林泉。《山路偶兴》一诗载："泉憩茶数瓯，岚行酒一酌。"[40]这首诗描绘的是诗人走山路时于林泉间小憩饮茶的情景。

7. 舟中。《江州赴忠州至江陵已来舟中示舍弟五十韵》载："瓯泛茶如乳，台粘酒似饧。"[41]诗人从江州赴忠州至江陵，一路坐船，所饮为乳白色的茶，应为名品。

从人数来说，诗人饮茶分为独饮、双人饮和多人饮几种。

1. 独饮。《闲眠》一诗载："暖床斜卧日曛腰，一觉闲眠百病

---

〔35〕《白居易全集》卷十二，第 152 页。

〔36〕《白居易全集》卷七，第 86 页。

〔37〕《白居易全集》卷十六，第 223 页。

〔38〕《白居易全集》卷三十一《重修香山寺毕题二十二韵以纪之》："烟香封药灶，冷泉洗茶瓯。"第 475 页。

〔39〕《白居易全集》卷二十三，第 351 页。

〔40〕《白居易全集》卷八，第 99 页。

〔41〕《白居易全集》卷十七，第 254 页。

销。尽日一飧茶两碗，更无所要到明朝。"[42]"尽日一飧茶两碗，更无所要到明朝"一句，把诗人对茶的偏爱表现得淋漓尽致。正是由于诗人对茶的偏爱，所以才与众不同，从苦茶中品出了它的甘甜，正如《和晨兴因报问龟儿》一诗所载："谁谓荼蘖苦，荼蘖甘如饴。"[43]

2. 双人饮。《病假中庞少尹携鱼酒相过》载："闲停茶碗从容语，醉把花枝取次吟。"[44]这首诗说的是，休病假的庞少尹，携鱼酒来访诗人，两人边品茶边吟诗，尽兴而归。

3. 多人饮。《新居早春二首》又云："地润东风暖，闲行踏草牙。呼童遣移竹，留客伴尝茶。"[45]这首诗，描述的是诗人在新居与客人尝新茶的场面。

二　白居易嗜茶之原因试探

有人认为，诗人饮茶"主要是为了祛干渴、驱睡困、解酒醒，同时也以茶消暑"[46]。这种说法并没有错，只是不全面。我们认为，诗人之所以嗜茶，一方面是因为茶有诸多保健功能，另一方面是因为茶还有其他诸多功能，下面分别加以阐述：

（一）茶的保健功能

第一，茶能解渴。

《酬梦得秋夕不寐见寄》载："病闻和药气，渴听碾茶声。"[47]

---

〔42〕 《白居易全集》卷三十七，第 577 页。

〔43〕 《白居易全集》卷二十二，第 329 页。

〔44〕 《白居易全集》卷二十六，第 398 页。

〔45〕 《白居易全集》卷十九，第 280 页。

〔46〕 王利华：《中古华北饮食文化的变迁》，北京：中国社会科学出版社，2000年 11 月第 1 版，第 304 页。

〔47〕 《白居易全集》卷二十六，第 408 页。

听着碾茶声就可以缓解口渴，这与以前的"望梅止渴"故事相媲美，也是诗人对茶能解渴功能的肯定。又《晚春闲居杨工部寄诗杨常州寄茶同到因以长句答之》："闷吟工部新来句，渴饮毗陵远到茶。"[48]"渴饮毗陵远到茶"的毗陵，是毗陵郡，隋大业初改常州置，治晋陵县（今江苏常州市），唐武德三年（620年）复改常州，天宝元年（742年）又改毗陵郡。

第二，茶能醒酒。

前已述及，诗人是一个"爱酒不嫌茶"的人。诗人之所以"爱酒不嫌茶"，是因为茶能醒酒，解酒渴，正如《早服云母散》一诗所载："药销日晏三匙饭，酒渴春深一碗茶。"[49]正因为茶能醒酒，所以诗人喝完酒后，马上饮茶，正如《和杨同州寒食乾坑会后闻杨工部欲到知予与工部有宿醒》一诗所载："夜饮归常晚，朝眠起更迟。举头中酒后，引手索茶时。"[50]诗人因爱喝酒而不幸患上了肺渴之症，而茶能醒酒解渴，所以诗人发出了"老去齿衰嫌橘醋，病来肺渴觉茶香"[51]的感慨。诗人因爱喝酒而常常头昏脑涨，为了避免这种情况，有时痛下决心，"聊将茶代酒"[52]。

第三，茶可破睡。

诗人有睡觉起来喝茶的习惯，这包括两种情况：一是饭后睡觉，觉醒喝茶："食罢一觉睡，起来两瓯茶。"[53]一是游览完而睡觉，觉醒喝茶："游罢睡一觉，觉来茶一瓯。"[54]正是因诗人有睡觉起来喝茶的习惯，所以才吟出了"驱愁知酒力，破睡见茶功"[55]的新得。

---

〔48〕《白居易全集》卷三十一，第482页。

〔49〕《白居易全集》卷三十一，第483页。

〔50〕《白居易全集》卷三十二，第495页。

〔51〕《白居易全集》卷二十《东院》，第294页。

〔52〕《白居易全集》卷八《宿蓝桥对月》，第97页。

〔53〕《白居易全集》卷七《食后》，第92页。

〔54〕《白居易全集》卷三十《何处堪避暑》，第464页。

〔55〕《白居易全集》卷二十五《赠东邻王十三》，第383页。

第四，茶能散闷。

《镜换杯》一诗载："茶能散闷为功浅，萱纵忘忧得力迟。不似杜康神用速，十分一盏便开眉。"[56]诗人发出"茶能散闷为功浅"的感慨，是与酒的功能对比后得出的。

（二）茶的其他功能

第一，以茶园为产业。

《香炉峰下新置草堂即事咏怀题于石上》载："香炉峰北面，遗爱寺西偏。白石何凿凿，清流亦潺潺。有松数十株，有竹千余竿。松张翠伞盖，竹依青琅玕。其下无人居，惜哉多岁年。有时聚猿鸟，终日空风烟。时有沉冥子，姓白字乐天。平生无所好，见此心依然。如获终老地，忽乎不知返。架岩结茅宇，斸壑开茶园。何以洗我耳？屋头落飞泉。何以净我眼？砌下生白莲。左手携一壶，右手挈五弦。傲然意自足，箕踞于其间。兴酣仰天歌，歌中聊寄言。言我本野夫，误为世网牵。时来昔捧日，老去今归山。倦鸟得茂树，涸鱼反清源。舍此欲焉往？人间多险艰。"[57]这首诗，是诗人在香炉峰下新置草堂后写的，那里有山有水，有松有竹，鸟语花香，诗人在此过着田园式的耕读生活，修身养性，非常满足。诗人虽过着田园式的耕读生活，但他的耕是于此开茶园，所以衣食无忧，因为"药圃茶园为产业，野麋林鹤是交游"[58]。

第二，以茶助诗兴。

茶中的咖啡碱能刺激大脑中枢神经，使人兴奋，因而喝茶可以助诗兴。诗人有时是一边饮着茶，一边吟着诗："或饮一瓯茗，或吟两句诗。"[59]有时是一边咏着诗，一边品着茶："或吟诗一章，或饮

〔56〕《白居易全集》卷二十六，第396页。

〔57〕《白居易全集》卷七，第89页。

〔58〕《白居易全集》卷十六《重题》，第231页。

〔59〕《白居易全集》卷六《首夏病间》，第72页。

茶一瓯。"〔60〕

第三，以茶待客。

在晚唐，茶已成为社会上普遍接受的饮料之一，人们以茶待客成为风气。《麴生访宿》一诗载："村家何所有？茶果迎来客。"〔61〕这首诗说的是诗人以茶果招待麴生的情景。而"客迎携酒榼，僧待置茶瓯"〔62〕一句，则是僧人以茶招待诗人的场面。

第四，以茶赠友。

王利华先生指出："中古时期，特别是在唐代，文人士大夫之间互相寄赠物品的风气甚浓，但凡日常所需……大抵均可互相寄赠。"〔63〕正是受这种风气的影响，诗人曾给朋友寄过衣物，而亲戚、朋友又给诗人寄来紫霞绮、茶等，在互相的寄赠之间，诗人与亲戚、朋友加深了感情，增进了友谊，这是诗人嗜茶的原因之一。给诗人寄茶的亲戚有尚书杨六，正如《杨六尚书新授东川节度使代妻戏贺兄嫂二绝》二所载："金花银碗饶足用，罨画罗衣尽嫂裁。觅得黔娄为妹婿，可能空寄蜀茶来？"〔64〕而给诗人寄茶的朋友，在蜀为官的，既有郎中李六："故情周匝向交亲，新茗分张及病身。红纸一封书后信，绿芽十片火前春。汤添勺水煎鱼眼，末下刀圭搅麴尘。不寄他人先寄我，应缘我是别茶人。"〔65〕又有杨东川："年年衰老交游少，处处萧条书信稀。唯有巢兄不相忘，春茶未断寄秋衣。"〔66〕另外，给诗人寄茶的朋友还有尚书继之，正如《继之尚书自余病来寄遗非一又蒙览醉吟先生传题诗以美之今以此篇用伸酬谢》所载："衰残与世日相疏，惠好唯君分有余。茶药赠多因病久，衣裳寄早乃寒初。所寄

---

〔60〕《白居易全集》卷七《咏意》，第88页。

〔61〕《白居易全集》卷六，第72页。

〔62〕《白居易全集》卷二十七《想东游五十韵并序》，第412页。

〔63〕王利华：《中古华北饮食文化的变迁》，北京：中国社会科学出版社，2000年11月第1版，第306页。

〔64〕《白居易全集》卷三十三，第512页。

〔65〕《白居易全集》卷十六《谢李六朗中寄新蜀茶》，第234页。

〔66〕《白居易全集》卷三十四《谢杨东川寄衣服》，第528页。

之物皆及时。交情郑重金相似，诗韵清锵玉不如。醉传狂言人尽笑，独知我者是尚书。"[67]亲戚、朋友既寄茶、药给诗人，又寄衣裳给诗人，这说明诗人与亲戚、朋友的关系是融洽的。

（原文载魏全瑞主编：《隋唐史论——牛致功教授八十华诞祝寿文集》，西安：三秦出版社，2007 年 1 月版）

---

[67]　《白居易全集》卷三十五，第 545 页。

后　记

　　余 1989 年于宁夏大学硕士研究生毕业后，来到陕西省博物馆工作。1990 年，为配合"丝绸之路"展，馆里要求业务人员为《文博》之"丝绸之路"专号撰文，始发表处女作《汉四神纹瓦当》一文。1991 年，分到陕西省博物馆新馆（即陕西历史博物馆）工作，先后在保管部、科研处、图书资料室等业务部门工作，长期从事《陕西历史博物馆馆刊》的编辑与出版工作。

　　本论文集是余二十年间科研成果的汇总，计 40 篇，分为五个专题：第一篇，历史地理研究，有 10 篇论文；第二篇，中国古代礼俗研究，有 6 篇论文；第三篇，简牍与典籍研究，有 8 篇论文；第四篇，文物研究与鉴赏，有 9 篇论文；第五篇，中国古代史研究，有 7 篇论文。在这 40 篇论文（其中 10 篇刊载于全国中文核心刊物）中，不乏作者自己的见解。如《"扶桑国在美洲"再考》一文在《陕西师范大学学报》（哲学社会科学版）1998 年第 2 期发表后，同年即于《新华文摘》第 9 期论点摘编；《两件唐代跪拜俑拜仪考》一文在《考古与文物》1999 年第 1 期发表后，又被香港 *China Archaeology and Art Digest* 2000 年第 1 期论点摘编；《新石器时代河姆渡人与半坡人居址选择比较研究》一文在《陕西师范大学学报》（哲学社会科学版）2000 年第 4 期发表后，又被 中国人民大学报刊资料中心《先秦、秦汉史》2001 年第 2 期全文转载。

　　2005 年，因欲评研究馆员，遂把刊发于《中州学刊》2004 年第 2 期的《面缚：古代投降仪式解读》一文送陕西省考古研究所王辉先生审阅，王先生给予了充分肯定，他说："送审论文《面缚：古代投降仪式解读》熔历史文献、考古资料、礼俗于一炉，对面缚的含义、使用场合作出了令人信服的解释。何谓'面缚'？晋杜预、唐司马贞，清周寿昌、黄生，今人杨希枚，日人竹添光鸿各持一词。作者同意杜预、司马贞、周寿昌说并举六条理由加以引申。举甲骨文'羌'字像以索缚人颈，举哈佛大学沙可乐美术馆藏商圆雕玉女立像，小屯358窖男、女陶俑，说古时女缚于前、男缚于后，视野开阔；引潘岳《为贾谧作赠陆机》'子婴面榇'李善注说'面缚亦系颈'，文献功底深厚；说缚战败者手于后，利于保护战胜国君主及将军安全，合乎情理。作者的结论是：'面缚'指反训的背缚或反缚，既系脖颈，又缚双臂、双手于背后。此文论点鲜明，论据充足，小题目而能做出好文章，值得称赞。"

过去和现在的学者多认为，范增劝项梁立楚怀王孙心为楚王是一个失误和政治上的不成熟，而余发表于《唐都学刊》2006年第2期的《秦末谋士范增劝项梁立楚后之评议》一文，则以充分的事实和论据反驳了这种观点，认为范增此举，是在陈胜死后而赵、燕、魏、齐等四国贵族之后都被立为王的情况下提出来的，是对当时英雄达成的立六国后之共识的发扬和光大，是出于团结一切可以抗秦力量的需要，是时势发展而要协调各路诸侯统一行动的需要，它坚定了"亡秦必楚"的信念，保证了反秦大业的顺利进行并取得了成功，其功不可没，所以范增不失为英雄豪杰。

刊发于《广西民族学院学报》2006年第3期的《关于周人女始祖姜嫄的几个问题》一文，用文献考证与调查相结合的方法，揭开了后稷被其母姜嫄抛弃之谜：姜嫄生活的时代，相当于我国古史传说的尧、舜、禹时期。当时盛行普那路亚婚（即外婚制），民"知母不知父"，因而后稷被其母姜嫄抛弃，既不是因为他无父而生，也不是因为他要接受图腾仪式的考验，而最大的可能是因为他形体异常被抛弃。事实正是如此，后稷出生时，其母姜嫄惊其"胎生如卵"（带胞生），因这种现象非常罕见，古人以为妖异而不祥，所以后稷被其母姜嫄抛弃就是自然而然的事了。

2008 年刊发于《碑林集刊》第 13 辑的《说席地而坐时的无礼行为"箕踞"——兼谈南越王赵佗对于汉使陆贾的箕踞》一文，及刊发于《文史哲》2013 年第 4 期的《〈史记〉"黄帝铸鼎"之荆山地望考》一文，皆有自己的见解，读者自可阅读体会，此不赘述。

年年岁岁春相似，岁岁年年人不同。时光催人老，如今年近半百，始有结集出版论文之意，深感惶恐。鉴于本论文集的一些论文尚有一孔之见，故不揣浅陋，结集出版，以飨读者。希望我的论文结集出版，是父亲生前一大愿望，谨以此文集献给生我养我的父母——张秀林、高馥兰，他们若灵而有知，当笑颔之。

感谢科研处杨瑾处长和翟战胜副研究员对于《沙苑子文史论集》的推荐，感谢以罗文利书记为首的新一届馆领导和馆学术委员会把《沙苑子文史论集》列入"陕西历史博物馆学术文库"2013 年出版计划。宁夏社会科学院《西夏研究》主编薛正昌先生欣然为本书题写书名，陕西省考古研究院王辉先生于百忙之中审阅全书并赐序，西安文理学院贾俊侠教授对全书进行了终校，西安碑林博物馆景亚鹂研究员提供珍贵碑石照片，本人致以崇高的敬意！为了核对文集的引文，除了利用本馆藏书外，又先后去了西安碑林博物馆、陕西师范大学图书馆，对于帮助过我的同事和老师表示感谢！文物出版社责任编辑窦旭耀先生对本文集的编辑与出版付出了辛勤努力，特致谢意！

取得的一点成果，固然与自己的辛勤努力分不开，但更与领导、同事及师友的关心和帮助分不开，在此不能一一致谢，特致歉意。

文集中的疏漏在所难免，恳切希望专家学者批评指正。是为记。

张维慎

草于 2012 年 3 月 2 日

改定于 2014 年 3 月 17 日